Mein Baba und ich

(My Baba and I)

von

Dr. John S. Hislop

Sathya Sai Vereinigung e.V., Bonn

Aus dem englischen Original (My Baba and I)
ins Deutsche übersetzt von einer Gruppe deutscher Devotees

Die Deutsche Bibliothek – CIP-Einheitsaufnahme
Hislop, John:
Mein Baba und ich = (My Baba and I) /
John S. Hislop. – 3. unver. Aufl. – Bonn:
Sathya-Sai-Vereinigung, 1994
Einheitssacht.: My Baba and I <dt.>
ISBN 3-924739-20-X

Sathya Sai Baba Buchzentrum Deutschland, Grenzstr. 43, D-63128 Dietzenbach
Herstellung: Richarz Publikations-Service, D-53757 St. Augustin

Inhalt

Vorwort des Autors

Vor drei Jahren erklärte ich Baba, ich hätte ein neues Buch fertig und fragte ihn, ob es jetzt oder erst in zehn Jahren veröffentlicht werden sollte. Warum ich mich so merkwürdig ausdrückte, weiß ich nicht, aber Baba gab sofort zur Antwort: „In zehn Jahren!" Deshalb legte ich das Manuskript beiseite. Im letzten Jahr (1984) jedoch kam Dr. Sandweiss mit überraschenden Neuigkeiten: Baba hatte zu ihm gesagt: „Druckt Hislops Buch jetzt". Darauf Dr. Sandweiss: „Aber Swami, du sagtest doch, das Buch sollte nicht vor Ablauf von zehn Jahren veröffentlicht werden." Babas Antwort: „Die zehn Jahre sind um!"

Ein paar Monate später war ich wieder in Indien und fragte Baba, ob Dr. Sandweiss ihn richtig verstanden habe. Baba sagte: „Ja". Ich sagte dann, daß ich hinsichtlich des Buchtitels unsicher sei. Eventuell sollte es „Erfahrungen mit Sri Sathya Sai Baba" heißen. Baba entgegnete sofort, der Titel sei nicht passend. Einen Augenblick später sagte er dann: „Nenne es ‚Mein Baba und ich', das paßt. Hier, ich schreibe es dir auf." Und dann schrieb er den Titel auf ein Stück Papier – unnötig zu erwähnen, daß ich dieses Stück Papier wie einen kostbaren Schatz hüte.

Für mich, ebenso wie für viele hunderttausend Menschen in Nord- und Südamerika, Europa, Afrika, Australien, Neuseeland und Asien, ist Sri Sathya Sai Baba ein Avatar, das in Menschengestalt gekommene Göttliche. Seine Weisheit, seine Liebe, die man so stark empfindet, wenn man in seiner Gegenwart ist, und seine ehrfurchtgebietende Macht über die Naturkräfte und die Lebensumstände der Menschen tragen bei zu der außerordentlichen Verehrung, die man ihm entgegenbringt, und zu der nahezu unwiderstehlichen Anziehungskraft, die die Menschen jeden Alters und jeder Rassenzugehörigkeit fühlen, wenn sie ihm begegnen oder beginnen, seine Lehren und sein Leben aufmerksam zu verfolgen.

Oft fragen Menschen nach Babas persönlichem Lebensstil und auch danach, wie sein Erziehungsprogramm und andere Projekte finanziert werden. Vor einer Reihe von Jahren organisierten einige Devotees eine Stiftung, die von der Staatsbank von Indien verwaltet wird. Die Stiftung sorgt für die Finanzierung des Sai-Werkes. In Puttaparthi, dem Dorf, in dem Baba geboren wurde und welches jetzt der Sitz des „Sri Sathya Sai Instituts für Höhere Bildung“ sowie seiner Kindergärten und Schulen bis hinauf zum Junior-College ist, lebt Baba in einem kleinen Raum mit nur sehr wenigen Möbeln. Er ißt geradezu kärglich, schläft sehr wenig – wenn überhaupt – und zeigt keinerlei Interesse an persönlichem Besitz. Alles was er benutzt, einschließlich Autos, wird ihm von einigen wenigen, langjährigen Devotees zur Verfügung gestellt. Versuche anderer Personen, ihm Dinge zu schenken, sind erfolglos geblieben. Ihm genügen ein kleines privates Zimmer, einige einfache, knöchellange Gewänder und spärlich bemessenes Essen. Darüber hinaus benötigt er nichts für sich selbst. Babas ganzes Leben besteht aus selbstlosem Dienst an seinen Devotees und an allen Menschen auf der ganzen Welt.

Dieses Buch gliedert sich in vier Teile: Vier Abschnitte mit spezieller Thematik und ein Nachwort. Was das Kapitel über Babas hauptsächliche Lehren betrifft, bin ich dem sorgfältigen Leser eine Erklärung schuldig: Im Sinne einer guten Ordnung sollte zu jedem Zitat auch seine Quelle angegeben werden, doch da stand ich vor einem Problem, denn viele Jahre lang durchforschte ich die Publikationen von und über Sai Baba nur für mich, ohne dabei an eine spätere Veröffentlichung zu denken, und wenn ich auf ein Zitat stieß, das mich stark beeindruckte, schrieb ich es einfach ab, ohne Seite oder Ausgabe zu notieren. Der Versuch, die vielen Tausende von Seiten nochmals zu lesen, um die Quelle jedes Zitates herauszufinden, wäre ein Unternehmen, das ich nicht auf mich nehmen könnte. Ich hoffe, meine Erklärung wird als Entschuldigung akzeptiert.

Sri Sathya Sai Baba inspiriert durch seine Vorträge, Veröffentlichungen und Interviews alle, die sich ihm zuwenden. Er ermutigt interessierte Männer und Frauen, ihre herkömmliche, gewohnte Lebensweise in ein Leben umzuwandeln, das auf spirituellen Werten beruht. Menschen, die Vertrauen in Babas Weisheit entwickelt haben, lernen sich kennen und empfinden es als bereichernd, sich mit gewisser Regelmäßigkeit zu treffen – im Schnitt einmal wöchentlich – um sich mit Sais Lehren zu befassen und Aktivitäten des selbstlosen Dienstes an der Gemeinschaft, in der sie leben, zu besprechen. Solche Sai-Gruppen gibt es heute schon in vielen Teilen der Welt.

Die Grenzen, die dem Autor gesetzt sind, lassen es nicht zu, die Lehren von Sri Sathya Sai Baba in voller Breite darzustellen. Eine definitive und vollständige Darstellung wird erst möglich sein, wenn sich seine Mission in den nächsten Jahren voll entfaltet. Baba sagt: „Mein

Leben ist meine Botschaft.“ Seine Devotees verstehen das so, daß Babas Botschaft für alle jene, die er als „Verkörperungen des Göttlichen“ anspricht, sich nicht auf Worte der Weisheit beschränkt, sondern allumfassend ist und erst dann ganz verstanden wird, wenn sie im Zusammenhang mit allen Aspekten seines Lebens, das von Mitgefühl und selbstlosem Dienen für die Menschheit erfüllt ist, gesehen wird. Im folgenden Spruch weist uns Baba den Weg zu Frieden und Glück in dieser Welt:

Wo Rechtschaffenheit im Herzen ist,
da ist Schönheit im Charakter.
Wo Schönheit im Charakter ist,
da ist Harmonie im Heim.
Wo Harmonie im Heim ist,
da ist Ordnung in der Nation.
Wo Ordnung in der Nation ist,
da ist Frieden in der Welt.

Sri Sathya Sai
gewidmet
und allen,
die mit göttlichem Sehnen im Herzen
Befreiung suchen

Materialisiertes Kruzifix; siehe Seite 26

Erlebnisse mit Baba

Unsere erste Begegnung Sri Sathya Sai Baba

Meine Frau und ich hörten zum ersten Mal von Baba im Jahre 1968 durch einen Freund, der seinerseits eine Dame kannte, die schon in Indien gewesen war. Sie hatte etwas heilige Asche – Vibhuti – und einen prächtigen Ring mitgebracht, den Baba für sie materialisiert hatte, und erzählte erstaunliche Geschichten. Die Dame sagte, ihre Begegnung mit Baba habe eine bleibende Veränderung ihres Charakters bewirkt. Diese Bemerkung beeindruckte mich. Konnte es jemanden geben, gab es heute einen lebenden Menschen, dessen Wesen so subtil, so mächtig, so heilig war, daß er das Herz eines Menschen verändern konnte?

Wenn es tatsächlich wahr sein sollte, daß solch ein Mensch in der heutigen Welt lebte, dann gab es für mich nichts Dringlicheres, als diesen Menschen aufzusuchen. Ich betete, daß er durch seine Gnade und Güte mein trocken gewordenes Herz berühren und es wieder zum Leben erwecken möge.

Meine Frau und ich hörten von Baba an einem Montag, und noch in der gleichen Woche befanden wir uns an Bord einer Maschine nach Indien.

Vielleicht entsteht nun der irrige Eindruck, mein Glaube sei ebenso stark gewesen wie das Drängen meines Herzens. Die Zweifel aber, die mein Verstand anzumelden hatte – und die während der Reise zu Baba noch beträchtlich zunahmen – konnten nicht einmal der allerersten Begegnung mit ihm standhalten.

In unserem westlichen Kulturkreis gibt es nichts, mit dessen Hilfe man sich für die erste Begegnung mit Baba vorbereiten könnte: Baba kommt in das Zimmer unserer kleinen Ausländergruppe, setzt sich zu uns auf den Boden und lädt uns ein, unsere spirituellen Fragen zu äußern. Er sitzt vor uns, ein Mann von brauner Hautfarbe und zierlichem Körperbau, das Gesicht umrahmt von einer Wolke schwarzbraunen Haares, in dem goldene Lichter tanzen. Man beobachtet natürlich so aufmerksam wie möglich, wenn man diesem außergewöhnlichen Wesen, von dem man so seltsame Geschichten gehört hat, endlich begegnet. Alle Sinne sind hellwach. Wir beobachten seine ausdrucksvollen Gesichtszüge, die jede Änderung seiner Stimmung und Gedanken augenblicklich widerspiegeln. Er hat ein süßes und liebevolles Lächeln, wie das eines unschuldigen, zutraulichen Kindes. Seine Augen sind dunkelbraun, sanft, weich und sprühen vor Intelligenz und Humor. Er spricht manchmal sanft und begütigend wie eine Mutter, manchmal voller Fröhlichkeit, Lachen und Witz wie ein Freund und Kamerad, und dann wieder streng und ernst wie ein Vater. Seine Bewegungen, ob er sich setzt, sich erhebt oder umhergeht, sind graziös, fließend, beschwingt. Seine Hände sind sehr ausdrucksvoll.

Es liegt ein kaum wahrnehmbarer Duft in der Luft, von dem meine Frau sagt, es sei Jasmin. Und das, obwohl Baba kein Parfüm benutzt, wie ich von jenen engsten Mitarbeitern gehört habe, die mit ihm in einem Raum schlafen. Dennoch begleitet ihn stets und überall dieser Duft.

Man muß schon sehr negativ eingestellt sein, um nicht gleich beim ersten Eindruck von Baba gefangengenommen und begeistert zu sein. Jetzt, in seiner Nähe stellen wir schnell fest, daß wir hier weit mehr als einen charmanten, vornehmen Inder vor uns haben. Es ist ein Ereignis, das weit über das Erleben aufgrund gewöhnlicher Sinneswahrnehmung hinausgeht. Wir werden einer subtilen, vollkommenen Schönheit gewahr, die den ganzen Raum erfüllt. Unser kritisch fragender Verstand stellt seine ruhelose Aktivität ein, und wir spüren, wie ein Gefühl des Glücks in uns aufsteigt. Aller Kummer schwindet. Die Erinnerung an die Welt und ihre Probleme verliert sich. Allein unser gegenwärtiger Glückszustand ist Wirklichkeit. Obwohl Baba spricht, sind wir von Stille umgeben. In diesem friedvollen Zustand weitet und vertieft sich das Bewußtsein ohne jede Mühe. Und jetzt, wie eine zarte Brise, macht sich eine Bewegung im Herzen bemerkbar, eine Empfindung, daß etwas Lebendiges, etwas vorher nicht Gekanntes da ist. Schlagartig kommt die Erkenntnis, daß ein Strom von Liebe sich in mein ausgedörrtes Herz ergießt, dessen Quelle Baba ist – nein, mehr noch: Ich spüre die Zärtlichkeit von Baba selbst, der da drin in meinem Herzen lebendig ist. Wie konnte Sri Sathya Sai Baba, ein nie zuvor gesehener Fremder, in das Herz eines reifen Mannes gelangen und von innen her eine Veränderung hervorrufen, von der es kein Zurück mehr gibt? Zweifellos ist das Göttliche das einzige „Fremde", das solches vermag.

Das Glücksgefühl, das sich einem in Babas Gegenwart auftut, wird noch intensiver, wenn er einem Fragen beantwortet und von spirituellen

Dingen spricht. Seine Worte sind von einer derart elektrisierenden Weisheit, Wahrheit und Tiefe, daß man die ungeheure Freude, die einen erfüllt, kaum ertragen kann. Während die Sinne signalisieren, daß Swami ein Mensch ist, sind die feineren Wahrnehmungsorgane mit dieser Erklärung nicht zufrieden. Und dieses tiefere Entdecken läßt uns nur noch eindringlicher fragen: Wer ist Baba? Wie kann man in dieses Mysterium eindringen und die Wahrheit erkennen?

Gott ist alldurchdringend, und doch gibt es Wissenschaftler, die versichern: „Wir haben den ganzen Weltraum durchsucht, wir haben nach Ihm auf dem Mond Ausschau gehalten: Nein, Er ist nirgends zu finden. Er existiert nicht.“ Sie wissen nicht, was und wo sie suchen sollen, und doch haben sie die Verwegenheit zu behaupten, daß das, was sie suchen, nicht zu finden sei. Ist Gott der Bewohner eines identifizierbaren Körpers oder einer identifizierbaren Gestalt? Hat er eine angestammte Wohnstätte oder ein Kleid, das traditionsgemäß Seins ist? Gott ist all dies und mehr; Er ist in all diesem und jenseits davon. Er ist der innere Beweger eben des Wissenschaftlers, der Ihn „leugnet“! Der Mensch selbst ist Gott. Alle Materie, auch auf dem Mond, ist von göttlicher Gegenwart durchdrungen. Mit Laborinstrumenten nach Gott zu suchen ist, als wollte man Schmerzen im Magen heilen, indem man Tropfen in die Augen träufelt! Es gibt für die Suche nach Gott eine Technik und ein spezielles Instrument, welche die alten Meister dieser Wissenschaft entwickelt und über die sie gesprochen haben: Gewinnt einen klaren Blick, indem ihr innere Unabhängigkeit und Liebe entwickelt und schärft euer Unterscheidungsvermögen, damit es keine Vorurteile und keine Vorlieben mehr kennt; dann könnt ihr Gott sehen – in euch, um euch herum, in allem, was ihr erkennt, fühlt und seid.

Sathya Sai Baba

Es begann mit sechzehn

Jeder einzelne von uns ist einzigartig, sagt Baba. Um zu dem Glücksbewußtsein zu gelangen, das sich von Augenblick zu Augenblick erneuert, müssen wir danach streben, diese unsere Einzigartigkeit zu verwirklichen. Das bedeutet, daß jeder von uns sich von dort aus aufmachen muß, wo er sich befindet. Die Geschichte der Suche jedes einzelnen ist jeweils eine ganz spezifische und individuelle, bis schließlich die Einzigartigkeit realisiert wird als „Das-Eine-ohne-ein-Zweites", das Göttliche, Unteilbare, Höchste und Absolute.

Im Leben eines jeden Menschen beginnt irgendwann eine urpersönliche spirituelle Suche, und ich glaube, ich sollte hier über die meine berichten. Dieses Buch ist – für mich – der Ausdruck meiner großen Verehrung für Sri Sathya Sai Baba und seine Lehren, und der Leser sollte in die Lage versetzt werden, die Voreingenomenheit zu beurteilen, die ich habe, wenn ich von Baba spreche, denn jeder Mensch ist irgendwie vorgeprägt oder voreingenommen – wenigstens ist dies meine Erfahrung.

Meine Suche begann im Alter von sechzehn Jahren. In unserer Pfarrgemeinde wurde ein Bühnenstück für die Gemeindejugend aufgeführt, und ich spielte darin eine Rolle. Mitten im Spiel traf mich ein Gedanke wie der Blitz. Ich dachte: „Diese Kirchenmenschen wissen ja gar nicht, was sie sagen. Aber irgendwo auf der Welt muß es jemanden geben, der die Wahrheit kennt und in der Lage ist, direkt aus dieser Wahrheit heraus zu sprechen." Von diesem Augenblick an war mir die Richtung bewußt, die mein Lebensweg nehmen würde, und sooft ich von jemandem hörte, der als Wissender galt, ließ ich alles stehen und liegen und suchte ihn auf. Ich bereitete meinen frommen Eltern manche schlaflose Nacht, denn egal welchen Arbeitsplatz ich gerade hatte: Ich verließ ihn und ging. Die Erkenntnis, daß ich die Wahrheit in mir selbst finden mußte, war mir damals, als meine Suche begann, völlig fern.

Den ersten Hinweis fand ich in Tahiti, wo ich als junger Bursche von achtzehn Jahren gelandet war, weil ich meine Abenteuerlust befriedigen mußte. Ich traf dort einen Mann, Reverend Arthur de Vere Anderson, der mir etwas über Theosophie erzählte, und sobald ich wieder zu Hause war, schloß ich mich der theosophischen Gesellschaft in Los Angeles an. Damals hatte ich das Gefühl, daß das einzig Wertvolle, was in dieser Welt getan werden konnte, der Dienst an der Menschheit sei. Das sagte ich dem Vorsitzenden. Es dauerte nicht lange und er erzählte mir, daß sich für mich der Weg zu einem solchen Leben eröffnen könne, wenn ich nach Ojai in Kalifornien gehen und Fritz Kuntz helfen würde, der gerade als Gebiets-Sekretär des Ordens „Vom Stern im Osten" aus Indien zurückgekommen sei. Dies war eine von Dr. Annie Besant ins Leben gerufene Organisation, die das Wirken von J. Krishnamurti als „Weltenlehrer" unterstützen und fördern sollte.

Meine Arbeit im Ojai-Tal bestand unter anderem darin, die Pumpstation in Gang zu halten, die die Orangenhaine und Häuser des Guts Arya Vihara, auf dem Dr. Besant und J. Krishnamurti wohnten, wenn sie in Ojai waren, mit Wasser versorgte. Nach einigen Monaten sagten sie mir, ich könne in Arya Vihara bleiben, und in den Jahren 1925 und 1926 hielt ich mich dort auf, sooft sie anwesend waren. Dr. Besant sagte, ich solle bleiben, um die Viehfarmen und das Ackerland zu bewirtschaften, aber ich fand, es sei besser, erst meine Schulausbildung abzuschließen, und so ging ich zurück ins College. In den darauffolgenden Jahren verließ ich die Schule bzw. den Arbeitsplatz immer wieder, um die Krishnamurti-Camps in den USA und Europa zu besuchen. Auf einem dieser Treffen lernte ich meine Frau Victoria kennen. Zu jener Zeit waren Krishnamurti und Dr. Besant für mich überragende, leuchtende Vorbilder, und es schien mir, daß sie und nur sie allein die Wahrheit des Lebens gefunden hatten. Ich empfinde Dr. Besant und Krishnaji gegenüber unendliche Dankbarkeit für ihre große Güte und Geduld, die sie mir undiszipliniertem jungem Mann entgegenbrachten. Aber es war mir nicht bestimmt, als Anhänger von Krishnamurti meine innere Weisheit zu entdecken.

Der nächste Wegweiser, der sich mir bot, war Yoga, und meine Frau und ich hofften, über den Yoga Einblick in die Wahrheit zu bekommen. Wir lernten Swami Yogananda kennen und besuchten ihn von da an jede Woche in Hollywood, um mit ihm zu sprechen und ihm zuzuhören. Wir nahmen Unterricht, sooft wir Lehrer von hohem Ansehen finden konnten, wie Swami Vishnudevananda und Iyengar (in Europa) und Dr. Roman Ostoya, den „russischen weißen Yogi", der sich einmal für zwei Wochen auf einem Baseball-Feld in Inglewood in Kalifornien begraben ließ und dann kraft seiner yogischen Fähigkeiten unversehrt wieder zum Vorschein kam. Aber auch im Yoga fanden wir unseren Weg nicht.

Selbstverständlich durchforsteten wir während dieser ganzen Zeit alle Literatur, die es über spirituelle Disziplinen auf der Welt gab, aber wir wußten, daß Schriften, wie edel ihre Quellen und ihr Thema auch sein mochten, nicht der Weisheit letzter Schluß sein konnten. Notwendig war direktes Wissen aus den Tiefen der eigenen Erfahrung.

Die nächste Tür zur direkten Erfahrung öffnete sich mit der Ankunft des Maharishi Mahesh Yogi in Amerika. Wir lernten ihn bei seiner ersten Rede im Friars-Club in Hollywood kennen. Er war soeben aus Hawaii eingetroffen, seinem ersten Aufenthalt, nachdem er Indien via Burma verlassen hatte. Meine Frau und ich mochten ihn sofort. Wir fanden ihn, den Lieblingsschüler von Swami Brahmananda Saraswati, dem Shankaracharya von Jotirmayapithan im Himalaya, aufrichtig, von starker persönlicher Ausstrahlung und bedeutendem Hintergrund. Swami Brahmananda Saraswati war ein Siddha (d.h. er besaß yogische Kräfte) und ein Meister der Sri-Vidya-Disziplin. Er war berühmt für seine Kombination des Bhakti- und des Advaita-Weges. Mahesh Yogi war ein Adept auf dem Gebiet einer Meditationsform, die das Ziel hat, das Bewußtsein eines Menschen zum Ursprung der Gedanken zu führen, welcher die universale Quelle aller Manifestation ist, „das undifferenzierte Göttliche". Der Friede eines Menschen, der sich in tiefer Meditation befindet, hat nachweislich einen Einfluß auf andere Personen in seiner Nähe, woraus Mahesh Yogi ableitete, daß der Weltfriede auf ganz natürliche Weise eintreten würde, wenn sich Millionen Menschen in der ganzen Welt in tiefe Meditation begeben würden.

Diese Idee sprach mich sehr stark an, und ich wurde der erste Präsident der amerikanischen Mahesh Yogi-Organisation und der erste in Amerika, mit Ausnahme von Maharishi selbst, der andere in die Geheimnisse dieser Meditation einweihen durfte. Es war klar, daß weltweit Meditationslehrer tätig sein mußten, wenn Menschen allerorts meditieren sollten, und Mahesh Yogi plante deshalb eine Akademie für Meditationslehrer, die hoch in den Bergen des Himalaya eingerichtet werden sollte, nahe der tibetischen Grenze in einem Tal namens Uttar Kashi, dem Tal der Heiligen. Ich sagte ihm, ich würde das notwendige Land kaufen und die Akademie bauen. Im Laufe jenes Jahres 1958 hatte ich meinen Doktor an der Universität von Los Angeles gemacht und mich nach zehnjähriger Lehrtätigkeit am College der Geschäftswelt zugewandt. Ich wurde Vizepräsident einer großen Aktiengesellschaft und verdiente eine beachtliche Menge Geld, doch die alte Neigung, alles stehen zu lassen, war so stark wie eh und je. Ich gab meinen Arbeitsplatz auf und ging nach Indien.

Die Art und Weise, wie sich in Uttar Kashi ein idealer Platz für die Akademie fand, war mehr als merkwürdig. Auf der Fahrt in das hochgelegene Tal der Heiligen saß ein Polizeibeamter neben mir, und als ich ihn fragte, was ihn nach Uttar Kashi führte, erwiderte er, er hätte Ermittlungen über einen Mann namens Hislop anzustellen, der im Verdacht stünde, ein CIA-Agent zu sein. Ich konnte ihn davon überzeugen, daß ich kein CIA-Agent war, und um das zu feiern, schlug er vor, daß wir an der nächsten Haltestelle in einem kleinen Bergdorf zusammen Tee trinken sollten. Ich wußte, was kommen würde, aber ich hatte Angst, seinen Vorschlag abzulehnen. Das befürchtete, aufgrund der unsauberen Zubereitung des Tees zu erwartende Unheil trat auch prompt ein. Als wir schließlich Uttar Kashi erreichten, war ich sterbenskrank und außerstande, den kleinen Ashram zu verlassen, in dem Maharishi für mich Unterkunft besorgt hatte. Doch es war keine Zeit zu verlieren, und am dritten Tag heuerte ich einen Führer an und zwang mich, einen nahegelegenen Berg zu erklimmen, um mit der Suche nach einem geeigneten Bauplatz für die Akademie zu beginnen. Nach einer Weile kamen wir zu einem verlassenen, terrassenförmig angelegten Stück Ackerland. Mir war so übel, daß ich beim besten Willen keinen Schritt mehr vorwärtsgehen konnte. Ich brach zusammen und fiel der Länge nach auf die Erde. Ich hatte höchstens einen Augenblick so gelegen, als etwas sehr Seltsames geschah: Ein subtiler Strom von Kraft trat in mich ein, schien aus dem Boden in mich hineinzufließen, und nach ungefähr fünf Minuten konnte ich regelrecht aufspringen, nicht nur erholt, sondern vollkommen gesund und kräftig, als wäre ich niemals krank gewesen. Ich dachte: „Dieses Feld muß ein heiliger Ort sein. Das Gelände für die Akademie ist gefunden!"

Ich telegraphierte Maharishi, der sich zu jener Zeit in Europa aufhielt. Auch meine Frau war bei ihm. Sie, eine weitere Dame und ein Devotee, der einen Rolls Royce besaß, hatten gerade eine Deutschlandtour mit Maharishi hinter sich, der eine Vortragsreihe über seine Art der Meditation gehalten, neue Meditierende eingeführt und über seine Vision des Weltfriedens gesprochen hatte.

Ich ließ das Uttar-Kashi-Gelände vermessen und ging nach Lucknow, um dort den Premierminister aufzusuchen und ihn zu bitten, das Gelände freizugeben, denn es unterstand der Staatsregierung. Der Premierminister ließ mich wissen, daß er das mit Vergnügen täte, denn er selber plante, sich nach Uttar Kashi zurückzuziehen und dort sein Leben als Yogi zu beschließen. Er sagte, ich sollte in einem Monat wiederkommen, und alles würde bereit sein. Um diesen Monat zu nutzen, reiste ich nach

Burma und ging in die buddhistische Pagode von Thray Sithu U Ba Khin, von der Maharishi mir erzählt hatte. Ich wollte dort die Vipassana-Meditation lernen und praktizieren. Ich hatte dabei eine tiefgreifende Erfahrung, auf die ich noch zurückkommen werde.

Nach Ablauf des Monats ging ich wieder zum Premierminister von Uttar Pradesh, nur um von einer Katastrophe zu hören: Die kommunistische Partei in der Regierung hatte den Premierminister beschuldigt, Hislop, einen CIA-Agenten, der sich als Yoga-Schüler ausgäbe, zu unterstützen und ihn an einem empfindlichen Horchposten nahe der tibetischen Grenze zu postieren. Die Kommunisten hatten es beinahe geschafft, die Regierung zu stürzen, und der Premierminister war außerstande, das Grundstück freizugeben. Ich war bestürzt über das CIA-Etikett, das man mir angehängt hatte, kaum daß ich in Rishikesh angekommen war, und besorgte mir eine Fahrgelegenheit nach Uttar Kashi. Heute, lange nach diesen Vorfällen, durchschaue ich die Zusammenhänge und weiß, daß alles vom indischen Staatspräsidenten ausgegangen sein muß. Als ich nämlich in Neu-Delhi angekommen war, hatte ich mich telefonisch mit dem Staatspräsidenten in Verbindung gesetzt und mir einen Termin für ein Interview geben lassen, um ihn von Maharishis Plänen für den Weltfrieden und besonders hinsichtlich der geplanten Akademie im Himalaya zu unterrichten. Das Interview verlief in einer höchst freundlichen Atmosphäre, aber der Präsident mußte seine Zweifel gehabt und Order gegeben haben, mich zu überwachen.

Ich flog nach London und informierte Maharishi über den Verlauf der Dinge. Maharishi sagte, er wolle sofort selbst nach Indien reisen und versuchen, das Gelände in Uttar Kashi zu bekommen. Er hatte damit keinen Erfolg, aber um ihm einen Gefallen zu tun, gab ihm die Regierung das jetzige Akademie-Gelände gegenüber Sivanandas Ashram bei Rishikesh auf der anderen Seite des Ganges, wo der Fluß, vom Himalaya kommend, seinen langen Weg durch die Ebenen Indiens bis zum Meer beginnt.

Auf den Reisen von und nach Uttar-Kashi machte ich oft ein, zwei Tage bei Swami Sivananda in seinem Ashram bei Rishikesh Station. Sivananda war ein berühmter, in der ganzen Welt bekannter Yogi. Der heutige Yoga-Meister von Kanada und den Bahamas, Swami Vishnudevananda, war Sivanandas Schüler. Swami Sivananda war ein Yogi mit Siddhi-Kräften. Eine seiner Gewohnheiten war es, jeden Brief, der den Ashram verließ, in die Hand zu nehmen. Wenn der Adressat dann den Brief erhielt, und sei es in Amerika, brannten ihm die Finger wie Feuer, wodurch man daran erinnert wurde, daß eine Beziehung zu Sivananda etwas Außergewöhnliches war. Ich fand heraus, daß das, was die Empfindung des Brennens verursachte, verschwand, wenn man den Brief auf die Erde legte und kurz mit Sand bedeckte.

Nach meiner Rückkehr aus Los Angeles arbeiteten etliche Freunde und ich daran, die Mahesh-Yogi-Organisation aufzubauen. Charles Lutes, der damals amtierende Präsident, war sehr aktiv. Für unseren ersten nationalen Konvent mieteten wir das größte Hotel auf der Insel Catalina vor der kalifornischen Küste. Eine Erfahrung, die ich dort machte, führte dazu, daß ich mit der Mahesh-Yogi-Organisation brach: Persönlich kam ich in der Meditation – heute als Transzendentale Meditation bekannt – ganz gut voran, aber denjenigen, die ich einführte, erzählte ich, diese Meditation würde zum Ziel des Lebens führen, nämlich zu Befreiung, Selbstverwirklichung und Vereinigung mit dem Göttlichen. Während der zwei Wochen im Hotel hatte ich keinerlei Pflichten, da Maharishi und Charley Lutes die Tagung leiteten. Ich beschloß, in meinem Zimmer zu bleiben und nichts zu tun außer von morgens drei Uhr bis zum Schlafengehen am Abend zu meditieren, um auszuprobieren, ob ich selbst erfahren würde, was ich den Einzuführenden zu versprechen pflegte. Nach mehreren Tagen der Dauer-Meditation begannen Wellen von Glücksgefühl mich zu durchströmen. Sie waren so intensiv, daß ich sie kaum ertragen konnte. Aber gleichzeitig traf mich schlagartig die verheerende Erkenntnis: Diese Empfindung entsteht im Nervensystem des Körpers – es ist keinesfalls die göttliche Glückseligkeit, von der die Alten sagen, sie sei „jener Frieden, der alles Verstehen übersteigt". In diesem Augenblick wurde mir klar, daß ich in meiner Arbeit das perfekte Beispiel eines „blinden Führers" war. Ich ging sofort zu Maharishi, verabschiedete mich und kehrte aufs Festland zurück.

Als nächstes fuhren meine Frau und ich zurück nach Burma, um die buddhistische Vipassana-Meditation zu erforschen. Die Vipassana-Meditation wurde für mich eine Erfahrung, die mein kritischer Verstand nicht beiseite schieben konnte. Da es den Leser interessieren könnte, will ich die Übung kurz beschreiben. Angeblich ist es genau die Disziplin, die Buddha unter dem Bodhi-Baum, wo er die Befreiung erlangte, bei sich selbst anwandte, und man sagte mir, sie werde heute nur noch von Thray Sithu U Ba Khin gelehrt, der sie wiederum von einem Meditationsmeister tief im Dschungel von Burma gelernt habe. Von den vielen Wegen, sich der „Vernichtung des Denkens" zu nähern, war die Vipassana-Meditation angeblich der schwierigste, aber auch der wirkungsvollste.

Als der berühmte, zu Lebzeiten befreite burmesische Mönch Way Bu

Sayadaw bei seiner Meditation an ein Hindernis kam, das er nicht überwinden konnte, ging er zu U Ba Khin, um sich in der traditionellen Methode des Buddha unterrichten zu lassen, überwand damit alle noch verhandenen Hindernisse und erlangte die Befreiung. U Ba Khin hatte das Gelübde abgelegt, erst in ferner Zeit ein Buddha zu werden und hielt sich absichtlich vom Pfad der vollen Selbstverwirklichung zurück. Dies hörten wir im Verlauf von einigen Jahren bei verschiedenen Anlässen von U Ba Khin selbst. Ich bekam die Gelegenheit, Way Bu Sayadaw kennenzulernen und mit ihm zu sprechen, und er beeindruckte mich tief. Die Vipassana-Meditation, die direkt auf Befreiung abzielt, steht in der Tradition des Theravada- oder südlichen Buddhismus'.

Die Meditation des Mahayana – oder nördlichen Buddhismus' – ist anders als die des Theravada. Ich hörte darüber zum ersten Mal vom Dalai Lama, als ich ihn in seinem Heim in Upper Dharmasala besuchte, und dann auch von dem heute berühmten Trungpa Rimpoche in Schottland. Damals hatten Freunde in England für Trungpa Rimpoche gerade ein großes Haus und einen Landsitz in Schottland für ein „Tibetisches Kloster in Europa" gekauft. Gemäß der tibetischen Geschichte war er der zum sechzehnten Male wiedergeborene Abt einer Gruppe von sechs tibetischen Klöstern. Er war der chinesischen Invasion entkommen und von einer Engländerin entdeckt worden, die ihn mit nach England nahm und in die Universität Oxford einschrieb. Als ich ihn nach Einzelheiten seiner zahlreichen Wiedergeburten fragte, erzählte er mir von seiner letzten: Als er gestorben war, hatten sich die ältesten Mönche aufgemacht, um den höchsten Mönch ihrer Glaubensgemeinde – es gibt deren mehrere in Tibet – aufzusuchen und ihm berichtet, daß ihr Abt gestorben sei. Der Ordensobere begab sich daraufhin in tiefe Meditation und sagte dann, was er gesehen hatte: Das wiedergeborene Baby, die Eltern und das Dorf, die Nachbarn und den Haushund. Nur die geographische Lage des Dorfes war nicht auszumachen.

Die Nachricht dieser Vision wurde in ganz Tibet verbreitet. Schließlich kam die Antwort, daß nach der Beschreibung die Lage des Dorfes ausfindig gemacht worden sei. Daraufhin erfolgte der Besuch. Zur Besuchergruppe gehörten einige Mönche, die mit dem toten Abt in enger Verbindung gestanden hatten, und andere Mönche, die ihn nicht gekannt hatten. Die Gesellschaft brachte eine Reihe von Gegenständen mit, von denen einige dem verstorbenen Abt gehört hatten und andere nicht. Die Mönche setzten sich vor das Baby hin und breiteten die Gegenstände aus. Die Prüfung bestand darin, daß das Baby sofort auf die Mönche zeigen sollte, die der verstorbene Abt vor seinem Tod gekannt hatte, und auf die Gegenstände, die ihm gehört hatten. Das Kind bestand diesen Test mühelos. Dann fragten die Mönche die Eltern, ob sie ihnen „ihren Abt“ überlassen würden, damit sie ihn für sein hohes Amt erziehen und vorbereiten könnten. Ich fragte Rimpoche, ob er sich während seines Heranwachsens an seine Vergangenheit erinnert habe. Er erwiderte, daß er es oft getan habe, daß seine Lehrer ihm aber zu sagen pflegten, es sei alles nur ein Traum gewesen, den er vergessen sollte; stattdessen solle er sich lieber in seine Lektionen vertiefen. Wir blieben einen ganzen Monat bei Rimpoche in seinem Haus in Schottland, brachten ihm das Autofahren bei, wurden gut Freund mit ihm und trafen ihn einige Jahre später in Kalifornien wieder.

Als ich das erste Mal zu U Ba Khin ging, hatte ich deshalb einige Ahnung vom buddhistischen Weg, aber keine Vorkenntisse dessen, was ich in der Vipassana-Meditation erfahren sollte. In der Tat ist ein wichtiger Aspekt dieser Meditation, daß man keinerlei Vorkenntnisse davon hat, damit man sich die Erfahrung nicht in Gedanken vorstellt. Die Gedanken sind bekanntlich sehr mächtig und können Schatten vorauswerfen, die den Erfolg der Übung beeinträchtigen. Die Erfahrung soll unmittelbar, neu und vollkommen überraschend kommen. Auf diese Weise kann der Meditationsmeister beurteilen, ob der Schüler echte Fortschritte macht.

Unter der Pagode gab es eine Reihe von Meditationshöhlen – der Dunkelheit und der absoluten Stille wegen. Jeder Schüler war in seiner Höhle allein. Der Arbeitstag begann früh um fünf Uhr und dauerte, mit einer einstündigen Unterbrechung für das Mittagessen, bis abends um neun. Die erste Aufgabe bestand darin, die Aufmerksamkeit auf die Verbindungsstelle der Nase mit der Oberlippe zu konzentrieren und den Atem zu beobachten, wie er beim Einatmen in die Nasenlöcher ein- und beim Ausatmen aus ihnen wieder austrat. Wenn die Gedanken abschweiften, hatte man nur festzustellen, daß sie abgeschweift waren, und mußte sich dann in Ruhe wieder konzentrieren. Meine Frau machte schnellere Fortschritte als ich. Ich brauchte eine ganze Woche, bevor ich meine Gedanken auf die bewußte Stelle fixieren konnte, ohne daß sie abschweiften. Nach einigen Tagen der Übung merkt man, daß es einen Punkt zwischen Nase und Oberlippe gibt, der entweder sehr heiß oder sehr kalt wird. Danach beschleunigt sich der Fortschritt, weil die Gedanken sich an dieser Empfindung festhalten können.

Als U Ba Khin sah, daß mein Geist ruhig geworden war, rief er mich in die Pagode unter die Hauptkuppel mit der Turmspitze. Es hieß, daß man hier von den subtilen Einflüssen äußerer Spannungen und Kräfte abgeschirmt sei. Er trug mir auf, mich wie bei meiner Übung zu konzentrieren. Dann sagte er: „Bewege dein Bewußtsein zur Schädelspitze.“ Sogleich hatte ich ein Gefühl, als ob dort Ameisen herumkrabbelten, und unwillkürlich hob ich meine Hand, um die Stelle zu befühlen. U Ba Khin sagte: „Nein, tu das nicht! Wir wollen nochmal von vorne anfangen.“ Dann sagte er mir, ich solle meine Aufmerksamkeit über mein Gesicht herunterlenken. Ich tat es und empfand diesmal ein Brennen. Daraufhin wurde mir gesagt, ich solle in die Höhle zurückkehren und mit dieser Empfindung des Brennens arbeiten, bis ich sie an jeder Stelle meines Körpers hervorrufen könne. Diese Empfindung wird „Anicca“ – „Annésa“ gesprochen – genannt und soll die direkte Wahrnehmung des Entstehens und der Auflösung der kleinsten Partikel sein, die den physischen Körper bilden. Es ist die direkte Wahrnehmung, daß der Körper nur etwas Vorübergehendes und deshalb nichts Wirkliches ist. Die Auflösung der Partikel geschieht auf der Ebene der Atome, daher die Empfindung brennender Hitze. Einige Schüler, deren Körper Unreinheiten enthalten, können den Schmerz nicht ertragen; sie müssen die Übungen abbrechen und nach Hause gehen. Nach etlichen Tagen sind dann alle Unreinheiten weggebrannt, und Anicca kann frei durch den ganzen Körper bewegt werden. Diese Fähigkeit, Anicca durch den Körper zu schicken, ist mir bis heute geblieben.

Sobald der Meditationsmeister sieht, daß der Schüler diese Fähigkeit erreicht hat, geht er zum nächsten Schritt über. U Ba Khin trug mir auf, mich auf die Brustregion zu konzentrieren. Nach zwei oder drei Tagen dieser Übung zog sich das Brennen, das zuerst im ganzen Brustraum zu fühlen war, zusammen auf einen kleinen Punkt im Zentrum der Brust, nicht größer als ein Stecknadelkopf. Im ganzen übrigen Körper spürte ich nichts mehr. Als auch diese Stufe erklommen war, wurde ich wieder in die Pagode gerufen. Man hieß mich erneut, mich zu konzentrieren, bis ich nur den Stecknadelkopf von Anicca fühlte. Dann sagte U Ba Khin zu mir: „Ich werde sagen: Gib mir deinen Geist.“ Sobald diese Worte ausgesprochen waren, drang hinten vom Nacken her eine eiskalte Brise in mich ein, und vor Überraschung hob ich meine Hand dorthin. U Ba Khin rief: „Nein, tu das nicht! Wir wollen es nochmal versuchen.“ Dieses Mal drang die kalte Brise rundherum über die ganze Nackenregion in mich ein – zumindest empfand ich es so. Mir war kühl und herrlich zumute, ich fühlte mich leicht wie eine Feder, als sich die Kühle im ganzen Körper ausbreitete. Ich bekam den Auftrag, in die Höhle zurückzukehren und dies zu üben, bis ich vollkommene Kontrolle darüber hätte.

Außerhalb der Höhle habe ich es nie wieder zustande gebracht, mit einer Ausnahme: bei einem kurzen Aufenthalt in Rom. Dort ging ich in eine alte katholische Kirche, konzentrierte mich und war wieder von dieser kühlen, köstlichen Leichtigkeit erfüllt. Meine Frau ist mir darin überlegen. Sie kann dieses „In-den-tranzendentalen-Zustand-Fallen", wie es genannt wird, jederzeit hervorrufen.

Damals dachte ich, dieses Arbeiten mit dem buddhistischen Weg sei der wahre, sichere Weg zur Befreiung, zur Erkenntnis der Wahrheit, zum Ziel des Lebens, und meine Frau empfand das gleiche.

Aber dann, nachdem wir sechs Jahre lang jährlich zwei oder drei Monate in der Pagode geübt hatten, hörten wir von Sri Sathya Sai Baba. Ich war fasziniert, wollte ihn unbedingt erleben. Meine Frau, die das Klima Indiens eigentlich nicht gut verträgt, schloß sich aus einem anderen, besonderen Grund der Reise an. Das Jahr zuvor war sie in der Schweiz in einem Krishnamurti-Camp gestürzt und hatte sich den Fuß gebrochen. Als wir nach Kalifornien zurückgekehrt waren und der Gipsverband entfernt wurde, stellte sich heraus, daß die Knochen falsch zusammengewachsen waren. Der Arzt sagte ihr, das sei nicht mehr zu ändern und sie würde für den Rest ihres Lebens mit dem Stock gehen müssen. Als wir erfuhren, daß Sri Sathya Sai Baba *alles* im Leben eines Menschen verändern könne und die Veränderungen bleibende seien, sagte sich meine Frau: „Vielleicht kann dann mein Fuß auch geändert werden!" Und tatsächlich, als Baba auf den Fuß schaute, ohne ihn auch nur zu berühren, sagte er, der Fuß würde in Ordnung kommen. Und so geschah es: Er „änderte" mit der Zeit seine Stellung, nach einigen Monaten war er so gut wie neu und ist seitdem immer wie neu geblieben.

Der buddhistische Weg war ein Weg des Intellekts und des Verstandes. Und trotz meiner großen Wertschätzung und Dankbarkeit, ihn gefunden zu haben, fühlte ich, daß mein Herz wie ausgedörrt war – daß ich ein trockenes westliches Herz hatte, in dem wenig Liebe übriggeblieben war. Wir erkannten auch allmählich, daß die Vipassana-Disziplin für ein Leben in der Welt gefährlich sein konnte und daß man, um sie konsequent zu üben, wie zu Buddhas Zeiten ein Mönch werden müßte.

Das aber war nicht möglich, denn Burma erteilte keine längeren Aufenthaltsgenehmigungen für Ausländer. Diese Überlegungen hatten wir nur vage und nicht wirklich ernsthaft angestellt, aber vielleicht halfen sie uns, die Augen offenzuhalten. Nach der Begegnung mit Baba wußte ich sofort und ohne jeden Zweifel, daß für mich hier bei ihm die wahre Quelle der Weisheit war. Die Umstände unseres ersten Treffens mit

Baba waren günstig. Heute ist er ständig von Zehntausenden von Menschen umgeben. Aber im Januar 1968 gab es im Ashram Prasanthi Nilayam, der neben dem Dorf Puttaparthi – dem Geburtsort Babas – liegt, weniger als ein Dutzend Ausländer. Zu jener Zeit waren nur einige wenige Räume für Besucher vorhanden – kaum ein halbes Dutzend. Wir erhielten zwei Räume: einen für die Frauen und einen für die Männer. Sobald wir uns eingelebt hatten, kam Baba uns besuchen, oft zweimal am Tag, wobei er sich jedesmal etwa eine Stunde aufhielt. Meine Frau und ich hatten geplant, zehn Tage zu bleiben und dann wieder nach Burma zu fahren. Es ist schwierig, wenn nicht unmöglich, in Worten auszudrücken, welche Wirkung diese erste Begegnung mit Baba hatte. Mein ganzes Wesen wurde durch und durch ergriffen und verändert. Baba wurde sofort und unmittelbar zum Zentrum meines Lebens und ist es bis heute geblieben. In seiner Gegenwart, bei jenem ersten Treffen, fiel die Welt von mir ab, mein ganzes Bewußtsein wurde nach innen gekehrt. Auf der allerfeinsten Ebene meiner Wahrnehmung erschien Baba in meinem Herzen – als Liebe. Daß es Liebe war, war unverkennbar, und daß Baba diese Liebe war, war gleichermaßen unverkennbar. Mir schien, daß nur Gott selbst mein Herz als Liebe betreten haben konnte, und seit damals hat sich dieses Gefühl göttlicher Gegenwart niemals geändert. Ich fürchte, es ist mir völlig gleichgültig, wie andere Baba sehen, denn es ist mir unmöglich, meine eigene direkte Erfahrung zu verleugnen. Ich wurde sofort Devotee des göttlichen Baba und bin glücklich, es noch heute zu sein. Es überraschte mich sehr, daß ich, der ich immer den Weg des Intellektes gegangen war, um zum spirituellen Leben zu gelangen, den Weg der Hingabe als etwas für mich ganz Natürliches empfand, als ich Baba begegnete. Was mir die Zukunft bringen wird, weiß ich nicht, denke auch nicht groß darüber nach. In dem Maße, wie es mir gelingt, im Hier und Jetzt zu leben, der unmittelbaren Gegenwart des ewig liebenden, ewig fürsorglichen Herrn ständig bewußt, bekümmern mich Gedanken an die Zukunft immer weniger.

Er ist in dir, und es ist Gott selbst, der dich dazu veranlaßt hat, Ihn außerhalb deiner selbst zu erkennen – in Form dieses Bildnisses oder jener Statue – weil Er den Schrei deines Herzens hören und dir Frieden schenken will. Ohne die Eingebung, den Trost und die Freude, die Er dir von innen heraus zuteil werden läßt, würdest du außer dich geraten, wie jemand, der seine Ankertaue verloren hat und umhergetrieben wird – ein steuerloses Schiff auf stürmischer See. Halte dich an Ihn, der in deinem Herzen wohnt. Höre, wie Er in der Stille Worte des Trostes und des Rates flüstert. Pflege die Unterhaltung mit Ihm, lenke deine Schritte nach Seiner Weisung, und du erreichst das Ziel sicher und schnell. Das Bild, vor das du dich setzt, die Blumen, die du darauf legst, Gottes Lob, das du singst, die Gelübde, die du vor dir selbst abgelegt hast, die Nachtwachen, die du hältst – das alles sind Handlungen, die dich reinigen und alles beiseite räumen, was dir den Weg verstellt, auf dem du den Gott in dir erkennen wirst.

Sathya Sai Baba

Das Kruzifix

Das Kruzifix wurde von Baba an einem besonders segensreichen Tag, dem Festtag Mahashivaratri, erschaffen. Baba hatte beschlossen, die alljährlich stattfindende Geburt des Lingam, der blitzend aus seinem Mund austritt und in seine Hände fällt, aufgefangen in einem seidenen Taschentuch, nicht mehr in der Öffentlichkeit zu zeigen. Mahashivaratri war damit zwar kein Fest für die Allgemeinheit mehr, aber es würde weiterhin jedes Jahr ein neuer Lingam, jenes Hauptmerkmal, an dem der Avatar erkannt werden kann, erschaffen werden. Über dieses eiförmige Objekt, das er in der „Großen Nacht Shivas" (Maha-shiva-ratri) aus seinem Innern hervorbringt, sagt Baba: *„Es ist für euch nicht möglich, die göttliche Absicht zu verstehen und die damit verbundene Kraft zu ermessen oder die Bedeutung dieser Manifestation zu erkennen. Um Zeugnis abzulegen für die Tatsache, daß das Göttliche unter euch ist, wird es für mich notwendig, dieses Ausdrucksmittel zu benutzen. Andernfalls würde die Atmosphäre von Haß, Gier, Neid, Grausamkeit, Gewalttätigkeit und Respektlosigkeit das Gute, Demütige und Fromme ersticken. Der Lingam ist ein Sinnbild des Anfangs und Endlosen, des Unbegrenzten... Er ist das geeignetste Symbol des allgegenwärtigen, allwissenden und allmächtigen Herrn. Alles nimmt aus ihm seinen Anfang, und alles ist in ihm enthalten."*

Wir können den Avatar auch an den sechzehn Wesensmerkmalen erkennen, die ihm eigen sind: Schöpfung, Erhaltung, Auflösung, Kenntnis der Inkarnationen, besondere Gnade, verbunden mit der Macht, sie zu gewähren; sie ergeben – dreifach für Vergangenheit, Gegenwart und Zukunft gezählt – zusammen fünfzehn. Mit Paramatman, dem göttlichen Bewohner des Herzens eines jeden Wesens, sind es sechzehn. Zu diesen sechzehn Erkennungszeichen fügt Baba ein weiteres hinzu, welches er als das Wichtigste von allen nennt: Die göttliche Liebe, universal und überpersönlich, und doch individuell erfahrbar. Der Autor hat den Lingam mehrere Male gesehen. In einer Mahashivaratri-Nacht saß ich ziemlich nahe bei Baba. Als der Augenblick kam, sah ich ein Aufblitzen von Gold aus seinem Mund kommen und beobachtete, wie der Lingam in dem seidenen Taschentuch aufgefangen wurde, das Baba in seinen Händen hielt. Dieser Lingam war aus Gold. Wie ein Gegenstand von solchem Umfang die Kehle von Sri Baba heraufkommen kann, ist nicht zu erklären. In einer anderen Mahashivaratri-Nacht war der Lingam durchscheinend, und in seiner Mitte war deutlich eine Flamme zu sehen.

Am Abend vor dem Mahashivaratri-Tag des Jahres 1973 wurde uns gesagt, wir sollten uns am frühen Morgen für einen Ausflug bereithalten, und sobald die Wagen beladen und bereit wären, würden wir das Ziel das Ausfluges erfahren. Swami hatte entschieden, daß nur eine Handvoll Leute beim Erscheinen des Lingams zugegen sein sollte.

Unser Ziel war das Bandipur Wildschutzgebiet im Bandipur-Wald, mehrere Stunden entfernt, im Staat Mysore. Wir kamen am frühen Nachmittag an der Waldraststätte an und kehrten am nächsten Morgen zu den Fahrzeugen zurück. Von den Forstleuten geführt, fuhren wir auf verschlungenen Straßen durch den Wald, in der Hoffnung, eine der Herden wilder Elefanten zu sehen zu bekommen. Während wir durch das Dickicht und dann wieder über offenes Gelände fuhren, wünschten wir uns im Stillen, daß sich die dramatische und faszinierende Begegnung zwischen Baba und einer Herde wilder Elefanten wiederholen würde, die vor einigen Jahren stattgefunden hatte, als Swami und einige Devotees einen Ausflug ins Wildschutzgebiet unternommen hatten. Diesmal jedoch blieben die Elefanten in ihrem Versteck. Nicht ein einziger war zu erblicken. Aber diese Fahrt in die Hügel hatte einen anderen und wichtigeren Zweck: Swami hatte die Absicht, einen geeigneten Platz aufzusuchen, wo wir uns am Abend zur heiligen Geburt des Lingams versammeln konnten. Bei diesem großartigen und höchst geheimnisvollen Anlaß, welcher in der breiten Öffentlichkeit unbekannt und unvorstellbar ist, entstand das Kruzifix.

Als wir eine Brücke überquerten, die über ein sandiges, trockenes Flußbett führte, deutete Baba an, daß dies der richtige Platz sei. Er sagte, wir würden zur Zeit der Abenddämmerung hierher zurückkehren, und so geschah es auch. Die Wagen hielten an der Straße, und wir begannen, die Böschung zu dem sandigen Flußbett hinabzuklettern. Ich ging neben Baba. Als wir an einem Busch vorbeikamen, brach Baba zwei Zweige ab, legte sie übereinander und fragte mich: „Was ist das, Hislop?"

„Das ist ein Kreuz, Swami", antwortete ich. Baba schloß seine Hand um die Zweige und blies dreimal langsam in die Faust hinein, öffnete sie wieder und brachte ein Kreuz mit Christusfigur zum Vorschein. Er gab es mir und sagte: „Dies zeigt Christus, wie er wirklich war, als er seinen Körper verlassen hatte – nicht wie Künstler ihn sich vorgestellt oder Historiker ihn geschildert haben. Sein Magen ist eingefallen und seine Rippen sind zu sehen. Er hatte acht Tage lang nichts gegessen."

Ich sah auf das Kruzifix, konnte aber keine Worte finden. Da fuhr Baba fort: „Dieses Kreuz besteht aus Holz von dem Kreuz, an dem Christus gekreuzigt wurde. Um nach 2000 Jahren etwas von dem Holz zu finden, brauchte es ein Weilchen! Das Bildnis zeigt Christus, nachdem er gestorben war. Es ist das Gesicht eines Toten."

Ich bemerkte etwas Seltsames und fragte: „Swami, was ist das für ein Loch oben im Kreuz?" Baba antwortete, daß das „echte" Kreuz ursprünglich an einem Pfeiler gehangen hatte.

Wir setzten unseren Weg hinab in das Flußbett fort, und Baba hieß uns im Rechteck Platz nehmen. Er selber setzte sich an die Stirnseite. Man konnte sehen, daß Swamis Körper bereits in den „Wehen" war, und die Gruppe begann sofort, Bhajans – heilige Lieder zum Lobe Gottes – zu singen. Dies wurde ohne Unterbrechung fortgeführt, bis der Lingam durch Babas Kehle hervorkam und von ihm in einem seidenen Taschentuch aufgefangen wurde. Nachdem jeder einzelne den Lingam bewundert hatte, legte Baba ihn beiseite. Dann häufelte er etwas Sand vor seinen Knien auf und zog mit seinem Finger oben eine Furche. Gleich darauf grub er im Sand und brachte ein mit Amrith gefülltes silbernes Flakon hervor. Dann ließ er seine Hand kreisen, und zum Vorschein kam eine kleine Silberschale. Darauf erhielt jeder aus seiner Hand eine Portion Amrith, den Nektar der Götter. Wie delikat und köstlich er schmeckte! Er ist einmalig. Es gibt keinen Geschmack, der diesem vergleichbar wäre.

Einige Wochen später waren wir wieder zu Hause in Mexiko und wurden im Zusammenhang mit dem Kruzifix bald Zeugen einer erstaunlichen Serie von Ereignissen. Das Kreuz ist so klein, daß die Einzelheiten der Christusfigur mit dem bloßen Auge nicht zu erkennen sind. Walter, ein Freund, kam zu uns und machte einige Farbaufnahmen von dem Kruzifix. Die Gesamtlänge der Figur beträgt nur einen Zoll (2,5 cm), und Walter mußte einige Vergrößerungen machen, um die Einzelheiten herauszuholen. Als er uns eine Reihe von Abzügen schickte, waren meine Frau und ich zutiefst beeindruckt. Ich schrieb ihm, wenn die Bilder in der Welt bekannt würden, würde es eine Kunst-Sensation geben. Ich bin sicher, es handelt sich um die bedeutendste Christus-Skulptur, die je geschaffen wurde. Nach meiner Schätzung ist es das außergewöhnlichste Objekt, das Sri Sathya Sai Baba je zur Freude seiner Devotees hervorgebracht hat.

Einige Wochen später kamen Walter und seine Frau mit farbigen Vergrößerungen der Aufnahmen zu uns. Wir breiteten sie zusammen mit dem Original auf dem Eßzimmertisch aus, vor den großen Verandatüren, von denen man aufs Meer blickt. Es war gegen fünf Uhr nachmittags. Die Einzelheiten, die durch die fotografischen Vergrößerungen sichtbar gemacht worden waren, waren so beeindruckend, daß alle Anwesenden wie gebannt waren von dem erstaunlichen Anblick Christi und vom Mysterium Sri Bhagavans. An diesem Nachmittag war der Himmel entlang der mexikanischen Küste heiter und windstill. Plötzlich ertönte aus diesem heiteren Himmel ein lauter Donnerschlag, und als wir zur Veranda hinaussahen, kamen Blitze aus einer dunklen Wolke, wo einen Augenblick zuvor noch klarer Himmel gewesen war. Ein heftiger Wind fegte durchs Haus und ließ Fenster und Türen mit solcher Gewalt auf- und zuschlagen, daß das Glas zu zersplittern drohte. Die Vorhänge flatterten in alle Richtungen. Wir waren vollkommen überrascht, nur meine Frau sagte sofort: „Es ist fünf Uhr nachmittags, die Zeit, zu der Christus am Kreuz starb, und was jetzt geschieht, wird in der Bibel beschrieben!" Später holte sie eine Bibel, und wir suchten das Kapitel, welches besagt, daß sich in dem Augenblick, als Christus seinen Geist aufgab, ein heftiger Sturm mit Blitz und Donner erhob und die Vorhänge des Tempels zerriß. Wir kamen zu dem Schluß, daß wir Zeugen eines Wunders geworden waren, das gänzlich jenseits unseres Begriffsvermögens lag. Vor unseren Augen war nichts Geringeres geschehen als eine Wiederholung der Ereignisse, die von der Kreuzigung berichtet werden.

Am nächsten Tag brachten die Zeitungen in San Diego eine kurze Notiz, in der von dem plötzlichen und mysteriösen Sturm die Rede war, der ohne Vorwarnung an der mexikanischen Küste in der Nähe von Ensenada aufgekommen sei. Wir und unsere Freunde sahen es so, daß diese machtvolle Wiederholung des Ereignisses, das fast zweitausend Jahre zuvor aufgrund der Kreuzigung Christi geschehen war, auf irgendeine Weise mit dem kleinen Kreuz und der Christusfigur zusammenhängen mußte, die Baba materialisiert hatte. Etwa ein Jahr später sandte ich eine Beschreibung des Ereignisses an Dr. Eruch B. Fanibunda für sein Buch „Vision of the Divine". Dieser zeigte sie Baba. Nachdem Baba die Notiz gelesen hatte, bestätigte er, daß sich das Ereignis wie beschrieben zugetragen hätte, und daß die Erklärung, die wir gegeben hatten, richtig sei.

Die Geschichte dieses Kreuzes ist damit noch nicht zu Ende. Es gibt noch ein Nachspiel. Im Jahre 1975 reiste ich erneut nach Indien, um mit Baba über die Vorbereitungen für seinen von uns erhofften Amerika-Besuch zu sprechen. Swami war von meinem Besuch nicht unterrichtet worden und zu dem Zeitpunkt, als ich ankam, gerade auf einer Reise. Wie ich später erfuhr, hatte er an diesem Tag während des Mittagessens gesagt: „Hislop ist gerade in Bangalore angekommen und wartet."

Einer der Männer am Tisch (der mir später von dieser Szene berichtete) bemerkte: „Du hast ein Kruzifix für ihn gemacht." Baba erwiderte: „Ja, ich habe es für ihn gemacht. Und als ich mich aufmachte, nach dem Holz zu suchen, hatten sich die Teilchen des Kreuzes längst aufgelöst; es war in seine Elemente zerfallen. Auf der Ebene der Elementarteilchen rekonstruierte ich genügend Material für ein kleines Kreuz. Swami mischt sich sehr selten in die Natur ein, aber für einen Devotee tut er es gelegentlich."

Gründe dein Handeln auf Wissen, dem Wissen, daß alles Eins ist. Laß die Handlung von Bhakti durchdrungen sein, das heißt von Demut, Liebe, Barmherzigkeit und Gewaltlosigkeit. Laß deine Hingabe von Weisheit erfüllt sein, sonst ist sie so halt- und schwerelos wie ein Luftballon, der von jedem Windhauch weggetrieben wird. Bloßes Wissen macht das Herz trocken; Bhakti läßt es weich werden vor Mitgefühl, und Karma gibt den Händen etwas zu tun, etwas, was jede der Minuten heiligen wird, die deiner Lebensspanne zugefallen sind.

Sathya Sai Baba

Die weinenden Saris

Können Saris weinen? Ist es vorstellbar, daß Saris, unbelebte, aus Stoff gemachte Gegenstände, echte Tränen vergießen können? Ja, das gibt es. Ich habe es zusammen mit anderen Menschen im Dharmakshetra in Bombay gesehen. Ich war der erste, der es bemerkte. Die vier zurückgewiesenen Saris lagen in einer Schachtel auf dem Tisch. Ich sah Wasser aus der Schachtel tropfen und machte Baba darauf aufmerksam. Baba nahm den Deckel von der Schachtel, und alles drängte sich um ihn herum, um auch sehen zu können. Aus den Säumen der Saris floß Wasser. Ich sagte: „Swami, hier gibt es kein Wasser. Wir stehen seit einer Stunde um diesen Tisch herum. Der Tisch war vollkommen trocken." Baba erwiderte: „Sie weinen, weil ich sie zurückgehen ließ." Ich sagte: „Swami – sie weinen! Heißt das, daß ein lebloses Stück Stoff Gefühle hat?" Hier wollen wir Baba die Geschichte erzählen lassen. Sie wurde in einem Vortrag in Prasanthi Nilayam wiedergegeben und in Band VII der Reihe „Sathya Sai Speaks" veröffentlicht:

„Nichts geschieht jemals ohne einen bestimmten Grund, wie zufällig und mysteriös es auch erscheinen mag. Die Wurzeln sind tief und unsichtbar. Ich sagte Hislop im Dharmakshetra in Bombay dasselbe. Die Brücke nach Sri Lanka wurde durch die Meeresenge gebaut, damit Rama und seine Armee hinüber in das Reich des Dämonenkönigs Ravana marschieren konnten, wo Sita gefangen gehalten wurde. Zum Brückenbau brachen die tapferen Affen im Himalaya riesige Berggipfel ab, und um sie zu transportieren, bildeten sie über die ganze Entfernung vom Himalaya bis zum südlichsten Punkt Indiens hinab eine Kette. Die Brücke wuchs zusehends. Als der Damm vollendet war, wurde eilig die Nachricht weitergegeben, daß keine weiteren Hügel benötigt würden, und jeder Affe warf den Hügel, den er gerade auf seinen Schultern trug, dort ab, wo er gerade stand.

Ein Hügel jedoch wollte sein Schicksal nicht so einfach hinnehmen und beklagte sich: „Warum hat man mich fortgenommen von dort, wo ich war, und läßt mich jetzt einfach liegen? Ach, wie fühlte ich mich erhoben, dazu bestimmt zu sein, einem göttlichen Zweck zu dienen! Ich war überglücklich, daß die Armeen von Rama und er selbst über mich hinwegschreiten würden – und nun, da man mich nicht mehr braucht, werde ich einfach weggeworfen!" Der Hügel vergoß bittere Tränen, und als Rama von seinem Schicksal erfuhr, hatte er Mitleid mit ihm. Er sandte Nachricht, daß er in seiner nächsten Avatarschaft, wenn er für seine Mission in menschlicher Gestalt wiederkommen würde, den trauernden Hügel segnen würde. Eben diese Erhebung ist jener Govardhana-Berg, den Rama dann als jugendlicher Krishna mit seinem Finger hochhob und volle sieben Tage in der Luft hielt, um die Rinderherden von Gokul vor den sintflutartigen Regenfällen zu retten, die Indra, der Regengott auf sie herabströmen ließ.

Ich erzählte Hislop diese Geschichte, als er mich fragte, ob auch leblose Dinge Emotionen oder Gefühle der Enttäuschung und Verzweiflung hätten. Das war im Dharmakshetra bei folgender Gelegenheit: Ich hatte etwa hundert Saris bringen lassen, um einige davon auswählen und an Arbeiterinnen in Anantapur, die dort das Sathya-Sai-College bauen halfen, zu verteilen. Ich wählte sechsundneunzig Saris aus und sagte, die übrigen vier sollten in das Geschäft zurückgebracht werden. Ich legte die vier beiseite, und die sechsundneunzig wurden in mein Zimmer getragen. Als ich später an dem Tisch vorbeiging, auf dem die vier ausgesonderten Saris lagen – Hislop stand an einer Seite des Tisches – bemerkte er, daß aus dem Karton, der die vier Saris enthielt, Tränen tropften. Die Saris weinten darüber, daß sie mir nicht gefallen hatten und für ungeeignet erklärt worden waren. Sie hatten tatsächlich Tränen vergossen. Ihr mögt fragen, ob so etwas überhaupt möglich ist. Ich sage euch, es gibt nichts in der Welt, was kein Herz hat, was unfähig ist, Freude oder Kummer zu empfinden! Ihr müßt nur das Auge haben zu sehen, das Ohr, um zu hören und das Herz, um zu empfinden."

Als Baba im Dharmakshetra in Bombay die Geschichte von dem Berggipfel, die sich zu Ramas Zeiten zugetragen hatte, beendet hatte, rief ich: „Swami! Genau das gleiche Drama, das zur Zeit Ramas stattfand und dann noch einmal zu Krishnas Zeiten, hat sich heute, hier in genau diesem Raum abgespielt!" Baba antwortete: „Ja, und mit genau demselben Rama und demselben Krishna hier und heute in diesem Zimmer."

Wie es bei dem zurückgewiesenen Berggipfel geschehen war, so erregten auch hier die zurückgewiesenen Saris das Mitleid des Herrn und wurden an Frauen in Babas Gesellschaft verschenkt. Einen davon erhielt meine Frau. Sie hält ihn in großen Ehren.

Am Morgen geht der Schatten vor dir her. Wie schnell du auch gehst, du kannst ihn nicht einholen, weder in der Ebene, noch bergauf. Oder aber der Schatten verfolgt dich, und du kannst ihm nicht entkommen. Das ist die Natur des Verlangens, der Wünsche. Ob du sie verfolgst oder sie dich verfolgen – du kannst ihrer nicht Herr werden und sie nicht fassen. Das Begehren ist wie ein Schatten, der kein Eigenleben hat. Richte es nach innen, auf den spirituellen Schatz, dann bringt es dir Frieden und Glück.

Sathya Sai Baba

Ein Spiegelbild des Mondes

Am frühen Morgen des 8. Dezember 1973 verließ Swami Prasanthi Nilayam, um nach Brindavan zu fahren. Nach ungefähr einer Stunde Fahrt wies er die drei Wagen im Troß an, auf einer Lichtung in einem unbesiedelten Waldgebiet Halt zu machen. Alles stieg aus. Baba war in bester Stimmung, ging unter den Mitreisenden umher und machte Späße.

Neben dem Picknick-Platz stand ein wilder Holzapfelbaum, in dessen oberen Zweigen einige größere Holzäpfel hingen. Die Männer warfen Steine hinauf, um ein paar davon herunterzuholen, aber ohne Erfolg. Ein kleiner Holzapfel von wenigen Zentimetern Durchmesser fiel dann doch zu Boden. Baba hob ihn auf, hielt ihn zwischen Daumen und Zeigefinger gegen die Morgensonne und sagte: „Hier ist der Mond." Dann umschloß er ihn für einen Augenblick mit der Hand, und als er sie öffnete, war der Holzapfel verschwunden. An seiner Stelle befand sich ein höchst ungewöhnlicher Gegenstand: eine durchsichtige Scheibe (aus Stein?), am Rande dünn und zur Mitte hin dicker. Der Gegenstand reflektierte das Sonnenlicht auf ungewöhnliche Weise, und in seinem Innern sprühte es von einer verwirrenden Vielfalt von Lichtreflexen. Es gab dunkle Stellen von unregelmäßiger Form und Größe; kurze und längere Adern leuchtender, mineralähnlicher Substanzen in allen Schattierungen, Farbflecken, die funkelnd das Sonnenlicht reflektierten. Die Scheibe war von außergewöhnlicher Schönheit.

Alle bestaunten sie voller Verwunderung. Während Baba sie gegen die Sonne hielt, sagte er, sie sei eine Miniatur des Mondes; sie bestehe aus Mondgestein und stelle einen „Spiegel" des Mondes dar. Keiner von uns konnte verstehen, was er meinte, und so begannen wir zu fragen. Schließlich begriffen wir, daß die Scheibe eine exakte Wiedergabe des Gesteins und der Mineralien beider Mondseiten war. Es war, als ob man die der Erde zugewandte Seite des Mondes fotografiert hätte, dann zur erdabgewandten Seite gereist wäre und auch sie festgehalten hätte. Jede der beiden Seiten war wie auf einer kreisrunden Platte fotografisch festgehalten. So spiegelte die eine Seite der leuchtenden Scheibe die erdzugewandte Seite des Mondes wider, und die andere Seite der Scheibe die erdabgewandte Seite. Die dunkleren, unregelmäßig geformten Flächen auf der Scheibe waren die sehr ausgedehnten Erhebungen der Mondoberfläche; die hell reflektierenden Flecken und Punkte stellten einzelne Berge und kleinere Gebirgszüge dar.

Tatsächlich war die Vielfalt der verschiedenen optischen Phänomene auf dieser Scheibe so groß, daß sie nur schwer zu erfassen waren. Baba erklärte uns, daß die Ausformungen auf der leuchtenden Scheibe, die wie Mineralien schimmerten, tatsächlich Mondmineralien seien, daß sie in der Scheibe sichtbar seien, weil sie so dünn und daher durchsichtig sei und daß die gleichen Mineralablagerungen im Mond selbst vorhanden seien. Diese Miniatur-Ausgabe des Mondes war also eine genaue Wiedergabe, und wenn man eine fotografische Vergrößerung davon hätte, würden Wissenschaftler sofort die Landschaftsmerkmale wiedererkennen, die ihnen vertraut sind. Baba sagte, er würde niemandem diesen Miniaturmond schenken; die Scheibe würde dahin zurückkehren, woher sie gekommen sei. Er sagte nichts über ihre Herkunft, und niemand fragte danach.

Inzwischen war das mitgebrachte Essen ausgepackt worden, und die Frauen unserer Picknick-Gesellschaft servierten ein köstliches Frühstück. Ich hielt die Mondscheibe gerade in der Hand und steckte sie in meine Jackentasche. Nach dem Frühstück streckte Baba lächelnd seine Hand aus, ich griff in meine Tasche und gab ihm die Mondscheibe zurück. Er hielt sie noch einmal gegen die Sonne. Da war um den gesamten Rand der Scheibe ein starkes, goldenes Licht zu sehen. Baba sagte: „Schaut, das ist der Sonnenaufgang!“ Nachdem wir alle den goldenen Lichtschein hatten bewundern dürfen, schloß Swami seine Hand. Als er sie öffnete, war die Mondscheibe verschwunden, und an ihrer Stelle lag wieder der kleine Holzapfel da. Baba warf ihn mir zu. (Er gehört zu den Gegenständen, die sich bei uns zu Hause im Altarraum befinden.) Von irgendwoher waren inzwischen einige Fremde herbeigekommen; Baba gab ihnen die Reste des Essens. Die Frauen räumten den Picknickplatz auf, wir stiegen wieder in die Autos ein und setzten unsere Fahrt nach Brindavan fort, durch und durch befriedigt von diesem Frühstückspicknick mit Baba.

Laß keinen einzigen Stachel der Abneigung in dir sein, laß Liebe zu allen in dir wachsen. Verlangen ist ein Sturm, Gier ein Strudel, Stolz ein Abgrund, Bindung ist eine Lawine, Selbstsucht ein Vulkan. Halte diese Gefühle fern von dir, damit sie dein inneres Gleichgewicht nicht stören, wenn du den Namen Gottes wiederholst oder meditierst. Laß Liebe die Herrscherin in deinem Herzen sein; und Sonnenschein, kühle Brisen und sanft plätschernde Wasser der Zufriedenheit werden die Wurzeln deines Glaubens nähren.

Sathya Sai Baba

Die Auferstehung des Walter Cowan

Die Auferstehung, die Wiederauferstehung von den Toten ist etwas, wovon alle Christen gehört haben, und weil sie etwas Heiliges ist, neigen wir dazu, an sie zu glauben – wenn wir nicht schon vorbelastet sind von den Zweifeln der Agnostiker, Atheisten, Humanisten und Leuten, die sich im allgemeinen mehr an Vernunft und Logik als an den Glauben halten. Und die heutigen Geschichten von Auferstehungen kommen von Leuten, die nicht zum „Establishment" gehören, weshalb sie niemand ernst nimmt. Das gilt hauptsächlich für den Westen. In Indien ist diese Art von Glauben bzw. Nichtglauben an Auferstehung nicht gerade die Norm. Diese Geschichte hat sich in Indien zugetragen, obwohl Walter Cowan – wie ich – im Westen geboren wurde.

Walter starb in seinem Zimmer im Connemara-Hotel in Madras. Er und seine Frau Elsie waren dort am 23. Dezember 1971 angekommen, um Baba zu besuchen, der sich gerade in Madras aufhielt und, unter anderem, bei einer All-India-Konferenz der Sai-Organisationen den Vorsitz führen sollte.

Am frühen Morgen des 25. Dezember verbreitete sich wie ein Lauffeuer das Gerücht, daß ein älterer Amerikaner an einem Herzanfall gestorben sei. Meine Frau Victoria und ich dachten sofort an Walter. Wir gingen zum Hotel und fanden Elsie dort vor. Walter war in den frühen Morgenstunden zusammengebrochen. Elsie hatte Frau Ratanlal herbeigerufen, deren Zimmer am Ende des Flures lag. Die beiden Frauen schafften es, Walter ins Bett zu heben, doch einige Minuten später starb er in Elsies Armen. Ein Krankenwagen wurde gerufen, der Leichnam wurde ins Krankenhaus gebracht, dort für tot erkärt, in einen leeren Lagerraum gebracht und mit einem Leinentuch bedeckt. Und nun standen die Entscheidungen für das Begräbnis an.

Als wir ankamen, waren Elsie und Frau Ratanlal schon bei Baba gewesen. Baba hatte ihnen gesagt, er würde um zehn Uhr zum Krankenhaus kommen. Die beiden Frauen machten sich bereit, Baba zur vereinbarten Stunde zu treffen. Sie fuhren zum Krankenhaus, aber Baba war schon vor ihnen dagewesen und bereits wieder gegangen. Zu ihrer Freude, aber auch zu ihrer völligen Überraschung, fanden sie Walter am Leben, unter Obhut der Ärzte. Niemand hatte Baba bei Walter gesehen. Lediglich der Devotee-Familie, bei der er zu Gast war, erzählte Baba, daß er Walter ins Leben zurückgerufen habe.

Am nächsten Tag sollte ich noch ein faszinierendes Erlebnis haben. Denn Walters Leben war weiterhin in Gefahr. Baba erzählte mir später, daß Walter dreimal gestorben sei und dreimal wieder ins Leben zurückgeholt werden mußte.

Walters eigener Bericht bringt etwas Licht in die Ereignisse: Er hatte seinen Tod miterlebt und war bei seinem Körper geblieben, den er mit Interesse und Verwunderung betrachtete. Dann kam Baba, und sie gingen zusammen zu einem Ort, der in großer Höhe zu liegen schien. Dort betraten sie einen Konferenzraum, wo Leute um einen Tisch herum saßen. Es war auch ein Vorsitzender da, der ein gütiges Gesicht hatte und in freundlichem Ton sprach. Er ließ Walters Akten holen, und diese wurden laut vorgelesen. Die Schriftstücke waren in verschiedenen Sprachen abgefaßt, und Walter konnte nicht verstehen, was gesagt wurde, bis Baba nach einiger Zeit zu übersetzen anfing. Walter war überrascht zu hören, daß er zu verschiedenen Zeiten und in verschiedenen Kulturen hohe Positionen innegehabt und sich immer um das Wohlergehen der Menschen gekümmert hatte. Schließlich wandte sich Baba an den Vorsitzenden und bat, Walter möge seiner Fürsorge überlassen werden, denn er, Baba, habe für Walter noch Aufgaben. Als Baba und er dann zusammen den Raum verließen, fühlte er, wie er zu dem Ort hinabstieg, wo sich sein Körper befand und empfand starke Abneigung dagegen. Er hatte nämlich die unmittelbare Erfahrung gemacht, daß er nicht sein Körper war, und hatte kein Verlangen danach, wieder körperlichen Ängsten und Leiden ausgesetzt zu werden.

Nachdem ich von Walter den Bericht gehört hatte, fragte ich Baba, ob Walter sich die Begebenheiten nur einbildete, aber Baba erwiderte, daß sie keine Einbildung seien: die Ereignisse hätten wirklich stattgefunden. Sie hätten sich in Walters Geist abgespielt, und Baba selbst habe die Gedanken gelenkt. Ich fragte darauf, ob jeder bei seinem Tod ähnliche Erfahrungen machte. Baba antwortete, daß einige Leute ähnliche Erfahrungen hätten, andere wiederum nicht. Mehrere Jahre später warf ich die Frage nochmals auf. Baba antwortete, daß es abgesehen vom Sterben selbst keine für alle gleiche Erfahrung gebe.

Der Tag nach Walters Rückkehr ins Leben war für mich äußerst interessant. Sri Appa und ich begleiteten Baba zum Hause eines

Devotees. Von dort gingen wir zu einem Treffen weiblicher Mitglieder des Nigara-Sai-Samiti, wo Baba Auszeichnungen verteilen und eine Ansprache halten sollte. Sri Appa und ich saßen auf dem Podium, nur einige Fuß von Baba entfernt, und konnten ihn ganz aus der Nähe beobachten. Baba verteilte die Auszeichnungen und hielt einen spirituellen Vortrag – ohne jede erkennbare Unterbrechung oder Unsicherheit. Nach diesem Treffen fuhren wir zum Haus eines Devotees zum Mittagessen. Sobald wir in den Wagen gestiegen waren, wandte Baba sich zu uns und sagte: „Während ich auf dem Treffen sprach, rief Frau Cowan nach mir. Ich begab mich sofort zum Krankenhaus und tat alles Nötige. Herrn Cowans Zustand hatte sich rapide verschlechtert."

Baba war also, während er seine Ansprache am Rednerpult hielt, zum Krankenhaus gegangen und hatte getan, was nötig war. Aber vor Sri Appas und meinen Augen hatte er die ganze Zeit über ohne Unterbrechung und ohne einmal innezuhalten die Ansprache und die Auszeichnungs-Zeremonie auf dem Podium fortgesetzt. Wie erklärt sich so ein Mysterium?

Als wir am Haus des Devotees zum Mittagessen eintrafen, wandte Baba sich an uns und sagte: „Ihr könnt zum Essen nicht bei mir bleiben. Bringt dieses Vibhuti ins Krankenhaus, gebt Herrn Cowan etwas davon in den Mund und reibt ihm den Rest auf die Stirn und die Brust. An der Straßenecke da vorne werdet ihr Frau Hislop in einem Taxi finden. Sie wird euch mit ins Krankenhaus nehmen."

In der Tat war meine Frau in einem Taxi hinter uns her gefahren. Sie war sehr darauf bedacht gewesen, außer Sicht zu bleiben, aber ihre Bemühungen hatten nicht viel genützt, denn Baba wußte, wie gewöhnlich, alles. Als wir mit dem Vibhuti im Krankenhaus eintrafen, sagte Frau Cowan: „Walters Zustand hatte sich vorhin sehr verschlechtert. Ich dachte, er wäre tot und erschrak sehr. Ich rief sofort laut nach Baba. Jetzt scheint Walter sich ein bißchen erholt zu haben. Als ich Baba rief, fühlte ich sofort seine Gegenwart." Im Krankenhaus hatte Elsie genau das erlebt, was Baba Sri Appa und mir im Wagen erzählt hatte.

Andere Devotees kennen ähnliche Beispiele von Babas Fähigkeit, Tote aufzuerwecken. Der Raja von Ventagiri erzählte mir von einem Erlebnis, das ungefähr zwanzig Jahre zurücklag. Damals wurde er Zeuge, wie Baba einen Mann ins Leben zurückrief, der bereits sechs Tage lang tot gewesen war und dessen Körper sich dementsprechend im Zustand der Verwesung befand. Zu solchen Mysterien kann man keinen Kommentar abgeben; sie liegen außerhalb des gewöhnlichen menschlichen Erfahrungsbereiches.

Innere Losgelöstheit, Glaube und Liebe – dies sind die Säulen, auf denen der Frieden ruht. Von ihnen ist der Glaube das Entscheidende. Ohne ihn ist Sadhana (spirituelle Übung) ein leerer Ritus. Losgelöstheit allein kann Sadhana wirkungsvoll machen, und die Liebe ist es, die den Weg zu Gott beschleunigt. Glaube nährt die Qual des Getrenntseins von Gott; Losgelöstheit dirigiert dieses Sehnen auf den Weg zu Ihm; Liebe beleuchtet den Weg. Gott wird dir gewähren, was du benötigst und verdienst; es besteht keine Notwendigkeit zu bitten, kein Grund zu murren. Sei zufrieden, sei dankbar, was immer auch geschieht, wann immer es geschieht. Nichts kann gegen Seinen Willen geschehen.

Sathya Sai Baba

Mit Baba unterwegs

Jeder Ausflug mit Baba ist erregend und romantisch wie eine große Expedition. Es ist, als ob man sich in Gesellschaft eines großen Herrschers befindet, der durch sein Reich fährt, oder im Bannkreis des strahlendsten und berühmtesten Filmstars aller Zeiten. Wenn sein Wagen die Straßen entlangfährt, lassen die Bauern auf den Feldern ihre Arbeit stehen und rennen, um den Wagen ja nicht zu verpassen. Wie können sie wissen, wer in dem Wagen sitzt? Sie sind nicht benachrichtigt worden, und in früheren Zeiten fuhr Baba nur in einem gewöhnlichen Sedan. Gibt die subtile Energie und Schönheit von Babas Gegenwart den Alarm? Oder werden die Bauern ohne ihren eigenen Willen von Swamiji angezogen wie Eisenfeilspäne von einem Magneten? Ich bin immer wieder erstaunt und tief gerührt, wenn ich das erlebe.

Wenn der Wagen in die Nähe eines Dorfes kommt, hat man den Eindruck, als habe ein Bote Babas Reise zuvor angekündigt. Es muß wohl auch einige Leute geben, die bei der Arbeit und in ihren Häusern bleiben, aber für uns sieht es so aus, als sei jeder Mann, jede Frau und jedes Kind auf den Beinen, um auf der Straße auf Baba zu warten. Die Menschen drängen auf die Fahrbahn, und der Wagen kann sich nur noch ganz langsam vorwärts bewegen. Hände und Gesichter werden gegen die Wagenfenster gepreßt – jeder möchte einen Blick von der göttlichen Persönlichkeit erhaschen. Wenn der Wagen den Dorfausgang erreicht und wieder Geschwindigkeit aufnimmt, lassen die Dorfbewohner nicht etwa ab, im Gegenteil: Sie beginnen zu laufen, um bis zum letztmöglichen Augenblick dicht bei Baba bleiben zu können. Woher wissen die Dorfbewohner? Niemand hat sie informiert. Gewiß, es muß sich herumgesprochen haben, aber wie kann sich ein Gerücht so schnell so weit verbreiten?

Wenn der Wagen eine größere Stadt erreicht, versammeln sich riesige Massen – begeisterte Menschen mit tränenfeuchten Augen und Sehnsucht im Herzen. Egal, welchem Haus Baba einen Besuch abstattet, die Menge steht da und wartet auf seine Ankunft. Solange Baba sich aufhält, haben die Ortsbehörden mit dem Problem einer massiven Verkehrsstauung zu kämpfen. Aber viele Polizeibeamte sind selbst Devotees, und es ist schwer für sie, rigoros durchzugreifen. Die Stimmung ist nicht die der Neugier, sondern des Staunens, der Ehrfurcht und der Hingabe. Alle Augen sind auf Baba gerichtet, wann immer er erscheint. Viele Menschen werden von ihren Gefühlen überwältigt, lösen sich in Tränen auf und werfen sich ehrfurchtsvoll zu Babas Füßen nieder, mit der wortlosen Bitte um seinen Segen. Es ist eine außergewöhnliche Szene und ein ergreifendes Erlebnis.

In den westlichen Ländern leugnet man heute Gott und verläßt sich auf sich selbst. Der Mensch mißt seiner Intelligenz und seinem Sinn für Abenteuer einen zu hohen Wert bei und brüstet sich mit dem Fortschritt, den er durch Wissenschaft und Technologie errungen hat. Aber Intelligenz ohne Gleichmut füllt die Heilanstalten für Gemütskrankheiten. Der Friede flieht aus den Herzen der Männer und Frauen; Harmonie innerhalb der Gesellschaft wird zu einem fernen Traum, internationale Eintracht ist eine Fata Morgana, die nur wenige zu erreichen versuchen. Der Mensch reist zum Mond, erforscht aber nicht seine eigenen inneren Bewußtseinsschichten, die es zu begreifen, zu reinigen und unter Kontrolle zu bringen gilt.

Sathya Sai Baba

Baba in Havanna

Eines Abends um neun Uhr, als im Ashram das Licht ausgeschaltet wurde, erhielten wir von Baba die Nachricht, wir sollten uns am anderen Morgen um fünf Uhr bereit halten, um mit ihm nach Bangalore zu fahren. Die Nachricht von der Abreise war vertraulich, und niemand sollte ein Wort davon erfahren. Wir waren hocherfreut, wie man sich vorstellen kann. Es war unsere erste Einladung zum Mitfahren.

Um 4.30 Uhr waren wir bereit und gingen mit unserem geringen Gepäck auf die Straße. Zu unserer Überraschung sahen wir auf einem Seitenweg eine Reihe Autos parken, die offensichtlich alle bereitstanden, um hinter Baba herzufahren. Wie war das möglich? Leicht verwirrt gingen wir zum Mandir (Tempel), wo wir Baba treffen sollten. Da kam die nächste Überraschung! Der ganze Tempelvorhof wimmelte vor Menschen, die schweigend auf ihn warteten. Keine Unterhaltung, nicht einmal ein Flüstern. Das war also die geheimgehaltene Abreise!?

Die Frage „Wann fährt Swami?" beschäftigt immer alle, sobald die Veranstaltung vorüber ist, deretwegen Baba nach Prasanthi Nilayam gekommen ist. „Baba fährt!" ist dann überall zu hören. Es genügt schon, daß jemand beobachtet, wie ein Gepäckstück zur Garage gebracht wird, in der Babas Wagen steht. Sofort geht ein Gerücht um, und das Spiel beginnt: Jede Stunde ab drei Uhr morgens wird zum „Geheimtip", und die Leute halten sich bereit, jederzeit loszufahren.

An diesem besonderen Tag wurde es neun Uhr vormittags, bevor Baba abfuhr. Es wurde ein Zeichen gegeben, daß er bereit sei. Baba kam aus dem Mandir, blieb kurz stehen, um auf die Menge der versammelten Devotees zu schauen, und der Ausflug nach Brindavan begann.

Baba ist beim Fahren vorsichtig und gibt dem Fahrer oft Hinweise, reist aber auf freien, übersichtlichen Strecken mit hoher Geschwindigkeit. Dies bringt die Fahrer der Wagen im Troß unter beträchtlichen Druck. Baba selber wirkt entspannt und absolut ungezwungen; er lächelt süß und spricht mit höchst liebenswürdiger Stimme. Victoria hatte auf eine Gelegenheit gewartet, Baba nach einer Begebenheit in ihrer

Kindheit zu fragen, und als er zustimmte, erzählte sie folgende Geschichte:

Es war im Hause ihrer Familie in Havanna auf Kuba. Das Haus hatte einen großen, mit einer Mauer umgebenen Garten, wie er für spanische Häuser typisch ist, und vom Haus aus führten Türen in den Garten hinaus. Victoria war ungefähr ein Jahr alt, und ihre Mutter lehrte sie gerade das Laufen. Mit noch unsicheren Schrittchen ging sie aus dem Zimmer, in dem die Familie versammelt war, in den Garten. Plötzlich blieb sie stehen, denn sie bemerkte in der Ecke des Gartens, gegen die Mauer gelehnt, einen Mann. Sie rief spontan: „Papa" und lief ein paar Schritte auf ihn zu. Dann aber zögerte sie, kehrte völlig verwirrt um und lief wieder ins Zimmer, wo sie ihren Vater doch vorher gesehen hatte. Zuvor sah sie sich noch einmal nach dem Mann um – er war immer noch da.

An dieser Stelle unterbrach Baba die Erzählung: „Ja, ja, ich war dort. Ich stand so gegen die Mauer gelehnt." Dabei streckte Swamiji seine Beine aus und legte eins über das andere. „Ich trug ein Tuch um meinen Kopf geschlungen (er kreiste mit der Hand um seinen Kopf), und eins um die Hüften." Genau das hatte Victoria auch gesehen. Sie hatte noch nie zu jemandem darüber gesprochen und auch gar nicht mehr daran gedacht, aber der Vorfall hatte sich dennoch tief in ihr Gedächtnis eingegraben und war ihr erst viele Jahre später in höchst unerwarteter Weise im Hause eines Freundes im Ojai-Tal wieder bewußt geworden. Dieser Freund war von Indien begeistert und eine Zeitlang Sekretär von Paul Brunton gewesen, dem berühmten Autor mehrerer Bücher über das esoterische Indien. Victorias Aufmerksamkeit war durch ein Bild in einem Buch erregt worden. Sie hatte mit dem Finger darauf gezeigt und ausgerufen: „Wer ist dieser Mann? Ich kenne ihn." Der Freund hatte erwidert: „Das ist Sai Baba von Shirdi." Nun erfuhr Victoria, daß sie als kleines Kind einen Darshan von Baba in Gestalt von Shirdi Sai Baba erhalten hatte.

Plötzlich schien Baba auf etwas zu lauschen. Er befahl anzuhalten – einer der hinterherfahrenden Wagen hätte eine Reifenpanne. Die Autokaravane war aber nicht mehr zu sehen. Wir warteten eine Weile schweigend. Als wir uns umdrehten, sahen wir einen Wagen schnell näherkommen. Der Fahrer berichtete, ein Wagen hätte eine Panne, und er sei schneller gefahren, um es Swami zu melden. Wir fuhren zurück, wo die anderen Wagen warteten. Swamiji machte für einen Mitfahrer des liegengebliebenen Wagens Platz, während die übrigen sich auf die anderen Wagen verteilten. Der Taxifahrer blieb bei seinem Fahrzeug, um die Panne zu beheben. Mit Victorias Gelegenheit zu einem weiteren vertraulichen Gespräch mit Baba war es aus.

Wenn der erste Schößling aus dem Samen eines Baumes hervorbricht, sieht man nur einen einzigen Stiel, aus dem zwei kleine Blätter abstehen. Wenn er dann herangewachsen ist, hat er sich in unübersehbar viele Zweige gegabelt, von denen jeder so dick wie ein Stamm ist; aber man sollte nicht vergessen, daß die Nahrung, die von den Wurzeln kommt, immer noch durch den einen Hauptstamm fließt. So nährt auch ein und derselbe Gott den spirituellen Hunger aller Völker und aller Glaubensrichtungen durch die Erhaltung von Wahrheit, Tugend, Demut und Opferbereitschaft.

Sathya Sai Baba

Der doppelte Heiligenschein

Baba hielt sich gerade im Dharmakshetra in Bombay auf. Dieses Dharmakshetra ist auf einem kleinen Hügel erbaut und umfaßt, neben anderen Bauten, ein mittelgroßes Gebäude, das die in Babas Gesellschaft befindlichen Devotees beherbergt, solange er sich dort aufhält. Zusätzlich zu den Schlafräumen gibt es eine Küche und einen Eßraum. Der vordere Teil des Gebäudes hat zwei Schlafraumtrakte, die durch einen Innenhof getrennt sind. Die Frauen bewohnen den einen Trakt, die Männer den anderen. Mit Ausnahme der Schlaf- und Ruhezeiten sind die Eingänge nur durch Vorhänge verschlossen. Baba, der immer in heiterer und unbeschwerter Stimmung ist, geht frei in beiden Abteilungen des Gebäudes ein und aus, um mit seinen Devotees zu sprechen und zu scherzen. Sein Privat-Quartier befindet sich einige hundert Fuß entfernt im Hauptgebäude.

Eines Tages kam er nach dem Mittagessen in einen der Räume auf der Männerseite. Ich war gerade aus Amerika zurück und hatte beim Essen kurz zuvor ein interessantes Erlebnis gehabt. Ich habe zwar stets die gute Absicht, das Essen jeder Mahlzeit Baba zu weihen, bevor ich den ersten Bissen zu mir nehme. Aber obwohl ich es immer vorhabe, versäume ich es jedesmal und habe meist schon einen Teil des Mahles gegessen, bevor mir einfällt, es dem Herrn zu weihen. Meine Reaktion ist dann auch jedesmal die gleiche: ich ärgere mich über mich selbst.

Bei diesem besonderen Mahl nun saß Baba wie gewöhnlich an seinem eigenen Tisch, und wir anderen saßen in einer Reihe auf dem Boden. Als ich gerade den ersten Bissen in den Mund schieben wollte, erinnerte ich mich plötzlich an meine Pflicht. Ich legte das Essen wieder auf den Teller, weihte es schweigend dem Herrn und dachte dann: „Gott sei Dank! Endlich mal rechtzeitig!“ Dann öffnete ich meine Augen: Baba sah direkt zu mir herüber und lachte. Für Baba macht es keinen Unterschied, ob man schreibt oder denkt. Er hört oder weiß die Gedanken genauso klar, wie ich die gesprochenen Worte von jemandem, der neben mir sitzt, hören kann; oder besser gesagt: Baba weiß alles, da er die Grenzen von Raum und Zeit überschreitet.

Als Baba nach dem Essen in einen Raum auf der Männerseite ging, folgte ich ihm, genau wie die anderen Männer auch. Baba stellte einen Sessel an eine Zimmerwand. Wir übrigen setzten uns vor ihn hin, und eine Unterhaltung begann. Bei der erstbesten Gelegenheit fing ich, wie es meine höchst beklagenswerte Gewohnheit ist, an, Baba Fragen zu stellen. Weil ich ihn als niemand anderen als die unmittelbare Personifikation des Göttlichen ansehe, bin ich sehr stark auf ihn fixiert, und das ganz besonders, wenn ich mit ihm sprechen kann. Fragen und Antworten gingen eine Zeitlang zwischen uns hin und her, und meine Aufmerksamkeit war ganz auf Baba gerichtet. Bald bemerkte ich etwas für mich außerordentlich Seltsames: ein goldenes Licht umgab seinen Kopf. Es war nicht wie der Heiligenschein, den man auf Bildern von Künstlern sieht. Das starke goldene Licht – so stark, als ob man auf eine Platte aus purem Gold blickte, die irgendwoher angestrahlt wurde – kam aus seiner Kopfhaut, ging durch das Haar und dehnte sich ungefähr bis zwölf Zoll von seinem Kopf entfernt aus. Der Rand des Lichtes war nicht gleichförmig, sondern etwas unregelmäßig. Wenn er seinen Kopf bewegte, ging der goldene Schein mit, und durch diese natürliche Bewegung wurde etwas anderes Außerordentliches sichtbar: an der Wand, hinter Babas Kopf, war eine runde goldfarbene Scheibe zu sehen, deren Durchmesser geringfügig kleiner zu sein schien, als der des Heiligenscheins. Diese goldene Scheibe war ebenmäßig kreisförmig, und das Erstaunliche war, daß sie sich nicht mit Baba bewegte: wenn er die Haltung seines Kopfes veränderte, blieb diese zweite goldene Scheibe an der Wand, ohne sich vom Fleck zu rühren. Überflüssig zu sagen, daß mein starrer Blick fest auf Swamiji geheftet war. Die ganze Zeit über fuhr ich fort, ihm Fragen zu stellen, und er gab mir Antworten.

Nachdem ich Baba eine abschließende Frage gestellt hatte, herrschte kurzes Schweigen. Dann sagte einer der Männer: „Hislop, warum starrst du Swami so an?"

Ich erklärte es, ohne meinen Blick von Baba zu wenden. Dann sagte Baba: „Was Hislop sieht, ist wirklich da."

Darauf der Fragende: „Ja wie kommt es dann, daß wir es nicht sehen?". Baba erwiderte: „Es ist immer da. Jeder kann es jederzeit sehen. Nur, es ist ein entsprechend starkes Interesse erforderlich."

Damit war Babas Besuch bei uns zu Ende. Er erhob sich und verließ den Raum.

Unglücklicherweise ergab sich keine Gelegenheit, nach der unbeweglichen kreisrunden Scheibe zu fragen, und bis heute weiß ich nichts Näheres darüber.

Ihr mögt sagen, Fortschritt sei nur durch meine Gnade möglich, aber obgleich mein Herz so weich wie Butter ist, schmilzt es doch nur, wenn in euren Gebeten etwas Wärme ist. Wenn ihr nicht einige disziplinierte Bemühungen, etwas Sadhana, auf euch nehmt, kann die Gnade nicht auf euch herabkommen. Euer Sehnen, eure Qual des unerreichten Ziels – das ist die Wärme, die mein Herz schmelzen läßt. Das ist der Schmerz, der die Gnade erringt.

Sathya Sai Baba

Baba schützt sein und unser Haus

Mitte 1976 waren auf unserem Hügel Loma de Carmen vier Häuser eingestürzt und mehrere hundert Fuß die Steilküste hinuntergerissen worden, und weitere sieben Häuser, einschließlich des unseren, befanden sich in unmittelbarer Gefahr.

Die Gemeinde Villa De San Miguel liegt ungefähr hundert Meilen südlich der Grenze zu den USA. Der mexikanische Teil der Küste wird Baja California, Nieder-Kaliforien genannt. Unser Haus liegt auf einem Hügel mit einem großartigen Blick über den Ozean, über Inseln, die Küstenlinie nach Süden und Westen und nach Osten, mit einem Panoramablick auf die Berge des Landesinneren. Wir hatten das Haus als „Haus für Baba in der westlichen Welt" gebaut und auf den Bauplan viel Sorgfalt verwendet. Die vom Boden bis zur Decke reichenden bogenartigen Fenster sind alle eisenbewehrt, was hierzulande ratsam ist, und achtundvierzig OM-Zeichen sind als Verzierungen in die Eisengitter eingearbeitet, die weiß gestrichen sind wie das Haus selbst. Aber jetzt war das Schicksal dieses Hauses plötzlich ungewiß. Nach Aussagen der mexikanischen Geologen und Ingenieure wurde es bald nicht mehr existieren. Die Erdrisse, die sich in diesem Landstrich zeigten, waren angeblich hunderte von Fuß tief und dehnten sich bis auf den Meeresboden aus. In der Tat hatte der erste Erdrutsch auf dem Hügel ein Stück Meeresboden etwa zwanzig Fuß über die Wasseroberfläche gehoben. Die Naturkräfte, die unseren Hügel bewegten, waren unleugbar sehr mächtig.

Meine Frau Victoria war sehr besorgt. Doch gleichzeitig konnte sie nicht glauben, daß Baba es zulassen würde, daß „sein" Haus zerstört würde, noch bevor er ihm einen Besuch abgestattet hatte! Dies waren die widerstreitenden Gefühle und Gedanken in ihrem Herzen. Sie versuchte, ein Treffen der Leute zu organisieren, die auf Loma De Carmen lebten, um gemeinsam zu Baba zu beten, er möge unsere Häuser retten. Aber die Familien hatten ihre eigenen Vorstellungen von Gott, und aus Victorias Vorhaben wurde nichts.

Mitten in dieser schwierigen Zeit, während der unser Haus zum Meer hinabzustürzen drohte, sollte ich eine Reise zu den Sathya-Sai-Baba-Zentren im Mittelwesten, im tiefen Süden und an der Ostküste machen. Es schien herzlos, Victoria angesichts der bevorstehenden Schwierigkeiten allein zu lassen, aber wir hatten beide die gleiche Einstellung: daß die Arbeit für Baba vorrangig war; und so reiste ich ab. Es sollte eine dreiwöchige Reise werden, und ich konnte in dieser Zeit nicht anrufen, denn die mexikanische Regierung hatte – und hat bis auf den heutigen Tag – das Telefonnetz nicht bis nach San Miguel ausgedehnt.

Die Reise, die Sai-Veranstaltungen und Gespräche mit Sai-Devotees nahmen mich Tag und Nacht in Anspruch, und obwohl ich festes Vertrauen zu Sri Sathya Sai Baba hatte, kam ich nicht umhin, mir Sorgen zu machen, wie Victoria wohl mit der drohenden Gefahr und der Situation überhaupt fertig würde. So war ich doch angespannt und in ängstlicher Erwartung, als ich meine Tour beendet hatte und mich heimwärtsfahrend San Miguel näherte. Als ich mit dem Wagen auf eine Anhöhe der Fernstraße kam, die anschließend zum Strand und nach San Miguel hinabführt, hielt ich gespannt nach der Spitze des Hügels Ausschau, denn kurz danach mußte unser Haus in Sicht kommen – wenn es noch da war! Ja, es war da.

Als ich Victoria begrüßte, erzählte sie mir, daß inzwischen zwei weitere Häuser teilweise eingestürzt waren, und zwar die beiden nördlich von uns gelegenen. Ich fragte sie nach dem Zustand unseres Hauses. Als Antwort führte sie mich zur Terrasse und zeigte mir die Ursache der Unversehrtheit unseres Hauses. Während ich fort war, hatte Victoria allein weiter zu Baba gebetet, war aber auch aktiv geworden. Aus ihrer hochheilig gehüteten Sai-Fotosammlung hatte sie ein Bild herausgenommen und an einem Fenster befestigt, das zur Meeresseite hinausschaut. Es war das Bild von Baba, das vielen von uns so vertraut und lieb ist, wo er lächelnd dasteht, seine Hand zu einer Geste des Segnens erhoben, die Handfläche nach außen gewandt. Nun stand er da, mit Blick zum Meer, mit erhobener Hand – die Handfläche dem Meer zugekehrt. Sein Lächeln und die gütigen Augen waren dem Meer freundlich gesinnt, aber die erhobene Hand schien ihm auch zu bedeuten: „Bis hierher, mein Kind, aber nicht weiter!“

Was auch immer der Grund sein mag – und wir selber denken an keinen anderen Grund als Sai: Das Haus steht fest und unversehrt bis zum heutigen Tag. Die Erdbewegungen fahren fort, Teile des Hügels abzutragen, mit unvermeidlichem Schaden im Gefolge, aber das Sai-Heim steht unverändert und wartet weiterhin auf den Besuch unseres geliebten Baba.

Nach den Abendbhajans sitzt ihr zehn Minuten in Meditation: so weit, so gut. Aber laßt mich fragen: wenn ihr euch nach den zehn Minuten erhebt und geht, seht ihr dann jeden einzelnen in hellerem Licht, als ein Wesen, welches das Göttliche in sich trägt? Wenn nicht, war die Meditation vergeudete Zeit. Liebt ihr mehr? Redet ihr weniger? Dient ihr den anderen mit mehr Ernst? Dies sind die Zeichen des Fortschritts in der Meditation. Euer Fortschritt muß an eurem Charakter und eurem Verhalten erkennbar sein. Meditation muß eure Haltung allen Wesen gegenüber verwandeln, sonst ist sie vergebens. Sogar ein Felsblock zerfällt durch die Einwirkung von Sonne und Regen zu Schlamm und wird zur Nahrung für Bäume. Auch das härteste Herz kann erweicht werden, so daß das Göttliche darin keimen kann.

Sathya Sai Baba

Baba kennt unseren mexikanischen Gärtner

In unserer Nachbarschaft in Villa de San Miguel gibt es einen jungen Mann, der Gartenarbeiten verrichtet. Er ist arm und hat das Pech, dem Alkohol zugetan zu sein. Er ist mit einem netten Mädchen aus dem Dorf verheiratet, und kurz bevor wir nach Indien fuhren, bekamen sie ein Baby.

Wir hatten mit dem jungen Mann vereinbart, daß er während unserer Abwesenheit einmal wöchentlich nach unserem Haus sehen und die Blumen gießen sollte.

Während eines Interviews, das Baba uns einen Tag vor unserer Abreise gewährte, wandte er sich an meine Frau und sagte: „Zu diesem Diener, den ihr habt... „ Meine Frau sagte: „Aber Swami, wir haben keinen Diener." Baba sagte: „Ja, aber da ist ein Mann, der die Blumen gießt. Nimm das, und gib es dem Baby." Dann ließ er seine Hand kreisen, und es erschien ein Medaillon an einer Kette, das er meiner Frau überreichte.

Meine Frau rief aus: „Wie wundervoll! Es ist ein süßes Baby, und er ist ein netter Mann."

Baba antwortete: „Nein. Er hat schwerwiegende Fehler."

Zuckerwerk

Meine Frau und ich waren bei Baba, um uns zu verabschieden, denn wir mußten zurück nach Amerika. Nach einiger Zeit, als das Privatinterview vorüber war, sagte er: „Ich möchte, daß ihr dies Herrn und Frau Cowan gebt.“

Er bewegte seine Hand in der Art, in der er Gegenstände zu materialisieren pflegt, und es erschien eine weiße, weiche Masse, etwa von der Größe einer halben Faust. Er hielt uns seine Hand hin und zeigte uns die Masse. „Es ist Zuckerwerk“, sagte er. Dann, mit der Stimme eines staunendes Kindes: „Seht her, ihr könnt den Vorgang der Erschaffung noch sehen.“

In seiner Handfläche sah man, wie Wasser langsam in die Masse des Naschwerkes überging. Er gab keine weiteren Erklärungen, aber ich nahm an, es bedeutete, daß die Schöpfung vom Feinen zum Groben geht: Raum, Luft, Feuer, Wasser und Erde.

Als wir schließlich in Kalifornien ankamen, war das Zuckerwerk hart und brüchig geworden. Unnötig zu sagen, daß Herr und Frau Cowan über dieses Zeichen, mit dem Baba ihnen zeigte, daß er an sie dachte und ihnen eine Aufmerksamkeit erweisen wollte, überglücklich waren.

Herr über Zeit und Raum

An einem Abend des Jahres 1973 verließen wir gegen acht Uhr abends Brindavan, um nach Bangalore zurückzufahren. Mit dem Fahrer waren wir sechs Leute im Taxi. Die Straße nach Bangalore hat nur zwei Fahrspuren. Einige Meilen hinter Brindavan überholten wir einen Bus. Obgleich der Fahrer unseres Taxis zwei Scheinwerfer entgegenkommen sah, war seiner Einschätzung nach noch genügend Zeit, den Bus zu überholen. Aber er hätte sich nicht schlimmer verschätzen können; die Scheinwerfer vor uns gehörten zu einem Wagen, der sich mit sehr hoher Geschwindigkeit auf uns zubewegte.

In diesem Augenblick war der simple räumlich-zeitliche Vorgang, einen Bus zu überholen, zu einer höchst gefährlichen Situation mit der schrecklichen Wahrscheinlichkeit eines todbringenden Frontal-Zusammenstoßes eskaliert. Dazu kam, daß die Fahrbahn an dieser Stelle in einem verheerenden Zustand war: die Straße wurde repariert, und der Straßenrand war durch einen hohen Wall aus Erde und Steinen begrenzt. Es gab also für den entgegenkommenden Wagen keine Möglichkeit, die Fahrbahn seitlich zu verlassen. Auch wir konnten nicht ausweichen, denn der Bus befand sich zu unserer Linken und das Material für die Straßenreparatur zu unserer Rechten. Da war der entgegenkommende Wagen auch schon direkt vor uns! Was für ein törichter Fahrer, und was für ein ebenso törichter Fahrer in unserem Taxi!

Natürlich gab es in dem Moment keine Zeit für solche Überlegungen, das Ereignis brach ohne Vorwarnung über uns herein. Wir wurden vom Scheinwerferlicht des entgegenkommenden Wagens geblendet. Die Wagen waren noch Sekundenbruchteile voneinander entfernt. Wir waren wie betäubt. Nicht einer von uns dachte an Baba oder rief nach ihm. Wir fühlten uns schon so gut wie tot und schlossen instinktiv die Augen – jetzt mußte der Zusammenstoß erfolgen. Doch dann geschah etwas, was sich jeder vernünftigen Erklärung entzieht. Plötzlich war der entgegenkommende Wagen hinter uns – wir fuhren noch immer neben dem Bus her. Als wir nach hinten schauten, konnten wir die Rücklichter des anderen

Wagens sehen. Der Zusammenstoß hatte nicht stattgefunden, obwohl es keinerlei Möglichkeit für einen der beiden Wagen gegeben hatte, noch im letzten Moment auszuweichen.

Am nächsten Morgen fuhren wir wie gewöhnlich um acht Uhr von Bangalore in Richtung Brindavan ab, um auf der Veranda auf Babas Morgen-Darshan zu warten. Sobald wir in den Raum durften, berührte ich seine Lotosfüße und sagte: „Wir möchten dir danken, daß du letzte Nacht unser Leben gerettet hast." Baba lächelte und sagte: „Ja, das war sehr knapp. Ihr wart so geschockt, daß nicht einer von euch nach Swami gerufen hat! Und Swami hat euch trotzdem gerettet." Dann wandte er sich der anderen Gruppe zu und erzählte ihnen den ganzen Vorfall auf Telugu.

Ich sagte dann: „Swami, du mußt Zeit und Raum verändert haben, um uns zu retten." Baba lächelte, gab aber keine Antwort.

1978 traf ich zufällig Joe King, eine der Personen, die damals mit uns im Taxi gewesen waren. Es war in New York, wo er wohnte. Er fragte: „Hast du jemals herausfinden können, was damals im Taxi geschehen ist?" Ich lächelte, schüttelte den Kopf und sagte: „Nein."

In Bangalore wird eine Kuh ausgesucht

Eines Morgens, als sich die Zweite Internationale Konferenz noch im Stadium der Planung befand, nahm Baba drei von uns auf eine Fahrt nach Bangalore mit. Wie einige Mitglieder des Central Trust vermuteten, würden wir einen Ort besichtigen, der für die Konferenz in Frage kommen könnte. Sie hatten empfohlen, Bangalore zu wählen, da diese Stadt für die Konferenz bessere Möglichkeiten bot als Madras, Bombay oder Prasanthi Nilayam. In Bangalore kam ein großes, parkähnliches Grundstück im Osten der Stadt im Frage, zu dem auch für große Versammlungen geeignete Gebäude gehörten.

Der für die Konferenz vorgeschlagene Ort wurde besichtigt, Baba inspizierte alles gründlich, gab aber keine endgültigen Anweisungen. Nachdem wir das Gebäude verlassen hatten, fuhren wir zum Haus eines Devotees, von dem Baba eine Einladung zum Mittagessen angenommen hatte. Ein Mittagessen mit Swami im Hause eines Devotees ist immer ein bedeutendes Ereignis, das sorgsam im Gedächtnis der Familie lebendig gehalten wird und in der Familienchronik einen besonderen Höhepunkt darstellt. Gewöhnlich werden vom Gastgeber zum größten Entzücken der Betroffenen auch einige enge Freunde dazu geladen. Andere Freunde und Verwandte erleiden eine herbe Enttäuschung, aber es ist für den Gastgeber unmöglich, allen Wünschen nach Einladungen nachzukommen. Natürlich sind die Damen des Hauses in allergrößter Aufregung und ungeheuer beschäftigt mit den Vorbereitungen.

Nachdem Baba einen ordungsgemäßem und zeremoniellen Willkommensgruß entboten bekommen hat, zieht er sich gewöhnlich zu einem privaten Gespräch mit der Mutter, den Kindern und den nahen Verwandten in die hinteren Zimmer der Familie zurück. Die Devotees, die mit Swami angereist sind, bleiben in gedämpftem Gespräch im Salon zurück. Bald gesellen sich Baba und die Familienmitglieder zu den Gästen, und kurz darauf wird das Essen serviert. Baba sitzt an einem kleinen Tisch und wird von der Gastgeberin bedient. Die Gäste sitzen auf dem Boden und werden von den Familienmitgliedern bedient.

Nach diesem Essen nun begann Baba mit den Gästen eine Unterhaltung und sprach dann wieder allein mit der Familie. Seit unserer Ankunft in diesem Haus waren vielleicht gute zwei Stunden vergangen. Dann kam der Abschied, und nun sitzen wir wieder im Wagen.

Das nächste Ziel ist, so heißt es, ein großes Haus in einem der Vororte der Stadt. Der Grund, weshalb wir dorthin fahren, ist mir unbekannt. Ich kann sehen, daß das Haus einen Hof hat, in dem sich Kühe befinden. Mehrere Autos sind am Straßenrand geparkt, und unser Wagen muß bereits in einiger Entfernung parken. Baba steigt aus und geht auf das Haus zu. Ich frage jemanden aus unserer Gesellschaft, worum es geht. Die Antwort ist, daß der Besitzer des Hauses Viehhändler ist und daß Swami beabsichtigt, eine erstklassige Milchkuh zu kaufen, um mit ihr die Herde des Milchviehs in Brindavan oder Prasanthi Nilayam zu vergrößern.

Sobald jedoch Baba den Wagen verläßt, fangen die Menschen an, aus allen Richtungen auf ihn zuzulaufen. Er kehrt gelassen zum Wagen zurück, und wir fahren los. Anstatt jedoch den Ort gleich zu verlassen, fahren wir einmal um den Häuserblock herum und langsam wieder am Haus vorbei. Baba späht in den Hof hinein, als wir am Tor vorbeifahren. Dann nimmt der Wagen Kurs auf Brindavan.

Ich frage, ob Baba an einem anderen Tag wieder hinfahren will, um eine Kuh auszusuchen. Die Antwort auf meine Frage lautet, daß er schon die beste Kuh ausgesucht hat. „Wie das?“ sage ich, „Er ist nicht einmal zum Tor gegangen, geschweige denn, daß er Kühe inspiziert hätte.“

„Ein Blick hat genügt,“ erwiderte mein Gesprächspartner. „Swami hat die beste Kuh ausgesucht. Der Besitzer wird sie nach Brindavan bringen.“

Babas Wunder des Lebens

Während einer Nacht im Oktober 1978 in Brindavan versperrte meine Prostata ohne Vorwarnung plötzlich den Blasenausgang. Was dann folgte, war eine Qual, aber nichtsdestoweniger höchst komisch. Als Baba gegen acht Uhr aus seiner Wohnung kam, berichtete ich ihm, daß der Blasenausgang verschlossen und die Blase bereits sehr geschwollen sei. Er lächelte, sagte, ich sollte mir keine Sorgen machen, und gab mir Vibhuti. Gegen elf Uhr kehrte er von der Besichtigung eines neuen Gebäudes zurück, und als er auf die Veranda kam, gingen Dr. Goldstein und ich auf ihn zu und sagten ihm, mein Zustand schiene ernst zu sein. Baba trat an mich heran, sah mir in die Augen, tätschelte mir den Kopf und sagte, ich solle mir keine Sorgen machen, es sei nur die Hitze.

Dann, um vier Uhr nachmittags, als Baba nicht wie gewöhnlich nach der Mittagsruhe herunterkam, wartete ich nicht länger, sondern sandte eine Nachricht nach oben, daß die Situation sich ständig verschlechterte und daß ich ernstzunehmende Schmerzen hätte. Baba kam sofort herunter. Unter den Devotees, die auf ihn warteten, befanden sich, wie gewöhnlich, mehrere Ärzte, einschließlich Dr. Goldstein aus Kalifornien. Ohne weitere Diskussion sagte Baba den Ärzten, sie sollten mich sofort ins Krankenhaus bringen und, wenn erforderlich, operieren.

Nun kam Bewegung in die Szene. Wir bestiegen mehrere Wagen und begaben uns in Babas Frauenkrankenhaus in Whitefield. Die diensthabende Ärztin, Frau Dr. C. Rajeswari, stellte einen Untersuchungsraum zur Verfügung, und die versammelten Doktoren versuchten zwanzigmal oder noch öfter Katheter von verschiedener Größe in die Blase einzuführen, aber ohne Erfolg: alles, was sie zutage fördern konnten, war ein bißchen Blut.

Mittlerweile hatte ich sehr starke Schmerzen, aber ich biß die Zähne zusammen und verhielt mich still. Die Doktoren kamen zu der Entscheidung, daß sofort eine Notoperation vorgenommen und die Bauchdecke geöffnet werden müsse. Dann aber erhob sich die Frage, ob die Operation (die als Notoperation eigentlich innerhalb von Minuten hätte vollzogen werden müssen) in Whitefield oder in Bangalore vorzunehmen sei. Da es darüber Meinungsverschiedenheiten gab, wurde beschlossen, Baba zu fragen. Dazu machten sich einige Doktoren auf den Weg. Sie kamen ohne eindeutige Entscheidung zurück, und die Frage wurde weiter erörtert. Dann ging wieder eine Gruppe zur Beratung nach Brindavan. Ob man es glaubt oder nicht, es wurden nicht weniger als drei solcher Fahrten unternommen! Bei der letzten wurde Baba ungeduldig und sagte ihnen, wenn sie sich nicht einigen könnten, sollten sie mich besser nach Bangalore bringen.

Bis ich schließlich in Bangalore auf dem Operationstisch lag, war es ungefähr acht Uhr abends geworden. Swami schickte zwei College-Studenten, die bei mir bleiben sollten, und – überflüssig zu sagen: sie waren prächtig. Meinen Zustand zu dieser Zeit kann man sich vorstellen. Obgleich ich weiterhin die Zähne zusammenbiß und mich ruhig verhielt, hatte ich derartige Schmerzen, daß ich nicht mehr wußte, wo ich war und was ich tat. Der Noteingriff hätte in Whitefield innerhalb von fünf Minuten gemacht werden können, stattdessen nun vier Stunden in diesem Zustand! Und das Schauspiel ging weiter.

In Bangalore wurde der Eingriff von dem dortigen Chirurgen verpfuscht; ich bekam eine schwere Infektion, und nach drei Tagen beorderte mich Baba zurück nach Brindavan. Dann machte er Indiens besten Chirurgen für Prostata-Operationen ausfindig.

Nachdem der Chirurg mich untersucht hatte, sah er, daß es so schlecht um mich stand, daß ich praktisch keine Überlebenschance hatte; warum sollte er also unnötigerweise die Verantwortung für einen Todesfall übernehmen? Aber Baba überredete ihn, indem er sagte, er würde für alles sorgen, und es wurde ein Termin für die Operation festgesetzt. Baba schob seine Fahrt nach Prasanthi Nilayam hinaus, bis alle Vorbereitungen getroffen waren und sagte, er könne mir von dort aus ebensogut beistehen.

Baba gab Anweisungen für die Operation im Whitefield-Krankenhaus, dem Sri Sathya Sai Krankenhaus für Frauen und Kinder. Die Pflege war hervorragend, und die mehrstündige Operation fand im modernen Operationssaal mit vielen Devotee-Ärzten und -Chirurgen als Helfern statt. Das ganze Innere meiner Bauchhöhle war von einer virulenten Infektion erfüllt. Das Gewebe war bereits derart zersetzt, daß normale Operationsverfahren nicht angewandt werden konnten. Der leitende Chirurg, Dr. Bhat, der Baba anläßlich dieser Operation zum ersten Mal sah, sagte, er sei ruhig und zuversichtlich.(Rückblickend fand er das unter den gegebenen Umständen überraschend.) Die Ärztinnen sagten, gewisse Besonderheiten bei der Operation hätten ihnen gezeigt, daß Sri Baba anwesend gewesen sei und die Leitung übenommen hätte. Später wurde mir berichtet, ich hätte in tiefer Narkose zweimal gesagt, Baba sei hier, und daß ich mit ihm gesprochen hätte. Vom Ende der Operation an und bis zu meiner Entlassung wurde ich von den Ärztinnen und dem dortigen Pflegepersonal wundervoll betreut. Die tägliche Betreuung wurde von den Ärzten fortgesetzt, als ich nach Brindavan zurückkehrte, bis ich wieder auf eigenen Füßen stehen konnte und gesund genug war, um reisen zu können.

Wozu war das ganze Theater nötig gewesen? Ich brauchte einige Zeit, um das herauszufinden. Wir alle wußten, daß Baba die ganze Sache durch seine Gnade bereits in Ordnung hätte bringen können, als ich ihm das erste Mal von meinen Schwierigkeiten berichtete. Warum diese langen und quälenden Verzögerungen? Warum die lebensgefährlichen Komplikationen im Krankenhaus von Bangalore?

Als Baba von Prasanthi Nilayam zurückkehrte, besuchte er fast täglich unser Haus. Einmal beschrieb er die ganze Operation einschließlich der Worte, die ich in der Narkose geäußert hatte. Er sagte, alle Umstände hätten gegen mich gesprochen; er sei während der Operation dabeigewesen, und hätte ich diese Komplikationen an einem anderen Ort der Erde bekommen, hätte ich nicht überlebt. Bei einem anderen Besuch erzählte ich Baba schließlich, ich hätte das Rätsel gelöst. Ich sei zu dem Schluß gekommen, daß ich damals am Ende meines natürlichen Lebens angekommen war, daß Baba mich bis zum letzten Schritt hatte gehen lassen, und daß er im allerletzten Moment meinen natürlichen Tod abgewendet und mir damit eine „Wiedergeburt“ gegeben hatte. Baba lächelte und bestätigte, daß das, was ich sagte, wahr sei: er hatte mir ein neues Leben geschenkt.

Nachdem ich im Januar nach Mexiko zurückgekehrt war, hielten einige Probleme an, die mich veranlaßten, ein mexikanisches und dann ein amerikanisches Krankenhaus aufzusuchen. Baba schickte mir eine Nachricht, ich solle mir keine Sorgen machen, es seien nur die Wiedergeburtswehen!

Gita wird nächstes Mal als Mensch geboren

Höchstwahrscheinlich wissen alle Devotees Babas von seinem Elefanten „Gita". Entweder haben sie direkt beobachtet, wie Gita an bestimmten Ereignissen teilgenommen hat, oder sie haben Geschichten über sie gehört. Gita hängt sehr an Baba, und er ist besonders freundlich zu ihr.

Bei Festen und besonderen Anlässen ist Gita ein stolzes, stattliches und prächtig geschmücktes Mitglied der feierlichen Prozessionen und ruft Erinnerungen wach an den Prunk und den Aufwand des imperialistisch regierten Indien. Wenn die Feierlichkeiten in Brindavan stattfinden, legt Gita die vielen Meilen von Prasanthi Nilayam aus zu Fuß zurück, wozu sie mehrere Tage benötigt. Ist sie in Brindvan angekommen, bleibt sie gewöhnlich eine zeitlang dort im Gehege mit anderen Mitgliedern von Babas vor-menschlicher Familie: Büffeln, Kühen, Hirschen, Affen, Hunden, Vögeln und Kobras. Gita spielt gerne und ist guter Dinge, außer wenn sie ungeduldig auf Babas Kommen wartet. Etwas, was sie besonders liebt, ist das Spiel mit einem alten Autoreifen. Wenn sich gerade College-Studenten im Gehege aufhalten, spielen sie eine Weile mit ihr, indem sie den Reifen mit voller Kraft auf sie zu rollen. Sie trompetet dann laut und jagt – für jemanden mit ihrem Gewicht äußerst geschickt – ungestüm hinter dem Reifen her, stößt ihn mit dem Fuß an und „hüpft" um ihn herum.

Eines Tages erfuhr ich in Prasanthi Nilayam von Gitas Zukunft. Gitas Zuhause ist das Gokulam, Babas Milchfarm, die den Ashram wie auch das angrenzende Dorf Puttaparthi mit frischer Milch versorgt. Das Gokulam erstreckt sich über mehrere Morgen Land. Es hat moderne, hygienisch einwandfreie Ställe für das Vieh, Häuser für die Arbeiter und ihre Familien, einen Park und eine wundervolle Statue von Sri Krishna mit einer Kuh. Die Statue wird von den Besuchern besonders bewundert. Sie wurde nach Babas Angaben angefertigt und zu seinem Wohnsitz gebracht, wo er sie selbst bemalt hat, bevor sie im Gokulam aufgestellt wurde. Die Kühe im Gokulam sind eine wahre Pracht. Sie sind das beste

Vieh, das es in Indien gibt, preisgekrönt wegen seiner qualitativ und quantitativ guten Milchproduktion.

An diesem besonderen Tag hatte ich das Glück, Baba im Jeep auf der kurzen Fahrt zum Gokulam, das er fast täglich besucht, begleiten zu dürfen. Er kennt jede Kuh persönlich, grüßt jede einzeln, streichelt sie und spricht zu ihr. Die Kühe kennen ihn natürlich auch und kommen herbei, um begrüßt zu werden. So ein Besuch im Gokulam ist stets ein frohes Ereignis, und es ist ein Vergnügen, die Schönheit dieser prächtigen Tiere zu bewundern.

Als die Besichtigung des Viehs zu Ende war, machten wir uns fertig zur Abfahrt. Ich stieg als erster in den Jeep, wie es das Protokoll vorschreibt, damit, wenn Baba einsteigt, der Fahrer den Wagen sofort in Bewegung setzen kann. Aber Baba ließ auf sich warten, denn Gita hatte seine Anwesenheit bemerkt und kam eilig angerannt. Baba wartete auf sie, liebkoste ihren Rüssel, sprach zu ihr und gab ihr Bananen, die jemand bereit hielt. Dann wollte er in den Wagen steigen, aber Gita gab Laut, so daß er sich nochmals nach ihr umdrehte, sie tätschelte und wieder zu ihr sprach. „Sieh," sagte Baba zu mir, „sie weint. Sie sagt: ‚Swami, geh noch nicht, bleib noch bei mir!'"

Und tatsächlich, als ich sie genauer ansah, bemerkte ich, daß aus ihren Augen Tränen rollten. Als wir wieder unterwegs waren , sagte ich zu Baba: „Swami, die Leute sagen, daß Gita in ihrem früheren Leben eine indische Prinzessin war, die Baba so ergeben war, daß sie die Geburt als Tier wählte, um auf diese Weise nah bei dir sein zu können. Ist das wahr?"

„Nicht so!", erwiderte Baba. „Gita ist niemals Mensch gewesen, aber das nächste Mal wird sie als Mensch geboren werden."

Drei Ringe und Prema Sai

Ich zeigte Baba meinen Ring mit der zerbrochenen Fassung und fragte ihn, ob er ihn nicht wieder reparieren könne. „Ja," sagte Baba, „aber bring den Ring nicht zu einem Juwelier! Swamiji ist der Juwelier." Bei der Gelegenheit reparierte er die Fassung aber nicht. Meine Frau und ich kehrten nach Amerika zurück. Ein Jahr danach, als wir uns wieder in Indien aufhielten, war der Ring immer noch entzwei; ich hatte die Fassung nicht instandsetzen lassen.

Eines Abends auf der Veranda von Swamis Haus in Brindavan, als der Raum voll mit College-Jungen war, die auf die Abend-Bhajans warteten, wandte sich Baba mir zu und sagte, ich solle ihm den Ring geben. Er betrachtete ihn und gab ihn dann den Studenten, die ihn herumreichen sollten. Als der Ring wieder zu Baba zurückgekommen war, blies Baba darauf, und sofort erschien ein neuer Ring. Baba lächelte mir zu, aber er gab mir den Ring nicht. Stattdessen reichte er ihn wieder an die Studenten weiter. Als der Ring zurückkam, steckte Baba ihn an meinen Finger. Es war ein vollkommen anderer Ring: kein schweres Gold wie die anderen Ringe, die er oft materialisiert, sondern gewichtsmäßig leicht, mit Filigranwerk an der Fassung des Steins und am Band. Die Fassung hielt einen hellblauen Stein, mit einem kleinen, wunderschönen Portrait von Baba.

Achtlos wie ich bin, blieb auch dieser Ring nicht lange heil. Der Stein lockerte sich und fiel bald aus der Fassung. Ich hängte den Ring an eine Kette um meinen Hals, wo er bleiben sollte, bis wir wieder nach Indien kämen.

Bei meinem darauffolgenden Indien-Aufenthalt trug ich den Ring, sooft ich in Babas Gegenwart war, und berührte immer wieder mit der Hand meine Nase, so daß Baba ihn sehen mußte! Die anderen machten ihre Witze: Baba hätte mir einen perfekten Ring geschenkt; und zwar deshalb perfekt, weil ich in Gedanken jedes beliebige Bild in die leere Fassung setzen könnte.

Zu scheu, geradeheraus zuzugeben, daß mir Babas Ring wieder zerbrochen war, gab ich es schließlich auf und hängte den Ring wieder an die Kette um meinen Hals. Eines Abends auf der Glas-Veranda in Brindavan – es war gerade Bhajan-Zeit – sah Baba mich an und fragte: „Hislop, was ist das für eine Beule unter deinem Hemd?"

Er wußte natürlich ganz genau, was es war, aber ich brachte den Ring sofort zu Vorschein und sagte: „Es ist mein Ring, Swamiji. Er ist wieder entzwei."

„Gib ihn mir," befahl Baba, was ich schnellstens tat. Er untersuchte ihn und sagte: „Diese Steine taugen nichts!", und warf ihn mir wieder zu. Dann schloß er seine Hand in der gewohnten Geste und blies auf die Stelle zwischen Daumen und Zeigefinger. Ich konnte einen goldenen Schein, aber nicht den soeben entstandenen Ring sehen. Dann ließ er den neuen Ring wieder herumreichen, und neckte mich, indem er bei der mir abgewandten Seite begann. Schließlich kam der Ring zurück. Baba reichte ihn mir.

Der neue Ring war ein Wunder, ein Gebilde von großer Schönheit. Und schwer. Er mußte mindestens drei Unzen Gold enthalten. Das Band war breit und schwer und trug eine dicke Goldplatte, von der sich ein markantes Relief-Portrait von Baba abhob, vom Kopf bis zur Brust alles aus purem Gold. Als meine Frau und ich am Abend wieder in unserem Häuschen waren, bewunderten wir den Ring und freuten uns sehr an ihm. Es war gut, daß wir das taten, denn der Ring sollte nur eine Nacht lang existieren.

Gleich am nächsten Morgen versammelten sich die College-Jungen wie immer auf dem Fahrweg vor der Veranda, um Baba zu begrüßen. Baba kam die Treppe herunter, und wir bildeten einen Kreis um ihn. Dann sagte er: „Gib mir den Ring, Hislop." Er untersuchte ihn sorgfältig und sagte dann zu mir: „Was möchtest du: ein Bild von Swami oder ein Bild von Prema Sai?"

Vor was für ein Problem mich Baba mit dieser Frage stellte! Ich konnte einfach nicht antworten, und so tat ich es auch nicht. Er wandte sich daraufhin an die ihn umringende Gruppe und zeigte jedem einzelnen den Ring. Als er wieder zu mir zurückkam, fragte Baba wieder: „Nun, Hislop, was soll es sein? Swami oder Prema Sai?"

Man möge sich das bitte vorstellen! Ich liebe Baba von ganzem Herzen, und er stand da vor mir! Hätte ich da sagen können: „Ich ziehe Prema Sai dir vor, lieber Swami?" Niemals! So machte ich einen diplomatischen Schachzug und sagte: „Laß es nach deinem Willen geschehen, Swamiji."

„In Ordnung!“ sagte er, „so soll es Prema Sai sein. Swamiji hast du ja bereits.“

Die Jungen drängten sich um ihn herum, so daß sie ihn fast berührten und mir kaum noch Platz zum Zusehen ließen. Er hielt den Ring, umschloß ihn mit seiner Hand, als ob das, was geschehen würde, zu einzigartig sei, um es offen zu zeigen, blies dreimal seinen schöpferischen Atem in die Höhlung zwischen Daumen und Zeigefinger, öffnete seine Hand, und da war Prema Sai! Der Ring selbst war silbrig, aus jener besonderen, aus fünf Metallen zusammengesetzten Legierung, für die Indien bekannt ist. Der Stein war eine Kamee von Prema Sai, dem liebenden Herrn der Schöpfung, der sich dazu entschlossen hat, einige Jahre nach dem Tod des Körpers von Sathya Sai auf Erden zu erscheinen. Es war ein hochglanzpolierter bräunlicher Stein, das Bildnis im Profil herausgearbeitet. Nasenwurzel und -rücken waren sichtbar, sowie eine angedeutete Wölbung des linken Auges. Es war ein edler Kopf mit schulterlangem Haar, Schnurrbart und Backenbart. Der Kopf ruhte auf einer Lotusblüte, „tauchte“ förmlich aus ihr auf. Sein Gesichtsausdruck war ruhig, friedvoll, majestätisch.

Baba sagte: „Er befindet sich noch im Stadium der Geburt, deshalb kann ich nicht mehr von ihm zeigen. Dies ist das erste Mal, daß er der Welt gezeigt wird.“

Die Jungen waren in höchstem Maße erregt und holten sofort ihre Kameras hervor, um Aufnahmen zu machen. Aber ich verbarg den Ring und fragte Baba, ob er dazu seine Erlaubnis gäbe. Er erwiderte: „Nein. Keine Photos!“

Wohin ich auch gehe, bitten mich Devotees, den Ring, und damit das Gesicht von Prema Sai sehen zu dürfen. Nach ungefähr einem Jahr sagten mir jene Devotees, die den Ring nach längerer Zeit wiedersahen, voller Überaschung: „Er verändert sich. Jetzt ist die ganze Nase zu sehen.“

Ich antwortete stets wahrheitsgemäß, ich könne keine Veränderung erkennen, aber sie sagten: „Du siehst den Ring jeden Tag, und so kann es dir nicht auffallen.“

Trotzdem führte ich das auf die Einbildungskraft und den Enthusiasmus derjenigen zurück, die den Ring sahen, d.h. bis vor einem Jahr (1980). Eines Tages, bei einem Devotee-Treffen, zeigte ich den Ring wieder einmal und sah ihn mir dabei sorgfältig an. Mich traf fast der Schlag: „Er ist anders! Er verändert sich tatsächlich!“

Inzwischen ist die ganze Nase zu sehen, während sie am Anfang gar nicht sichtbar gewesen war, oder besser gesagt, die Nase war noch im

Rand des Steines eingebettet gewesen und noch nicht voll in Erscheinung getreten. Aber nun ist ein Zwischenraum zwischen der Nase und dem Rand des Steines entstanden. Darüberhinaus ist jetzt auch ein Teil des linken Auges zu sehen, ebenso ein Stück der linken Wange. Wir können es kaum erwarten zu sehen, wie der Stein in einigen Jahren aussehen wird. Wie wird er in zehn oder in zwanzig Jahren sein?

Mir scheint, daß ich mit dem Ring sehr vorsichtig umgehen muß. Ich trage ihn jetzt nur bei Versammlungen von Devotees von Sathya Sai. Während der restlichen Zeit liegt er sicher im Andachtsraum neben dem heiligen Kruzifix, das Baba vor Jahren geschaffen hat.

Sai Krishna

In gewisser Hinsicht ging diese Geschichte erst im November 1975 zu Ende.

Vor einigen Jahren fuhr ich wieder einmal mit in Babas Wagen. Er saß mit zwei weiteren Personen auf dem Rücksitz, ich saß vorn auf dem Beifahrersitz. Wir waren unterwegs nach Puttaparthi. Als Mitfahrer mit Baba im Auto zu sitzen, ist ein faszinierendes Erlebnis: man hat nicht nur die Freude, ganz in seiner Nähe zu sein, sondern manchmal gibt er einem auch die Gelegenheit, Fragen zu stellen. Des öfteren unterhält er sich angeregt mit seinen Reisegenossen in Telugu, aber manchmal bleibt er auch still, wobei er jene charakteristische Geste mit seiner Hand macht, die anzudeuten scheint, daß seine Aufmerksamkeit auf Wesen gerichtet ist, die für uns unsichtbar sind. Und sehr oft singt Baba Bhajans, wobei jeder im Wagen im Chor einstimmt – außer mir, da meine Singstimme der einer Krähe gleicht. Die Folge des spannenden Geschehens ist, daß mein Hals ständig verdreht ist, weil ich verfolgen will, was auf dem Rücksitz vor sich geht. Baba sieht meine Schwierigkeiten, aber er sagt mir nicht, ich soll nach vorn schauen, sondern läßt mir völlige Freiheit. Natürlich starre ich nicht die ganze Zeit nach hinten. Ich tue es nur, solange wie ich mich traue, und dann drehe ich mich wieder nach vorne. So blickte ich damals, mal nach vorn, mal nach hinten gewendet, nur mit Unterbrechungen zu Baba hin.

Nach einer Weile, vielleicht auf halbem Wege, wandte ich mich gerade um, als er sprach. Es verschlug mir den Atem. Ich war wie erstarrt! Ich traute meinen Augen nicht! Babas Devotees finden sein Gesicht in der Tat schön, wenn auch der Eindruck, den seine Züge auf mich machen, in erster Linie der von Macht und Majestät ist.

Was mich so verblüffte, mir den Atem verschlug, war sein Gesicht. Das war nicht der Baba, den ich kannte! Stattdessen war da ein Gesicht von außerordentlicher Schönheit, von ganz anderer Form und mit anderen Zügen als denen unseres geliebten Sai. Der Charme und die Schönheit dieses Gesichtes waren so groß, so überwältigend, daß mein

Herz sich schmerzhaft verkrampfte. Niemals in meinem Leben, weder auf Fotos noch auf Bildern großer Künstler habe ich je ein Gesicht von solcher Schönheit gesehen! Sie übertraf jegliche Vorstellung, war jenseits aller Erfahrung.

Seine Farbe war blau. Nicht einfach blau, nicht das Blau, mit dem Künstler Sri Krishna malen, sondern ein tiefes Blau wie das Samtblau, das manchmal am bedeckten Himmel zu sehen ist. Es war das Blau, das ich manchmal auf dem Pazifischen Ozean vom Deck eines Schiffes aus gesehen habe, Tausende von Meilen vom nächsten Ufer entfernt. Ich weiß nicht, wie ich es anders beschreiben sollte.

Ich konnte meine Augen nicht von Babas Gesicht wenden. Mit der Zeit fing ich mich wieder und drehte mich weg. Aber sogleich sah ich wieder hin, und da sah ich wieder diese Schönheit, die gewiß nicht von dieser Welt war. Das hielt mindestens fünfzehn Minuten an. Nun fingen die zwei Männer, die neben Baba saßen, an, mich ihrerseits fragend anzusehen, denn mein Blick war wohl anders, als sie ihn bisher von mir gewohnt waren.

Nach einigen Meilen Fahrt fragte mich Sri Vittala Rao, der links von Baba saß: „Hislop! Was starrst du Swami so an?"

Anstatt zu antworten, richtete ich eine Frage an Baba: „Swami, was ist das für eine blaue Farbe?"

„Oh, die?" entgegnete er. „Immer, wenn etwas von unergründlicher Tiefe ist, erscheint es in tiefem Blau."

Damit war das Gespräch über diesen Vorfall beendet. Natürlich kam mir der Gedanke, dies könnte vielleicht Krishna gewesen sein, aber weder damals noch zu irgend einem anderen Zeitpunkt habe ich in Verbindung mit diesem Erlebnis den Namen Sri Krishnas erwähnt.

Ich ließ den Vorfall so bis zum November 1975 auf sich beruhen. Es war in den Tagen, kurz bevor die Menschen scharenweise zu seinem Geburtstag angereist kommen. Babas Terminkalender war noch nicht völlig ausgebucht, und so nahm er mich gelegentlich im Jeep mit, und wahrscheinlich war das auch der Grund, weshalb er mich zu dem folgenden Interview einlud. Ein Angehöriger der Armee und seine Familie waren aus Assam gekommen. Es waren Devotees, aber dies war das erste Mal, daß sie Baba in „Wirklichkeit" sahen. Oft warten Leute monatelang auf ein Interview, aber diese Familie wurde gerufen, kaum daß sie angekommen war. Ich nahm auf der Veranda des Mandir Platz und sah sie in Babas Zimmer gehen. Sobald sie eingetreten waren, winkte Baba mir, auch zu kommen.

Es waren Vater, Mutter, Sohn und Tochter. Baba sprach mit ihnen höchst liebevoll auf Englisch. Er wußte alles über ihr Leben, und es wurde ganz offensichtlich, daß er ein enges Mitglied dieser Familie war.

Nach einer Weile forderte Baba mich auf: „Hislop, erzähle ihnen ein paar Erlebnisse."

Ich willigte ein, und nachdem ich einige Begebenheiten wiedergegeben hatte, erzählte ich die Geschichte, die ich gerade auf diesen Seiten berichtet habe. Dabei erwähnte ich nicht ein einziges Mal den Namen Sri Krishna. Der Mann war tief beeindruckt, und von seinen Lippen kamen die Worte: „Oh, das muß Lord Krishna gewesen sein!"

Baba lächelte und sagte: „Ja, das war Krishna. Nicht der Krishna, der von Künstlern gemalt und von Schriftstellern beschrieben wird. Ich habe Hislop den wirklichen Krishna gezeigt."

Der Mann sagte: „Oh! Wie sehr wünschte ich mir, Krishna zu sehen!"

Baba lächelte und sagte: „Warte, Warte!"

Es gibt noch eine Fortsetzung dieser Geschichte. Ungefähr einen Monat später, im Dezember, sprach ich in Brindavan mit Baba und erwähnte die Namen einiger berühmter Heiliger und Gurus der Vergangenheit. Zu jedem der Namen sagte er etwas. Dann kam mir plötzlich die Idee, daß, obwohl es wunderbar gewesen sein mußte, diesen großen Persönlichkeiten zu begegnen und von ihnen zu lernen, es doch heutzutage das erste Mal seit der Zeit Sri Krishnas war, daß man Gott selbst als Guru haben kann. Deshalb fing ich an: „Swami! In den Tausenden von Jahren seit der Zeit Lord Krishnas..."

Baba unterbrach mich, bevor ich noch ein Wort sagen konnte, und rief: „Zeit seit Krishna...?! Ich bin Krishna, wo ist die Zeit?"

Ich faltete meine Hände, verneigte mich vor ihm und sagte: „Ja, Swami, dies ist die beste aller Zeiten, um geboren zu werden!"

Baba erwiderte: „Ja. Die glücklichste aller Zeiten. Es ist sogar noch besser, jetzt auf der Welt zu sein, als während der Avatarschaft von Krishna."

Noch einmal hatte ich selber gehört, wie Baba sich als Lord Krishna bezeichnete. Die Geschichte ist in diesem Buch an anderer Stelle ausführlich erzählt. Sie ereignete sich im Dharmakshetra in Bombay und war Teil des Ereignisses um die „weinenden Saris", dessen Zeugen einige von uns wurden, die zusammen mit Baba im Raum waren. Ich hatte damals ausgerufen, dies müsse eine Wiederaufführung des berühmten Dramas des Berges sein, das sich zuerst während der Avatarschaft Sri Ramas und dann auch zu Sri Krishnas Lebzeiten abgespielt hatte. Baba hatte meine Feststellung mit den Worten bestätigt: „Ja, und derselbe

Rama und derselbe Krishna sind heute hier in diesem Raum!“

Im Lichte dessen, was von mir als unmittelbarem Zeugen und Teilnehmer auf den vorhergehenden Seiten berichtet worden ist, brauchen wir niemals auch nur mit dem geringsten Anflug von Neid auf die glücklichen Menschen zurückschauen, die in den Tagen der Avatarschaft Krishnas gelebt haben. Denn in der Tat, jedesmal, wenn wir die Freude haben, unseren geliebten Sai zu sehen, erblicken wir wahrhaftig auch Sri Krishna. In kommenden Zeitaltern wird man die Erfahrungen unserer Tage wieder und wieder erzählen als die wundervolle Geschichte der Avatarschaft Sais.

Wenn die Zunge den Namen formt und der Geist das Bild verehrt, sollte dies nicht zu einer mechanischen Routine absinken. Die Bedeutung des Namens und der Form müssen das Bewußtsein gleichermaßen inspirieren und erleuchten. Vermeide die Routine. Geh in die Tiefe aufrichtiger, hingebungsvoller Anbetung. Dies ist der Weg zu dem Frieden und der Zufriedenheit, denen alles menschliche Streben gelten und auf die allein es ausgerichtet sein sollte.

Sathya Sai Baba

Was man von Baba nicht erwarten darf

Eines der Rätsel um Baba ist seine Einstellung gegenüber der Kritik. Manchmal macht er mir und anderen gegenüber freundliche Bemerkungen über mich selbst und andere. Das ist sehr angenehm, aber ich weiß nur zu gut, daß ich ein fehlerhafter Mensch bin. Und, wie alle Männer wissen: Immer wenn sie ihre Unvollkommenheit aus dem Blick verlieren, stehen ihre guten Ehefrauen parat, um sie zu korrigieren, und sie an die wahren Gegebenheiten ihrer menschlichen Natur zu erinnern.

Wenn man gesagt bekommt, daß man unvollkommen ist, weiß man deshalb noch lange nicht, wo der Fehler wirklich liegt. Freunde und Familie können zwar bestimmte Facetten der Persönlichkeit eines Menschen herausstellen, die sie als störend empfinden, an den echten Fehlern aber, die der Verwirklichung seiner letztendlichen Wahrheit – der Erkenntnis, wer und was er wirklich ist – entgegenwirken, gehen sie vorbei. Aber es gibt jemanden, der gegenwärtig in dieser Welt lebt und mich durch und durch kennt, und das ist Baba. Dies wurde mir bewußt, als ich einmal mit Baba allein war und sich die Gelegenheit dazu bot, ihm ein Anliegen vorzutragen. Also fragte ich ihn: „Swamiji, wenn mein eigentliches Wesen Glückseligkeit und Freiheit ist, dann muß es einige große Mängel geben, die mich daran hindern, dieses mein eigentliches Wesen zu erkennen. Bitte decke mir diese großen Mängel auf. Das wäre für mich eine große Hilfe, und ich würde es sehr zu schätzen wissen."

Als Antwort darauf lächelte Baba, schüttelte verneinend seinen Kopf und sagte: „Nein, nein. Mach so weiter."

Was hätte ich tun sollen? Es hätte keinen Sinn gehabt, ihn mit der Frage weiter zu bedrängen, und so mußte ich diese einmalige Chance, meine Hauptmängel herauszufinden, verstreichen lassen. Warum wollte Baba nicht darüber sprechen? Es ist anzunehmen, daß es mir nicht wirklich geholfen hätte, wenn er es mir gesagt hätte. Vielleicht muß jeder seine tiefverwurzelten und entscheidenden Fehler selbst finden.

Ob die kleinen Wünsche, um deretwillen ihr euch jetzt Gott naht, erfüllt werden oder nicht, ob die Pläne für Weiterkommen und Fortschritt, die ihr Gott vorlegt, in Erfüllung gehen oder nicht, sie sind letzten Endes nicht so wichtig. Das oberste Ziel sollte sein, Meister eurer selbst zu werden und beständigen Kontakt zu dem Göttlichen zu halten, das genauso in euch ist, wie im Universum, von dem ihr ein Teil seid. Heißt Enttäuschungen willkommen, denn sie machen euch stark und prüfen eure innere Ausdauer.

Sathya Sai Baba

Du darfst lieben

Ein hochgeschätzter Aspekt an Sri Sathya Sai Baba ist – wenigstens für mich – daß man ihn mit ganzem Herzen lieben kann, ohne Furcht und ohne jede Einschränkung. Jeder Mensch möchte wirklich offenen Herzens lieben, aber die Erfahrung hat uns ängstlich gemacht.

Wir können beobachten, wie natürlich es für kleine Kinder ist, mit ganzem Herzen zu lieben. Mit welcher Fülle und Herzlichkeit die ganz kleinen Kinder ihre Eltern, Geschwister und Spielgefährten umarmen! Wieviel Freude wird einem Erwachsenen geschenkt, wenn ein Kind von drei oder vier Jahren ihn mit dem süßesten Lächeln umarmt und sagt: „Ich hab dich lieb!"

Dieser Strom von Liebe, der aus dem offenen Herzen eines Kindes fließt, läßt es so unglaublich süß erscheinen und vor Glückseligkeit überströmen. Dieser Schatz von Liebe und Zuneigung, berührt sogar den empfindungslosesten Erwachsenen und läßt ihn für einen Augenblick an der Glückseligkeit des Kindes teilhaben.

Indem wir uns aber von der unschuldig offenherzigen Zeit der Kindheit entfernen, geschieht etwas Trauriges oder Tragisches: Weltliche Erfahrungen brechen ein in den Lebensraum der umhegten frühen Jahre, und das Herz lernt Ablehnung und Enttäuschung kennen. Man liebt jemanden. Die Liebe strömt zu dieser Person hinüber. Aber wenn die Antwort Gleichgültigkeit ist oder ein hartes Wort oder unverblümte Zurückweisung, dann kann die empfangene Wunde tief und schmerzhaft sein.

Das Kind versucht es immer wieder, und hier und da wird es wieder und wieder verletzt. Mit der Zeit wächst ein natürlicher Selbstschutz heran, und die Liebe des Kindes vermischt sich mit Vorsicht.

Der Mensch erfährt, daß er ungeschützt ist, wenn er liebt; Liebe zerstört den Mantel seines Selbstschutzes und macht ihn verwundbar. Mit jedem weiteren Jahr der Erfahrung mit der Welt treten zusätzliche Selbstschutz-Faktoren in das Leben des Menschen. Ehrgeiz, Geschäftssorgen, Konkurrenz, Befriedigung der Sinne, Habgier, Groll, Haß,

Eifersucht – eine ganze Riege einengender Neigungen übt mehr und mehr Einfluß aus auf Körper, Geist, Herz und Intelligenz. Die offene, natürliche Herzensweite der frühen Kindheit gehört inzwischen der Vergangenheit an.

Ist nicht dieses Zurückhalten des Liebesstromes ein wesentlicher Grund dafür, daß das Leben älterer Menschen oft so herb und freudlos ist?

In der modernen Gesellschaft ist ein freudloses, steriles Leben etwas ganz Normales. Man betrachte nur einmal die verzweifelte Suche nach Zerstreuung und Vergnügen, die auf der ganzen Welt vorherrscht. Ein nahezu weltweites Gebet kommt aus den Herzen der in der heutigen Kultur gefangenen Erwachsenen: „O Herr, möge doch ein neuer Frühling in mein Herz einziehen! Möge doch der Strom der Liebe wieder tief und stark in meinem Herzen fließen!"

Ich sehe eines der größten Wunder, die Sri Sathya Sai Baba vollbringt, darin, daß das zugeschnürte Herz, wenn es sich Baba zuwendet, imstande ist, all seine Fesseln zu sprengen. Ihn sehen und die Gewißheit spüren, daß er niemals Verrat an einem begehen wird, ist ein wahrhaft wundervolles Gefühl. Auf dieses Vertrauen antwortet das Herz mit Freude. Mit jedem Tag wird die Liebe zu Baba größer. Für seine Devotees ist er die göttliche Mutter und der göttliche Vater. Man kann ihn ohne Vorbehalt liebhaben, ohne sich vorsehen oder fürchten zu müssen, egal, wie sehr man diese Vorsicht auch seinen Mitmenschen gegenüber aufrechterhalten mag. Das äußere Verhalten Baba gegenüber muß freilich absolut tadellos bleiben.

Babas Lehren

Werde wie ein kleines Kind

Wenn man Babas Vorträge hört oder etwas von ihm liest, kann man nicht umhin festzustellen, daß er ständig von Liebe spricht. Er sagt: *„Die Liebe kann nicht ausgelassen werden."* Seine Devotees bekommen zu hören: *„Liebe ist die königliche Straße zu Gott."* Seine Lehren verkünden: *„Gott ist die Liebe, Liebe ist Gott."* Er wendet sich an seine Zuhörer mit der Anrede *„Verkörperungen der Liebe!"* Er sagt, daß nach Verwirklichung des Selbst die Liebe, die das Selbst ist, von der Liebe, die Gott ist, nicht mehr verschieden ist.

Es ist die Erfahrung aller Mütter auf der ganzen Welt, daß ganz kleine Kinder, wenn sie geliebt und beschützt werden, selber Verkörperungen der Liebe sind, und dies bringt den Müttern große Freude. Liebe ist die echte, spontane Natur des kleinen Kindes. Daß diese spontane und natürliche Liebe durch die weltliche Natur des Kindes verändert wird, wenn das Kind älter und die Welt ein Teil seines Bewußtseins wird, ändert nichts an der Tatsache, daß das spontane Wesen des Kindes als Liebe zum Ausdruck kommt.

Der Anhänger des Herrn muß wie ein kleines Kind werden, mit Gott als göttlicher Mutter und mit der Fülle der Liebe, die von dem ungeschützten Herzen des Devotees zur göttlichen Mutter hinströmt. Diese offene, unbefangene und unverbogene Liebe, die spontan die göttliche Mutter umarmt, ist wahre Hingabe an Gott. Wenn das kleine Kind, dessen Wesen fleischgewordene Liebe ist, vor Glück strahlt, kann man sehen, daß das Kind in seiner Liebe ekstatisch ist. So werden die Freude, die Ekstase, das Glück, nach denen wir uns sehnen und für die wir jeden Preis zu zahlen bereit sind, uns ganz natürlich gehören, wenn wir mit offenem und unbewehrtem Herzen mit Gott in Liebe Eins werden. Baba sagt uns, daß es zuviel Liebe zwischen Menschen geben kann, und daß zuviel Liebe zwischen Menschen zerstörerisch wirken kann, daß jedoch Liebe zu Gott vollkommen gefahrlos ist und nicht zurückgehalten zu werden braucht.

Unser Selbst erkennen, heißt unser Selbst sein. Um Gott zu erkennen, muß man Gott *sein* und nicht nur Gott sehen. Gleiches kann mit Gleichem eins werden, aber nicht mit Ungleichem. Feuer verbindet sich mit Feuer, aber es verschmilzt nicht mit dem Ozean. Baba erklärt beharrlich, daß Gott Liebe ist, und daß wir, wenn wir uns selbst als Gott erkennen wollen, uns als Liebe erkennen müssen. Nur in Liebe sind wir Gott und insofern Eins mit Ihm.

Da wir daran interessiert sind, unser weltliches Leben in spirituelles Leben zu verwandeln und den Schleier zu lüften, der unser wahres Wesen verbirgt, messen wir dem, was Bhagavan Baba über die Bedeutung der Liebe zu sagen hat, große Bedeutung bei. Wie kann sich das Herz neu entzünden, wie kann diese Flamme reiner Liebe, die wir einst als Kinder waren, wieder lebendig werden? Bhagavan Baba versichert uns, daß es nie zu spät ist, sich in Liebe Gott zuzuwenden, der stets in unserem Herzen wohnt. Baba sagt, daß das Göttliche, obwohl es im Hintergrund bleibt und die Bühne unserem Ego überläßt, doch stets bereit ist zu antworten, sobald wir es anrufen.

Wenn Baba sagt, daß es gut für uns ist, unsere Herzen für Gott zu öffnen und ihn ohne Einschränkung zu lieben, so bedeutet das nicht, daß wir unserer Familie und uns nahestehenden Menschen die Liebe vorenthalten sollen. Baba weist darauf hin, daß wir dann eine tausendfach größere Liebe für mehr Menschen und für höhere Objekte und Ziele entwickeln. Er rät uns, alle diese Ströme der Liebe in einem vollen und starken Strom von Liebe zu vereinen und Gott mit dieser Fülle von Liebe zu lieben. Um dies zu erläutern, benutzt Baba den Vergleich mit einem Baum in unserem Garten; wir stellen fest, daß die Blätter des Baumes zusammengeschrumpft und vertrocknet sind und empfinden sofort Mitleid. Wir holen deshalb einen Gartenschlauch und richten seinen lebenspendenden Wasserstrahl auf die Blätter, aber sie reagieren nicht; sie nehmen das Wasser nicht auf. Wenn wir jedoch, anstatt die Blätter zu besprühen, das Wasser an die Wurzeln des Baumes leiten, findet es schnell seinen Weg zum Stamm, zu den Zweigen, Blättern, Blüten und Früchten. In ähnlicher Weise werden, wenn wir all unsere Liebe vereinen und Gott mit der Fülle der Liebe lieben, unsere Familie und Freunde auf ganz natürliche Weise unweigerlich die Liebe erhalten, die sie brauchen.

Die reine, spontane Liebe, die man als kleines Kind verkörpert hat, ist weder zerstört, noch ist sie uns von der Welt genommen worden; sie ist nur durch Maya, unsere Weltlichkeit, verdunkelt. Aber der Schatten der Welt wird nicht bleiben, wenn wir unser Denken und Fühlen Baba und seinen göttlichen Lehren hingeben.

Laß mich dir eins sagen: Wie du auch bist, du bist mein. Ich werde dich nicht aufgeben. Wo du auch bist, du bist mir nahe. Du kannst nicht so weit gehen, daß du außerhalb meiner Reichweite geraten könntest.

Sathya Sai Baba

Die innere Stimme

Man könnte unsicher werden und sich fragen: „Baba ist weit weg, in Indien, und ich kann nicht mit ihm sprechen. Wie soll ich Gottes ‚innere Führung' erkennen? Ist eine ‚innere Stimme' nicht etwas Ungewisses?" Es hat genügend Menschen gegeben, die im Namen der ‚inneren göttlichen Stimme' schlimme Dinge getan haben. Man hat Baba gefragt: „Baba sagt, daß das Gewissen Gottes Stimme sei. Wie kann das sein? Millionen Menschen sind in religiösen Massenmorden getötet worden, und die ‚Stimme des Gewissens' sagte den mordenden Menschen, daß das, was sie getan haben, richtig war."

Baba erwiderte: *„Dem ist nicht so. In solchen Fällen ist eine Idee oder eine Vorstellung von außen aufgenommen worden. Wenn der einzelne innehält und alle Ideen und Vorstellungen, die er von anderen gehört hat, beiseite läßt, sich an sein Inneres wendet und sein Gewissen befragt, wird er die wahre Antwort erhalten."*

Wenn wir alle Ideen und Vorstellungen ablegen, erhalten wir zusätzlich zur Antwort des Gewissens eine Anzahl weiterer Hinweise darauf, wie wir unser Leben gemäß dem Willen Gottes führen können. Der göttliche Avatar sagt uns, daß Gott Liebe ist, daß wir in Liebe und nicht in Stolz, Zorn, aus Neid, Lust, Gier oder Verblendung handeln sollen. Er sagt: *„Sieh Gutes, tue Gutes, sei gut."* Er rät uns zur Freundschaft mit den Heiligen, Mitleid mit den Bedrängten. Er rät uns, daß wir uns an der Freude der Tugendhaften freuen und über unsere eigenen Fehler wachen sollen, wobei wir weniger Gewicht auf die Unzulänglichkeiten der anderen legen sollen. Es mangelt uns also nicht an Hinweisen, wie wir leben sollten. Wenn wir darüber hinaus Glauben an Baba haben und unser Leben seiner göttlichen Weisheit unterordnen, werden unsere Impulse uns die richtige Richtung weisen. Je mehr man das spirituelle Leben praktiziert, desto klarer stellt sich heraus, daß man unfähig wird, Schlechtes zu tun. Sobald man einen Impuls zu einer schädlichen Handlung verspürt, steigt etwas in einem auf, das einen daran hindert, dem Impuls weiter nachzugehen. Die im Innern verborgene Gottheit wird als Gewissen offenbar und leitet unser Leben und unsere Handlungen.

Trotzdem: Selbst wenn wir sorgsam auf unser Leben achten und die göttliche Führung darin bemerken, ist es doch möglich, daß wir mit Problemen konfrontiert werden, die uns verunsichern oder verwirren. Wenn das der Fall ist, sagt Baba, sollen wir für eine Weile in die Stille gehen, zehn oder fünfzehn Minuten mit aller Intensität an ihn denken und ihm dann die Frage vorlegen. Er versichert uns, daß unser Geist bereits nach kurzer Zeit klar sein wird und wir wissen werden, was am besten zu tun ist. Es ist eine Erfahrung, die viele aufrichtige Devotees von Sri Sathya Sai immer wieder machen. Der Geist wird tatsächlich klar, und die Zweifel lösen sich auf.

Baba sagt, wenn wir unser Leben nach seinen göttlichen Lehren ausrichten wollen, müssen wir lernen, auf unser inneres Selbst und unseren gesunden Menschenverstand zu vertrauen. Wir sollten nicht in eine Situation geraten, wie die jenes hochwürdigen Landpastors: Der Pastor hatte sein Leben völlig in Gottes Hand gegeben. Ein großer Sturm brach über das Gebiet herein, in dem seine Kirche stand. Ungewöhnlich schwere Regenfälle gingen auf Berge und Täler nieder, der Fluß trat über die Ufer, und die Kirche des Pastors wurde von den Fluten weggerissen. Er selbst rettete sich auf das Dach der Kirche. Zuerst rief ihm ein Mann vom Ufer aus zu, er würde ihn retten, und wollte ihm ein Seil zuwerfen. Die Antwort des Pastors war: „Nein, danke. Gott ist mein Retter, er wird mich retten!“ Dann kamen zwei Männer in einem Boot, aber sie erhielten die gleiche Antwort. Später, kurz vor dem tragischen Ende, kamen einige Leute mit einem Motorboot und wollten ihn an Bord holen, aber er gab ihnen dieselbe Antwort.

Endlich, nach seinem unglücklichen Ende, erschien der Pastor an der Himmelspforte und bat um Einlaß. Er beklagte sich bei den Engeln, die die Pforte bewachten, daß Gott ihn in der Stunde der Not im Stich gelassen hätte. Etwas verblüfft erwiderten die Engel: „ Aber Pastor, wir haben dir doch Hilfe gesandt! Wir haben dir sofort einen Mann mit einem Seil geschickt, und danach schickten wir sogar zwei verschiedene Boote!“ In diesem Zusammenhang bemerkte Baba einmal: „Zuerst kommt der gesunde Menschenverstand, dann der göttliche Geist.“

Babas Ratschläge für ein spirituelles Leben kommen in seinen Lehren klar und deutlich zum Ausdruck. Es muß nicht sein, daß wir Zweifeln und Mißverständnissen unterliegen. Baba sagt uns eindeutig, wie wir unser Leben zu führen haben und steht als innere Stimme des Gewissens zur Verfügung, wann immer wir auf Schwierigkeiten oder Fragen stoßen.

Der Lebensabschnitt von 16 bis 30 ist entscheidend, denn das ist der Zeitraum, in dem das Leben an Kostbarkeit gewinnt, in dem Talente, Fertigkeiten und Überzeugungen erworben, sublimiert und geheiligt werden. Wenn der Geist während dieses Zeitraumes durch das Elixier des selbstlosen Dienens gestärkt wird, ist der Zweck des Lebens erfüllt; denn durch dieses Stärkungsmittel wird der Vorgang der Sublimation und Heiligung beschleunigt. Diene nicht um des Lohnes willen, indem du die Aufmerksamkeit der Leute auf dich lenkst, Dankbarkeit erntest, oder aus einem Gefühl des Stolzes über deine Überlegenheit – sei es weil du mehr kannst oder mehr besitzt als andere, oder eine höhere gesellschaftliche Stellung oder Autorität hast als andere. Diene, weil die Liebe dich dazu drängt. Wenn du Erfolg hast, schreibe den Erfolg der Gnade Gottes zu. Er ist die Liebe in dir, die dich dazu gedrängt hat! Wenn du keinen Erfolg hast, schreibe das deiner eigenen Unzulänglichkeit, Unaufrichtigkeit oder Unwissenheit zu.

Sathya Sai Baba

Gott ist der einzig zuverlässige Guru

Wir beklagen uns, daß wir die göttliche Glückseligkeit nicht als etwas Konstantes in unserem Leben erfahren. Dabei sagt man uns, daß diese göttliche Glückseligkeit unser wirkliches Selbst ist. Baba kennt diese unsere Schwierigkeit und sagt, daß das Nichtwissen um das Selbst, um die eigene wahre Natur, nahezu weltweit den Geist beherrscht. Er sagt, daß einem Menschen, der im Treibsand festsitzt, am besten von einem anderen Menschen, der auf festem Grund steht, geholfen werden kann. Ebenso kann demjenigen, der sich nach Glück sehnt, am besten von jemandem geholfen werden, der selber konstant in der göttlichen Glückseligkeit verankert ist. Derjenige, der zu helfen in der Lage ist, wird nach uralter indischer Tradition als Guru bezeichnet.

Baba sagt auch, daß in diesem Zeitalter, das durch die Zerrüttung der Selbstdisziplin und des rechtschaffenen Verhaltens gekennzeichnet ist, Gott selber der einzig zuverlässige Guru ist und daß Er, wenn er angerufen wird, aus dem Innern des Herzens heraus antworten wird, oder daß Er veranlassen wird, daß ein menschlicher Guru in das Leben des Betreffenden tritt. Wenn der Mensch Gott anruft, wird Er ihn liebevoll führen.

Daß Baba in der Tat diejenigen führt, die ihm ergeben sind, ist eine Erfahrung, die ich selbst ständig mache. Wie kann ich mein Leben mit Baba beschreiben? Vielleicht könnte ich damit beginnen, einige Besonderheiten zu erwähnen, in denen Baba auf einzigartige Weise erlebt wird. Wenigstens will ich es aus meiner – sicherlich begrenzten – Lebenserfahrung heraus versuchen.

Immer wieder demonstriert Baba, daß ihm nichts verborgen ist, daß er in der Tat auf jede Frage zu jedem beliebigen Wissensgebiet, ob spirituell oder weltlich, unmittelbar eine qualifizierte Antwort geben kann. Sogar Fachleute erkennen seine überlegenen Kenntnisse auf ihrem jeweiligen Spezialgebiet an.

Baba ist von seinen Anhängern nicht durch räumliche Entfernung getrennt. Daß er auf der anderen Seite des Erdballs lebt und dort seinen Tätigkeiten nachgeht, hindert ihn nicht, auch hier bei uns anwesend zu sein. Meiner Frau und mir ist er in unserem Haus in Mexiko oder unterwegs im Auto viele Male erschienen, und Devotees in anderen Ländern der Erde machen ähnliche Erfahrungen.

Ich habe niemals irgendeinen Zweifel bezüglich der Anweisungen, die er mir als seinem Devotee erteilt. Mein Geist bewegt sich zu ihm hin oder entwickelt tausend Ohren, um ihn zu hören. Ich weiß nicht, wie es geschieht, aber mein ganzes Denken ist voll auf seine Lehren ausgerichtet.

Der Tag hat nur vierundzwanzig Stunden, und die körperliche und geistige Energie eines gewöhnlichen Guru kann weit, vielleicht sogar sehr weit reichen, aber irgendwann erscheint eine Grenze. Gibt es aber auf diesem Planeten auch nur einen Menschen, der irgendeine Begrenzung an Baba sehen oder sie sich auch nur vorstellen könnte, geschweige denn erfahren hätte? Wo ist die Grenze seines Einflusses in Indien? Das indische Erziehungssystem ist bereits seinem Rat entsprechend reformiert worden; das Leben zahlloser Menschen hat sich schon gewandelt, und Baba hat noch viele Lebensjahre vor sich. Und jetzt werden immer mehr Menschen auch in anderen Teilen der Welt zu Baba hingezogen. Wer kann da eine Grenze ziehen? Und jenseits der Grenzen von Auge und Ohr, wo sind Babas Grenzen? Viele Jahre lang haben wir seine Herrschaft über die Elemente erleben dürfen, und wenn Baba danach gefragt wird, antwortet er gelassen, der ganze Kosmos sei sein.

Die Menschen hören von einem Guru und gehen zu ihm. Eine gewisse Anzahl von Schülern kann aus der Zuwendung eines Gurus Nutzen ziehen und direkten Kontakt, Hilfe und Rat erhalten. Aber das hat seine Grenzen. Wo aber sind die Grenzen von Baba? Zu ein und derselben Zeit hat eine große Zahl von Menschen aller Glaubensrichtungen ständig direkten Kontakt zu Baba und bekommt ebenso direkt Hilfe durch ihn, und zwar vermittels einer inneren Stimme, durch Intuition, Träume, Visionen, manifeste Erscheinungen, durch richtungsweisende Erlebnisse und – allerdings sehr selten – durch Briefe und Telegramme. Doch wenn man Baba Tag für Tag ganz aus der Nähe beobachtet, wie ich es darf, weil ich freien Zutritt zu seinem Haus habe, erscheint er stets entspannt und geht mit seiner Zeit sehr freigiebig um, indem er mit Besuchern und College-Studenten Unterhaltungen führt. Man kann Babas Rat und Hilfe nicht nur auf außergewöhnlichen Bewußtseinsebenen erhalten, sondern auch in Hunderten von Interviews, die er gewährt. Und er ist dem letzten Besucher eines Tages gegenüber genauso gütig, geduldig und aufmerksam wie dem ersten.

Viele Menschen erzählen, daß Baba bei ihrem ersten Interview nicht nur um ihre Gedanken und längst vergessenen Vorfälle aus ihrem Leben wußte, sondern auch ihr Zuhause in allen Einzelheiten kannte, ihre Arbeit und jedes Mitglied der Familie. Für viele ist klar, daß Baba vom ersten Tage an ein Mitglied ihrer Familie war.

Dieses Kapitel muß zu einem Ende kommen, doch zuvor möchte ich noch etwas höchst Merkwürdiges, Beispielloses erwähnen, nämlich eine Errettung aus größter Not.

Viele Hunderte von Menschen einschließlich meiner Frau und mir sind von Baba gerettet worden. In dem Augenblick, in dem der Tod nur noch Sekunden entfernt ist, greift Baba ein und rettet den, der auf ihn vertraut, ihm hingegeben ist. Oft erscheint Baba persönlich, und man kann sehen, wie er die Rettung vornimmt. Babas Zeitschrift „Sanathana Sarathi" enthält viele Beiträge aus erster Hand über Rettungen durch Baba, und ich wünschte, jemand, der Zugang zu den bisherigen Ausgaben von „Sanathana Sarathi" hat, würde diese Beiträge in einem Buch zusammenfassen. Was für eine Freude würden diese Beiträge für die wachsende Zahl von Sri Sathya Sais Devotees weltweit sein!

Baba, unveränderlich in seinem Wesen, antwortet jetzt und in Zukunft auf unsere Gebete, und jetzt und in Zukunft führt er nicht nur seine Anhänger, sondern alle gläubigen Menschen, wo immer sie sich befinden. Die umwerfende Bedeutung hinter Babas außergewöhnlichen Fähigkeiten und Taten und der unendlichen Zahl unbekannter Ereignisse, die sich Berichten zufolge in aller Welt zutragen, kann nur sein, daß Baba nichts anderes als die unbegrenzte göttliche Energie selbst ist. Jedenfalls ist das meine Überzeugung. Ich bin Babas Devotee, und das ist das Wesentliche an der Geschichte meines Lebenslaufes von dem Zeitpunkt an, da ich ihm zu ersten Mal begegnete.

Weil er sich ständig im Zustand der Erleuchtung befindet und die grenzenlose Macht und Energie der göttlichen, allgegenwärtigen Schöpfungskraft besitzt, wird Sri Sathya Sai Baba der Avatar unseres Zeitalters genannt. Es steht uns frei, Babas Lehren anzuzweifeln und kritisch zu prüfen. Ein wenig Vertrauen und Konzentration sind für den Anfang erforderlich: dann prüft! Laßt uns ihm Glauben schenken, seine Lehren zu leben versuchen, und wir werden selbst erfahren, was für ein unermeßliches Glück wir haben, ihn zu kennen!

Selbsterforschung

Selbsterforschung ist für die meisten von uns keine regelmäßige Übung. Sie erfordert, daß wir Abstand nehmen von unserer jetzigen Lebensweise, in der wir so sehr in weltliche Angelegenheiten verwickelt sind, daß wir niemals die Zeit haben, uns über uns selbst zu befragen. Wie das Lexikon uns sagt, bedeutet „Forschen" Lernen durch Fragen, eine Untersuchung anstellen. Das „Selbst" bezeichnet eine Person oder ein Ding in Beziehung zu seiner Individualität, die eigene Natur, den eigenen Charakter usw. Selbsterforschung bedeutet demnach, eine Person, nämlich sich selbst, in bezug auf ihre Individualität, ihre Natur hin zu untersuchen. Diese Definition soll uns für den Anfang genügen.

Wir gehen zum Beispiel in eine Klinik, lassen uns untersuchen und berichten unserer Familie: „Der Doktor hat mich untersucht und gesagt, ich sei kerngesund." Etwas später werden wir krank und klagen unserer Familie: „Mein ganzer Körper tut weh." Hier sollten wir unser gewohntes Denken für einen Augenblick beiseite lassen und uns fragen: Warum nehme ich mich auf zweierlei Weise wahr? Als ich zum Arzt ging, bezog ich mich auf meinen Körper als wäre er ich, und jetzt beziehe ich mich auf meinen Körper, als wäre er mein Besitz, „mein" Körper. Ist das nur ein Unterschied in der Ausdrucksweise, oder ist es etwas Bedeutungsvolles, dem ich nachgehen sollte? – In dem Augenblick, in dem wir uns über uns selbst befragen, betreiben wir bereits Selbsterforschung. Wenn unser Interesse groß genug ist, mögen sich zusätzliche Fragen ergeben wie: Kann ‚ich' wirklich von meinem Körper getrennt werden in dem Sinne, daß, auch wenn der Körper zerstört werden sollte, das ‚Ich' davon nicht betroffen wird? Wenn ‚ich' nicht der Körper bin, wie kam er dann in meinen Besitz? Wenn ich irgendetwas mitzubestimmen gehabt hätte, hätte ich ohne Zweifel um einen besseren und schöneren Körper gebeten! Wenn der Körper mein tatsächlicher und nicht nur vermeintlicher Besitz ist – was für eine Verantwortung habe ich ihm gegenüber? Und weiter: wer ist dieses ‚wir' dieses, ‚ich', das den Anspruch erhebt, gleichzeitig der Körper wie auch der Besitzer des Körpers zu sein?

Dies ist nur eine Möglichkeit, wie Selbsterforschung beginnen kann. Ein besonderer Vorfall kann den Anstoß zur Selbsterforschung geben. Wie auch immer: Sri Sathya Sai Baba betont ausdrücklich, Selbsterforschung sei unumgänglich, wenn wir von Illusion und Täuschung und den mit ihnen verbundenen Leiden befreit werden wollen. Baba sagt: *„Wir sind nicht der Körper, der Geist, der Intellekt oder die Sinne. Diese alle werden von uns benutzt. Von dem Tag an, an dem wir diesen Unterschied klar erkennen und in diesem Wissen leben, werden wir unseres wahren Seins und unserer Bestimmung gewahr."*

Viele von uns sind sehr an den Dingen der Welt interessiert. Aufgrund unseres Interesses und unseres Verlangens nach materiellen Dingen hängen wir an der Welt. Aber *wir* sind es, die sich von den Dingen und den Erfahrungen der Welt fesseln *lassen*. Es ist nicht so, daß die Welt uns ergreift und gefangen hält. Baba sagt, daß von beiden – der Welt und uns – wir selbst es sind, von denen alles abhängt. Wir sind es, bei denen alle Macht liegt, wir sind die wahrhaft Fesselnden. Die Selbsterforschung ist eine Methode, um die Wahrheit zu erkennen und dementsprechend zu handeln.

Alles, was wir beobachten können, gehört entweder zur äußeren oder zu unserer inneren Welt. Daher unser Eindruck: „All dieses beobachte ich." Selbsterforschung bedeutet, diesem Ich nachzuspüren, das meint, es sei der Beobachter von all diesem, und zu fragen: Wer bin ich eigentlich? Was bin ich wirklich und wahrhaftig? Hat dieser feinstoffliche subjektive Beobachter eine Ursache oder eine Herkunft? Hierzu bemerkte der Weise Ramana Maharshi: „Das Ich-Bewußtsein kann nicht die Gesamtheit des Individuums ausmachen, denn es verschwindet tagtäglich im Tiefschlaf; dennoch erfährt die Kontinuität des individuellen Seins keine Unterbrechung."

Ehe wir nicht die Antwort auf solche Fragen gefunden, und ehe wir nicht die Wahrheit über uns selbst erkannt und einen entsprechenden Standpunkt eingenommen haben, können wir mit unseren Entscheidungen und Handlungen schwerwiegende Fehler begehen. Daher sagt Baba: *„Solange man nicht weiß, wer man ist, kann man dem Leid nicht entkommen. Solange man nicht die Gegenwart Gottes in allem und jedem erkennt, kann man dem Kummer nicht entrinnen. Solange man nicht versteht, daß das Geborenwerden und Sterben nur einem Zweck dient, nämlich das Wesen des Selbst zu erkennen, kann man diesem Kummer nicht entkommen."*

Die formale Frage: „Wer bin ich?" ist zwar hilfreich, aber nicht entscheidend. Man kann das Selbst direkt und unmittelbar erkennen, wie vor vielen Jahrhunderten der selbstverwirklichte Weise Astavakra aufgezeigt hat. Als König Janaka ihn fragte, wie man die Befreiung erreichen könne, erwiderte er: „O König, erkenne das Selbst als reines Bewußtsein, als unberührten Zeugen der Erscheinungswelt, und du wirst frei sein.“

Wenn es nur darum ginge, den Rat, den der Weise Astavakra dem König Janaka gab, im Kopf zu behalten, dann wäre der erste Schritt, sich selbst als reines Bewußtsein zu erkennen, nicht schwierig. Die Schwierigkeit besteht darin, in diesem reinen Bewußtsein fest verankert zu bleiben. Wir als komplizierte Erwachsene, eifrig bedacht, die reine Wahrheit zu erkennen, sind von dem Kind, das wir einmal waren, unendlich weit entfernt. Im Laufe des Lebens haben wir große Veränderungen durchgemacht, und trotzdem hat sich durch all diese Jahre hindurch an unserem Bewußtsein nicht ein Jota verändert. Tastet euch vor auf dem Weg zum bewußten Sein, und ihr werdet feststellen, daß auf einer bestimmten tieferen Ebene unseres Seins nichts, was sich je ereignet hat – weder außerhalb noch innerhalb des Körpers – auch nur den geringsten Einfluß auf dieses Sein hatte; es bleibt unberührt und unverändert. Dieser Teil des Rates des Weisen Astavakra ist einfach zu befolgen. Die Schwierigkeiten bereitet uns unser Geist, der sich nie zufrieden gibt. Der Zustand höchster Bewußtheit wird wegen der Faszination, die die Erscheinungswelt auf uns ausübt, schnell wieder verlassen. Hierzu sagt uns Baba: Damit das Bewußtsein in dem Zustand des Nicht-Unterscheidens zwischen Identität und Objekt fest verankert bleibt, muß sich die Wahrnehmung (mind) in totaler Selbstaufgabe an den tiefen, nicht-unterscheidenden Zustand ausliefern, an das Göttliche. Auf dieses letztliche Moment der restlosen Ergebung an das Göttliche kommt es an, auf den entscheidenden Vollzug der bedingungslosen Hingabe. Was darauf folgt, scheint von Fall zu Fall verschieden zu sein. So erzählt Baba zum Beispiel die Geschichte von König Janaka. Unmittelbar nach seiner vollen Selbstverwirklichung kehrte er auf seinen Thron zurück und regierte weiterhin sein Königreich. Der große selbstverwirklichte Weise Sri Ramana Maharshi dagegen zog sich nach dem entscheidenden Moment der Hingabe an die Wahrheit – die wie ein Blitz über ihn kam, als er noch ein junger Bursche war – in den Tempel in Tiruvanamalai zurück und blieb dort viele, viele Monate in das Selbst versunken, bevor er auch nur ein einziges Wort sprach.

Die letztliche Subjektivität ist unser Selbst. Alles, was nicht das Selbst ist, ist gegenständlich. Der Status des Nicht-Selbst, des „Objekts“, muß alldem zugemessen werden, von dem wir sagen können: „Dessen bin ich mir bewußt, ich habe ein Gefühl dafür, ich denke daran, ich bin Zeuge davon, aber ich bin es nicht, denn wenn es sich verändert hat oder vergangen ist, so bleibt mein Ich, und ich weiß, was an die Stelle dessen getreten ist, was vergangen ist." Bei der Selbsterforschung halten wir uns nicht damit auf, zu untersuchen, was wir als das Nicht-Selbst wahrgenommen haben. Wir sagen einfach: „Nicht dies, nicht dies!" und setzen unser Forschen fort. Es heißt, daß alles, was sich wandelt und verschieden von dem wird, was es war, nicht das wahre, ewige Selbst sein kann, von dem die Weisen reden. Deshalb können wir etwas, was der Veränderung unterworfen ist, nicht als unser letztes unveränderliches Selbst ansehen.

Einige große Philosophen vertreten die Meinung, daß sogar das Ich, der Zeuge, sich ständig ändert, daß sich sowohl der Beobachter als auch das Beobachtete jeden Augenblick verändern; deshalb sei die Aussage „unveränderlich und ewig" belanglos. Bis zu einem gewissen Grade haben sie zweifellos recht. Aber Baba und auch die alten Rishis sagen, daß der Zustand des Zeuge-Seins nicht an die Individualität eines gesonderten Zeugen gebunden ist, und daß, wenn sich die volle, ungeteilte Aufmerksamkeit auf das Ich konzentriert, dieses Ich, während es sich in der Tat verändert und dabei Namen, Macht und Gestalt verliert, mit dem Absoluten verschmilzt, welches keiner Kategorie, einschließlich der Kategorie „ewig" oder „vorübergehend", zugeordnet werden kann. Baba sagt, dieses nicht kategorisierbare Absolute sei Seine wahre Identität und ebenso auch die unsere, wenn wir uns entschließen, das zu erkennen und zu verwirklichen.

Wenn wir uns erst einmal auf den Weg der Selbsterforschung begeben haben, entdecken wir, daß wir aufmerksamer geworden sind und weniger geneigt, etwas zu tun, ohne wirklich zu wissen, was wir da tun. Das heißt nicht, daß wir uns nun neue Ziele setzen müßten. Es geschieht nur ganz von selbst, daß wir seltener mit offenen Augen schlafen, als das früher der Fall war. Baba sagt, echtes Wachsein den ganzen Tag hindurch sei wirkliche Meditation. Wenn wir wachsam werden, wird früher oder später die Frage „Wer und was bin ich?" mit großer Intensität auf uns zukommen. Aus wacher Bewußtheit wird tiefgreifende Selbsterforschung.

Die Frage „Wer bin ich?" ist zu einer weltweiten Redewendung geworden, weil sie der Kernpunkt der Lehren des großen Heiligen vom Berge Arunachala bei Tiruvanamalai, Sri Ramana Maharshi, im südlichen Indien war. Aber es ist auch die eindringliche Frage, die uns vom Avatar Sri Sathya Sai Baba, wie auch von den großen Sehern und Weisen vergangener Zeitalter gestellt wird. „Wer bin ich?" ist die vielleicht wichtigste Frage, die sich für jeden von uns eines Tages stellen kann. Die Frage muß nicht notwendigerweise in diesen Worten ausgedrückt werden. Wie auch immer, die Frage zu kennen und sie auszusprechen ist eine Sache – tatsächlich tief ins eigene Bewußtsein vorzudringen und sie sich selbst zu stellen, ist etwas anderes. Wenn nun unser Selbst-Gewahrsein tief genug geht, daß wir ein intensives Interesse bekommen für die Frage: „Wer bin ich eigentlich?“: Was geschieht dann? Wie geht man vor? Was kommt als nächstes?

In Gesprächen über spirituelle Dinge mit interessierten Menschen stellt man fest, daß die meisten Devotees, wenn sie die Frage „Wer bin ich?“ aufwerfen, auch wirklich nach einer Antwort suchen. Die Frage wird als ein Mittel angesehen, um aus sich selbst heraus die tiefste Erkenntnis über sich selbst zu erhalten. Aus diesem Grunde zeigen spirituelle Sucher oft Unsicherheit. Das heißt, sie haben die Frage tief und absolut aufrichtig gestellt, aber es gab keine eindeutige Antwort darauf, und das Selbst wurde nicht verwirklicht. Die Lösung dieses Problems ist klar und einfach, aber offensichtlich nur schwer zu finden. Die Leute lesen und lesen immer wieder: „Wer bin ich?“, aber sie erkennen nicht, daß die Antwort bereits in der Frage enthalten ist. Tatsächlich ist es so, daß es eine Dualität von Fragendem und Antwort nicht gibt. Die Antwort ist in der Frage selbst. Das bedeutet, es gibt in diesem Fall keine Antwort in der sonst üblichen Trennung von Frage und Antwort. In Wirklichkeit ist die Frage „Wer bin ich?“ lediglich ein Mittel, das wir ausgewählt haben, um unsere ganze Aufmerksamkeit auf das Erspüren des „Ich“ auszurichten. Das Bewußtsein läßt jeden anderen Inhalt fallen, auch die letzten Fünkchen des brennenden Interesses, jedes Jota der Konzentration werden auf das „Ich“ ausgerichtet. Das Ziel dieser Anstrengung ist, das Bewußtsein von jeder Verhaftung, jedem Interesse, jedem Konzept und jeder Aktivität zu befreien, die etwas anderes ist als die auf die Empfindung „Ich“ konzentrierte Aufmerksamkeit. Das Ziel ist, für einen Augenblick völlig entblößt, völlig ohne Grenzen zu sein, total empfänglich für die Wahrheit des eigenen Selbst.

Wenn das so ist, warum heften wir dann unsere Aufmerksamkeit an das ‚Ich' des unmittelbaren Gewahrseins, das mit Sicherheit das empirische Ich unseres Ego-Selbst ist? Die Antwort ist wiederum klar und einfach. Wir sind jenem „allerletzten Ich“ hart auf der Spur, jenem allerletzten „Irgendetwas“, von dem wir uns keine Vorstellung machen können. Und das Ich, an dem wir uns gegenwärtig festhalten, ist der beste Anhaltspunkt, den wir haben. Auf diesen Anhaltspunkt konzentrieren wir uns. Laßt uns sehen, wohin er uns führen wird! Das selbstproklamierte ‚Ich' wird bei intensiver Nachforschung der sublimen Wirklichkeit Platz machen, die sein Urgrund ist. Aber Worte sind jetzt nicht mehr angebracht, jeder Versuch einer Beschreibung wäre falsch. Von diesem Punkt aus muß jeder von uns allein und aller Vorstellungen und Worte ledig weitergehen.

Baba sagt uns in seinen göttlichen Lehren wieder und wieder, daß das Praktizieren der Selbsterforschung für ein spirituelles Leben entscheidend ist. Selbsterforschung ist das Aufblitzen des All-Bewußtseins. Man kann sich damit zu jeder beliebigen Zeit befassen. Die Menschen befassen sich mit Selbsterforschung, um sich die Wahrheit des Selbst ein für allemal zu vergegenwärtigen und dadurch frei von Zweifel zu werden. Kein Philosoph oder Weiser oder Schriftsteller erhebt den Anspruch, die Erforschung des Selbst endeckt zu haben. Gerade wie kleine Lebewesen urplötzlich aus verfaultem Fleisch „entstehen", so entsteht die Selbsterforschung spontan aus der Qual der menschlichen Bedrängnis. Die Arten der Selbsterforschung sind so vielfältig wie die Menschen, in denen der Drang zum Nachforschen entsteht. Das Kapitel „Selbsterforschung" ist im Osten leichter zu anzugehen als im Westen, aber der Drang zu erkennen, was man von Natur aus wirklich ist – entblößt von allem, was abgelegt werden kann –, ist in allen forschenden Gehirnen der ganzen Welt stark und lebendig.

Denke daran, daß du dich mit jedem Schritt Gott näherst, und daß auch Gott, wenn du einen Schritt auf Ihn zu machst, zehn Schritte auf dich zugeht. Auf dieser Pilgerreise gibt es keinen Rastplatz: Sie geht ununterbrochen durch Tag und Nacht, durch Täler und Wüsten, durch Tränen und Lächeln, durch Tod und Geburt, durch Grab und Mutterleib. Wenn die Straße endet und das Ziel erreicht ist, entdeckt der Pilger, daß er nur von sich selbst zu sich selbst gereist ist, daß der Weg lang und einsam war, aber daß der Gott, der ihn dorthin geführt hat, die ganze Zeit in ihm und um ihn herum, neben ihm und mit ihm war!

Sathya Sai Baba

Karma

Die Inder benutzen das Wort Karma, wenn sie sich auf eine Handlung beziehen, die nicht eher abgeschlossen ist, als bis die darin enthaltene Energie sich in den Auswirkungen dieser Handlung vollkommen verbraucht hat. Baba lehrt, daß die noch ausstehenden Folgen der Handlungen aus zahllosen vergangenen Leben eine gewaltige karmische Kraft darstellen. Er sagt, unser gegenwärtiges Leben sei auf diese karmische Kraft zurückzuführen, und unser karmisches Schicksal werde sich durch Äonen hindurch fortsetzen, wenn wir uns nicht aus der Verstrickung von Aktion und Reaktion, von Ursache und Wirkung befreien können.

Unsere Welt schwimmt auf einem großen Meer von Informationen, aber Informationen sind nur Rohdaten; erst das Destillat aus dieser Information bringt Wissen hervor. In alten Zeiten brachte dieses Destillieren der Information durch Heilige und Weise das höchste Elixier des Wissens über das menschliche Leben hervor; das Wissen, wie man sich selbst aus den endlosen Umdrehungen des Rades von Ursache und Wirkung befreien kann. Bis dahin war es nicht möglich gewesen zu wissen, was ersonnen, vergänglich und deshalb unwirklich war, und was nicht ersonnen, ewig und wirklich war. Und so wie einst ist es auch heute, das einzige Wissen, das dieser Bezeichnung wert ist, ist das Elixier des Wissens, wie man dem Gefängnis von Ursache und Wirkung entrinnen kann. Ohne dieses Wissen sind die Informationen, die wir jeden Tag zusammentragen, ein Ozean, in dem untergehen und in dem wir so unwissend und hilflos sterben werden, wie wir geboren wurden.

Heute noch kann das kostbare Elixier uns gehören, wenn wir wach genug sind, danach zu greifen und es einzunehmen. Jenes kostbare Wissen steht uns heute in Form der Lehren dieses außergewöhnlichen Wesens, des göttlichen Sri Sathya Sai Baba zur Verfügung. Vollkommene Befreiung aus dem Kreislauf von Geburt, Tod und Wiedergeburt können wir jetzt, in dieser kurzen Lebensspanne erlangen, jetzt, da wir von Baba wissen, vorausgesetzt, wir sind klug genug, seine Lehren sorgfältig zu beachten und gewillt, ihnen gemäß zu handeln. Lassen wir jedoch diese außerordentliche, einmalige Gelegenheit achtlos vorübergehen – wer weiß, an welche fernen Ufer der Sturm des karmischen Gesetzes uns noch trägt, wo er sich vielleicht zu einer weiteren unserer vielen Existenzen niederschlägt.

Folgende Überlegung könnte man anstellen: Was geschehen ist, ist geschehen, die Energie der schlechten Taten wird zur Auswirkung kommen. Wie kann diese Energie jetzt, nachdem die Tat geschehen ist, ausgelöscht werden? Baba gibt darauf eine Antwort, die auf alle Personen jeden Alters und aller Rassen und Nationen zutrifft. Er sagt, daß ein Same nicht keimen kann, wenn er von zu viel Erde bedeckt ist. Ebenso werden die Samen schlechter Taten nicht keimen und auch nicht zu schmerzlichen Ereignissen heranwachsen, wenn sie reichlich mit liebevollem Dienst an denen bedeckt werden, die Unterstützung, Ermutigung, Liebe und Hilfe brauchen. Er sagt, ein Leben voller guter Taten deckt eine Vielzahl vergangener Sünden zu. Ständiges Tätigsein in liebendem Dienst am Nächsten begräbt die Samen vergangener sündiger und schädlicher Handlungen unter sich, so daß sie absterben und nicht zu einem erneuten Gang durch das Leiden heranwachsen können.

Eine Frage, die Baba oft gestellt wird, ist diese: „Wie steht es mit der Gesamtheit unseres noch bevorstehenden Karmas? Kann die Last der drohenden karmischen Folgen, der guten wie der schlechten, sofort verbrannt und so in *einem* Aufflammen beseitigt werden?“ Die Antwort scheint zu sein: „Ja, das ist möglich, aber nicht wahrscheinlich.“ Auf diese Frage hat Baba wiederholte Male dieselbe Antwort gegeben. Er sagt, daß nichts in der Schöpfung, einschließlich der unverbrauchten Energie der Folgen der vergangenen Taten dem Willen Gottes widerstehen kann. Aber es ist nicht wahrscheinlich, daß Gott das Karma eines Menschen vollständig auslöscht. Baba sagt nämlich, daß die Menschen aus ihrem Tun und seinen Folgen lernen, und daß es der progressiven Evolution Abbruch tun würde, wenn er dazu überginge, durch einen bloßen Willensakt karmische Folgen auszulöschen. Mit einfachen Worten: Wenn die Spielregeln gebrochen werden, ist das Spiel aus... dann gibt es das Spiel, das „progressive Evolution“ heißt, nicht mehr. Baba hat jedoch darauf hingewiesen, daß, wenn das erfahrbare Selbst – die Person, das Ego – sich im letztlichen Moment der Selbstverwirklichung Gott vollkommen überantwortet, alles Karma überwunden ist. Das körperliche Leben des Befreiten kann weiterhin andauern, und er mag sich wie andere Menschen verhalten; aber sein Bewußtsen, das im Augenblick der Befreiung seine Eingrenzung aufgibt, identifiziert sich nicht länger mit dem Körper. In diesem Augenblick besteht uneingeschränkte Freiheit. Das sollte jedoch nicht so verstanden werden, als ob es zwischen dem vollen Erleiden der ganzen karmischen Folgen und der vollen Befreiung im Augenblick der Gott-Verwirklichung nicht einige Zwischenstadien gäbe.

Wenn wir, in Hingabe an Gott, unser Leben Ihm weihen und beten, daß Sein Wille geschehen möge, mildert Er die verdienten Folgen unserer früheren Taten. Es wird Unannehmlichkeiten geben, und es wird „Unfälle“ und Krankheiten geben, aber große Katastrophen treffen uns nicht. Dies ist die Langzeiterfahrung von Sai-Devotees. Baba erklärt dies am Beispiel der Medizin, die im Medizinschränkchen aufbewahrt wird. Die Folge unserer Handlung ist die Medizin. Alles verändert sich im Lauf der Zeit in dieser manifesten Welt, und mit der Zeit verringert sich auch die Potenz der Medizin, die im Schränkchen aufbewahrt wird und entfaltet daher nicht mehr ihre volle Wirkung, wenn wir sie schließlich einnehmen. Für seine Devotees, also für diejenigen, die sich dem Willen Gottes überantwortet haben, läßt Baba die Medizin der karmischen Folgen „altern“ und mildert so ihre Wucht.

Die Frage: „Dürfen wir vollkommene Freiheit von allem Karma erleben?“ beantwortet Baba mit „Ja“. Totale Freiheit von Unwissenheit und Unwahrheit über sich selbst gewährt Freiheit von allem Karma. Diese göttliche Freiheit ist in Reichweite. Laßt uns so weise sein, sie zu nehmen.

Reinkarnation

Wiedergeburt (Reinkarnation) ist ein Begriff, der heutzutage nahezu jedem bekannt ist. Menschen in fast allen Teilen der Erde kennen ihn, aber es besteht keine generelle Übereinstimmung darüber, was damit genau gemeint ist, bzw. auf welchen Aspekt der menschlichen Person sich die Wiedergeburt bezieht. Ist das Wiedergeborenwerden für jedermann gleich? Hat es einen Anfang und ein Ende? Können Willenskraft oder bestimmte geistige Übungen die Wiedergeburt beeinflussen? Gibt es Wiedergeburt für die niederen Lebewesen und für die höheren Formen des Lebens (wenn es solche gibt), oder ist „Wiedergeburt" nur ein Bild? Dieses Thema ist von großem Interesse, und bei dem Versuch, die Wahrheit herauszufinden, können eine ganze Reihe von Fragen auftauchen. Buddha hat seine Erfahrung der Wiedergeburt sehr ausführlich erläutert, und die Beschreibung hierüber ist in viele Sprachen übersetzt worden. Baba bestätigt, daß Wiedergeburt ein tatsächliches Geschehen in der erfahrbaren Welt ist. Obgleich er davon spricht, daß sie im Leben der Geschöpfe dieses Planeten Erde eine entscheidende Rolle spielt, läßt er sich aber nicht darüber aus, in welcher Weise die Wiedergeburt vor sich geht. Er sagt lediglich, daß das, was auf den Tod folgt, nicht für alle Wesen einheitlich ist. Nur der tote Körper ist allen gemeinsam. Darüber hinaus gibt es keinen einheitlichen Ablauf der „Vorgänge".

Wiedergeburt ist ein Begriff, der im Zusammenhang mit der progressiven Evolution zu sehen ist. Es heißt, daß jede einzelne Manifestation des universellen Bewußtseins durch eine lange, lange Reise der Entwicklung geschleust wird, bis das Individuum schließlich in das Universale eintaucht, mit ihm verschmilzt und erkennt, daß es selber das Universale ist. Wenn man es vom menschlichen Zeitrahmen aus betrachtet, verschlägt uns die Länge der Entwicklungsreise die Sprache. Baba sagt, daß die Reise beginnt, sobald das Leben sich als Granitgestein absondert oder sedimentiert. Die Reise erstreckt sich vom Granit über die Pflanzenwelt zum Tier, zum Menschlichen, zum Übermenschlichen, zum

Kosmischen und zum Göttlichen. Sie endet mit der Verwirklichung des absoluten, unwandelbaren göttlichen Prinzips – der göttlichen schöpferischen Kraft. Das Begreifen der allumfassenden progressiven Entwicklung kann nicht in den engen Grenzen eines nur verstandesmäßig erfaßbaren Zeitdiagramms erfolgen, weshalb wir es getrost beiseite lassen dürfen und uns besser mit dem beschäftigen, was Baba darüber sagt, wie der einzelne von ihr betroffen wird.

Mit Babas Feststellung, daß die guten und die schlechten Taten das einzige Gepäck sind, das wir vom Tod zur nächsten Geburt mitnehmen, sind wir auch schon beim Kern der Sache. In der Tat sind die guten und die schlechten Handlungen der Grund für eine Wiedergeburt. Darüber hinaus bestimmen sie auch die Art des Lebens, in welches man hineingeboren wird, sowie Veranlagung und Charakter, die einem eigen sind. Aber wir brauchen uns nicht zu beunruhigen. Baba versichert uns, daß die bindende Kraft unserer Taten dadurch überwunden werden kann, daß man sich aktiv einem spirituellen Leben zuwendet und Gott um Seine Gnade bittet. Er sagt: *„Denkt nicht an Geburt und Tod oder an die Freude und den Kummer, die euch begegnen. Sorgt euch nicht. Diese Dinge sind nur für den Körper von Bedeutung. Brütet nicht über Dingen, die naturbedingt sind, wie eben Geburt und Tod, Kummer und Freude. Irgendwann wird alles, was in dieser Welt existiert, einer Veränderung unterzogen. Strebt nach dem Göttlichen. Erfüllt eure Pflichten und behaltet dabei das Göttliche stets im Auge."*

Baba zeigt uns in seiner göttlichen Liebe genau, wie wir von dem riesigen Ballast der guten und der schlechten Taten, die uns verfolgen, frei werden können, bis wir aufwachen und unsere mißliche Lage einer eingehenden Prüfung unterziehen. Er sagt uns, daß, wenn wir seine Lehren studieren und in die Praxis umsetzen, überhaupt keine Notwendigkeit mehr besteht, sich irgendwelche Sorgen zu machen. Die spirituellen Übungen, mit denen wir uns, wie er sagt, beschäftigen sollen, werden zu einem Glück und zu einer Zufriedenheit führen, die alles Verstehen übersteigen – zum Erleben der Freude im ewigen Jetzt und zur völligen Befreiung von allem Vergangenen.

Es wird gesagt, daß die Idee der Reinkarnation in den frühen christlichen Schriften enthalten war, zu einem späteren Zeitpunkt aber aus ihnen entfernt wurde. Ganz gewiß wird die Wiedergeburt heute in den christlichen Kirchen nicht einheitlich gelehrt. Dessen ungeachtet fragen sich viele Menschen im Westen, ob die Begriffe Tat, Konsequenz und Wiedergeburt nicht die Erklärung für die scheinbare Ungerechtigkeit sein könnten, die sich in der gesamten Welt, wie auch im Leben der einzelnen zeigt. Wenn wir zum Beispiel jemanden schlagen und dafür wieder geschlagen werden, sind die Tat und ihre Folgelast eindeutig ersichtlich, und kaum jemand würde darin etwas Unrechtes sehen. Aber wenn ein gutmütiger, unschuldiger Mensch von einem Unglück nach dem anderen verfolgt wird, während ein anderer, der einen schlechten Charakter hat und Böses tut, Glück und Ansehen gewinnt, dann möchten wir aufschreien: „Das ist ungerecht!“ Aber die scheinbare Ungerechtigkeit hört auf, sobald der Zeitrahmen weiter gesteckt wird: Der „gute“ Mensch erfährt nämlich jetzt die Resultate vergangener schlechter Taten, und der „böse“ Mensch die Folgen vergangener guter Taten.

Wie in dem Beispiel vom Schlagen und Geschlagenwerden sind die meisten Ereignisse in unserem Leben die Folgen von Taten aus dem jetzigen Leben. Nur die schwererwiegenden Taten entfalten gemäß Baba die Saat ihrer Folgen in nachfolgenden Leben.

Viel von dem, was wir erfahren, kann als Folge unseres gegenwärtigen Tuns angesehen werden. Dafür gibt es zahllose Beispiele: Nimm Fahrstunden, und du wirst ein guter Autofahrer; treibe Sport, und du wirst kräftiger; liebe die Menschen und behandle sie mit Güte und Bedacht und du empfängst dafür – im allgemeinen – freundliche Behandlung. Die Einschränkung „im allgemeinen“ machen wir wegen eventueller karmischer Beziehungen zu bestimmten Menschen. Möglicherweise haben wir ihnen in einem früheren Leben einmal einen Schlag versetzt, für den wir gerade unsererseits „geschlagen“ werden. Zum Glück sind für die meisten von uns die Verwicklungen und Überschneidungen von Taten und ihren Folgen nicht klar ersichtlich. Wir sind schon mit unseren Taten in diesem Leben nicht sehr glücklich. Man überlege sich, was für eine unerträgliche Bürde es wäre, wenn wir uns auch noch über die Taten unserer zahllosen vergangenen Leben grämen müßten!

Die Taten und ihre Folgen scheinen ein unerbittlicher Kreislauf zu sein, aus dem es kein Entrinnen gibt, da jedes Ergebnis seinerseits wieder eine Tat mit ihren Folgen ist. Buddha benutzte das Symbol des Rades, um die endlose Aufeinanderfolge von Geburt, Leben, Tod und Wiedergeburt zu veranschaulichen. Buddha wies darauf hin, daß man durch eine gründliche und intensive Suche nach den vier edlen Wahrheiten und die ununterbrochene Ausübung derselben die Befreiung erreichen könne, wobei die Ausübung eher zur Befreiung führen würde, wenn man sich ungebunden und zurückgezogen als Mönch mit spirituellen Übungen beschäftigte.

Baba, der zu unserem Segen als Avatar in dieses Zeitalter gekommen ist, sagt uns aus den Tiefen seiner Allwissenheit heraus, daß wir in dieser Zeit durch spirirtuelle Übungen und vollständige Hingabe an Gott von Geburt, Tod und Wiedergeburt befreit werden können, auch wenn wir weiterhin der Familie und der Gesellschaft erhalten bleiben. Welche spirituellen Übungen für unsere Zeit passend sind, wird in Babas göttlichen Lehren erläutert. Das Geheimnis der Befreiung besteht darin, Gott zu geben, was sein ist – und letzten Endes ist alles sein. Baba sagt, wir sollten uns von der Vorstellung lösen, daß wir handeln, um die Früchte unserer Taten zu genießen, und stattdessen die Frucht jeder Tat Gott weihen. Gott selbst wird dann zum Handelnden und nimmt voll Erbarmen die Last auf sich. Wenn wir nicht länger danach streben, der Handelnde zu sein, sind wir auch nicht länger die Empfänger der Folgen: Gott als der Handelnde übernimmt die Früchte der Tat. Baba sagt: *„Sowohl der Jnani (d.h. der Wissende, der frei von Wiedergeburt ist), als auch der Ajnani (d.h. der Unwissende) haben Wünsche; Wünsche bezüglich der anderen Welt und der Last der vergangenen Karmas – beide in gleichem Maße. Nur lebt der Jnani nicht in dem Bewußtsein, der Handelnde zu sein. Deshalb ist er nicht gebunden, sondern frei. Der Verstand, das Denken ist die Ursache der Bindung (d.h. der Bindung an den Kreislauf von Geburt, Tod und Wiedergeburt), wie auch der Befreiung aus Bindung. Die Gedanken (mind) sind die Ursache von allem."*

Es gibt einen einfachen und wirksamen Weg, die Befreiung vom Wiedergeborenwerden anzustreben. Dieser einfache Weg besteht darin, anderen Gutes zu tun, für andere Gutes zu tun, anstatt ständig nach dem Nutzen für uns selbst Ausschau zu halten. Baba weist darauf hin, daß genauso, wie Samen, der mit zuviel Erde überdeckt ist, nicht keimt, auch die Saat unserer vergangenen schlechten Taten nicht keimen kann, wenn sie mit guten Taten reichlich bedeckt wird. Das Sprichwort sagt: „Gute Taten begraben viele Sünden."

Das Wissen um die Reinkarnation ist kein Wissen, das aus direkter Erfahrung stammt – sogar die Rückblicke in unsere Vergangenheit sind nur Gedanken, die für einen kurzen Augenblick existieren und dann wieder vergehen. Wir müssen die Information, daß es Wiedergeburt tatsächlich gibt, in gutem Glauben von jemandem, dem wir vertrauen, annehmen. Für viele von uns ist Sri Sathya Sai Baba vertrauenswürdig – er ruht in sich und ist stets in der Wahrheit gegründet, braucht nichts von uns und hat weder einen Grund, uns zu täuschen noch uns zu übervorteilen. Er sagt in der Tat: *„Es ist wahr: Aus euch selbst heraus habt ihr kein Wissen. Im spirituellen Leben kommen zuerst Glaube und Vertrauen, danach die Erfahrung. Stürzt euch voller Glauben in spirituelle Übungen.*

Mit diesem Vorsatz werdet ihr die Wahrheit für euch selbst finden und alles erkennen, was des Erkennens wert ist.“

Ist Reinkarnation eine Tatsache oder nicht? Wenn wir sie im guten Glauben als wirklich ansehen und unsere Handlungen dementsprechend ausrichten – was kann es schaden? Gott mit unserem ganzen Herzen lieben und anderen Gutes tun – was kann daran falsch sein?

Eine Unklarheit bleibt: Wer oder was wird wiedergeboren? Ist es diese sich ändernde Persönlichkeit? Das erscheint unwahrscheinlich. Baba sagt dazu: *„Was ist dieses Ich, das durch den Körper begrenzt wird ist, und doch von diesem verschieden ist? Es gibt keine andere Seele als dieses Ich, und wenn man sie vom Körper abzieht, bleibt nur der nicht-unterschiedene Geist, die nicht-unterschiedene, nicht-entzweite Seele zurück. Das Charakteristische des Menschen ist der Kausalkörper, der bis zur Befreiung fortbesteht.“*

Was Baba damit sagt, ist, daß wir, solange wir Handlungen vollziehen, um ihre Früchte zu ernten, Teil jenes Prozesses und in ihn voll verwickelt sind. Deshalb müssen wir die Folgen des Prozesses erfahren, ob sie nun glücklich oder schmerzlich für uns sind. Wir haben uns selbst in diesen Prozeß verwickelt und uns mit ihm identifiziert. Wir nähren diesen Prozeß aus unserer Energie, und wenn wir aufhören, Energie in ihn zu investieren, wird sich der Prozeß nicht mehr fortsetzen. Buddha hat gesagt, daß das Karma, das wir erfahren, wie eine Schnur aus Glasperlen ist, die wir hinter uns herziehen: die Glasperlen folgen uns nicht von selbst, sondern wir sind es, die sie festhalten. In dem Augenblick, in dem wir die Schnur, die die Perlen zusammenhält, durchschneiden, sind wir sie los. Wenn wir den Thron des Handelnden, dessen wir uns bemächtigt haben, verlassen, und Gott, den rechtmäßigen König, diesen Thron wieder einnehmen lassen, sind wir sofort von der Bürde der Regentschaft befreit.

Wenn wir unsere Gedanken Gott übergeben und Babas Aussage akzeptieren, daß alles Gott ist, dann wird die Identität des Handelnden von „uns selbst“ in „Gott“ umgewandelt, und was geschieht, das tut *Er*. Dann empfinden wir die sorglose Glückseligkeit der Befreiung, und wir haben damit die Grenzen unserer Persönlichkeit überschritten.

Diese Befreiung von der Identifizierung mit dem Ego und das Aufgeben der Vorstellung des Getrenntseins von Gott ist möglich, und zwar, wie Baba sagt, jederzeit. Sobald die Sturmwolken des Nichtwissens weggefegt sind, wird Gott, unser wahres Selbst, aus uns hervorstrahlen. Baba hat klar gesagt, daß dieses Aufleuchten der Wahrheit ganz plötzlich erfolgen kann. Wenn unser Nichtwissen tief verwurzelt und hartnäckig ist

– wie es meistens der Fall ist – und wir die Befreiung nicht blitzartig erfahren, so können wir doch wissen und davon überzeugt sein, daß sie durch spirituelle Übung möglich ist. Niemand kann uns daran hindern, das, was wir tun, als durch das Göttliche bewirkt anzusehen – als das Göttliche, das unsere tiefinnerste Wirklichkeit ist. Wir können dieses „Ich tue“ ausstreichen, aber das Handeln fortsetzen.

Wenn wir das Gefühl und den Anspruch des „Ich tue“ Gott überantworten, der der Ursprung der Welt und des Menschen und daher der wahre Handelnde ist, können wir alles, was uns begegnet, als Seinen Willen hinnehmen und unterscheiden nicht länger zwischen „Ich will“ und „Ich will nicht“. Babas Kurzform für diese Wahrheit: *„Die Straße zum Glück liegt nicht darin, zu tun, was man möchte, sondern zu mögen, was man tun muß.“*

Loslassen ist möglich, und es ist der Weg zur Befreiung. Baba sagt, daß wir zwar über den Anfang des Zyklus der Wiedergeburten nichts mehr wissen können, daß wir aber sicher sein dürfen, daß es damit auch – eventuell schon bald – ein Ende haben kann.

Baba gebraucht das Wort „Erlösung“ (engl.: „release“) gleichbedeutend mit Ausdrücken wie Gottverwirklichung, Selbstverwirklichung, Erleuchtung, Befreiung, Freiheit von Bindung, Freiheit von Geburt und Tod. Baba beschreibt die Erlösung folgendermaßen: *„Wenn die ganze Schöpfung in und um den Gottsuchenden zur glückseligen Liebe und lichtvollen Erfahrung wird, dann verliert er das begrenzte Bewußtsein seiner individuellen Wesenheit und überschreitet die Grenzen seiner Persönlichkeit, um mit all seinen Sinnen in jedem Augenblick die glückstrahlende innewohnende Göttlichkeit zu erfahren, die immer in ihm verborgen war.“*

Das Leben ist eine Pilgerreise, auf deren rauher und dorniger Straße der Mensch sich mühsam entlangschleppt. Mit dem Namen Gottes auf den Lippen wird er keinen Durst leiden; mit dem Bild Gottes in seinem Herzen wird er keine Erschöpfung empfinden. Die Gesellschaft der Heiligen wird ihn dazu befähigen, voller Hoffnung und Glauben zu reisen. Die Versicherung, daß Gott in Rufweite ist, daß Er immer nahe und sofort da ist, wird seinen Gliedern Stärke und seinem Auge Mut verleihen.

Sathya Sai Baba

Wenn alles Gott ist, wer tut dann das Böse?

Schlagzeilen, Fernsehen und Radio lenken beharrlich unsere Aufmerksamkeit auf das Böse in der Welt. Die Kritiker sagen: „Schlechte Nachrichten verkaufen sich, gute Nachrichten nicht." Allein von schlimmen Ereignissen zu hören, beunruhigt uns im tiefsten Innern, auch wenn wir nicht direkt von ihnen betroffen sind. Wenn man sich mit anderen darüber unterhält, taucht oft die Frage auf: „Wieso gibt es überhaupt das Böse?" Man sagt uns, daß es nur Gott gibt, daß alles Gott ist, und fragt sich: „Wenn alles Gott ist, dann muß Gott auch derjenige sein, der das Böse tut." Aber dieser Gedanke scheint nicht so recht glaubhaft, obwohl er scheinbar logisch ist: wir fühlen, daß das nicht möglich sein kann, denn es wird uns doch gesagt, wir sollen Gott von ganzem Herzen lieben.

Der Begriff der Reinkarnation und der Wechselbeziehung zwischen Handlungen und deren Folgen bieten eine Erklärung dafür, warum jemand Schlechtes erfährt, aber nicht, warum eine bestimmte Person Böses tut. Der Grund, warum jemand Böses tut, ist trotz der vielen Begründungen, die man uns nennt – von Vererbung oder unbewußtem frühkindlichem Trauma bis zum Übel des Kapitalismus oder zum übermäßigen Zuckerkonsum – nicht klar. Jede dieser Erklärungen ist durch Forschungsergebnisse untermauert, aber wir sind damit nicht zufrieden, und die Frage nach dem Bösen beschäftigt uns nach wie vor. Es befriedigt uns auch nicht zu hören, daß hier zwei Prinzipien zur Auswirkung kommen: das göttliche, unteilbare, höchste Absolute und das Prinzip des Bösen, personifiziert als der Teufel – denn trotz dieser althergebrachten Begründung suchen wir weiter nach mehr Klarheit in diesem Punkt.

Eine andere Beweisführung will aufzeigen, daß es keine Notwendigkeit für ein zweites Prinzip, den Teufel, gibt. Sri Ramakrishna hat eine Antwort auf die Frage gegeben, warum Gott das Böse zuläßt. Ramakrishna sagt, daß Gott die Welt als Spiel geschaffen habe, und daß zu einem Drama eben auch die Bösewichte gehören. Sri Ramakrishnas Erklärung ist eine Beschreibung der „Mechanik" des Dramas, aber sie läßt nach wie vor die Frage offen, warum Gott, der die inkarnierte Liebe und Gnade ist, das Böse in Seiner Welt zuläßt.

Die Meister des göttlichen Wissens beantworten Fragen entsprechend der Aufnahmefähigkeit des Fragenden. Wenn uns aber die Antworten nicht zufriedenstellen und wir wirklich entschlossen sind, eine Antwort zu finden, müssen wir tiefer graben. In seinen Vorträgen hat Baba erklärt, daß Gott nicht selber das Böse tut, daß Gott nur Liebe ist, und daß böse Taten Ego-Taten sind.

Wenn immer noch Fragen und Zweifel bleiben, muß man sich selbst betrachten und sich eben noch mehr in die Materie vertiefen. Eine erste Frage könnte sein: Wenn man in der Vergangenheit etwas getan hat, was jetzt als böse angesehen wird – etwas, was man nicht wiederholen würde; wenn das der Fall ist, warum hat man diese Tat dann in der Vergangenheit begangen und tut sie heute nicht? Die Antwort lautet, daß man in der Vergangenheit unklug gehandelt hat, weil die Tat entsprechend der damaligen persönlichen Beurteilung gerechtfertigt schien – daß man sie jetzt nicht wiederholen würde, weil man es inzwischen besser weiß.

Aber warum wußte man es damals, als man das Böse tat, nicht besser? Die Antwort ist, daß damals das Verständnis und die persönlichen Empfindungen durch schlechte Meinungen über die Welt, über die Menschen und über einen selbst überlagert waren. Mit anderen Worten: Man stand unter dem Einfluß der Unwissenheit, der Vorstellungen und der Empfindungen, die einen bewegten, und deshalb handelte man unklug.

Baba versichert uns, daß unser innerstes oder eigentliches Wesen das göttliche Selbst ist. Aber wie konnte das Göttliche (das Selbst) sich in bösen Taten ergehen? Tatsache ist doch, daß man so und so gehandelt hat. Man könnte sich fragen: „Warum habe ich, der ich göttlich bin, Böses getan?“ Wenn wir auf diese Frage die richtige Antwort finden, haben wir auch die Antwort auf die allgemeinere Frage, warum Gott das Böse in der Welt zuläßt.

Das Böse in der Welt kann nur so lange fortdauern, wie die einzelnen Menschen fortfahren, Böses zu tun, denn böse Taten kommen nur vom Einzelnen. Es sind die einzelnen Personen, die das Böse tun. Natürlich werden die Menschen auch in Zukunft durch Krankheiten, Unfälle und Naturkatastrophen Leid erfahren, aber wir sehen diese nicht als böse Taten an, denn sie hängen von natürlichen Bedingungen ab. Wilde Tiere zum Beispiel greifen uns an, weil es ihrer Natur entspricht.

Man könnte sagen, daß nicht nur Tiger, sondern auch Menschen uns aufgrund ihrer Wesensart angreifen. Das ist sicherlich wahr, und daher kommt die Bezeichnung „schlechter Mensch“. Aber nicht jeder ist so geartet, und deshalb müssen wir den besonderen Menschen betrachten, um den es bei der Erklärung geht. Baba hat gesagt, es gebe keine bösen Menschen, sondern nur böse Taten. Deshalb muß die Frage lauten: Tut die Person Böses, weil sie „von Natur aus“ bösartig ist, oder sagt man von dieser Person, sie sei bösartig, weil sie Böses tut? Wenn das letztere der Fall ist, kann es eine Veränderung geben, und Babas Bemerkung deutet an, daß dieses letztere zutrifft. Wenn deshalb jemand sehen kann, warum er etwas Böses tut, dann wird das Ganze beleuchtet. Eine Tat wird als böse angesehen, wenn das *Motiv* böse ist. Zum Beispiel quält jemand sein Opfer, um seinen Haß zu befriedigen, oder aus Rache, oder aus Freude, den anderen leiden zu sehen. Baba sagt, daß eine solche böse Tat vom Ego kommt, das in der Vorstellung lebt: „Ich bin diese Wesenheit, die geboren wurde, Furcht hat, Freude empfindet, leidet und stirbt.“

Wenn man sich selbst aufmerksam beobachtet, kann man bemerken, daß eine schlechte oder böse Tat im Lichte der Vorstellung begangen wird: „ich und die anderen.“ Diese falsche Vorstellung bewirkt den „Schleier“ des Nichtwissens, der die eigene wahre Natur verbirgt, von der Baba sagt, sie sei das göttliche Selbst. Wenn man bereit ist, in Ruhe Babas Lehren anzuhören, die er in seinen Vorträgen darlegt und die in einigen Einzelheiten auf den Seiten dieses Buches wiedergegeben werden, wird man erleben, daß die falschen Vorstellungen, die man sein ganzes Leben lang hatte, verschwinden, und man wird in Zukunft nichts Böses mehr tun. Es wird für böse Taten keine Basis mehr geben. Diese direkte Erfahrung wird einem das direkte Wissen darüber vermitteln, wie das Böse im Leben erscheint, und wie dem Bösen begegnet werden kann. Wenn wir das ganz klar erkennen, werden wir in der Lage sein, eine wirkliche Erklärung zu geben, wenn die Frage aufgeworfen wird, wie es in Gottes Welt etwas Böses geben kann.

Jemand, der Gott als die Realität seines Lebens erkennt und dementsprechend handelt, befindet sich nicht länger in der Illusion, daß der Körper sein wahres Selbst sei. Er hat vielmehr erkannt, daß Gott das innere Selbst, die Quelle des Glücks ist und hält nicht länger den Körper und seine Handlungen für diese. Er befindet sich hinsichtlich der Rolle des Körpers nicht mehr im Dunkel der Unwissenheit und steht nicht länger unter dem Diktat der körperlichen Wünsche. Jemand, der über diesen Punkt Klarheit besitzt, begeht keine Sünden mehr. Daß jeder in der Welt zu ein und derselben Zeit an diesem Punkt der Erkenntnis anlangt, ist unwahrscheinlich; denn wenn Sri Ramakrishnas Feststellung richtig ist, dann wäre das Spiel Gottes noch in jenem Augenblick zu Ende. Das Drama des menschlichen Lebens würde nicht länger aufrechterhalten werden. Sogar nach weltlichen Gesichtspunkten ist eine weltweite plötzliche Umwandlung unwahrscheinlich, denn „nicht jede Frucht am Baum reift zur gleichen Zeit“. Aber wenn man in der Lage ist, in sich selbst den Grund für die bösen Taten zu sehen, wird man erkennen, wie das Böse entsteht.

Man selber ist es. Der besondere, individualisierte, als Mensch manifestierte Aspekt Gottes ist es, der Böses tut, und zwar wegen der verschleiernden Kraft der Unwissenheit. Sie verbirgt die wahre Natur des Menschen, so wie eine kleine vorüberziehende Wolke die Sonne verbirgt. Ein Windstoß kann diese Wolke vertreiben – so wie das Befolgen der göttlichen Lehren Babas das Nichtwissen vertreiben wird, das die Wahrheit vor einem selbst verbirgt. Wenn das erreicht ist, wird nichts Böses mehr von einem selbst in die Welt gesetzt werden.

Hinsichtlich des Bösen in der Welt Gottes muß man sehr vorsichtig sein. Baba sagt uns, daß es nur Gott gibt. Wenn wir das akzeptieren, werden wir erkennen, daß Gott Sich Selbst beispielsweise auch als Tiger mit Tiger-Eigenschaften manifestiert. Auf ähnliche Weise manifestiert der menschliche Körper Gott entsprechend seinen Eigenschaften.

Der Tiger kann seine Tiger-Neigungen nicht überwinden, der Mensch jedoch – so versichert uns Baba – kann seine Neigungen überwinden. Baba rät uns: *„Denkt nicht, daß ihr menschlich seid, und daß ihr die Ebene des Göttlichen erreichen müßt. Denkt vielmehr, daß ihr Gott seid, und von dieser Stufe aus menschliche Wesen geworden seid. Wenn ihr in dieser Weise denkt, werden alle Eigenschaften Gottes sich in euch manifestieren. Wißt, daß ihr als menschliche Wesen von Gott stammt und daß ihr letzten Endes zu eurer Quelle zurückkehren werdet.“*

In weltlichen Angelegenheiten muß man Vorsicht walten lassen, und wir müssen die Lebewesen, die diese Welt bevölkern, gemäß ihrem Stand und ihrem Tun behandeln. Es würde zum Beispiel keinen Sinn haben, auf einen wilden Tiger zuzugehen und ihn zu umarmen! Von Gott als Tiger ist es am besten, Abstand zu halten. In gleicher Weise müssen wir bei Leuten, deren Wissensstand wir nicht kennen, vorsichtig und wachsam sein. Baba sagt: *„Laßt die Herzen zusammen sein, aber haltet die Körper getrennt.“*

Auch wenn wir uns unseren Weg durch das Fragespiel „Woher das Böse, wenn doch alles Gott ist“ bahnen, und auch wenn wir verstehen, daß jede Wirkung ihre Ursache hat, mag dieses Verständnis doch durch großes, oft entsetzliches Leiden erschüttert werden, wie durch Völkermord und Hungersnöte, für die es keine schnelle Abhilfe gibt, weil die politischen Erwägungen das Gegenteil bewirken. Hier meinen wir, daß das Übel so ungeheuerlich ist, daß Gottes Liebe zu Seiner menschlichen Familie Ihn gewiß dazu bewegen wird einzugreifen. Um hierzu eine Antwort zu bekommen, wäre es das Beste, Baba direkt zu fragen, und genau das hat Sri R. J. Karanjia getan, der Senior-Herausgeber der „Blitz Publications" in Bombay. Sri Karanjia stellte die Fragen, und Baba antwortete:

Frage: Die Kritiker von Swamiji fragten, warum Baba den Menschen in ihrem Unglück nicht hilft, indem er in Zeiten der Trockenheit Regen bringt oder Nahrung durch seine Sankalpa-Shakti dort erzeugt, wo Hungersnot herrscht. Kann ein Avatar der Menschheit nicht dabei behilflich sein, die Naturkräfte zu beherrschen und Katastrophen, wie zum Beispiel Erdbeben, Überschwemmungen, Dürre, Hunger und Epidemien zu verhüten?

Baba: *Genau das tue ich, indem ich den in jedem Menschen innewohnenden Gott zur Wirkung bringe, eben um solche Katastrophen zu überwinden. Es gibt zwei Möglichkeiten, wie ein Avatar den Menschen helfen kann: mit einer Kurzzeitlösung oder mit einer Langzeitlösung. Jede Kurzzeitlösung würde der grundlegenden Eigenschaft der Natur wie auch dem karmischen Gesetz von Ursache und Wirkung zuwiderlaufen. Die meisten Menschen leben in der materiellen Welt ihrer Begierden und ihres Egos, welche von diesem Gesetz regiert werden. Sie ernten die Früchte ihrer Taten. Dies bedingt ihre Weiter- oder auch Rückentwicklung. Wenn der Avatar eingreifen würde, um sofort ihre Probleme zu lösen, würde das jedes Tun, jede Entwicklung, sogar jede Evolution zum Stillstand bringen. Diese Lösung scheidet aus, weil sie den Naturgesetzen völlig entgegengesetzt ist.*

Die andere und wirksamere Alternative bietet eine Langzeitlösung, bei der der Avatar die Menschen auf ein höheres Bewußtseinsniveau führt und sie befähigt, die Wahrheit spiritueller Gesetze zu verstehen, so daß sie sich einem rechtschaffenen Leben zuwenden und ständig an der Verbesserung der Verhältnisse arbeiten können. Das wird sie wieder in Beziehung zur Natur und zum karmischen Gesetz von Ursache und Wirkung bringen. Sie sind dann imstande, den Kreislauf von Ursache und Wirkung zu transzendieren, in den sie heute als Opfer verwickelt sind. Sie werden den Kräften der Natur befehlen und sie steuern und somit in der Lage sein, die Unglücksfälle, die du erwähnt hast, abzuwenden.

Frage: Du sagst also, daß du gegenwärtig dabei bist, das Bewußtsein

der Menscheit auf einen gottähnlichen Stand anzuheben, um sie in die Lage zu versetzen, daß sie ihr Schicksal selbst zu bestimmen lernen?
Baba: *Genau. Die Menschen werden zu Mitinhabern meiner Sankalpa-Shakti werden. Ich muß durch sie wirken, den in ihnen wohnenden Gott erwecken und sie zu einer höheren Wirklichkeit entwickeln, um sie damit zu befähigen, die Gesetze und Kräfte der Natur zu meistern. Wenn ich sofort alles heilen würde und die Leute auf ihrem augenblicklichen Bewußtseinsniveau ließe, würden sie sehr bald alles wieder in Unordnung bringen und sich gegenseitig wieder an die Gurgel gehen mit dem Resultat, daß bald wieder die alte chaotische Situation in der Welt herrschen würde.*
Leid und Elend sind die unvermeidbaren Akte des kosmischen Dramas. Gott ordnet diese Kalamitäten nicht an. Der Mensch lädt sie ein als Vergeltung für seine eigenen bösen Taten. Dies ist die korrigierende Strafe, welche die Menschheit dazu bringt, den falschen Weg zu verlassen und auf den rechten Weg zurückzukehren, damit der Mensch den gottähnlichen Zustand des Sat Chit Ananda erfahren kann, das heißt ein Dasein in Weisheit und Glückseligkeit. All dies ist Teil der großen Synthese, in der das Negative dazu dient, das Positive zu verherrlichen. So verherrlicht der Tod die Unsterblichkeit, das Nichtwissen die Weisheit, das Elend die Glückseligkeit und die Nacht den Tagesanbruch.
Wenn also der Avatar die von dir erwähnten Kalamitäten zu einem sofortigen Ende brächte – was ich kann und auch tue, wenn die Not sehr groß ist – dann würde das ganze Drama der Schöpfung mit seinem karmischen Gesetz zusammenbrechen. Denke daran: Diese Katastrophen geschehen nicht aufgrund dessen, was Gott aus dem Menschen gemacht hat, sondern in Wirklichkeit aufgrund dessen, was der Mensch aus dem Menschen gemacht hat. Deshalb muß der Mensch von Grund auf geändert und mit vernichtetem Ego, dafür aber mit einem transzendentalen Bewußtsein neu geschaffen werden, damit er sich herrschend über das karmische Gesetz erheben kann.
Frage: So kann dein Ziel als das der Bruderschaft der Menschheit bezeichnet werden, die durch die Lehre der Liebe erreicht werden soll?
Baba: *Ja, denn was sonst kann die Welt vor der thermonuklearen Vernichtung erretten? Alles weist auf den Schrecken dieser drohenden Feuersbrunst hin, und meine Mission ist es, dieses Feuer zu verhindern, indem ich Dharma und das spirituelle Gesetz von dem einen*

Gott, der einen Religion, der einen Sprache, welche die eine Menscheit umschließen, wieder zur Geltung bringe.
Ich predige allen nur eine einzige Religion, die der Liebe, die allein dazu imstande ist, die menschliche Rasse in eine Bruderschaft des Menschen unter der Vaterschaft Gottes umzuwandeln. Ich kenne nur eine Sprache – die Sprache des Herzens –, die jenseits von Verstand oder Intellekt, den Menschen mit dem Menschen, bzw. die Menschheit mit Gott verbindet, und dabei gegenseitiges Verständnis, Zusammenarbeit und ein Leben in Gemeinschaft, in Frieden und Harmonie schafft.
Auf dieser Grundlage möchte ich eine Menschheit ohne irgendwelche religiösen, kastenbedingten oder sonstigen Barrieren in einem universalen Reich der Liebe aufbauen. Das wird meine Anhänger in die Lage versetzen, die ganze Welt wahrhaft als ihre Familie zu empfinden.
Frage: Gut gesagt, Baba. Aber würde dieses Dharma mit seiner hinduistischen Ausrichtung nicht mit den etablierten Religionen in Konflikt geraten?
Baba: *Nein, es wird nichts dergleichen geschehen, weil mein Ziel die Weiterführung von Sanathana Dharma ist, welches an den einen Gott glaubt – so wie es von den Gründern aller Religionen gefordert wurde. Niemand muß seine Religion oder seinen Gott aufgeben, sondern kann im Gegenteil durch sie den einen Gott in allem anbeten. Ich bin nicht gekommen, um aufzuwühlen oder zu vernichten, sondern um jedermann in seinem eigenen Glauben zu bestätigen und zu bestärken.*
Frage: Aber wie wird das einen nuklearen Holokaust verhindern?
Baba: *Durch Entfernen aller Ursachen, Quellen, Barrieren und Herausforderungen, die aufgrund von Klassen, Kasten, Glaubensbekenntnissen, Farben und Rassen bestehen, und durch das Ersetzen von Haß und Gewalttätigkeit durch Liebe und Gewaltlosigkeit. Ich habe vor, die Menschheit mit einem Evangelium friedvoller Zusammenarbeit auszustatten und es an die Stelle der gegenwärtigen, auf den Tod und allseitige Zerstörung ausgerichteten Eskalation zu setzen.*
R. K. Karanjia: Danke Swamiji. Ich bin dir für dieses Gespräch sehr dankbar, besonders, weil ich wirklich nicht erwartet hatte, daß du die ganze, lange Liste meiner Fragen beantworten würdest.

Das Kind hat seine Zunge, und die Mutter hat ihre. Die Mutter hält das Kind auf ihrem Schoß und spricht die Worte aus, damit das Kind das Sprechen lernen kann. Wie sehr sich die Zunge der Mutter auch bemüht – das Kind muß mit seiner eigenen Zunge nachsprechen. Die Mutter kann nicht für das Kind sprechen und ihm alle Arbeit abnehmen. Mit dem Guru ist es das gleiche. Er kann nur wiederholen, erinnern, inspirieren, instruieren, überreden, vorschlagen. Mit der Arbeit muß der Schüler selbst beginnen. Er muß selber über die Hürde springen. Niemand kann ihn darüberheben!

Sathya Sai Baba

Sadhana, unsere spirituelle Übung

Baba sagt: „*Im ganzen Universum gibt es keinen anderen Planeten, auf dem menschliches Leben oder Leben in ähnlicher Form existiert. Alles Leben mag auf die Geburt als Mensch hinzielen, aber nur durch die Geburt als Mensch kann Gott verwirklicht werden. Hier und jetzt ist die Gelegenheit, das absolute Ziel des Lebens zu realisieren.*"

Wenn wir aus Gründen, die nur Baba kennt, uns vertrauensvoll an ihn wenden und entschlossen sind, alle Unwahrheit – komme was da wolle – aus dem Weg zu räumen, worauf warten wir dann noch? Vor dieses Problem finden sich die meisten von uns gestellt. Er sagt uns, wir seien das Göttliche. Aber da wir uns nicht hier und jetzt sofort als das Göttliche zu erkennen imstande sind – was tun?

Das, was zu tun ist, nämlich die Schritte, die zur Gottesverwirklichung führen, werden „spirituelle Übung" genannt. In Indien nennt man es „Sadhana".

Gott ist Wahrheit, und unser Ziel ist es, Ihn als die Wahrheit zu erkennen. Um zu erkennen, was wahr ist, müssen wir damit aufhören, das Unwahre zu glauben. Wenn alle Unwahrheit beiseite geschoben ist, wenn alles, was der Veränderung unterworfen und deshalb nicht ewig ist, ausgeschieden ist und danach etwas übrig bleibt, dann können wir uns fragen, ob das nicht das Ziel ist, was da offen vor uns liegt. Dem, was sich niemals ändert, was dasselbe bleibt, morgen und für immer, kann man Glauben schenken. Auf das kann man bauen, man kann es lieben und ihm ohne Furcht vor Betrug trauen. Und man kann es ohne Ende hochpreisen: Es ist das ewig-beständige, feste Fundament und wird deshalb Wahrheit genannt.

Baba sagt, daß Gott diese Wahrheit ist, daß Er wirklich und allgegenwärtig ist. Er ist der Eine, so benannt in allen Glaubensbekenntnissen und Religionen, und wir selbst sind niemand anderer als Er. So können wir der Erklärung des allweisen, allwissenden Baba entnehmen, daß unser Selbst das Ziel unserer spirituellen Übung ist und daß der Weg zur Gottverwirklichung der Weg von uns selbst zu unserem Selbst ist. Der

Weg führt in die Tiefe dieses unermeßlich vielschichtigen Rasters des Ichs: Es ist nicht ein Weg, der in der Außenwelt gefunden werden kann.

Wer soll diesen inneren Weg zur Wahrheit aufzeigen? Wer soll uns führen? Wer wird uns ein wahrer „Guru“ sein? Auf diese Fragen antwortet Baba: *„Heutzutage gibt es nur einen wahren Guru, und das ist Gott. Ruft nach Gott!“* Wenn unser Ruf hingebungsvoll und aufrichtig ist, kann Gott ihm nicht widerstehen. Es wird gesagt, daß nur einer mächtiger ist als Gott Selbst, und dieser eine ist der, der Ihm wahrhaft ergeben ist. Gott kann seine Gnade dem wahren Devotee nicht vorenthalten. Laßt uns auch nur einen Schritt auf Ihn zu gehen, und Er wird uns zehn Schritte entgegenkommen. Baba selbst versichert uns dies, und wir können ihm glauben. Wir können unsere spirituellen Übungen mit vollem Vertrauen beginnen, mit Freude und Begeisterung, und ohne Sorgen oder Ängste.

Gott ist Liebe, und die göttliche Liebe währt für immer. Haß, Zorn, Begierde, Neid und ihre Ausgeburten sind Ego-Belange und als solche nicht ewig. Wenn wir zum Ziel haben, das beiseite zu lassen, was für den Augenblick existieren mag, seiner Natur nach aber vergänglich ist, und auf das man deshalb nicht bauen kann; wie müssen wir dann vorgehen? Die direkteste Antwort – eine, die sowohl von Sri Sathya Sai wie auch von Krishna, dem Avatar des diesem vorangegangenen Zeitalters, gegeben wurde – ist, Gott von ganzem Herzen zu lieben. Übergebt Ihm, dem inneren Wagenlenker unseres Lebens, jede Handlung. Habt ständig die Gedanken auf Ihn gerichtet und seid unbesorgt und glücklich. Der Herr wird für uns sorgen, und wenn unser Geist und unsere Herzen gereinigt sind, wird der Herr uns zur richtigen Zeit Weisheit schenken und uns von dem uralten Kreislauf von Geburt, Tod und Wiedergeburt und den damit verbundenen Leiden befreien. Und wäre uns die spirituelle Disziplin nicht möglich, würde uns auch die Lehre nicht erteilt werden.

Wenn Gott der Geliebte unseres Herzens ist, werden wir stets an Ihn denken. Gott ist der Archetyp alles Schönen; Er ist das Schönste des Schönen. Wenn wir es lieben, geliebt zu werden, dann ist Gottes Liebe für uns über alle Maßen süß. Wenn wir die Wahrheit lieben, dann ist Gott das wirkliche Fundament von Wahrheit und Weisheit.

Es könnte sich die Frage ergeben: „Wo ist Gott?“ Die Antwort ist, daß er voller Gnade dort wohnen wird, wo immer wir Ihn vermuten. Für manche großen Devotees gilt die Frage: „Wo ist Gott nicht?“ Wohin sie auch schauen, sehen sie Gott. Draupadi rief einmal in großer Gefahr dringend nach dem Herrn. Er rettete sie, aber erst mit einiger Verzögerung. Worauf sie Ihm den Vorwurf machte: „Herr, ich habe nach dir gerufen. Warum hast du so lange gebraucht?“ Krishna fragte seinerseits: „Wo hast du mich gesucht? Von wo hast du mich hergerufen?“ Sie antwortete: „Ich rief dich von deinem Wohnsitz in deiner Hauptstadt.“ Krishna antwortete: „Aha, das ist der Grund! Ich mußte von dort hierher kommen. Hättest du mich in deinem Herzen angerufen, wo ich immer bin, hätte ich dich unverzüglich retten können!“

Baba versichert, daß Gott uns tatsächlich so nahe ist. Er ist immer in unserem Herzen und ist immer unser wahrer Geliebter, auch wenn wir Ihn leugnen und auch, wenn wir uns erlauben, uns von den vergänglichen Dingen und Personen der äußeren Welt ablenken zu lassen.

Es kann sein, daß uns eine bestimmte spirituelle Übung mehr liegt als eine andere. Aus diesem Grund sagt Baba: „Verdammt nicht die vielen Gurus. Ich bin in jedem von ihnen.“ Das heißt, wenn wir uns an Gott in irgendeiner Gestalt wenden, wird Er antworten, in dem Maße unserer Fähigkeit zu empfangen. Zu Anfang unserer Suche nach Wahrheit mögen wir uns in unserem Sadhana eine bestimmte Übung aneignen, die später überhaupt nicht mehr zu uns paßt oder sogar ganz falsch für uns sein kann. Diejenigen Devotees des Herrn, die sich an Ihn als Sri Sathya Sai, den Avatar unseres Zeitalters wenden, lehrt Baba eine Anzahl traditioneller spiritueller Übungen, von denen wir jede beliebige übernehmen können, die uns anspricht. Und jede von ihnen wird uns sicher zu der unendlich subtilen Seiendheit führen, welche letztendlich die Wahrheit ist, die überall wohnt. Wenn wir uns an Baba wenden und zu ihm beten, wird er höchst gütig unser Guru sein und uns führen und beschützen.

Baba enthüllt uns wundervolle spirituelle Übungen. Wir können ganz nach Belieben nur eine oder mehrere kombiniert übernehmen, und das mit der Gewißheit, einen absolut sicheren Weg zu gehen. Ihre Ausübung wird unser Sadhana sein. Jede dieser wunderbaren und herrlichen Arten von Sadhana ist heute ebenso gut anwendbar wie in alten Zeiten. Jede wird uns sicher auf den inneren Weg der Verwirklichung des Göttlichen geleiten. Und jede ist ein Weg des Glücks, denn unser Guru wird der Geliebte unseres Herzens sein, unser göttlicher Baba. Diese wundervollen und erleuchtenden Übungen sind in diesem Buch beschrieben.

Der Name Gottes

Was Baba über die Methode sagt, mit der der Schleier der Illusion aus Herz und Verstand entfernt werden kann, mag uns überraschen, weil sie so einfach klingt. Und doch wird sie für absolut wirksam erklärt. Im Alter von vierzehn Jahren teilte Sri Sathya Sai seinen Angehörigen mit, sein Leben in der Familie sei beendet – nunmehr würde er sich ganz den Aufgaben widmen, deretwegen er gekommen sei. In seiner allerersten Ansprache sagte er: *„Ihr Suchenden! Verehrt mit jedem eurer Gedanken die Füße des Gurus. Auf diese Weise könnt ihr den Ozean von Freude und Leid und Geburt und Tod überqueren."* Das bedeutet, sich darin zu üben, unablässig den Namen Gottes, der einem am liebsten ist, mit Liebe zu wiederholen und sich gleichzeitig die Gestalt, die diesen Namen trägt, mit Liebe vorzustellen – diese Übung allein reicht aus, Herz und Denken zu läutern. Wir werden dadurch die Wahrheit unseres inneren Selbst voll verwirklichen.

Die Übung der Wiederholung des göttlichen Namens vermittelt uns vom ersten Augenblick an Freude, und diese Freude bleibt auch im Lauf der Zeit erhalten. Der Höhepunkt ist die Befreiung, die Gottverwirklichung. Die Übung ist einfach, benötigt keine Erklärung, und Baba sagt, daß ihre Wirkung gesichert ist. Unser Verstand ist es jedoch gewohnt, Erklärungen zu bekommen, und so soll die Erklärung auch geliefert werden: Die Bedeutung des – geistigen – Hersagens des göttlichen Namens liegt darin, daß wir uns damit ständig in der göttlichen Gegenwart des Herrn aufhalten. In Seiner unmittelbaren Gegenwart kann nichts Böses überleben. Neigungen, die der Täuschung und Begierde entspringen, verdanken ihr Wachsen und ihre Beständigkeit der Unwissenheit und können im reinen Licht des Göttlichen nicht überleben oder wachsen. Schlechte Neigungen sind mit einem wilden und alles verzehrenden Feuer zu vergleichen, das kampflos stirbt, wenn man keinen Brennstoff mehr hineingießt.

Damit die Übung der Wiederholung des göttlichen Namens ihre Wirkung hat, muß sie, einmal begonnen, ständig fortgesetzt werden. Um die Notwendigkeit des Beginnens und Fortsetzens zu veranschaulichen, erzählt Baba die folgende Geschichte: Ein Reisender kam an einen großen Wald, als es schon Abend wurde, und sollte ihn unverzüglich durchqueren. Er hatte nur eine kleine Laterne bei sich, deren Licht nicht weiter als drei Fuß leuchtete. Doch der Wald war dicht, dunkel und voller unbekannter Gefahren. Furchtsam setzte sich der Reisende unter einen Baum und weinte. Bald kam eine ganze Gesellschaft von Reisenden aus dem Wald heraus, und als diese den Mann weinen sahen, hielten sie an und fragten ihn nach seinem Kummer. Nachdem er ihnen den Grund genannt hatte, sagten sie zu ihm: „Aber Herr, auch eine Laterne, die nur zwei Fuß weit Licht wirft, genügt, um durch diesen dunklen Wald zu kommen. Aber du mußt dich erheben, dein Licht in die Hand nehmen und voranschreiten." Der Wald ist der dunkle, unbekannte Lauf des Lebens, und die Laterne ist der kleine Name Gottes. Aber wenn wir diesen kleinen Namen bei uns tragen und mit ihm voranschreiten, werden wir sicher durch den Wald gelangen.

Baba sagt uns, daß Name und Gestalt nicht voneinander getrennt sind, und daß, wenn Gott Gestalt angenommen hat, die Gestalt von Seinem Namen begleitet wird, und umgekehrt: Wo Sein Name geäußert wird, wird der Name von seiner Gestalt begleitet. Name und Gestalt zusammen sind Gott, manifest in der Fülle des Lichtes, der Herrlichkeit und der Macht des Göttlichen. Wenn deshalb Gottes Name mit Liebe wiederholt wird, wird Gott, der Liebe ist, antworten. Er wird gerufen, und Er kommt zu uns, glück- und liebespendend und bereit, mit uns zu gehen und unser göttlicher Gefährte zu sein. Wenn wir uns zu der Wiederholung Seines Namens noch die dazugehörende Gestalt vorstellen, die wir lieben, schaffen wir uns eine zusätzliche Möglichkeit zur Hingabe an unseren höchsten Herrn.

Gott ist reines Licht. Man hat dies zu allen Zeiten so gesehen. Wenn wir unser Leben im göttlichen Licht verbringen, werden wir nicht in der Lage sein, bei unseren schlechten Neigungen zu bleiben, selbst wenn wir es wollten. Schlechte Neigungen sind wie Blumen, die in der Dunkelheit wachsen; sie können im reinen Licht des Herrn nicht überleben; sie verkümmern und gehen ein. Unsere guten Neigungen verursachen uns keine Probleme, denn in der Gegenwart des Herrn werden sie sich nicht zu einem großen Ego entwickeln.

Das Ego, das sich aus Neigungen und Affekten zusammensetzt, wird schließlich zu Füßen des Herrn kapitulieren. Das Herz, das dann völlig gereinigt ist, ist somit bereit, seine Wahrheit, seine eingeborene Einheit mit Gott zu verwirklichen. Unserem komplizierten Verstand erscheint es höchst seltsam, daß eine so einfache Übung unser Leben tatsächlich reinigt und unseren Verstand für die Erleuchtung vorbereitet, daß sie uns für die Befreiung aus dem verwirrenden Gewebe der Gegensätze, der Neigungen und Abneigungen und schließlich auch dafür reif macht, ganz das ewige, undifferenzierte Göttliche zu sein. Baba sagt, daß dies die inhärente Kraft der spirituellen Übung des göttlichen Names ist.

Schon in den frühen Tagen des christlichen Zeitalters war die Wiederholung des göttlichen Namens zusammen mit der bildlichen Vorstellung der göttlichen Gestalt bekannt. Baba hat gesagt, daß Jesus seine Devotees anwies, diese Übung zu übernehmen. Einige Jahre nach seinem Tode wurde den christlichen Mystikern von ihren Lehrern gesagt: „Sammelt euren Geist, zwingt ihn, das Herz mit dem Atem zu betreten, und haltet ihn dort fest, aber laßt ihn nicht untätig sein, sondern auferlegt ihm stattdessen das Gebet: ‚Herr Jesus Christus, Sohn Gottes, erbarme dich meiner.'" Danach pflegten sie, ob im Kloster oder auf Wanderschaft, sich ständig die Gestalt Jesu vorzustellen und seinen Namen zu wiederholen und ihn mit ihrer Liebe zu Jesus zu durchtränken.

Der unermeßliche Wert des göttlichen Namens war auch den Schülern Mohammeds bekannt. Als Mohammed von einem dieser Schüler gefragt wurde: „Was soll man tun, wenn das Herz blind ist?" erwiderte er: „Für alles gibt es ein Poliermittel, das den Rost entfernt, und das Poliermittel des Herzens ist das Erinnern Gottes."

Einigen von uns mag die Übung der Wiederholung des göttlichen Namens anfangs ein bißchen trocken erscheinen. Aber das ist unvermeidlich, wenn das Herz selber ein bißchen trocken ist. Schenkt dem keine Bedeutung. Setzt die Übung fort, und sehr bald wird sich die Liebe dem heiligen Namen zugesellen.

Ein Zweifel mag aufkommen: „Wie kann ich den Namen wiederholen und mir die Gestalt bildlich vorstellen, wenn ich mit einer Arbeit beschäftigt bin? Ich könnte nicht konzentriert arbeiten, und das wäre nicht gut." Zur Erklärung dieses Punktes erzählt Baba die folgende Geschichte: Ein König hatte mit seinem Staat eine schwere Bürde zu tragen und konnte keinen tauglichen Minister finden. Er wandte sich in seinem Gebet an Gott. Gott erschien ihm und fragte ihn: „Was wünschst du?" Der König erklärte, daß er dringend einen guten Diener brauche, denn das Königreich gleite ihm aus der Hand. Gott erfüllte darauf den Wunsch des Königs, warnte ihn aber zugleich: „Der Diener ist sehr tüchtig, aber wenn du ihn nicht ständig mit Arbeit versorgst, wird er sich gegen dich wenden und dich umbringen." Der König schenkte dem keine Beachtung. Der Diener jedoch arbeitete mit unbändiger Energie und

Intelligenz, und eines Tages bekam der König einen Schock, als er erkannte, daß alle Aufgaben fast vollständig erledigt waren. Da erinnerte er sich an die Warnung und voller Panik wandte er sich wieder im Gebet an Gott. Gott erschien vor ihm und fragte: „Nun, was wünschst du jetzt?" Der König erklärte es, und Gott in seiner Gnade gab ihm folgenden Rat: „Ich werde dich retten. Geh folgendermaßen vor: Sag deinem Diener, er soll eine zwanzig Fuß hohe Mauer errichten. Wenn er danach keine Arbeit mehr hat, laß ihn solange die Mauer hinauf- und hinunterklettern, bis du wieder eine Aufgabe für ihn hast."

Der Diener ist der Verstand. Die Mauer ist der Name Gottes. Wenn die Gedanken müßig ihrer Wege gehen, beschäftige sie mit der Wiederholung des heiligen Namens Gottes; denn ein müßiggehendes Denkvermögen wird uns mit Sicherheit umbringen. Wenn wir eine Arbeit tun müssen, wenden wir uns am besten an Baba und sagen: „Herr, ich weihe dir diese Arbeit." Dann gehen wir an die Arbeit und schenken ihr unsere volle Aufmerksamkeit. Baba versichert uns, daß eine in seinem Namen getane Arbeit genau dasselbe ist wie die Wiederholung des Namens. Wenn die Arbeit getan ist, dann laßt uns sogleich zur Wiederholung des heiligen Namens zurückkehren.

Eine andere Frage könnte sein: „Welchen Namen und welche Gestalt Gottes sollen wir gebrauchen?" Da wir davon ausgehen, daß Gott Eins und unteilbar ist, obgleich Er in der Vorstellung der Menschen verschiedene Namen und Formen hat, ist Er in jedem beliebigen Namen und in jeder Form, die wir mit ihm verbinden, voll manifestiert. Babas Empfehlung ist: *„Nehmt den Namen und die Form Gottes, die euch am liebsten ist."* Wenn heute ein Devotee zu keinem der historischen Namen und Formen des Göttlichen eine besondere Neigung verspürt, können der Name und die Gestalt Babas gewählt werden. In diesem Fall kann als Name „Om Sai Ram" genommen werden.

Baba empfiehlt uns – für welchen göttlichen Namen wir uns auch entscheiden – die Gestalt, die den Namen begleiten soll, mit Bedacht zu wählen. Zu „Jesus" zum Beispiel paßt besser eine Gestalt, die man sich in seiner Vorstellung selbst geschaffen hat, als irgendein Bild, das man von einem Gemälde oder einer Jesus-Statue übernommen hat.

Baba sagt, daß das Denken, wenn es Gottes Form erschafft, selbst zu dieser Form wird. Und Gott selbst wird diese Form mit Seiner Herrlichkeit erfüllen.

Baba teilt uns mit, daß das Niveau dieses Zeitalters, das Kali-Yuga genannt wird, als niedrig und grob angesehen werden muß, daß es aber für gläubige Menschen das beste aller Zeitalter ist. Wir haben Babas

Versicherung, daß in diesem Yuga jeder, der seinen Willen und seine Energie zusammennimmt und seine Aufmerksamkeit auf den göttlichen Namen und die göttliche Form ausrichtet, dadurch die Verwirklichung seiner letztendlichen Wahrheit erreichen kann.

Meditation

Millionen von Menschen im Westen ist die Meditation als eine Übung bekannt, die mit der Innenwelt des Menschen zu tun hat. Baba definiert Meditation folgendermaßen: *„Richtige Meditation ist das Eintauchen aller Gefühle und Gedanken in Gott. Personen, die in dieser Art der Meditation erfahren sind, sind sehr selten. Die meisten Menschen gehen nur durch die äußerliche Übung. Deshalb sind sie nicht fähig, die Gnade zu gewinnen."*

Man spricht über Meditation meist im Zusammenhang mit dem rechten Ort der Meditation, der Art zu sitzen, was man dabei zu tun hat und wie lange man sitzt. Das ist aber nur der Anfang. Die Erfüllung der Meditation ist das, was als „Sahaja Vastha" bezeichnet wird; wenn alle Handlungen dem Gottes-Bewußtsein statt dem Individual-Bewußtsein entspringen.

Die Meditation im Sitzen ist nur der Anfang. Baba sagt, daß für jemanden, der entschlossen ist, ein spirituelles Leben zu führen, Aufmerksamkeit und Wachsamkeit gegenüber dem inneren Geschehen zur alltäglichen Gepflogenheit werden muß.

Meditation gleicht sozusagen dem Bau eines Bootes, das in der Lage ist, uns sicher über das stürmische Meer der Lebenserfahrungen ans andere Ufer zu bringen. Das „andere Ufer" ist als Selbstverwirklichung, Gottesverwirklichung, Befreiung, Erleuchtung, Nirvana bekannt. Alle diese Worte haben dieselbe Bedeutung: das Verschmelzen oder Aufgehen des Individuellen im Absoluten.

Baba stellt fest: *„Existenz, als das Absolute verstanden, ist richtig. Als abgesonderte Vereinzelung gesehen ist sie falsch. Das ist die ganze Wahrheit."*

Aufgehen im Absoluten bedeutet, den Schleier der Unwissenheit beiseite schieben, der aus der Illusion von der dualistischen Existenz des abgespalteten Einzelnen von dem All-Einen, Absoluten besteht. So ist die Meditationsübung in Wahrheit nicht eine Übung, durch die etwas Neues erreicht werden soll, obwohl sie zielgerichtetes Handeln mit einbezieht. Dieses Aufgehen des sichtbaren und beschreibbaren Einzelnen im unsichtbaren, nicht beschreibbaren Absoluten könnte niemals stattfinden, wenn der Einzelne nicht wesenhaft dasselbe wäre wie das Absolute. Zum Beispiel können ein Ring, der aus reinem Gold gemacht ist, und eine Statuette, die ebenfalls aus reinem Gold ist, in einem Schmelztiegel miteinander verschmelzen, weil die unterschiedlichen Formen und Funktionen des Ringes und der Figur im Grunde irrelevant sind. Beide sind in Wirklichkeit ein und dasselbe reine Gold. Baba sagt, daß der einzelne und das letztendliche Absolute, der Herr, sich nur in Namen, Form und Funktion unterscheiden. Andernfalls könnte es kein Aufgehen oder Verschmelzen geben, und die Meditation wäre kein brauchbares Verfahren.

Das Verschmelzen des Besonderen mit dem Absoluten – des Individuums mit Gott – ist möglich. Von alters her, bis zum heutigen Tag, ist diese Realität und ihr Wert in den Leben großer Heiliger sichtbar geworden. Das Absolute, das im Besonderen in Erscheinung tritt, wird durch das Leben des Avatars belegt. In ihm sind die Zwillings-Aspekte des einzelnen Individuellen und des göttlichen Absoluten vereint, und dies wird von allen Personen bezeugt, die das Privileg haben, sich dem segensreichen Avatar Sri Sathya Sai Baba nähern zu dürfen.

Wenn man all diese Betrachtungen berücksichtigt, wird klar, daß das Wort „Meditation“ sämtliche Mittel einschließt, deren Ziel das Verschwinden der Täuschung ist, daß Gott und das Wesen des eigenen Selbst und die Essenz der Welt in Wirklichkeit nicht ein und dasselbe seien. Die Vollendung der Meditation wird als Samadhi bezeichnet.

Welche sind die verschiedenen Techniken der wahren Meditation? Einige sind bekannt, und ohne Zweifel gibt es noch andere, die in aller Stille innerhalb der verschiedenen Kulturen, Religionen und Glaubensrichtungen praktiziert werden. Aber unsere Lebenszeit ist zu kurz, um die vielen hervorragenden Meditationstechniken zu entdecken, zu erforschen und zu prüfen, bevor man eine von ihnen auswählen und in die eigene Praxis übernehmen kann. Die Jahre, die wir noch haben, jagen einander mit erschreckender Geschwindigkeit. So ist es nur vernünftig, wenn wir unsere Aufmerksamkeit und ohnehin begrenzte Zeit auf die Meditation konzentrieren, die uns von Baba empfohlen wird.

Er weist darauf hin, daß die höchste Meditation Hingabe an Gott und direkte Einheit mit Ihm durch Liebe ist. Die Liebe in uns und die Liebe, die Er verkörpert, sind ein und dasselbe – ungeachtet der Form, die die Liebe gegenwärtig in unserem Leben annimmt, und ungeachtet der Funktion, in der wir diese Liebe momentan leben. Dieser Weg, den

Schleier der Täuschung zu zerreißen, wird an anderer Stelle in diesem Buch ausführlich behandelt. Für den Augenblick genügt es festzustellen, daß dieser Weg des Eintauchens des Einzelnen in das Absolute den Wert der traditionellen Meditationstechniken keineswegs schmälert.

Baba sagt uns, wie wir die beste aller Sitz-Meditationen ausüben können und erteilt uns auch eine sehr deutliche, sogar strenge Warnung vor einigen Gefahren.

Zuerst die Warnung: Im Laufe der vergangenen Zeitalter sind viele Arten der Meditation aufgetaucht und auch praktiziert worden. Ohne Zweifel war jede zu ihrer Zeit angemessen und erfolgreich, und ohne Zweifel hat eine endlose Reihe von Menschen diese Meditationen geübt und es auch geschafft, sich von Täuschung und Illusion zu befreien, aber eben zu ihrer Zeit. Dieses „zu ihrer Zeit" beinhaltet unter anderem die Verfügbarkeit eines lebenden Meisters, der die betreffende Meditation hundertprozentig kennt, sich selbst durch diese Meditation bereits verwirklicht hat und somit vollkommen kompetent ist, jeden einzelnen aus einer großen Vielzahl von jüngeren Menschen bis zum Ziel dieser Meditation durch sie hindurchzugeleiten. Baba verurteilt keine der alten Meditationstechniken, einschließlich derjenigen, die im Wissen der Menschen bis auf den heutigen Tag überlebt haben. Er sagt nicht, daß diese Meditationstechniken schlecht oder falsch seien. Aber was er stark betont, ist, daß heute nicht eine einzige dieser alten, wirkungsvollen Techniken einen lebenden Meister hat, der kompetent genug ist, die Menschen so zu führen, daß sie diese Meditation richtig ausüben können. Die heutigen Gurus haben die Techniken, die sie lehren, nicht selbst verwirklicht; sie kennen ihre Meditation nicht gründlich genug.

Einige wenige von denen, die Meditation üben, mögen ruhige Menschen mit gesundem Menschenverstand sein, die keine gefährlichen Neigungen haben. Diese wenigen mögen in der Lage sein, jede beliebige Meditation auszuüben, ohne dabei in Schwierigkeiten zu geraten. Aber bei Techniken, die voller Energie und ungekannter Kräfte sind, unternimmt der Meditierende sozusagen eine Gratwanderung. In der Meditation die Balance zu verlieren und zu fallen hat für den Betreffenden verheerende Folgen. Baba sagt dazu: *„Es bleiben euch nur noch wenige Lebensjahre. Warum wollt ihr Risiken eingehen?"* Sein Rat hinsichtlich des spirituellen Lebens ist: *„Startet früh, fahrt vorsichtig, kommt sicher ans Ziel."*

Baba sagt, daß heutzutage, in diesem Zeitalter, Gott der einzige wirkliche und sichere Meister ist. Er sagt, daß es heutzutage nur eine gute und sichere im Sitzen auszuübende Meditation gibt, und das ist die traditionelle *Lichtmeditation*. Sie wird „Jyoti-Meditation" genannt. Sie ist sicher und wirksam, und ihre Ausübung wird zum Erfolg führen, zumal Baba uns versichert, daß er selber unser innerer Führer sein wird, wenn wir ihn nur rufen.

Zu Beginn der Jyoti-Meditation betet man zuerst zum Herrn, er möge die Meditation annehmen und lenken. Man sollte mit geradem Rückgrat, aber in bequemer Haltung sitzen und beständig durch die halbgeöffneten Augen auf die Flamme einer Kerze schauen. Damit soll man fortfahren, bis der Atem langsam und ruhig geworden ist. Dann setzt man das fort, bis man ein deutliches Abbild der Kerzenflamme (des Jyoti) vor sich sieht, wenn man die Augen schließt. Nun bewegt man diese reine Flamme, die jetzt in der Vorstellung deutlich zu sehen ist, durch alle Teile des Körpers. Wo immer etwas Unreines vom Jyoti berührt wird, verschwindet es, denn Unreines kann im reinen Licht nicht bestehen. Nun bewegt man das Licht vom eigenen Körper weg: zuerst zu den Familienangehörigen, dann zu Freunden, Bekannten und Feinden, und schließlich schickt man die wohltätige Eigenschaft des Lichtes als Segen in das ganze Universum. Darauf bringt man das Jyoti zum eigenen Körper zurück und nimmt es ins Herz hinein. Man bleibt noch ein wenig still sitzen, sagt dem Herrn ein Dankgebet und geht dann seinen üblichen Beschäftigungen nach. Eine gute, von Baba empfohlene Übung ist, sich die Gestalt des Herrn, die einem am liebsten ist, in das Jyoti hineinzudenken.

Die ersten zwei Schritte der eben beschriebenen Lichtmeditation werden als Konzentration und Kontemplation bezeichnet. Sie sind vorbereitender Art und die einzigen Schritte, die vom Verstand gelenkt werden können. Die Kontemplation bewegt das Jyoti vom Einzelnen und Gesonderten zum Universalen. Das Jyoti wird vom eigenen, gesonderten Körper zu anderen hin bewegt, die sowohl nahe als auch fern sind. Die Begrenzung des eigenen Körpers löst sich in der Betrachtung auf, und die Aufmerksamkeit dehnt sich grenzenlos aus, bis sie den ganzen Kosmos umfaßt. Der große Swami Vivekananda rief einmal mitten in seiner Meditation aus: „Wo ist mein Körper? Ich kann meinen Körper nicht mehr finden!" So enorm war die Ausdehnung seines zuvor begrenzten Selbst.

Um die Meditation zu beginnen, bei der man seine normalerweise geteilte Aufmerksamkeit zu ungeteilter Konzentration sammelt, wird ein Gegenstand benötigt, der als Brennpunkt für die Konzentration des Denkens dient. Dieser erste Schritt ist allen Meditationstechniken gemeinsam. Im Buddhismus beispielsweise werden mehr als vierzig akzeptable Gegenstände dafür genannt und beschrieben. Baba teilt uns mit, daß das Jyoti der beste Konzentrationsgegenstand ist.

Der dritte und letzte Schritt in der Meditationsübung geschieht, wenn das Gesonderte sich im Universalen verliert; die individuelle Selbst-Identifikation fällt weg, und nur Gott *ist*. Dieser dritte Zustand in der Meditationsübung befindet sich jenseits von Verstand und Sinnen und kann nicht durch willentlichen Entschluß herbeigeführt werden. Er kommt nur durch die Gnade des Göttlichen. Durch diese Übung werden Verstand und Herz gereinigt. Der Geist wandert nicht mehr von Gedanke zu Gedanke und von Verlangen zu Verlangen, sondern wird wachsam und auf Einheit ausgerichtet. Dann ist plötzlich die Zeit reif: Der Meditierende, die Meditation und der Gegenstand der Konzentration verschwinden, und Gott alleine *ist*. Nur dieser letzte Zustand wird Meditation genannt. Nach einer gewissen Zeit identifiziert sich der Verstand gewohnheitsmäßig wieder mit sich selbst, und die Meditation ist zu Ende.

Baba sagt, daß es gewisse Umstände gibt, die für einen sanften Start bei der täglichen Sitz-Meditation hilfreich sind: Die frühen Morgenstunden von drei Uhr an sind gut, denn dann ist alles still und ruhig. Aber zu diesen Stunden zu sitzen ist nicht jedem möglich und auch nicht unerläßlich. Man sollte nur nicht direkt auf dem Boden sitzen, sondern dafür sorgen, daß der Körper gegen Ströme isoliert ist, die natürlicherweise in der Erde fließen. Es ist auch gut, in einem Raum zu sein, in dem keine extremen Temperaturen herrschen, und es ist ratsam, einen leichten wollenen Schal um die Schultern zu legen. Die Meditation sollte jeden Tag zur gleichen Zeit und am gleichen Ort stattfinden. Swami sagt scherzhaft, daß es für Gott bequemer ist, wenn er Ort und Zeit der Verabredung kennt. Wenn man auf Reisen ist, sollte man mit der Meditation zur gleichen Zeit weitermachen und sich vorstellen, man säße am gewohnten Platz. Was die Dauer der Übung betrifft, so gibt es dafür keine Vorschrift, aber zwanzig bis dreißig Minuten dürften für den Anfang geeignet sein.

Von alters her wird den Adepten geraten, sich in der Meditation zu üben. Baba gibt dazu folgenden Kommentar: *„Der Verstand neigt dazu, Erfahrungen zu sammeln und sie im Gedächtnis zu speichern. Er kennt die Kunst des Zurückweisens nicht. Nichts wird von ihm weggeworfen. Er macht nicht einmal eine kurze Pause zwischen einem Gedanken und dem nächsten. Und in der ununterbrochenen Folge der Gedanken herrschen weder Ordnung noch Beziehung. Meditation ist die Bezeichnung für die Ruhepause, die wir dem geschäftigen, unberechenbaren Verstand gewähren."*

Reinheit des Geistes

Das Wort „Geist“ und sein Attribut der Reinheit sind Begriffssymbole, die ein Etwas und dessen Beschaffenheit beschreiben, aber keines der beiden bezieht sich auf etwas, was mit einem Maß gemessen werden und dem man deshalb eine Standard-Definition geben könnte. Wenn wir von einem „reinen Geist“ sprechen, meinen wir etwas Subjektives, und wir können nicht sicher sein, daß wir diesen Worten alle dieselbe Bedeutung beimessen. Und doch ist etwas Allgemeingültiges damit gemeint. Wie können wir alle einer gemeinsamen Meinung darüber sein, was mit reinem Geist gemeint ist? Wir haben keine große Auswahl. Wir können studieren, was große Seher und Weise dazu sagen. Wir können uns eine Anzahl von Meinungen vornehmen und versuchen, sie auf einen gemeinsamen Nenner zu bringen. Wir können auch von der Annahme ausgehen, wir wüßten wirklich, wovon wir reden, wenn wir von reinem Geist sprechen, obgleich es subjektiv und nicht nachweisbar wäre.

Könnten wir uns darauf einigen, daß ein erregtes Gemüt, ein unruhiger Geist also, nicht dasselbe ist wie reiner Geist? Ich glaube, ja. Angenommen, wir werden uns unseres Geistes wegen seines klaren, genauen und logischen Gedankenflusses bewußt. Wir würden solch einen „Geist“ oder vielmehr Verstand bewundern, aber ich bezweifle, ob er das ist, was wir unter reinem Geist verstehen. Wie steht es denn mit der Qualität der Gedanken als Maßstab für das reine Denkvermögen, den Geist? Daß einige Gedanken unrein sind, dem würde fast jeder zustimmen. Aber nicht alle Gedanken sind unrein. Es gibt liebevolle Gedanken hinsichtlich einiger unserer Mitbewohner des Planeten Erde, es gibt gefühlvolle und mehr oder weniger neutrale Gedanken zu mancherlei Themen, und es gibt hingebungsvolle Gedanken hinsichtlich heiliger Dinge. Aber allen Gedanken ist eigen, daß sie das eine oder andere Interesse für einige Augenblicke herstellen und dann wieder verschwinden. Wir könnten gewisse Gedanken bei ihrer Entstehung als wundervoll und rein bezeichnen, aber bei ihrem Verschwinden herrscht Zerfall, und eine der Nebenerscheinungen dabei ist, daß unser grundlegendes Denkmuster durch die Gedanken in einem winzigen Maße doch beeinflußt und verändert wird. Ich bezweifle, daß wir mit „reinem Geist" einen Geist meinen, der nur zum Teil oder für eine gewisse Zeit rein ist.

Wenn wir „reiner Geist" sagen, meinen wir natürlich das eigentliche Wesen des Geistes, das rein ist, nicht die Gedanken, die er erzeugt. Wir bezeichnen die Sonne als reines Licht, weil sie nur aus Licht besteht. Würden wir das Wort „rein" nicht in derselben Bedeutung benutzen, wenn wir von „reinem Geist" sprechen? Wenn wir den Ausdruck „reiner Geist" verwenden, meinen wir nicht „rein" wegen irgendeiner besonderen Art von Gedanken. Es scheint, daß wir einen Geist meinen, der rein ist, weil er überhaupt keine Gedanken beinhaltet.

Geist ohne Gedanken! Was ist der Geist ohne feinere oder gröbere Gedanken oder überhaupt ohne jeden Gedanken? Viele, vielleicht alle Menschen, erleben hin und wieder Augenblicke, in denen der ewige Gedankenstrom nachläßt und gänzlich versiegt. Die Betreffenden sagen, daß sie sich in solchen Augenblicken friedvoll und glücklich fühlen. Wenn es keine Gedanken gibt, ist man also in einem friedvollen Zustand, und dieser Friede wird als Glück empfunden. Aber gedankenfreie, friedvolle Augenblicke halten bei den meisten von uns nicht allzu lange an. Eine Vielzahl von Sorgen wartet schon darauf, uns zu stören. Schnell sind die Gedanken wieder da. Wenn wir deshalb von einem „reinen Geist" reden, ist zu bezweifeln, daß wir damit einen Geist meinen, der nur Sorgen im Sinn hat. Und es gibt gewiß jeden Tag unzählbare und sehr dringende Angelegenheiten, die wir vernünftigerweise nicht ignorieren können.

Wenn wir in dieser Art nach dem Wesen des reinen Geistes fragen, geraten wir in ein Dilemma, denn ein Geist, der sich mit Gedanken einläßt, kann nicht als „rein" angesehen werden. Und doch ergeben sich im Alltag unausweichlich Interessen; Gedanken werden hervorgerufen, der Geist wird angeregt. An diesem Punkt könnte es scheinen, daß „rein" und „Geist" überhaupt nicht zusammenpassen. Reinheit selbst ist für uns etwas Wirkliches, denn wir wissen, daß ein kleines Kind oder eine hochstehende Person „reinen Herzens", „reiner Motive" usw. sein können. Und auch der Verstand ist für uns etwas Wirkliches, denn wir stellen fest, daß das, was wir bei uns selbst so nennen, auch bei anderen Menschen in Tätigkeit zu sehen ist. Könnte es sein, daß, weil der Verstand für Gedanken anfällig ist, wir gezwungen sein könnten, einen Kompromiß zu schließen und von unserem „mehr oder weniger reinen Geist" zu sprechen?

Vielleicht, aber es gibt noch andere Möglichkeiten, die zu untersuchen sind. Kann man den Geist zum Stillstand bringen? Könnten wir als intelligente, flexible menschliche Wesen ohne die Tätigkeit des Geistes leben? Oder gibt es einen Geist, der so in Schweigen versunken ist, daß er sich von nichts erschüttern läßt? Und falls er frei von Gedanken wäre, wie könnten wir dann auch nur die geringste Tätigkeit ausüben, die nötig ist, um am Leben zu bleiben?

Wir müssen wohl erkennen, daß unser Wissen nicht so umfassend ist, daß wir zu etwas, was so wenig greifbar ist wie unser Geist, gesicherte Aussagen machen könnten. Der Versuch, zu Schlüssen zu kommen, ohne zuerst etwas Erfahrung gewonnen zu haben, würde reine Spekulation und nicht des Nachdenkens wert sein. Was wir brauchen, ist mehr Erfahrung.

Hier befinden wir uns wieder in einem Dilemma, da wir ja nur begrenzte Erfahrung haben. Es ist gut, sich für eine Auskunft an Sri Sathya Sai zu wenden, um zu hören, wie wir zu einem direkten und tiefen Erleben kommen können, das uns aus diesem Dilemma herausführt. Diejenigen, die ihn bereits gehört und mit ihm gesprochen haben, haben die Erfahrung gemacht, daß er unermeßlich weise ist und daß niemand in der Lage ist, eine Frage zu stellen, auf die Sai keine unmittelbare, korrekte Antwort geben könnte.

Sai sagt, daß Reinheit, wo sie auch sein mag, göttliche, nicht durch selbstsüchtige Gedanken geteilte *Liebe* ist. Aus der Vorstellung des eigenen Ichs entsteht „dein“ und „mein“. Aus dem Gefühl des „mein“ entsteht das Verlangen nach Objekten, und dann formen sich entsprechende Gedanken. Dieser Strom des Verlangens und Denkens wird als „unser menschlicher Geist“ bezeichnet. Baba sagt, daß, sobald das Verlangen nach Objekten und die als angenehm empfundene Anregung durch die Erfahrung eliminiert sind, das Denken abflaut. Und daß wahre, reine und direkte Kommunikation von einer Person zur anderen durch Schweigen geschieht; nicht durch einen erregten, sich in Verstandestätigkeiten äußernden Geist, durch begrenzte Gedanken und entsprechend begrenzte Worte, sondern durch Stille. Um das zu erklären, zitiert er das Beispiel des Weisen Dakshinamurti. Dakshinamurti vermittelte seinen Schülern das absolute, reine und vollkommene Wissen der Befreiung durch Schweigen. In den Schülern ereignete sich eine unvermittelte Schau, geradeso, wie wenn wir einen Berg sehen und dann wissen, daß es ein Berg ist, ohne erst Verstand und Vernunft zu Hilfe nehmen zu müssen.

Jedoch kann nicht geleugnet werden, daß der Geist, oder zumindest ein geistiges Potential, wirklich existiert. Sai selber sagt, daß ein reiner

Geist ein Aspekt des Göttlichen und deshalb in sich selbst göttliche Liebe und göttlicher Friede ist. Wenn die Vorstellung des eigenen Ichs und die Interessen des Verlangens wegfallen, ist der menschliche Geist nichts anderes als das göttliche Selbst. Zu spekulieren, daß ein menschlicher Geist, der rein ist und nicht durch wiederkehrende Gedankenmuster bewegt wird, den Herausforderungen des täglichen Lebens nicht begegnen kann, käme der Behauptung gleich, daß die allmächtige Gottheit ihren Willen nicht in die Tat umsetzen kann. Der Standpunkt wäre nicht haltbar, da weder die Realität unseres Seins, noch die unermeßliche Energie und Aktivität des Universums von dem überaus lebendigen, vergänglichen Fluß von Gedanken und Wünschen abhängen, die wir „menschlichen Geist“ nennen.

Wenn wir die Möglichkeit in Betracht ziehen, daß das Göttliche in uns immer noch da ist, auch wenn der Strom von Gedanken und Wünschen, den wir für unseren Geist halten, nicht mehr fließt, können wir Sai bitten, uns zu raten, wie wir unserer geistigen Unruhe Herr werden können.

Es muß uns klar sein: wenn wir unser Leben so fortsetzen wie bisher, wird auch unser Geist der „Verstand“ bleiben, der er bisher war. Baba bestätigt uns, daß das in der Tat wahr ist: ein reiner Geist fordert eine grundlegende Umwandlung. Damit unser Leben seine eigentliche Bestimmung erreicht, wie eine Blume zur rechten Zeit blüht oder eine Frucht zur Ernte reift, muß die Vorstellung von diesem begrenzten Ich dem Göttlichen untergeordnet werden, das dem reinen Geist eigen ist. Baba vergleicht die Situation mit dem wohlbekannten Spiel „Reise nach Jerusalem“. In diesem Spiel muß unser Ego, die Vorstellung vom persönlichen Ich, seinen Thron in unserem Herzen räumen, damit das Göttliche seinerseits diesen Stuhl einnehmen kann. Wenn der Stuhl vom Ego besetzt gehalten wird, ist das Geistige in uns ein Strudel von Gedanken und Wünschen, aber wenn Gott den Thron innehat, ist es rein und still.

Sai sagt, wenn das Geistige in uns – anstatt von Gedanken und Wünschen – vom Göttlichen beherrscht, also verwandelt wird, werden unsere Sprache und unser Tun der ungehinderte Ausdruck des göttlichen Willens sein. Dann stammt alles Tun aus dem Bewußtsein Gottes und nicht mehr aus dem individuellen Geist. Um das zu veranschaulichen, erzählt Sai die Geschichte, wie König Janaka seinen Geist, seine Sprache und sein Tun dem Göttlichen in Gestalt des jugendlichen Weisen Astavakra hingab. König Janaka bat den Weisen um das, was ihm Befreiung bringen würde. Astavakra entgegnete, daß er dafür etwas fordern würde, was von höchstem Wert sei. König Janaka erklärte, daß er ein ehrenhafter Mann sei, daß sein Wort gelte, und daß er, ohne einen Augenblick zu zögern, geben würde, was von ihm verlangt würde. Darauf sagte der Weise: „O König, gib mir deinen Geist, deine Sprache und dein Tun." Der König erwiderte: „Herr, ich gebe dir meinen Geist, meine Sprache und mein Tun" und verfiel in Schweigen. Astavakra wies den König an: „Setze dich hier auf die Erde." Dann ging Astavakra fort in den Wald. Die Höflinge des Königs waren nicht in der Lage, ihrem König irgendeine Antwort zu entlocken, als sie ihn ansprachen. Man holte die Königinnen aus ihren Palästen, aber auch sie konnten ihrem still dasitzenden König nicht ein Wort entringen. Nun waren die Höflinge in höchstem Grade alamiert und durchstreiften den umliegenden Wald, bis sie Astavakra fanden. „O Weiser," protestierten sie, „du hast unseren König verhext." „Keineswegs," erwiderte Astavakra: „Laßt uns zu ihm zurückkehren." König Janaka saß immer noch auf der Erde, von den verzweifelten Königinnen umgeben. Astavakra sagte zu ihm: „Steh auf." Als Janaka stand, sagte Astavakra: „Sprich mit den Frauen, die jetzt hier bei dir sind." König Janaka tat es. Dann kehrte er mit seinen Hofleuten in die Stadt zurück, und regierte, jeder Ich-Vorstellung beraubt, noch viele Jahre sein Reich, erfüllt von dem Bewußtsein der Göttlichkeit.

Auf diese Weise will uns Sai sagen, daß jener menschliche Geist rein ist, der Gott hingegeben und aller Vorstellung von einem eigenen Ich entkleidet ist. Die Umwandlung, die erforderlich ist, um die Reinheit des Geistes zu erwerben, ist nichts weniger als: „Mensch, stirb, und sei von jetzt an Gott!" Diese Umwandlung von einem geschäftig agierenden menschlichen Denkapparat in die Reinheit des göttlichen Geistes stellt nach Aussage von Sai einen Quantensprung dar, keinen linearen Fortschritt.

Was Sri Sathya Sai uns damit sagt, ist in der Tat einleuchtend, dennoch stellen wir nach wie vor Nachforschungen über uns und unseren aktuellen Zustand an und suchen weiterhin nach mehr als packenden, erleuchteten Worten. Wir brauchen auf dem Gebiet des reinen Geistes sehr viel direkte, persönliche Erfahrung, damit wir unsere Kenntnis von einer theoretischen auf eine lebendige Grundlage verlagern können. Wenn uns das gelingt, so könnten, wie es scheint, unsere Interessen zu einer intensiven und auf einen Punkt ausgerichteten Aufmerksamkeit zusammengefaßt werden – ausgerichtet auf unsere eigenen, subjektiven Möglichkeiten. In diese ausgeglichene Wachsamkeit kann dann wie ein Blitz die Selbstverwirklichung als göttlich reiner, stiller Geist hereinbrechen.

„Reinheit ist Erleuchtung!" verkündet Sai. Es ist gut, sich nochmals an Sai zu wenden und ihn zu fragen, wie wir zu einer Schlüsselerfahrung, die uns der Reinheit des Geistes näher kommen läßt, gelangen können. Für den Autor ist offensichtlich, daß Sri Sathya Sai bereits einen Weg aufgezeigt hat, durch den wir eine zündende Erfahrung machen können, die wiederum das Gebiet des reinen Geistes für uns wirklich werden läßt. Der Weg wurde von Sai geoffenbart, als er sagte: *„Wer seid ihr? Die Sorgen werden niemals enden, solange ihr die Antwort auf diese Frage nicht kennt."* Sai hat in unsere Hände ein Licht gelegt, das wir benutzen können, ohne auf irgendjemanden in dieser Welt oder im Himmel angewiesen zu sein, ein Licht, das sehr schnell den reinen, stillen Geist enthüllen kann, der unmittelbar, ohne die Bewegung von Gedanken, ohne Vorstellung von einem persönlichen Ich, einfach *weiß*. Wir brauchen uns nur zu dem Gefühl des Ichs, dessen wir stets gewahr sind, hinwenden und unsere volle und wachsame Aufmerksamkeit sammeln. Nicht mit Zwang, sondern auf sanftem Wege. Mit größter Wahrscheinlichkeit wird dann die Schlüsselerfahrung erfolgen, die wir benötigen. Danach wird unser Leben nie mehr das alte sein.

Hingabe

Baba erklärt seinen Devotees, er sei der Bewohner eines jeden Herzens, freudig bereit, unser Leben zu seiner strahlenden Erfüllung zu führen, wenn wir uns nur an ihn wenden. Eine strahlende Erfüllung des Lebens ist mit Sicherheit das, was jeder sich wünscht. Wir wünschen, und Baba ist bereit. Warum funktioniert dann nicht sofort alles reibungslos?

Wenn die Sache so einfach wäre, wie sie auf den ersten Blick scheint, wären wir in der Tat in einer glücklichen Lage. Daß das nicht so einfach zu erfassen ist, zeigen die endlosen Diskussionen und Fragen über das Thema der Hingabe an das Göttliche, die sich erheben, sooft Devotees zu Sai-Retreats und Diskussionsabenden zusammenkommen. Wenn Baba die Verantwortung für unseren Lebenverlauf übernehmen soll, müssen wir ihm offensichtlich unser Leben anvertrauen und ihm zugestehen, daß er die Funktion des Wagenlenkers übernimmt. Hierzu sagt der Gott-verwirklichte Heilige Sri Ramakrishna: „Für einen Devotee gibt es keinen sichereren und angenehmeren Weg, als dem Wagenlenker Vollmacht zu erteilen. Das bedeutet, das Ich dem Willen des Allmächtigen zu überlassen und nicht im Bewußtsein zu verharren, daß irgenetwas mein ist. Wenn man sich die Überzeugung zu eigen macht, daß alles durch Gottes Willen geschieht, dann wird man ein Instrument in den Händen des Herrn, und man ist schon in diesem Leben frei. Derjenige, der mit einfachem Glauben und argloser Liebe sich dem Willen des Allmächtigen überlassen kann, verwirklicht Gott sehr schnell."

Die Frage ist somit: *Wie* können wir unser Leben Baba überlassen, und was ist wirklich Hingabe? Was bedeutet sie?

Baba selbst fragt: *„Ihr sagt, ihr gebt euch mir hin. Wie sollt ihr das hingeben, was nicht euer ist, und was ihr nicht einmal kontrollieren könnt?"*

Bei verschiedenen Gesprächen und auf vielerlei Weise hat Baba darauf hingewiesen, daß der Körper und seine Sinne uns nicht gehorchen, daß Emotionen uns zum Trotz hochsteigen und wieder verebben, und daß wir nicht einmal unseren Geist stillhalten können, der wie ein Affe hin- und herspringt. Wir befehlen dem Gedächtnis und der Intelligenz, scharf und genau zu funktionieren, und trotzdem lassen sie uns oft im Stich. Diese Fähigkeiten, die wir normalerweise als „Ich“ betrachten, scheinen nicht das wahre „Ich“ zu sein, also kann der Ausdruck „Ich gebe mich hin!“ auf sie nicht angewandt werden. Damit sagt Baba keineswegs, daß wir unfähig sind, unser Leben dem Göttlichen hinzugeben; er sagt lediglich, daß wir über unseren anfänglichen, bloßen Impuls hinausgehen und über das „Ich“ und das „Hingeben“ ernsthafte Untersuchungen anstellen müssen. Die Bedeutung der Worte „Hingabe an das Göttliche“ wird uns von Sri Ramana Maharshi klar gemacht, der aus unmittelbarem Wissen spricht: „Hingabe ist dasselbe wie Selbstkontrolle. Das Ego unterwirft sich nur, wenn es die höhere Macht anerkennt. Solche Anerkennung ist Ergebung. Laßt uns nicht so tun, als seien wir die Handelnden, sondern uns der lenkenden Macht ergeben.“ Sri Ramana Maharshi sagt, daß es nichts gibt, was wir hingeben könnten; Hingabe an Gott besteht in der „Anerkennung der höheren Macht“. Aber das „Anerkennen der höheren Macht“ ist kein Konzept, nach dem man sein Handeln ausrichten könnte. Wir können nur dann wissen, was gemeint ist, wenn dieses „Anerkennen“ wirklich stattfindet.

Wenn wir nun den Entschluß gefaßt haben, unser Leben ganz der Führung des Herrn hinzugeben, merken wir, daß es uns unmöglich ist, diejenigen Eigenschaften abzulegen, die wir für unsere bezeichnendsten Charaktermerkmale halten. Von Sri Ramana Maharshi erfahren wir, daß „Hingabe“ nur nach „Anerkennen der höheren Macht“ geschieht, und so scheinen wir alles weit von uns weg in die Zukunft verschieben zu müssen, in eine Zukunft, in der wir weiser und verständiger sein werden. Dies sind einige der Überlegungen, die Sai-Devotees verwirren und zu vielen Diskussionen führen, wenn sie zusammenkommen.

Solche und viele andere Zweifel, die sich einstellen mögen, können schnell und auf Dauer behoben werden. Wir können von unseren Zukunfts-Projekten in die Gegenwart zurückgeholt werden, wenn wir uns nur Babas göttliche Lehren ernsthaft zu eigen machen. Er sagt uns, daß wir uns nur durch Liebe dem Herrn hingeben können, und zwar jetzt – nicht in irgendeiner fernen Zukunft. In diesem Augenblick – ohne weiter darüber nachzudenken – können wir damit beginnen, unser Leben der Führung des Göttlichen zu überlassen. Es gibt keine Macht außerhalb unserer selbst, die unsere Hingabe an Gott verhindern könnte. Genau in diesem Augenblick können wir damit beginnen, uns Gott hinzugeben, indem wir unser Verhaftetsein mit allem, was wir nicht sind, aufgeben. Auch die Bindung an unsere eigenen Handlungen können wir aufgeben. Zum Zeitpunkt einer

Handlung können wir diese jedesmal Gott darbringen. Wir sind frei, das zu tun. Wer könnte uns daran hindern? Baba sagt, daß er und damit die allgegenwärtige göttliche Weisheit und göttliche Energie unsere Handlungen annehmen und ihre Folgen auf sich nehmen wird. Und bei den vielen Dingen, bei denen wir „mein“ sagen – mein Zorn, mein Neid, mein Unglück – in dem Augenblick, in dem solche Gedanken oder Impulse entstehen, sind wir frei, uns an Gott, den Geliebten unseres Herzens, zu wenden und zu sagen: „Nimm sie, o Herr, sie sind nicht willkommen, sie sind nicht mein, sie gehören nicht mir, ich bin nicht länger mit ihnen verbunden.“ Baba sagte diesbezüglich einmal zum Autor dieses Buches: *„Das ist absolut richtig. Gib sie mir.“*

Und dann kommt das allerwichtigste von allem: Das, was unser wahres Selbst *ist*, kann dem Göttlichen hingegeben werden, und es gibt niemanden, der dazu „nein“ sagt. Was ist unser wahres Selbst? Unser wahres Selbst ist Liebe. Wir selbst sind Liebe, und wir können diese Liebe Gott darbieten. Liebe ist unsere Natur, unwiderruflich. Sogar der verdorbenste Mensch ist in seinem Kern Liebe; und um sein Leben zu verwandeln, braucht er nur diese Liebe – sich selbst – dem Göttlichen hinzugeben. Wir können in diesem Augenblick freudig mit unserer Hingabe an Gott beginnen, indem wir uns selbst geben – indem wir unsere Liebe jenem Namen und jener Form Gottes schenken, die uns am liebsten sind.

Niemand und nichts im ganzen Universum kann uns von der Hingabe an Gott abhalten, von unserer Liebe zu ihm, davon, daß wir Ihn als die führende Kraft anerkennen, und davon, daß wir uns dem Willen des Allmächtigen überantworten. Das hat sich immer wieder erwiesen, auch im Leben und Sterben zahlloser Märtyrer. Wir können uns Baba in Liebe hingeben, und er sagt, daß unsere Liebe alles ist, was er wünscht. Sie ist genug. Alles andere wird ganz natürlich und einfach und ohne Schwierigkeiten hinzukommen. Es besteht nicht einmal Anlaß zur Sorge hinsichtlich der allerletzten Hingabe des Einzelnen an das Universale. Auch das wird durch Liebe auf ganz natürliche Weise und zu seiner Zeit kommen. Baba sagt es, und wir können ihm in Liebe vertrauen.

Gewiß, unsere Liebe mag in diesem Augenblick nicht in vollem Glanz erstrahlen. Dunkle Wolken verdecken die Sonne bei schlechtem Wetter, aber das ist kein Grund, die Existenz der Sonne abzustreiten. Es dauert nicht lange, und eine Brise kommt auf und fegt die dunklen Wolken davon. In unserem Falle fegen Babas Lehren die dunklen Wolken aus Gedanken, Vorstellungen und bitteren Gefühlen fort, die die Fülle unserer Liebe zu verdunkeln und zu widerlegen scheinen.

So laßt uns Sorgen, Zweifel und Proteste beiseite schieben und noch heute damit beginnen, Gott mit ganzem Herzen zu lieben. Laßt uns noch heute mit der völligen Hingabe an die Weisheit und Führung des Göttlichen beginnen und wissen, daß Er der Handelnde ist, und nicht wir.

Mutterschaft ist das kostbarste Geschenk Gottes. Von den Müttern hängen Glück oder Unglück eines Volkes ab, denn sie bestimmen seine seelische Kraft. Diese Kraft wird durch zwei Leitsätze verstärkt, die die Mütter an ihre Kinder weitergeben: Furcht vor Sünde und Liebe zur Tugend. Beides basiert auf dem Glauben an Gott als dem inneren Beweger von allem. Wenn ihr wissen wollt, wie hoch entwickelt ein Volk ist, seht euch seine Mütter an: sind sie frei von Furcht und Angst? Sind sie erfüllt von Liebe zu allem, sind sie in Tapferkeit und Tugend geübt? Wenn ihr den Glanz einer Kultur verstehen wollt, beobachtet die Mütter, wie sie ihre Kinder wiegen, füttern, pflegen, lehren und liebkosen. Wie die Mutter, so das Volk. Wie die Mutter, so die Schönheit einer Kultur.

Sathya Sai Baba

Wacht auf, meine Lieben, wacht auf!

Wenn wir das erstemal lesen oder hören, daß die Welt, wie wir sie erfahren, ein Traum ist, dann fragen wir uns, wie das mit den Tatsachen unserer Erfahrung in Einklang zu bringen ist. Wir wissen sehr wohl, daß wir, wenn wir in ein fahrendes Auto rennen, uns eine Verletzung zufügen. Wir wissen, daß die Menschen um uns herum sehr konkrete „Realität" sind und behutsam und mit Vorsicht behandelt werden müssen. Wir wissen, daß sich ständig Millionen von Ereignissen in der ganzen Welt abspielen, auch wenn wir sie nicht mit eigenen Augen sehen. Doch wir hören von Baba, daß diese Welt des Wachzustandes sich nur wenig vom Träumen unterscheidet, und daß der nächtliche Traum lediglich kürzer ist, wenn wir ihn mit dem Zeitmaß der Welt im Wachzustand messen. Und dann, wie um uns noch mehr zu verwirren, erleben wir, daß Baba uns „Traum"-Individuen höchst sorgsame und liebevolle Beachtung zukommen läßt, und wir sehen ihn unermüdlich und tatkräftig in dieser Traumwelt zum Nutzen der Menschen in diesem Traum von „Welt" wirken. Wenn Baba gebeten wird, das zu erklären, erwidert er, daß er den Menschen hilft, aus ihrem Traum aufzuwachen.

Für die meisten von uns, die in ein westliches Kulturgefüge hineingeboren wurden, ist das Gerede von der Unwirklichkeit der Welt unbegreiflich, fremd, unsinnig. Aber wenn wir diesem Thema etwas Beachtung schenken, werden wir bemerken, daß eine beachtliche Zahl von Menschen, einschließlich großer Weiser und Heiliger – denen es gewiß nicht an Intelligenz mangelte – in vergangenen Zeitaltern der Auffassung waren, daß die Welt unserer Erfahrung nicht uneingeschränkt wirklich ist. Und wenn wir bedenken, daß Menschen mit tiefgründiger Erfahrung dies gesagt haben, müssen wir uns wohl doch fragen, was Baba meint, wenn er uns zuruft: *„Aufwachen! Aufwachen! Wacht auf, meine Lieben!"*

Wenn unser Leben in der Welt wie ein Traum sein soll, was ist dann ein Traum? Wenn wir einschlafen, wird unser Körper einem autonomen Lebensrhythmus übergeben, das Leben setzt sich fort, und die dem

Willen nicht unterworfenen Nerven- und Drüsensysteme des Körpers fahren fort zu funktionieren, obwohl wir den Körper vergessen haben und seiner nicht mehr bewußt sind. Wenn wir nicht in den Tiefschlaf fallen, in dem auch unser geistiges Tätigsein vergessen ist, beginnen wir zu träumen. Im Traumzustand wird unser Denkapparat weiterhin mit Energie versorgt und erzeugt sofort eine bevölkerte Welt, in der wir uns mit einer der vielen menschlichen Wesen, die uns im Traum erscheinen – und die alle von unserem Vorstellungsvermögen erschaffen sind – als „ich selbst" identifizieren. Die Welt des Traumes und die Ereignisse in diesem Traum sind wundervoll anzusehen. Die Gegenstände und Ereignisse der Traumwelt sind für uns absolut wirklich, manchmal schmerzlich und manchmal glücklich und köstlich, doch sobald wir erwachen, erklären wir sie alle zum Traum, zu unwirklichen Produkten unserer Phantasie. Wir stellen fest, daß die Traumwelt, die während des Vorgangs des Träumens so wirklich war, nur solange wirklich war, wie der Betreffende träumte. Die Person stellt nach dem Erwachen sofort fest, daß ihr Unterbewußtsein auf irgendeine Weise die Traumwelt und die Gegenstände in dieser Traumwelt erschaffen hat, und daß sie darin einen imaginären Kontakt der Sinne zu den imaginären Gegenständen erschaffen hat. Das ganze Panorama hat keine „äußere" Wirklichkeit, aber alles ist vom Unterbewußtsein erschaffen, in ihm enthalten und aus dessen feinstofflicher, geistiger Materie gemacht.

Die Weisen erklären, daß die Welt der gewöhnlichen Erfahrung genauso als Täuschung und als unwirklich erkannt wird, sobald es ein Erwachen zur absoluten Wirklichkeit gibt. Solche Erwachten stellten fest, daß die Erscheinungswelt, deren belebte und unbelebte Objekte, das kosmische Geschehen – Zeit, Raum, Geburt, Tod, Bindung und Befreiung – alle eine vom Geist erschaffene Illusion sind, alle ohne unabhängige Wirklichkeit, und daß nichts wirklich ist im Urzustand des höchsten undifferenzierten Absoluten, außer Gott. Das ist die außerordentliche, für uns unbegreifliche Tatsache, die uns von den selbstverwirklichten Weisen und Heiligen durch die Zeitalter hindurch mitgeteilt wurde. Um es mit den Worten des Weisen Astavakra wiederzugeben: „Bis man das Selbst verwirklicht hat, ist es schwer zu glauben, daß das Selbst wirklich das ist, als was die Seher es beschreiben, und daß das Universum in Wirklichkeit nichts ist. Habt Glauben! Glaube ist der Vorreiter für den, der nach der Wahrheit sucht."

Wir wissen, daß für wahres Wissen Erfahrung nötig ist. Klare Begriffe und Ideen sind soweit ganz gut, aber es ist ein Unterschied, ob wir direkte Kenntnis von dem haben, was die Grundlage dieser Begriffe und

Ideen bildet. Bevor wir keine direkte Erfahrung haben, ist unser Verständnis nicht wirklich klar. In einer nicht allzu lange zurückliegenden Unterhaltung (1984) fragte ich Baba nach der Welt als Schöpfung des Geistes.

Ich gebe sie hier im Wortlaut wieder.

JH: „Eine Quelle der Verwirrung ist, daß alles eine Schöpfung des Geistes sein soll. Eine Schöpfung wessen Geistes?“

SAI: *Des menschlichen Geistes* (mind).

JH: Aber Swami, wie kann das sein? Erschafft mein Denken den Krieg mit all seinen Schrecken? Ich finde solche Handlungen nicht in mir!

SAI: *Wenn du an die Welt denkst, existiert sie für dich. Wenn du nicht an die Welt denkst, existiert sie nicht.*

JH: Wenn ich nicht an die Welt denke, ist sie nicht in meinem Bewußtsein! Existiert der Krieg nur deswegen, weil ich mir seiner bewußt bin? Aber er hat doch einmal angefangen. Wie könnte dieser Anfang auf mein Denken zurückzuführen sein?

SAI: *Auf deiner Bewußseinsebene ist es nicht möglich, das zu begreifen. Solange der menschliche Geist existiert, ist es nicht möglich, ihn und seine Aktivität klar zu erfassen. Wenn die Gedanken aufhören, gibt es auch keinen Denkapparat (mind) mehr. Der menschliche Geist ist ein Bündel von Gedanken. Folge nicht den Gedanken, dann wird sich die Welt für dich nicht entfalten. Jetzt sind deine Gedanken nach Amerika und zu den Problemen dort gegangen. Aber das sind nur Gedanken. Wenn du jetzt diesen Gedanken folgst und nach Amerika gehst, bringen sie diese Welt für dich hervor.*

JH: Meint Swami, daß man lediglich ein Zeuge der Gedanken sein sollte, die einem in den Sinn kommen, und nichts mit ihnen anfangen sollte?

SAI: *Genau. Wenn das Denken vernichtet ist, d.h. wenn es ein unmittelbares Sehen ohne Dazwischenschalten des Denkvorgangs gibt, dann wird dir klar werden, wie die Welt zur Existenz gelangt. Es gibt nur Gott, Gott allein. Halte dich eng an Ihn, und die Sache mit dem Denken wird sich von selbst erledigen.*

Baba sagt hier, daß wir schon jetzt, während wir noch Gedanken benutzen, um über die Wahrheit nachzudenken, anstatt die Wahrheit direkt zu schauen, beginnen könnten zu würdigen, daß viel von dem, was wir als unsere konkrete Welt ansehen, in Wirklichkeit keine Substanz für uns hat und wir es loslassen können. Er sagt, daß die Welt so gut wie nicht existent für uns ist, vorausgesetzt, daß wir unseren Gedanken nicht folgen und dadurch in eine Welt verwickelt werden, die als bloßer Gedankenprozeß erkannt worden ist.

Um zu verstehen, was mit dem Ausdruck „so gut wie“ gemeint ist, wollen wir ein Beispiel anführen, wohl wissend, daß alle Beispiele hinken: Nehmen wir an, ein Feld ist mit Dornen bewachsen. Wenn wir in Lederschuhen über dieses Feld gehen, ist es so, als ob es mit Leder überzogen statt mit Dornen bedeckt wäre. Das heißt, die Dornen sind für uns so gut wie nicht vorhanden. Unsere Füße spüren nur das Leder; die Dornen stören sie nicht. Genauso können wir fragen, worin die Notwendigkeit besteht, die Welt für uns existent werden zu lassen, wenn wir doch die Freiheit haben, unseren Gedanken nicht in die Bereiche zu folgen, die wir nicht zu erfahren brauchen! Solche Gebiete der Welt brauchen nicht unsere Welt zu sein – sie bleiben so gut wie nicht existent für uns, außer wir wünschen und entscheiden uns dafür, sie existent werden zu lassen, indem wir unseren Gedanken folgen und uns verwikkeln lassen.

Wenn wir daran interessiert sind, die Wahrheit herauszufinden, und wenn wir uns dazu entschließen, auf Baba zu hören, begreifen wir, was er mit „Erwachen“ meint. Wenn wir Baba ernsthaft folgen und mit Interesse und Intensität die spirituellen Übungen ausführen, die er empfiehlt, können wir aus dem Traum „Welt“ erwachen – erwachen aus dieser scheinbaren Welt, die von uns durch unseren Glauben an ihre Realität und durch Unterlassen einer Nachforschung nach dieser Realität – beziehungsweise nach dem Wesen ihrer scheinbaren Realität – aufrechterhalten wird. Wir können zur realen Gegenwart unseres anmutigen, stets glückseligen Herrn erwachen und dann mit der größten Verwunderung feststellen: „Wir sind gar nicht zwei! Ich bin ja Er! Ich bin die strahlende Wirklichkeit. Es gibt kein Nichtwissen mehr! Es gibt keine Zeit – weder Geburt noch Tod!“

Das ist unser Erwachen aus der Vorstellung und Überzeugung, daß die Welt von uns bisher richtig wahrgenommen und verstanden wurde. Es ist unser Erwachen aus der Vorstellung, daß die Welt eine unbegrenzte Ausdehnung selbständig existierender Objekte sei, die von der Fähigkeit unseres Geistes, unserer Intelligenz und unserem Körper bis zum Neutron und zu noch nicht entdeckten Sonnen reiche, und daß das rechte Feld unserer Existenz ein schier unbegrenzter Bereich von Erfahrungen sei, die aus dem Kontakt mit der Objektwelt stammen.

Wenn der richtige Zeitpunkt für uns gekommen ist, werden wir das Flüstern vernehmen: „Wacht auf, meine Lieben, wacht auf!“ und uns, die wir noch schlafen, wird der Gedanke kommen: „Ich höre das

Flüstern, aber ich bin doch schon wach! Meine eigene Erfahrung und diese Welt sind wirklich. Wie soll ich die Aufforderung, daß ich aufwachen soll, verstehen?" Genau diese Frage beantwortet Baba. Er sagt uns, wie wir erwachen können. Wir können es mittels der großen Kraft, die aus der spirituellen Disziplin, dem Sadhana erwächst – wie Baba uns ausführlich dargelegt hat. So groß ist die Kraft des Sadhana, daß sehr bald eine gewisse Leidenschaftslosigkeit in uns entsteht und wir beginnen, die Faszination der Welt, die uns bisher vollständig in Anspruch genommen hatte, zu vergessen. Bald beginnen wir, nach der Richtigkeit und Notwendigkeit unserer gewohnheitsmäßigen Reaktionen auf Erfahrung zu fragen. Zum Beispiel: „Ist Haß notwendig? Ist Neid notwendig? Ist es notwendig, elend und unglücklich zu sein, wenn eine Erfahrung schmerzvoll und unbefriedigend war? Wenn die Welt und ihre Erfahrungen, wie ein Traum, nicht objektive Wirklichkeit besitzen und deshalb nicht so zu betrachten sind, als wären sie objektiv wirklich. Wenn meine wahre Natur Glückseligkeit und Freude ist, wie Baba sagt, warum soll ich dann nicht gleich jetzt glücklich sein und die Vorstellung zurückweisen, daß ich unglücklich bin?" Und genau das sagt Baba: *„Sei glücklich! Sei glücklich!"*

Daß die Welt als unwirklich beschrieben wird, obwohl sie für unser Auge wirklich ist, mag uns zuerst beunruhigen, aber wenn wir unserer emotionalen Reaktion nicht nachgeben und den neuen Standpunkt in aller Ruhe betrachten, wird er gar nicht so unvernünftig erscheinen. Es ist nicht so, daß die Welt „wirklich" unwirklich ist. Es ist so, daß Gott ihre Wirklichkeit ist. Wir sehen nicht klar, weil die Welt unserem Verstand über die Sinneseindrücke als Mischmasch von Namen, Gestalten und Erfahrungen „vorgestellt" wird. Baba erklärt: *„Augen und Vorstellungen (mind) sind Produkte dieser Welt. Sie müssen bekunden, daß ihre materielle Ursache wirklich existiert. Körper, Sinne und Vorstellungen sind Produkte der Nahrung, die wir zu uns nehmen. Sie müssen aussagen, daß ihre ursprüngliche Substanz (die Welt) wirklich ist, und sie können die Existenz ihrer ursprünglichen Substanz nicht leugnen."* Das heißt, daß wir nicht erwarten können, daß Augen und Vorstellungsvermögen ihre eigene materielle Ursache leugnen. Das Verstehen muß über die Sinneseindrücke hinausgehen.

Von Zeit zu Zeit streift Baba das Thema von der wahren Realität der Welt. Hierzu eine Auswahl seiner Bemerkungen:

„Die Sinne und der Intellekt können nur die äußeren Merkmale der Existenz wahrnehmen – nicht die Wirklichkeit darin. Der Intellekt betrach-

tet alle Dinge in Bezug auf ihren Ideengehalt, ihre Begrifflichkeit. Er sucht nach Gründen, Ähnlichkeiten und Unterschieden. Er spekuliert, vergleicht und kommt zu Schlüssen, und er unterteilt in Gegensatzpaare – alles anhand von Vorstellungen, denn die Vorstellungen sind seine Symbole für die Dinge.

Der Verstand (mind) erfährt die Welt, indem er die Sinneskanäle entlangfließt, die fünf an der Zahl sind. Die Welt unserer Erfahrungen besteht aus den Objekten dieser Sinnesorgane. Die Struktur der Welt steht in einer Wechselbeziehung zur Beschaffenheit der Sinne. Wenn es eine weitere Welt gibt, haben wir keine Möglichkeit sie zu erkennen – wir können nichts über sie aussagen. Die Organe haben kein Verständnisvermögen; sie übermitteln nur ihre jeweiligen Objekte dem Verstand.

Tatsächlich ist es so, daß die Menschen den Schatten sehen und ihn für die Substanz halten. Sie sehen Länge, Breite, Höhe und Dicke und schließen daraus voreilig, daß sie ein Objekt vor sich haben. Sie erfahren eine Reihe von Empfindungen und Erinnerungen, und indem sie alle zusammenfügen, folgern sie, es gäbe einige Objekte, die diese Empfindungen und Erinnerungen hervorrufen.

Weil wir der Überzeugung sind, daß die Dinge, die wir sehen, existieren, muß ein Element von Wirklichkeit in der Erscheinung der Welt sein. Diese zugrundeliegende Wirklichkeit ist das Unbegrenzte Bewußtsein.

Vor der Geburt hat man zur Welt und ihren materiellen Objekten keine Beziehung. Nach dem Tode verschwinden sie alle mit Stumpf und Stiel. Dieser vorübergehende Aufenthalt ist nur ein Spiel, das in der Zwischenzeit aufgeführt wird. Sich von diesem ‚drei Tage währenden Jahrmarkt' blenden zu lassen, ist töricht.

Man muß von der wirbelnden Weltlichkeit der Welt unberührt sein, aber da man ein Teil von ihr ist, sollte man sich nicht abtrennen oder abweichen von der Erledigung seiner Pflichten gegenüber der Welt.

Solange man in der Welt ist, muß man tun, was einem aufgegeben ist.“

Baba weist darauf hin, daß wir die Welt gemäß den Eindrücken erfahren, die die Sinne unserem Verstand vermitteln, und auf der Grundlage dieser Sinneseindrücke bilden wir unsere Vorstellungen und ziehen unsere Schlüsse. Aber auf gar keinen Fall empfiehlt uns Baba, uns, sobald wir das erkannt haben, mit unserem Tätigsein aufzuhören und uns in den Wald oder in eine Höhle zurückzuziehen. Er sagt:

„Swami sagt nur, daß man die Sinne unter Kontrolle halten soll. Nicht,

daß man überhaupt keine Sinne haben sollte. Man benutzt die Bremsen nur, wenn Gefahr besteht. Wenn es innerhalb gewisser Grenzen und in angemessener Weise geschieht, entsteht kein Schaden. Die Sinnesorgane müssen unter Kontrolle gebracht und zum Wohlergehen des Bewohners des Körpers benutzt werden."

In diesem Zusammenhang zitiert Baba Sri Krishna:
„Deshalb, Arjuna, halte Verstand und Sinne unter Kontrolle und erkenne die Mängel, die mit den Objekten verbunden sind: dann kannst du in der Welt leben. Benutze alle Sinne auf angemessene und ethische Weise, gemäß der Zeit und den Umständen."

Der „Mangel" eines Objekts besteht darin, daß wir in ihm das Versprechen von Glück sehen, während wir darin in Wahrheit nur vorübergehendes Vergnügen finden.

Baba erklärt, daß die Welt, wie wir sie erfahren, Vorstellung (mind) ist. Die Welt wird vom Verstand erschaffen, dann nach außen verlegt und als „Außen" erfahren. Der Vorgang der Projizierung nach außen ist bekannt.

Jede Nacht erleben wir, wie das geschieht. Ein Traum ist eine Reihe von Gedanken, Vorstellungen und Empfindungen, die nach außen verlegt und dann von uns als Traumwelt erfahren werden. Ein mit normaler Intelligenz begabter Mensch begreift das sofort, wenn er aus einem Traum aufwacht. Und er stellt fest, daß es keine unabhängige, objektive, dauerhafte Traumwelt gibt.

Baba sagt, daß unser Verstand gemäß unseren sinnlichen Eindrücken im Wachzustand Vorstellungen konstruiert und dann diese Vorstellungen als Wach-Welt nach außen projiziert. Diese nach außen projizierte Welt wird zu unserer greifbaren Erfahrung, weil wir nicht nur Zeuge unserer Gedanken sind, sondern ihnen erlauben, uns in Handlungen zu verwikkeln. Diese Aktionen zusammen mit ihren Reaktionen bilden unsere greifbare Welt.

Wir werden belehrt, daß wir, obgleich wir die Welt kraft unserer Sinneseindrücke wahrnehmen, darin versagen, das Gesehene richtig zu verstehen. Wir beklagen uns, daß Gott nirgendwo zu sehen sei, obwohl wir in eben diesem Augenblick auf Ihn schauen. Dazu folgendes Beispiel: Wenn wir am Meeresufer die Wellen und Schaumkronen beobachten, sehen wir sie als solche, aber wir begreifen auch gleichzeitig, daß Wellen und Schaumkronen trotz ihrer Identität „als solche" nicht vom Meer getrennt sind – trotz der Formen, die sie haben, und der

Namen, die wir ihnen geben. Weil diese Formen entstehen und vergehen, noch während wir sie beobachten, verstehen wir leicht, daß sie nur in relativem Sinne wirklich sind, daß ihre gesonderte Identität nur vorübergehend und nicht von Dauer ist. Wir werden belehrt, daß wir in ähnlicher Weise die Welt so sehen, wie sie uns durch unsere Sinneseindrücke vermittelt wird, uns dabei aber nicht bewußt sind, daß wir Gott selbst sehen. Wir erkennen nicht, daß die Welt der Formen, die wir sehen, und die Namen, die sie tragen, nur in relativem Sinne real sind, daß ihre Realität nur vorübergehend und nicht bleibend ist, und daß alle diese Formen schließlich vergehen und zurück in ihren Urgrund eintauchen und mit Ihm verschmelzen, der das ewige Absolute ist. Die vielen Namen und Formen existieren als solche nur für eine gewisse Zeit und sind nur während dieser Zeit füreinander relativ wirklich. Nur das Absolute, Göttliche ist zeitlos wirklich.

An dieser Stelle werden wir gewarnt: Wir haben die relative Wirklichkeit so zu respektieren, wie wir sie erfahren. Die Welt ist Dualität; ohne Dualität kann es keine Handlung geben, und wir selbst, als Namen und Formen, leben als Handlung. Als Name und Form sind wir voneinander getrennt, obgleich wir in der zeitlosen Wirklichkeit Eins sind. Baba warnt: Laßt alle Herzen Eins sein, aber haltet die Formen (Körper) getrennt! Dieses Prinzip finden wir in Babas Leben wieder: er liebt die ganze Schöpfung als Eins, als nur Sich Selbst, verlangt aber von jedem, der sich Ihm verbündet, strikte Disziplin.

Angenommen, wir haben Babas Flüstern „Wacht auf, meine Lieben" gehört, angenommen, wir träumen noch immer und sind noch nicht richtig wach geworden – was können wir tun? Baba sagt uns, wie wir immerhin einen Anfang machen können. Wir können damit beginnen, daß wir unseren Glauben an Babas Lehren festigen, er sagt klar und deutlich, daß *alles* Gott ist.

Noch in diesem Moment können wir damit beginnen, unser Mißverständnis um das, was wir sehen, zu korrigieren. Von diesem Augenblick an können wir unserem Verstand sagen, daß das, was wir sehen, Gott ist. Den ganzen Tag hindurch können wir damit fortfahren, unser Verständnis zu korrigieren und dem Verstand zu sagen, daß wir und jene andere Person, jener Baum und jener Stein – daß wir alle in Wirklichkeit Gott sind und daß Seine glückselige göttliche Gegenwart überall ist, wohin wir auch schauen. Wenn wir diese spirituelle Übung mit Energie und Entschiedenheit aufnehmen, werden wir erleben, daß ein Glücksgefühl in unserem Herzen aufsteigt.

Solange wir die Welt, wie sie uns erscheint, als wirklich, wahr und wünschenswert hinnehmen, werden wir sie auch genau so sehen und weiter von den Dingen, an die wir glauben, abhängig sein. Aber wenn wir uns außerhalb des Schutzraumes aus Glück und Sicherheit, in dem wir uns zur Zeit aufhalten mögen, umsehen, sind wir gezwungen, uns zu fragen: „Ist die Welt wirklich so wünschenswert und angenehm, wie wir meinen?“

Die Natur ist nicht nur herrlicher Sonnenuntergang, nicht nur erhabenes Schweigen der fernen Berge am frühen Morgen. Es gibt auch anderes: In der Luft, auf der Erde und im Meer sind Lebewesen damit beschäftigt, sich um des Überlebens willen gegenseitig aufzufressen, sich aus Grausamkeit oder Bösartigkeit gegenseitig umzubringen; zu gleicher Zeit geschehen in der Welt aber auch Werke, die selbstlos und gut sind und dem Schutz des Nächsten gelten. Wird diese gemischte und äußerst unvollkommene Welt, die wir jetzt erfahren, uns den ewigen Frieden jenseits von Raum und Zeit verschaffen können? Wir können noch so alt und erfahren sein und sind trotzdem nicht in der Lage, einen Menschen vorzuweisen, der in jener Glückseligkeit lebt, von der gesagt wird, sie sei unser wirkliches Sein, das durch nichts in dieser Welt beeinflußt werden kann. Baba erklärt: *„Vom höchstentwickelten Planeten dieser materiellen Welt bis herab zum niedrigsten: Alle sind Orte des Elends, wo immer wieder Geburt und Tod stattfinden. Aber wer in meine Wohnung gelangt, wird niemals mehr wiedergeboren.“*

Es ist gut, wenn sich Zweifel anmelden hinsichtlich unserer Hingabe an die Welt, wie wir sie erfahren. Es ist gut, wenn wir hinterfragen, was Seher und Weise über die Welt sagen. Es ist gut, wenn Schmerz und Elend, die wir in der Welt und an uns selbst beobachten, uns veranlassen, Fragen zu stellen. Es ist gut, daran zu denken, daß wir selbst aus einem schmerzhaften Traum zu gegebener Zeit aufwachen werden – oder schon jetzt geweckt werden. Sich vorzustellen, unser tägliches Leben sei womöglich nicht die Welt, als die sie uns erscheint, ist in der Tat ein höchst seltsamer Gedanke. Aber wenn wir diese Möglichkeit erst einmal ernsthaft in Erwägung gezogen haben, werden wir von unserer eigenen Intelligenz gezwungen werden, tief in diese Frage einzudringen. Babas göttliche Lehren zeigen uns den Weg, wie wir diese Untersuchung vornehmen sollen.

Er, der alles weiß

Sri Sathya Sai Baba lenkt unsere Aufmerksamkeit auf einen vertrauten Aspekt der menschlichen Natur: Wir sehnen uns nach Glück und sind bestrebt, Unglück zu vermeiden. Er sagt, daß wir uns nach Glück sehnen, weil Glückseligkeit unsere wahre Natur ist, und daß uns Unglück betrifft, weil wir nicht um unsere wahre Identität wissen. Weiter sagt er, daß wir unsere Identität finden werden und das Glück uns daraufhin für immer gehören wird, wenn wir seine Lehren im täglichen Leben anwenden. Gewöhnlich wollen oder können die Leute das nicht akzeptieren. Viele haben das Gefühl, wenn sie zunächst einmal eine Erfahrung des göttlichen Hochgefühls gemacht hätten, könnten sie auch an Babas Lehren glauben. Aber so wenig es unserer weltlichen Klugheit passen mag, Tatsache ist, daß im spirituellen Leben Glaube vor Erfahrung kommt. Zuerst kommen Vertrauen und Glaube, dann folgt die Erfahrung. Dafür gibt es ein Beispiel in den alten Schriften: Angenommen, ein Todkranker ruft einen Doktor. Der Doktor bereitet gemäß seiner Kenntnis und seiner Erfahrung eine Medizin, um den Kranken zu heilen; aber der Kranke sagt: „Doktor, ich kann die Pillen nicht nehmen, bevor Sie mir nicht bewiesen haben, daß sie mich heilen werden." Der Doktor würde keine andere Wahl haben, als den Todkranken seinem Schicksal zu überlassen.

Das Dilemma, dem wir uns gegenüber sehen, ist: Baba kann uns nicht beweisen, daß wir das Glück in seiner ganzen Fülle bekommen werden, solange wir unsererseits seine Weisheit ablehnen und uns weigern, danach zu handeln. Aber wenn wir „die Pillen einnehmen" und unter Babas Führung ein spirituelles Leben führen, versichert er uns, daß wir schließlich und unwiderruflich in einem immerwährenden Glückszustand leben werden. Wir werden ein für allemal von der Krankheit des Unglücklichseins, des Elends und der Verzweiflung geheilt sein.

Wenn wir bereit sind, Babas Rat anzunehmen und dementsprechend zu handeln, so ist jetzt die rechte Zeit dafür, auch wenn wir im Augenblick von unserer Reife gar nicht überzeugt sind. Denn was für

Argumente hat selbst der größte Skeptiker gegen selbst das geringste Maß an Glauben? Glauben wir nicht an viele Dinge auch ohne Beweise? Wenn wir zum Beispiel zu einer bestimmten Adresse gelangen wollen, fragen wir einen Fremden nach der Richtung und folgen seinen Angaben im guten Glauben. Wir sind willig, den Worten des Fremden Glauben zu schenken. Können wir da nicht – um überhaupt erst einmal anzufangen – dem, was Baba sagt, genauso viel Glauben schenken?

Baba ist unablässig zu unserem Wohle tätig. Und er spricht und handelt aus Liebe. Sein Glück, das Glück, zu dem er uns führen will, ist auf Liebe – nicht auf Objekten – aufgebaut. Liebe ist die ewige, zeitlose Realität; und es geschieht aus Liebe, daß Baba uns lehrt. Er sagt:

„Liebe geben und Liebe empfangen. Das ist meine Arbeit. Mein Ananda (Glückseligkeit) ist unbegrenzt. Ich befinde mich stets im Zustand der Glückseligkeit. Der Grund ist, daß mein Glück mit Liebe zu tun hat und nicht mit materiellen Dingen. Wenn ihr diesem Weg folgt, werdet ihr Frieden auf allen Ebenen erfahren."

Man könnte von Baba sagen, daß er die Verkörperung einer unwiderstehlichen Energie ist, die mit einem mächtigen Fluß verglichen werden kann oder mit den Gezeiten oder einem sanften Wind bei Morgengrauen, den kein Hindernis aufhalten kann. Er ist eine höchst erlauchte Person, aber seine Lieblingsrolle scheint die des Wohltäters seiner Devotees zu sein. In dieser Rolle scheint er sein gesamtes Leben zu verbringen. Man sieht ihn niemals sich Zeit für sich selbst nehmen und irgendetwas für sich selbst tun. Aber es wäre töricht zu denken, es genüge, ihn zu beobachten, um ihn auf diesem Wege wirklich kennenzulernen. Tatsache ist, daß sogar glühende Devotees, die seit dreißig oder mehr Jahren an seiner Seite sind, zugeben müssen, daß sie nicht in der Lage sind, die Grenzen seines Wesens zu bestimmen.

Über sich selbst sagt Sri Sathya Sai Baba:

„Meine Wirklichkeit ist unerklärlich, unergründlich. Ich bin jenseits der Reichweite der intensivsten Nachforschung und der feinsten Messung. Es gibt nichts, was ich nicht sehe, keinen Ort, zu dem ich den Weg nicht weiß, kein Problem, das ich nicht lösen kann. Ich bin der Bedingungslose, Grenzenlose. Ich bin die Totalität aller Wesenheiten und Dinge – alles."

Solche Betrachtungen bringen uns zum Kern von Babas Lehren. Dieser Kern ist die erstaunliche Erklärung, daß er Gott ist, daß auch wir Gott sind, und daß der einzige Unterschied zwischen ihm und uns der ist, daß er sich immer seiner Wahrheit bewußt ist und voll in ihr lebt, während wir uns unserer Wahrheit nicht bewußt sind. Er sagt, daß unser Zustand des Nichtwissens hauptsächlich deshalb andauert, weil wir kein intensives Interesse an Erkenntnis haben. Unsere Wahrnehmung ist gespalten. Wer hat uns jemals gesagt, daß wir, allem Anschein zum Trotz unserem Wesen nach göttlich und dazu imstande sind, unsere göttliche Wesenheit zu erkennen, wenn wir uns nur ernsthaft und intensiv darum bemühen?

Babas Lehre ist direkter Ausdruck seines Lebens. Er ist wie jemand, der in gutem Licht eine Perle in der Hand hält und unmittelbar abwägt, was das ist. Was Baba uns lehrt, ist für ihn absolut selbstverständlich, er brauchte es nicht zu lernen. Er weiß ohne zu lernen.

Diejenigen, die über die Natur und ihre Gesetze, über Materie und ihre Eigenschaften, über Kräfte und ihre Wirkungen sprechen, lehren Bindung statt Befreiung, Bürde statt Glückseligkeit. Das ist, als ob ihr in einem Boot aus Stein sitzen würdet, um über das Meer mit den Wogen des Kummers und den Schaumblasen der Freude zu fahren. Solch ein „Boot" kann euch nicht hinüberbringen, es wird unweigerlich sinken. Was ihr braucht, um über das Meer zu gelangen, ist ein Schiff aus Bhakti, der Liebe zu Gott, der Gewißheit Seiner Gnade, der Hingabe an Seinen Willen. Werft alle Bürde weg, werdet leicht, und die Überfahrt wird euch gelingen. Gott wird euch hinübergeleiten – sorgt euch nicht. Denn wenn doch Er alles tut, wer wollte sich da noch sorgen?

Sathya Sai Baba

Stille

Wir können uns dem Lärm öffnen und damit für eine Weile Frieden finden. Lärm kann eine Möglichkeit sein, zeitweilig den eigenen Gedanken zu entrinnen. Diese Art von Ablenkung wird von vielen Menschen vorgezogen, und für die Lieferung von angenehmem Lärm sorgt das riesige Imperium der Unterhaltungsindustrie. Unser Geist ist aber auch in der Lage, sich der Stille hinzugeben. Heilige und Weise haben zu allen Zeiten empfohlen, man solle seinen Geist der Stille hingeben. Es heißt, daß die friedvolle Stille Freude bringt und die Grenzen der Zeit aufhebt – das heißt, sie kann für immer andauern. Wie der Raum, der sogar zwischen zwei Atomen existiert, ist die Stille überall. Wenn man es sorgfältig betrachtet, kann man feststellen, daß Stille zusammen mit Lärm existiert und daß jedes Geräusch von Stille umgeben ist.

Neben der Möglichkeit, daß das Herz in Liebe zu Gott entbrennt und von einem Augenblick zum anderen plötzlich zur Stille erwacht, spricht Baba von zwei spirituellen Disziplinen, die sehr schnell zur Verwirklichung der göttlichen Stille führen, die nicht in Worten ausgedrückt werden kann, die man aber direkt „kosten" oder erfahren kann. Das sind die spirituellen Übungen des „Zuschauens" und des Ekaantha Bhakti.

Die gewöhnliche Bedeutung des Begriffes „Zuschauer" lautet nach dem Lexikon: „Jemand, der persönlich etwas sieht oder wahrnimmt." Zuschauer oder Zeuge zu sein sind wir schon gewohnt, weil wir ständig diese Rolle spielen. Wir sind Zeugen des Wechsels der Jahreszeiten, von Tag und Nacht, Krieg und Frieden, Geburt und Tod und der Ereignisse, die sich im Leben von Fremden, Freunden und der eigenen Familie abspielen. Während wir dies alles wahrnehmen, sind wir oft still und unbeteiligt. Aber auch wenn wir am Geschehen aktiv teilnehmen, bleibt immer noch ein unbeteiligtes Etwas in uns zurück, ein Beobachter des ganzen Schauspiels, unserer eigenen Handlungen, Gefühle und Gedanken. Dieses stille innere Zentrum ist es, das „Zeuge", Beobachter genannt wird. Beobachter sein bedeutet im spirituellen Sinn, sich weder mit dem Wahrgenommen noch mit dem Beobachtenden zu identifizieren, obwohl sich der rational-dualistische Verstand selbst als der Beobachter zu erkennen glaubt. Die Übung besteht darin, stets in dem unbeteiligten und losgelösten Zustand des bloßen Beobachters zu verharren, trotz des Auf und Ab des Verstandes und der Emotionen und trotz körperlicher Beteiligung am Geschehen.

Dieser Zustand des unbeteiligten Zeuge-Seins ist für jeden eine ganz alltägliche Erfahrung. Wenn wir daran erinnert werden, können wir sofort sehen, daß wir diesen Zustand schon kennen. Wir brauchen uns nur auf den „Zeugenstuhl" zu setzen. Es ist etwa so, wie still am Fenster im oberen Stockwerk eines Hauses zu sitzen und die Geschehnisse auf der Straße zu verfolgen. Durch diese spirituelle Übung wird unser ruheloser Geist in seiner Tätigkeit nicht unterstützt. Früher oder später werden Augenblicke kommen, in denen er völlig ruhig ist. Er wird zwar immer wieder in Aktivität verfallen, aber wenn erst einmal diese direkte und bewußte Erfahrung des Beobachters, der Stille und des Friedens als der eigenen Wesensgrundlage da ist, kann danach das Nichtwissen niemals wieder das alleinige Kommando über unser Leben führen.

Die spirituelle Übung des Ekaantha Bhakti, wie sie von Baba empfohlen wird, hat mit dem Atmen zu tun. Die Erklärungen darüber, wie Atem und Denken zusammenhängen, mögen von Kultur zu Kultur verschieden sein, aber generell weiß man, daß ein Zusammenhang besteht. Es ist eine allgemeine Erfahrung, daß der Atem sich verlangsamt, wenn man sich in Ruhe befindet, und daß er kurz und schnell geht, wenn man aufgeregt ist. Baba rät uns nicht, Pranayama, die Wissenschaft des systematischen Atmens, zu üben, es sei denn unter Aufsicht eines erfahrenen Lehrers. Tatsächlich warnt er uns davor, Übungen durchzuführen, die das geregelte Einatmen, Atem-Anhalten und Ausatmen einschließen. Er sagt, daß solche Übungen höchst gefährlich sind und daß es heutzutage keine Lehrer gibt, die vollständig in der Lage sind, die Ausführung der verschiedenen Arten des Pranayama zu überwachen.

Was uns Baba für die Übung des Ekaantha Bhakti rät, ist lediglich, ganz ruhig zu sitzen, gleichmäßig zu atmen und den Atemzügen zu erlauben, immer länger und langsamer zu werden anstatt schnell und kurz, wie es der Fall ist, wenn wir aufgeregt sind.

Diese spirituelle Übung des Ruhig-Sitzens und Zulassens, daß das Atmen langsamer und gleichmäßig wird, wird „Ekaantha Bhakti" genannt. Baba beschreibt sie folgendermaßen:

„Ekaantha Bhakti ist etwas Subtiles, das durch wirksame Beherrschung der Gedanken und die Erfahrung des eigenen Selbst erreicht werden kann.

Es ist nicht richtig zu meinen, Beherrschung der Gedanken bedeute, daß man sie festhält, so daß sie nicht mehr umherwandern können. Die richtige Bedeutung von Ekaantha ist, daß man in der Lage ist, den Geist von unreinen Gedanken zu befreien. Die Übung ist an einem ruhigen Ort durchzuführen, fern von jedem Lärm und Unfrieden. Die beste Zeit für diese Übung sind die Morgenstunden zwischen drei und fünf Uhr. Sucht euch einen festen Zeitpunkt aus, schließt die Tür, setzt euch ruhig hin und reguliert den Atem so, daß das Einatmen genauso lange dauert wie das Ausatmen. Das ist wichtig. Und dann muß – je nach dem Grad des Fortschritts – die Zahl der Atemzüge pro Minute von acht oder zehn auf zwei oder einen pro Minute verringert werden. Ihr müßt selber sehen, wie schnell ihr mit dem Prozeß der Verringerung der Atemzuüge vorankommt. Um den Atem in dieser Weise zu regeln, gibt es ein sehr wirksames Hilfsmittel, das man benutzen sollte: Die Zungenspitze sollte leicht die Rückseite der Zähne berühren. Wenn die Zungenspitze in dieser besonderen Weise gehalten wird, werden die Gedanken, die man im Sinn hat, abnehmen; ihr löst euch von Gedanken an den Körper und die Dinge um euch herum ab und kommt in den Zustand des Ekaantha Bhakti. Ekaantha Bhakti ist der Zustand des Geistes ohne Gedanken und Wünsche, wenn er auf Gott konzentriert ist.“

Unsere Unzufriedenheit

Ist es nicht so, daß die meisten von uns ihr Leben damit verbringen, ihre Unzufriedenheit zu besänftigen und, wenn möglich, zu beseitigen? Wir sind nicht imstande, das, was gerade kommt, einfach hinzunehmen und damit ganz zufrieden zu sein. Wenn wir allein und ohne jegliche Ablenkung sind, fühlen wir uns unbehaglich und suchen gleich wieder nach neuen Erlebnissen. Wenn diese Erlebnisse uns nicht voll befriedigen, suchen wir nach neuer Abwechslung. Aber nicht einmal der radikalste Wechsel bringt uns völlige Befriedigung.

Wieso hat dieses Unbehagen eine derartige Kraft, daß es sich ständig meldet, egal, was wir gerade tun? Es muß wohl Umstände geben, die diese Unzufriedenheit ausgesprochen begünstigen, daß sie sich so allumfassend breitmachen kann. Aber jeder erlebt Unzufriedenheit, und deshalb kann jeder, wenn er sich zum Hinsehen entschließt, die fundamentalen Gründe der Unzufriedenheit sehen. Trägt nicht beispielsweise jeder den Gedanken in sich, daß er einmal sterben muß? Seine Philosophie mag ihn auf den Tod vorbereiten, aber dennoch denkt er: Bitte, nicht gerade jetzt! Unser Unbehagen angesichts der Gefährdetheit des Lebens ist allgemein bekannt.

Und wird vielleicht unser Durst nach Wissen jemals befriedigt? Von der Hausfrau, die alles über die Angelegenheiten ihrer Familie und Freunde wissen möchte, über den Geschäftsmann, der den völligen Überblick über seine Branche zu gewinnen sucht, bis hin zum Heiligen, den nach Gott dürstet, streben wir alle danach, mehr und mehr zu wissen; und bis wir nicht vollkommenes Wissen erlangt haben, wird sich unsere Unzufriedenheit nicht legen. Wir sind sogar über unser schlechtes Gedächtnis in bezug auf die Dinge, die wir gehört und gesehen haben, unzufrieden und versuchen, alles durch Aufzeichnungen festzuhalten.

Angenommen, wir befinden uns im Zustand des vollkommenen Glücks. Unsere Umgebung ist herrlich, unsere Gefährten sind erstklassig, und alles ist in Frieden. Plötzlich beißt uns eine Ameise. Der Schmerz läßt uns hochspringen und aufschreien. Wir geben keine Ruhe, bis die Ameise entfernt ist und der Schmerz nachläßt. Dabei waren unser Frieden und unser Glück absolut vollkommen! Können wir uns nicht damit zufrieden geben, daß wir glücklich sind und die Aufregung über eine belanglose Unvollkommenheit sein lassen? Nein! Sogar die geringste Veränderung des vollkommenen, grenzenlosen Glücks bereitet uns Mißbehagen.

Wenn wir die anormalen psychischen Zustände beiseite lassen, ist alle Aktivität von uns menschlichen Wesen, wenn man sie analysiert, darauf ausgerichtet, ein oder alle drei Ziele zu erreichen. Immer zu existieren, immer alles zu wissen und immer und unter allen Bedingungen vollkommen glücklich zu sein. Alles, was weniger ist als die vollkommene Verwirklichung dieser Dinge, gibt uns Anlaß zur Unzufriedenheit.

Kurz, wir haben die unbezähmbare Sehnsucht, göttlich zu sein; denn es heißt, daß vollkommenes Sein, vollkommenes Wissen und vollkommene Glückseligkeit das unvergängliche Wesen des Göttlichen sind. Dieses außerordentliche Sehnen, wie Gott zu sein, das wir auf allen Ebenen unseres Seins bewahren – ist der Zustand dieses Sat-Chit-Ananda wirklich möglich, oder ist er nur ein Mythos, etwas Eingebildetes?

Hier stelle ich fest – und eine ganze Reihe von Menschen kommt zum gleichen Schluß: Das ganze, vollkommene Sat-Chit-Ananda ist eine tatsächliche Realität und kann im täglichen Leben des Avatars Sri Sathya Sai Baba beobachtet werden.

Baba sagt, daß wir uns nach Göttlichkeit sehnen, weil Göttlichkeit unsere ureigene Natur ist, und daß nur die mannigfaltigen und wechselhaften Trübungen unseres Geistes uns von der Erkenntnis abhalten, daß wir Gott sind – daß Baba unser Selbst ist, und daß wir von ihm nicht verschieden oder getrennt sind.

Das Sadhana, die spirituelle Übung, die zur Erkenntnis unserer eigentlichen Göttlichkeit führt, vermittelt uns Baba in seinen göttlichen Lehren.

Die Schöpfung

Sehr wahrscheinlich hat sich schon jeder von uns über sich und das Universum Gedanken gemacht und sich gefragt: „Wo ist das alles hergekommen, und warum?"

Die verschiedenen Religionen und ebenso die Wissenschaftler und Philosophen bieten Erklärungen über die Schöpfung an. Ab und zu übernimmt eine Erziehungsbehörde die eine oder andere Theorie und ordnet sie als Pflichtunterricht an den Schulen einer ganzen Nation an.

Vielleicht kann der Geist die Schöpfung wirklich verstehen, vielleicht aber auch nicht. Jedenfalls mag von Interesse sein, was Baba einmal über die Schöpfung gesagt hat:

„Seht euch in mir, denn ich sehe mich in euch. Ihr seid mein Leben, mein Atem, meine Seele. Ihr alle seid meine Form. Wenn ich euch liebe, liebe ich mich selbst; wenn ihr einander liebt, liebt ihr mich. Ich habe mich von mir selbst getrennt, damit ich ich selbst sein konnte. Ich wollte ich selbst sein, und das ist Anandaswarupa, Premaswarupa. Das ist es, was ich bin, und das wollte ich sein. Wie konnte ich Anandaswarupa und Premaswarupa sein und Ananda und Prema geben? Und wem sollte ich Ananda und Prema geben? Deshalb tat ich dieses. Ich trennte mich von mir selbst und wurde all dieses."

Sorgenfrei und glücklich

Die alten Schriften sagen, daß nur Gott *ist*, und daß alles andere eine Illusion ist, die über die Realität Gottes gebreitet ist. Die Kraft, die die Menschen und das Universum projiziert und sie mit selbständiger empirischer Realität umhüllt, wird Unwissenheit oder Maya genannt. Diese Maya verdankt ihren Fortbestand dem Mangel an individueller Nachforschung. Die Unwissenheit kommt als Verstand oder die vermeintliche Notwendigkeit zu denken zum Tragen, und innerhalb des Verstandes werden die Illusionen geboren und tanzen als die Welt und deren Inhalte umher. Baba sagt: „*Alle Namen und Formen, die dieses Universum erfüllen und seine Natur darstellen, sind nur Schöpfungen des Verstandes. Der Verstand muß zur Ruhe gebracht werden, damit die Wahrheit gesehen werden kann. Die ständig sich kräuselnden Wellen des Sees müssen beruhigt werden, damit ihr den Grund deutlich sehen könnt.*"

Man sagt, daß die Unwissenheit – oder Maya – unerforschlich ist, weil sie nicht erklärt werden kann und doch existiert. Die heiligen Schriften sagen weiterhin, daß der Weise weiß, daß Unwissenheit deshalb unerforschlich ist, weil sie keine Eigenexistenz hat, und daß, wenn man der Wahrheit des eigenen Selbst nachgeht, das Nichtwissen verschwindet. In der Tat gibt es nur Gott, und aus diesem Grunde sollte man ohne Rücksicht auf alles andere sorgenfrei und glücklich leben.

Schriften sind geschriebenes Wort. Die Menschen, die sie überliefert haben, sind lange tot. Wer kann wissen, welche Fehler bei der Weitergabe vom gesprochenen Wort zum Ohr und vom Gedanken zum geschriebenen Wort entstanden sind? Aus diesem Grunde – wegen des Mangels an tiefem Glauben an die Wahrheit der Schriften – lesen und hören die Menschen sie, setzen sie aber nicht in die Praxis um. Aber jetzt ist es Zeit zu erwachen und zu erkennen, daß Baba, der inkarnierte Herr, der heute lebt, über seine eigene Existenz sagt: „*Es ist meine Erfahrung, daß ich in jedem Herzen bin.*" Er erklärt uns die ewige Wahrheit des Menschen der Natur und Gottes aus direktem Erleben und nicht aufgrund von

Hörensagen oder Büchern. Wir können zu ihm gehen und ihm mit eigenen Ohren lauschen, wie er seine eigene Universalität erkärt, daß nur Gott existiert und daß alles andere Erscheinung ist. Wir können dies für uns selbst erkennen, und wir können von diesem Augenblick an sorgenfrei und glücklich sein. Darüber hinaus verbringt Baba aus Liebe zu uns jeden Augenblick in liebendem Dienst für uns und lehrt die Wahrheit, damit wir frei von Unwissenheit und glücklich werden können. Möge uns vergönnt sein, zumindest einen einstweiligen Glauben an das zu haben, was der lebende Avatar, die lebende Verkörperung der göttlichen Weisheit, uns sagt.

Wenn man weiß, daß viele kluge Menschen in der Tat genau das tun, was Baba sagt, wie kommt es dann, daß auch unter uns, die wir von Baba die Wahrheit gehört haben, nicht einer ist, der ab sofort sorgenfrei und glücklich ist? Der Grund ist, laut Baba, daß das Herz deshalb nicht vor göttlicher Liebe und Glück überfließt, weil wir uns von unseren Wünschen verwirren lassen.

Durch Gewohnheit, vielleicht jahrhundertealte Gewohnheit, schauen wir auf die Gegenstände, Situationen und Erfahrungen der Welt, als wären sie an sich wahr. Der Verstand will sich immer dem widmen, was er für real hält. Glück und Unglück sind solche Erfahrungen, die er für sehr real hält, und diese Erfahrungen kommen vom Kontakt mit der Welt. Wünsche „nach mehr" entstehen aus der Erfahrung von Glück; der Wunsch, Elend zu vermeiden, entsteht aus der Erfahrung des Unglücks. Sri Sathya Sai weist uns darauf hin, daß weder das Glück noch das Unglück – die im Kielwasser der Wünsche folgen – von Dauer sind, und daß deshalb beide irreal sind. Auf die Frage, wie man Wünsche beseitigen kann, ist seine Antwort, daß dies nicht möglich ist; daß Wünsche ein Ausdruck der universalen Energie sind, durch welche wir in Gang gehalten werden und der wir unsere Existenz verdanken. Aber die Verwirrung, die jetzt unsere Wünsche begleitet, kann ausgeschaltet werden, indem man jeden Wunsch von weltlichen Objekten abwendet und auf Gott richtet. Wir sollten wünschen, Gott selbst zu haben, von dem alle Segnungen und alles Wohlergehen ausgehen. Warum im Staub nach Münzen suchen, wenn wir die ganze Schatztruhe haben können?

Baba lehrt uns, daß wir einen Wunsch, sobald er auftaucht, auf Gott richten sollen; dann wird die Verwirrung enden, und wir können sorgenfrei und glücklich sein. Wenn dem Wunsch erlaubt wird, sich von Gott abzuwenden und sich an Objekte, Ideen, Umstände oder Erfahrungen zu heften, bindet er sich an sie und läßt nicht mehr los. Um diese unglückliche Bindung zu veranschaulichen, wird uns von der Methode erzählt, wie man in Indien Affen fängt: In ein Gefäß mit einer sehr engen Öffnung wird Futter gestreut. Der Affe langt mit seiner Hand durch die Öffnung, um das Futter zu packen; doch nun kann er seine Faust, die das Futter umschließt, nicht mehr aus der engen Öffnung herausziehen. Der Affe kann leicht gefangen werden, weil er seinen Wunsch, das Futter zu bekommen, nicht loslassen kann. Würde er das Futter aufgeben, könnte er seine Faust öffnen und seine Freiheit wiedergewinnen. Auf der menschlichen Ebene erleiden wir dasselbe Schicksal. Wenn wir, sooft wir unglückliche oder ängstliche Augenblicke erleben, imstande sind, uns von unseren Gefühlen zu distanzieren, so daß wir die Situation genau betrachten können, werden wir sehen, daß jedesmal eine Form von Gebundensein mit im Spiel ist. Sind die Fesseln erst einmal erkannt, können wir uns kraft unserer Intelligenz und unseres Willens von ihr befreien. Und diese besondere Ursache der Unzufriedenheit wird uns nicht länger verfolgen.

Sei sorgenfrei und glücklich! Das ist der Rat, den Gott selber uns gibt. Baba versichert uns, daß es durchaus möglich ist, in der Welt zu leben, alle Pflichten zu erfüllen und zur selben Zeit glücklich und von Ereignissen unberührt zu sein. Hierzu folgendes Beispiel: Angenommen, eine Schauspielerin, die die Rolle einer armen Frau spielt, ist in Wirklichkeit eine wohlhabende, vornehme Dame mit einer glücklichen Familie. Sie spielt ihre Rolle und „leidet" so echt, daß die Zuschauer in Tränen ausbrechen. Trotz ihrer wunderbaren Kunst, Leid und Elend darzustellen – hat sie etwa jemals auch nur für einen Augenblick vergessen, daß sie in Wirklichkeit eine wohlhabende und glückliche Person ist? Sie spielt ihre Rolle bis ins kleinste Detail, aber tief in ihrem Bewußtsein ist ihr immer gegenwärtig, daß sie wohlhabend und glücklich ist und daß sie, wenn das Spiel vorüber ist, ihr Kostüm und ihre Schminke ablegen und wieder in ihre Familie zurückkehren wird. Baba vergleicht uns immer wieder mit Schauspielern in einem Theaterstück. Er sagt, daß das individuelle Selbst die Rolle spielt; die Wirklichkeit ist Gott.

Wenn wir jetzt unglücklich sind, wenn wir unserer Rolle Glauben schenken und vergessen, daß wir die Herrlichkeit des Göttlichen sind, liegt das nur an uns. Keine äußere Macht zwingt uns, im Innern unglücklich zu sein. Versucht es jetzt: seid in diesem Augenblick glücklich und sorgenfrei. Ihr werdet Glück empfinden, wenn auch nur kurz. Aber dieser Augenblick des Glücks ist sein eigener Beweis. Baba sagt, daß Glück einer der wesentlichen Faktoren der Erleuchtung ist. Nehmt Glück als spirituelle Übung. Fühlt euch glücklich und zufrieden und fahrt fort, euch ohne Rücksicht auf Umstände und Ereignisse glücklich und zufrieden zu fühlen. Glück und Freude sind andere Worte für Liebe. Seid glücklich, seid froh, seid allzeit liebevoll; das, so erklärt Baba, ist der Weg zu Gott.

Der Wille: Frei oder nicht frei?

Ein Thema, das mit Sicherheit immer wieder auseinandergehende Meinungen auslöst, ist das des freien Willens. Einerseits heißt es, daß ohne den Willen Gottes nicht einmal ein Blatt vom Baum fällt. Das schließt mit ein, daß es keinen individuellen, freien Willen gibt, daß das Göttliche uns zum Handeln veranlaßt und die Verantwortung Sein ist, nicht unser. Auf der anderen Seite gibt es das Sprichwort, daß Gott denjenigen hilft, die sich selbst helfen. Das würde bedeuten, daß wir sehr wohl einen freien Willen haben und damit auch die Verpflichtung, gemäß dem zu handeln, was wir für richtig halten, und daß wir für das Ergebnis unseres Handelns verantwortlich sind. Außerdem gibt es eine heiße Debatte über das Thema der Freiheit an sich. Sind wir frei, oder sind wir gebunden? Sind Richtung und Verlauf unseres Lebens nur das Ergebnis einer unüberschaubaren Vielzahl verschiedener Einflüsse? Oder sind wir freie Seelen, die ihre Rolle im Leben frei wählen und sie ganz nach Belieben modifizieren und ändern können? Ferner, sind wir in der Lage, zwischen Tun und Nicht-Tun frei zu wählen und zu entscheiden? Oder sind Entscheidungen eine Mischung aus Freiheit und Unfreiheit so, daß wir in gewissen Augenblicken frei entscheiden und handeln können, und zu anderen Zeitpunkten lediglich „Produkte" unserer Umwelt sind?

Obwohl in diesem Punkt heute kaum Übereinstimmung herrscht, können wir doch einiges beisteuern, was Licht in die Diskussion bringt. Ein besonders interessanter Hinweis findet sich bei den Aussprüchen von Sehern und Weisen aus alter Zeit. In Büchern über die alte Zeit wird man gelegentlich Bemerkungen in einer Unterhaltung zwischen Guru und Schüler finden, die zu erkennen geben, daß manche Antworten für den Unwissenden gemeint sind, nicht für den Weisen. Das hängt damit zusammen, daß man keinen Nutzen von etwas hat, was man nicht erfassen kann, und daß das, was gesagt wird, unterschiedliche Tiefen der Wahrheit offenbart, je nach den individuellen geistigen Fähigkeiten der Betreffenden. Wenn uns klar wird, daß sogar große Weise, die Verkünder der Wahrheit sind, bei dem, was sie sagen, genau unterscheiden müssen, dann haben wir eine Spur, auf der wir verfolgen können, was über den freien Willen gesagt und geschrieben wird. Und wir können selber damit beginnen, uns über das, was wir über den freien Willen hören und lesen, ein Urteil zu bilden.

Baba sagt, daß kein Blatt vom Baum fällt, ohne daß Gott es so will. Er sagt auch, daß diejenigen, die nach der Wahrheit suchen, intensiv arbeiten müssen; man muß sehr große Anstrengungen unternehmen, um sich den Weg stromaufwärts zur Quelle zu bahnen. Außerdem sagt er, daß die Wahrheit als Erlebnis des Ganzseins in einem einzigen Augenblick realisiert werden kann – drei Feststellungen, die scheinbar im Widerspruch zueinander stehen. Baba hat gesagt, daß er sich um jeden Aspekt des Lebens eines Devotees kümmert, was sicherlich auch bedeutet, daß unser Leben noch eine andere Basis als nur unseren individuellen freien Willen hat. Und beinahe im gleichen Atemzug sagt er, daß jeder frei ist zu gehen, wohin er will, und zu tun, was er will. Auf die Bitte, diesen augenscheinlichen Widerspruch zu erklären, gab Baba zu, daß die Behauptungen widersprüchlich zu sein scheinen, daß aber die beiden Aussagen sich nur jeweils auf eine besondere Situation beziehen. Wo jemand sich Gott voll hingegeben hat, wirkt Baba in der Art der göttlichen Mutter, indem er für den Betreffenden sorgt und ihn beschützt und dabei mehr für ihn tut, als dieser sich jemals zu erbitten vorstellen könnte. Aber wenn jemand sich dafür entscheidet, den Wünschen seines Egos zu folgen, dann ist es ihm überlassen, sein Schicksal selbst zu gestalten.

Dazu sagt Baba, daß wir, wenn wir uns Gottes Willen hingeben, Glück gewinnen und nichts verlieren werden. Wenn wir aber unser Interesse und unsere Wünsche dem weltlichen Leben zuwenden, machen wir von unserem individuellen freien Willen Gebrauch und müssen durch ihn leben und die Verantwortung für unser Leben selbst übernehmen.

Es stellt sich außerdem die Frage, wie freier Wille ausgeübt wird und wann eine spezielle Handlung eine Handlung aus freiem Willen entsteht. Der Begriff ‚frei' kann sich nicht auf den Körper beziehen, da wir den Körper als ein von uns benutztes Instrument oder Fahrzeug handhaben. Gefühl, Geist und Intelligenz scheinen freien Willen auszuüben, aber wir können beobachten, daß diese Fähigkeiten durch eine schier endlose Zahl von Einflüssen modifiziert werden, die von der mächtigen Sonneneinstrahlung und den fernen Planeten bis zu inneren Neigungen und Voreingenommenheiten und Erfordernissen der Arbeit und der Familie reichen. Es ist schwierig zu sehen, wie wir uns von all den äußeren und inneren Einflüssen isolieren und gemäß unserem reinen, freien Willen handeln könnten; denn ein ‚freier Wille', der einem Einfluß unterworfen ist, kann nicht ‚frei' sein. Nichtsdestoweniger ist Wille auf einer bestimmten Ebene unseres Bewußtseins eine Tatsache, denn Baba hat das ganz klar gesagt und ferner darauf hingewiesen, daß es, wenn es keinen freien Willen gäbe, auch keine Befreiung von dem sich endlos drehenden Rad der Taten und Folgen geben könnte. Um das Rätsel zu lösen, von welcher Ebene oder welchem Aspekt des Bewußtseins aus man sich des freien Willens erfreut, scheint es, daß wir jeden Aspekt unseres Wesens beiseite lassen müssen, der durch irgendeinen Einfluß oder Zwang – sei es unserer eigenen Fähigkeiten und Neigungen, sei es der Welt außerhalb unseres Körpers – beeinflußt sein könnte. Es scheint, daß die Nachforschung nach dem freien Willen uns auf die fundamentale Frage zurückbringt, der wir immer wieder begegnen, nämlich: „Wer bin ich?"

Bevor wir nicht erkennen, wer wir in Wahrheit sind, können wir niemals sicher sein, ob es sich bei einer bestimmten Handlung um Freiheit oder Unfreiheit handelt. Sei es, daß wir uns vorher auf den freien Willen besinnen oder hinterher: Tatsache ist, daß wir erst entscheiden und dann handeln. Oder aber wir handeln spontan, oder werden in der einen oder anderen Weise zum Handeln gezwungen. Jedenfalls findet die Handlung irgendwie statt. Wenn wir mit der Handlung und dem, was ihre Folge zu sein scheint, zufrieden sind, machen wir uns darum keine Sorgen. Wenn wir aber nicht zufrieden sind, dann erhebt sich die Frage nach dem freien Willen. Ob der freie Wille den Ausschlag gegeben hat, oder nicht, ob die unzähligen widersprüchlichen Einflüsse, die auf uns wirken, sich für einen Augenblick gegenseitig aufgewogen haben und an diesem Punkt des Gleichgewichts die endgültige Entscheidung frei gewesen ist. Auf unserem augenblicklichen Stand begrenzter Erkenntnisfähigkeit sind wir nur in der Lage, Vermutungen anzustellen.

In einer Botschaft vom April 1977 an amerikanische Sai-Devotees hat Baba ausgeführt:

„Wo ein Wille ist, da ist auch ein Weg – dieser Ausspruch ist absolut wahr. Zuerst ist der Wille euer eigener, und er muß durch den Gedanken an Gott gestärkt werden, bis ihr ihn in den allmächtigen Willen Gottes umgewandelt habt. Es ist, als ob ihr ein besonderes Spiel spielt, in das ihr euch aber nicht so ganz einlassen wollt. Ihr könnt, wenn ihr wollt, dieses Spiel ändern. Ihr seid nicht schwach und hilflos. In euch ist alle Kraft und alle Stärke. Der Anblick Gottes ist euer in genau dem Augenblick, in dem ihr es mit aller Konzentration wollt. Warum wollt ihr nicht? Einfach, weil

ihr euch nicht dafür entscheidet. Sai spottet nicht. Er meint es vollkommen ernst und gibt der Wahrheit Ausdruck, die in den Tiefen seiner Erfahrung gesammelt vorhanden ist. Unter allen Umständen dem höchsten Willen vertrauen und sich ihm unterwerfen, bedeutet, die Wahrheit, das Urprinzip aller Schöpfung, zu sehen. Der Satz „Wenn Gott will" – hat nur dann eine Bedeutung, wenn ihr euren eigenen „allmächtigen" Willen behauptet. Die Lösung ist deshalb, die inhärente Kraft und den Glanz eurer Seele zu wecken. Tut das. Ihr seid wahrlich die unsterbliche Wahrheit, die große unsterbliche und unveränderliche Wirklichkeit. Möge der Sieg stets euer sein.

Mit Segen

Baba

In der oben zitierten Botschaft sagt Baba: *„Ihr könnt das Spiel ändern, wenn ihr wollt."* Und er fährt fort: *„Das ‚Wenn Gott will' hat nur dann eine Bedeutung, wenn ihr euren eigenen allmächtigen Willen behauptet."* Das bedeutet mit Gewißheit, daß es keine zwei getrennten Willen gibt. Was ist das ‚Spiel', auf das Baba sich bezieht? Was könnte das Spiel anderes sein als das Spiel der scheinbaren Getrenntheit?

Wenn wir uns auf das Spiel der Getrenntheit einlassen, sagen wir, der ‚Wille' sei ‚unser'. Wenn wir zu der Erkenntnis kommen, daß das ‚Spiel', das manchmal ganz lustig ist, sich doch nicht für immer fortsetzen sollte, besinnen wir uns auf die Wahrheit, daß nur der göttliche Wille existiert.

Vor kurzem (1984) sagte ich während einer Unterhaltung zu Baba: „Man hat den freien Willen zu wählen, ob man sich Gott zuwenden oder voll in das weltliche Geschehen verwickelt sein will. Aber wenn Baba jemanden ansieht, sieht er mit einem Blick dessen Vergangenheit, Gegenwart und Zukunft. Wie kann es da einen freien Willen geben?" Baba erwiderte:

„Von diesem Standpunkt, dem göttlichen Standpunkt aus, gibt es keine freien Willen, denn alles ist Gott; aber vom Ego-Standpunkt des einzelnen aus gibt es einen freien Willen. Es gibt ein allgemeines Gesetz und dann den einzelnen und die Gesellschaft. Der einzelne handelt in der Gesellschaft gemäß seinem freien Willen, aber immer nach dem allgemeinen Gesetz. Der einzelne muß handeln, und seine Handlung ist eine Funktion seines geistigen Niveaus. Da sind Gedanken. Gedanken sind Samen. Sie sprießen und werden zu Handlungen. Dem Betreffenden scheint es so, als entstammten seine Handlungen seinem freien Willen. Jeder hat Fähigkeiten

und Talente wie Intelligenz, Vernunft und Schaffenskraft erhalten, und diese müssen als lebendige Aktivität zum Tragen kommen.“

Wie schön, wenn Baba seine Erklärung weiter ausgeführt hätte! Aber ich will versuchen, bei nächster Gelegenheit diese Diskussion mit Baba fortzusetzen. Nach dem, was bereits gesagt wurde, scheint es jedenfalls ziemlich klar, daß das ‚allgemeine Gesetz' – Gottes Wille – immer die zugrundeliegende Wirklichkeit ist, die Wurzeln des Lebensbaumes sozusagen, der Same, der sprießt und wächst. Und es scheint auch ganz klar, daß der einzelne fühlt und denkt, er gebrauche seinen individuellen Willen, wenn er handelt. So nimmt er eine Haltung ein, als sei er der Handelnde. Und später erfährt er die Folgen dieser Handlung – immer gemäß dem allgemeinen Gesetz. Baba sagt, daß es unvermeidlich ist zu handeln und daß die Handlung entweder von dem Gedanken begleitet ist, daß sie vom eigenen separaten Willen veranlaßt wurde, oder von dem Gedanken, daß man sich Gott hingegeben hat und es nur Seinen Willen gibt. Eine Abkehr von der Vorstellung, daß es ein getrenntes Selbst innerhalb des allgemeinen Gesetzes gibt, ist notwendig. Diese Abkehr erfolgt, wenn man dafür ‚reif' ist, genau so wie eine Frucht gemäß dem Gleichgewicht der Natur auf natürliche Weise reift oder mißrät. Vergleiche haben nur begrenzten Wert, und zu diesem Beispiel der unreifen Frucht – sehr zu unserem Glück – hat Baba gesagt, daß der Mensch zwar wieder und wieder fällt, daß es aber etwas wie ein endgültiges Mißraten nicht gibt und daß das Göttliche unausweichlich verwirklicht wird.

Es steht nicht im Widerspruch zu ‚Gottes Gesetz', daß man plötzlich klar sieht und die Dinge wahrnimmt, „wie sie sind“. Baba hat gesagt, daß das immer möglich ist. Klar zu sehen, erkennen, daß alles, was wir tun, von Gott eingegeben ist, bedeutet, mit einemmal aller Sorgen und Ängste ledig zu sein. Es gibt dann keine Sorge, keine Enttäuschung, keine Furcht irgendwelcher Art mehr, denn alles ist Gott. Er spielt jede Rolle, und was auch immer geschieht, kann als Sein Wille akzeptiert werden, als die Art und Weise, in der Er, der vollkommen Handelnde, das Schicksal des jeweils in dem Spiel dargestellten Charakters entwikkelt. Baba empfiehlt:

„Laßt Gott durch euch wirken, und es wird keine trockene Pflicht mehr geben. Laßt Gott durch euch hindurch scheinen. Laßt Gott Sich zeigen. Eßt Gott, trinkt Gott, atmet Gott, erkennt die Wahrheit, und alles andere wird sich von selbst regeln.“

Und warum sollten wir nicht sofort vom Thron unseres Egos herabsteigen und mit der vollen Kraft unserer Intelligenz und Energie weiter unserer Tätigkeit nachgehen, aber alles Gott zuschreiben und überantworten? Was würden wir dabei verlieren? Handlung wird es auch in Zukunft geben, daran besteht kein Zweifel. Alles, was wir zu verlieren hätten, wären Ärger, Furcht, Angst und Sorge. Alles ist Gott. Unsere menschliche Rolle ist eine Rolle, die von Gott gespielt wird, gerade wie auch der Avatar eine Rolle ist. Warum sollen wir nicht die ganze Bürde lebenslang gehegter Vorstellungen abschütteln und Gott das ganze Bündel von Vorstellungen und Begriffen zu Füßen legen, für eine Weile in den Hintergrund treten und wenigstens versuchsweise anerkennen, daß Gott der Handelnde ist? Es kostet uns nichts, das zu tun, und der Nutzen kann in der Tat groß sein. Der Dichter und Anhänger Ramana Maharshis, Sri Muruganar, sang:

Die Substanz und die Kraft der vollen Hingabe
sind nur dieser Zustand des ‚Mouna',(1)
wo man durch Nachforschen, wer dieses Ich ist,
wer dieses falsche Ego ist,
stirbt und eintaucht in das wahre Sein
des unpersönlichen Gottes, des Selbst.

Der Herr steuert die Handlungen,
bis die Früchte früherer Handlung aufgezehrt sind;
bis dahin kann kein Bemühen den Lauf der Dinge ändern.
Es ist Weisheit, dann in ‚Mouna' zu ruhen.

Niemand kann sich dem widersetzen,
was durch den allmächtigen Gott bestimmt ist.
Es ist also Weisheit für den zaghaft schwachen
Verstand,
alle Sorgen abzuwerfen und zu ruhen
zu Seinen Füßen in ‚Mouna'.

(1) Stille des Gemüts

Mitten in all den verschiedenen Vorstellungen über den freien Willen bietet Baba seinen Devotees einen sicheren Rat. Er sagt, daß man die Liebe nicht vergessen darf, daß über allen Vorstellungen die Wirklichkeit der Liebe besteht und daß diese Liebe der königliche Weg zur Selbstverwirklichung ist. Er sagt, daß wir herausfinden werden, daß wir am besten die Last der intellektuellen Diskussion gar nicht erst aufnehmen, sondern stattdessen weniger begünstigten Menschen dienen, in Hingabe an Gott leben und uns vergewissern, daß unsere Gedanken, Worte und Taten in Harmonie miteinander sind.

Gott selbst wird unser Tun bewirken. Er ist dann der wirklich Handelnde. Wir sind nicht länger die Handelnden, und die Frage des freien Willens erhebt sich nicht. Das ist die Grundlehre Babas. Wenn wir Gott lieben und Ihm jede Handlung weihen, wird Er die Folgen der Handlung übernehmen, und der Devotee braucht sich um die Frage nach dem freien oder unfreien Willen nicht mehr zu kümmern.

Sein Leben ist seine Botschaft

Baba sagt, daß liebender Dienst an denen, die in Not sind, die Form der Hingabe ist, die Gott am meisten gefällt. Er stellt die Frage: *„Welchen Sinn hat Liebe zu einem fernen Gott? Solche Liebe ist nur ein Gebilde aus Worten und Gedanken."*

Baba lehrt, daß Gott, wenn wir ihn wahrhaft lieben, als die innere Wirklichkeit unserer Mitmenschen direkt vor uns steht; daß Gott die Wirklichkeit ist, die Grundlage, auf der alle Namen und Formen entstehen und wieder vergehen. Indem Baba feststellt, daß liebender Dienst an denen, die in Not sind, ein ausgezeichneter Ausdruck der Hingabe an Gott ist, und indem er solchen Dienst tatsächlich auch von denen erwartet, die sich selbst als gottergeben bezeichnen, lehrt uns Baba, wie wir in unserem Alltag für die Liebe Raum schaffen können. Er führt uns in kleinen Schritten, die wir jetzt bewältigen können, so daß sich nach und nach die Liebe in unserem Leben ausbreiten kann, bis sie uns erfüllt und wir zu Liebe werden und in Liebe eins werden mit Gott, der die Liebe selbst ist.

Babas Leben ist seine Botschaft. Er selbst ist eine Flamme der Liebe, und jeder Augenblick seines Lebens ist dem liebevollen Dienst an den Menschen geweiht, die nach ihm rufen, ganz gleich, wo sie sich befinden. Er mag spät in der Nacht ausruhen, aber er schläft niemals, denn wie könnte das uranfängliche Bewußtsein bewußtlos werden? Baba hat in der Tat gesagt, daß er niemals schläft. Tag und Nacht ist er einzig darauf bedacht, die Rechtschaffenheit als wahre menschliche Lebensweise wiederherzustellen, die Aufmerksamkeit der Menschen vom Unwahren auf das Wahre zu lenken und denen, die ihm ergeben sind, Freude zu bereiten.

Als Dienst an den Schulkindern hat Baba die Regierung von Indien dazu gebracht, sein Erziehungsprogramm im Sinne der Ethik und der Spiritualität zu übernehmen. Es ist bereits Teil des Entwicklungsprogramms im Schulsystem der ganzen Nation. Aus allen Teilen Indiens werden Lehrer an Babas Universität nach Puttaparthi geschickt, um zu lernen, wie sittliche und spirituelle Werte in die Erziehung der Schulkinder eingebracht werden können. Dieses Programm breitet sich jetzt unter dem Namen „Erziehung in Menschlichen Werten“ über die Grenzen Indiens hinaus aus.

Babas Dienst an den Menschen Indiens schließt die Errichtung von Handelsschulen mit ein, damit die Armen lernen können, wie sie ihren Lebensunterhalt in einer sich ändernden Gesellschaft verdienen können. Daneben baut er Hochzeits-Pavillions, in denen die Söhne und Töchter der Armen kostenlos heiraten können, ohne die Familien in lebenslängliche Schulden zu stürzen. In ganz Indien, in der Stadt und auf dem Land, halten Ärzte, Chirurgen und Augenspezialisten unter den Baba-Devotees Sprechstunden ab für die Armen, die niemals in der Lage wären, Arzthonorare zu bezahlen. Um den Menschen in den ländlichen Gegenden zu dienen, gibt es über ganz Indien verteilt buchstäblich Tausende von Babas Dienstorganisationen, deren Devotee-Mitglieder hart arbeiten, um die Lebensumstände der Dorfbevölkerung zu verbessern, und die sich spontan in heldenhafter und selbstloser Weise in Aktionen stürzen, um Opfern von Katastrophen, wie zum Beispiel Hungersnöten, Überschwemmungen, Erdbeben und Tornados zu Hilfe zu kommen.

Es ist hier nicht der Ort, um alle die weitreichenden Programme von Babas Diensteinrichtungen aufzuzählen. Es möge genügen zu sagen, daß er selbst das perfekte Beispiel vorlebt, wenn er erklärt, daß Dienst an denen, die in Not sind, ein Grund-Erfordernis des spirituellen Lebens in dieser Welt ist.

Er macht den Liebesdienst an Hilfsbedürftigen zur Bedingung, erklärt aber gleichzeitig auch, daß Gott sehr wohl in der Lage ist, sich selbst um seine Welt zu kümmern, und daß in Wahrheit unsere Hilfeleistung Dienst an uns selbst ist.

Dienst am Nächsten hilft uns selbst, weil er den Weg für die Liebe in unserem Leben erschließt und weil er unser Leben direkt mit Freude erfüllt. Für den Fall, daß auch dies noch nicht ausreicht, um uns von der Wichtigkeit des Dienstes am Mitmenschen als notwendigem Schritt im spirituellen Leben zu überzeugen, weist Baba darauf hin, daß für die Selbstverwirklichung unser Ego sich in Demut zu Füßen der inneren Gottheit beugen und ihr seine gegenwärtig noch beherrschende Rolle in unserem Leben übergeben muß. Um das Ego von seinem Sockel herunterzuholen, ist nichts so wirksam wie der Dienst an den schwächeren Mitgliedern der Gesellschaft, denen wir uns im allgemeinen gern überlegen fühlen.

Man mag einwenden, daß solche Aktionen des Dienens, wie sie beschrieben wurden, sich wohl für junge und bewegliche Leute eignen. Aber wie steht es mit den alten, kranken und behinderten Menschen, die auch Devotees von Baba sind? Hier besteht kein Anlaß für Zweifel. Baba sagt, daß wir, wenn wir nicht aktiv helfen können, es jedenfalls unterlassen können, irgendjemandem Schaden zuzufügen. Er sagt, daß die wichtigste Grundlage einer Hilfe am Mitmenschen die ist, niemals jemandem Schlimmes anzutun. Unterschätzt diese Erklärung nicht! Ist es nicht eine Tatsache, daß sich Tag für Tag in der ganzen Welt Angstschreie von Menschen zum Himmel erheben, die von anderen Menschen mißhandelt, mißbraucht, gequält und getötet werden? Angenommen, alle Menschen würden jetzt in dieser Stunde aufhören, anderen Menschen Schaden zuzufügen. Wäre dies nicht der größte, außerordentlichste, der herrlichste Tag des Menschen in der Geschichte unserer geplagten Welt?

Die Devotees, die körperlich dazu in der Lage sind, können Dienst an Unglücklichen leisten, und diejenigen, die dazu körperlich nicht in der Lage sind, können vollständig davon Abstand nehmen, anderen Schaden zuzufügen. Wer kann sagen, was von beiden das Bessere ist? Beides ist Dienst an Gott, an der Menschheit und an der eigenen Person.

Macht eure Herzen weich, dann habt ihr beim Sadhana schnellen Erfolg. Sprecht sanft, sprecht liebevoll, sprecht nur von Gott – das ist der Weg, den Boden aufzulockern. Entwickelt Mitgefühl und Sympathie; nehmt einen Dienst am Mitmenschen auf. Begreift die Qual der Armut und der Krankheit, Not und Verzweiflung; teilt Tränen und Lachen mit anderen. Das ist der Weg, das Herz weich zu machen und euer Sadhana zum Erfolg zu führen.

Sathya Sai Baba

Unsere Erfahrung mit dem Glück

Es gibt Menschen, die gelegentlich äußern, sie seien bereits glücklich und brauchten Babas Lehren nicht. Glück wird in der Tat von fast jedem erfahren, allerdings unterschiedlich lange. Baba sagt, wenn es den Strom von Glück nicht gäbe, der seinen Weg aus unserem Selbst in unser irdisches Leben findet, dann wäre unser Leben nicht auszuhalten.

Baba weist ferner darauf hin, daß augenblickliches Glück, das durch günstige Umstände entstanden ist, durch unglückliche Umstände in Kummer umschlagen kann:

„Kein Objekt, das den Sinnen zugänglich ist, kann dem Menschen ungetrübte, dauerhafte Seligkeit vermitteln. Auch der Liebreiz eines Menschen ist von dieser Regel nicht ausgenommen. Allein der ewig gütige Herr kann die nie versiegende Glückseligkeit, die ewige Wahrheit Gottes gewähren. Auch die ewige Quelle der Freude ist Gott."

Es gibt ein Beispiel, das Baba in diesem Zusammenhang gebraucht: Ein Hund findet einen trockenen Knochen, schnappt ihn sich, kaut darauf herum und findet, daß er gut schmeckt. Der harte Knochen verletzt die empfindliche Schleimhaut im Maul des Hundes, so daß Blut fließt. Was der Hund schmeckt und genießt, ist sein eigenes Blut, nicht den Knochen. Der Hund glaubt, die Freude liege im Knochen, und wird weiterhin trockene Knochen kauen, wo immer er sie findet. Er ist nicht in der Lage, seine Einbildung, der trockene, alte Knochen hätte einen wundervollen Geschmack, als Illusion zu entlarven, und wird deshalb niemals die Wahrheit entdecken. Wir Menschen können laut Baba die Illusion aufdecken und die tiefere Wahrheit entdecken. Er warnt uns davor, den gleichen Fehler zu machen wie der Hund.

Baba weist darauf hin, daß wir zu glauben scheinen, das Glück liege in Besitztümern. Wäre dieser Glaube richtig und läge Glück wirklich in den Objekten, dann genössen wir größeres Glück mit mehr Dingen und kleineres Glück mit weniger Dingen. Mit einem Teil unseres Geistes glauben wir dies so fest, daß wir ständig danach streben, unseren Besitz zu vermehren. Doch gleichzeitig sagt uns unsere Vernunft, daß Leute, die alles haben, nicht die glücklichsten sind, wohingegen andere, die mit wenig auskommen müssen, sehr wohl glücklich sein können. Baba erklärt dieses Rätsel folgendermaßen: Wenn unser Verlangen nach einer Sache gestillt worden ist, gibt sich unser Geist für eine Weile friedlich, und die Seligkeit des ewig glücklichen Selbst wird von dem Objekt oder dem Umstand, der erfahren wird, widergespiegelt. Sehr bald entstehen jedoch neue Wünsche, der Geist wird wieder aufgewühlt, und die Seligkeit des Selbst verschwindet hinter Wolken.

Man könnte sich fragen: Wie kann die ewig gegenwärtige und reale Glückseligkeit des Selbst durch die Unruhe des Geistes verdeckt werden? Die Antwort lautet, daß wir allgemein erfahren, daß etwas Nichtsubstantielles die Wahrheit verdrehen oder total verbergen kann. Vorüberziehende Wolken können die strahlende Sonne verbergen, eine Lüge kann Menschen von der Unwahrheit überzeugen usw.

Solange wir fortfahren, durch unaufhörliches Beschaffen neuer Gegenstände und neuer Erfahrungen Glück zu empfinden, leben wir von Tag zu Tag ohne allzu großen Kummer weiter. Aber wenn wir in der Lage sind, die außerordentliche Gefahr dieser Art der Lebensführung richtig einzuschätzen, werden wir sicher für einen Augenblick innehalten und uns ansehen, was wir da tun und was das Ergebnis davon ist. Was wir tun, ist: wir bereiten unsere Wiedergeburt vor, und das heißt: Eingrenzung und ständige Bedrohung durch Elend und Angst, die darauf lauern, die Herrschaft über unser Leben zu übernehmen. Sofern wir im Augenblick nicht unter dem Einfluß von Leid und Angst stehen, können wir diese Zustände bei anderen Menschen beobachten. Da sie angenehme Empfindungen brauchen, um Glück erfahren zu können, werden sie von dem, was ihnen das angenehme Gefühl verschafft, völlig abhängig. Abhängigkeit aber bringt Angst und Sorge mit sich, und Entziehung bringt Leiden. Sie täten in der Tat gut daran, aus dem schlimmen Kreis von Abhängigkeit, Vergnügen und Leid herauszutreten. Es gibt einen Weg, auszubrechen und frei und in Frieden zu leben. Den Weg weisen Babas göttliche Lehren. Baba gibt uns folgenden Hinweis:

„Alle unsere Vergnügungen und unsere Schmerzen stammen aus dem Kontakt der Sinne mit vergnügenspendenden oder schmerzerzeugenden Objekten. Die Folge ist, daß wir das eine wünschen und das andere fliehen. Wenn wir aber den Sinnesobjekten gegenüber weder Anziehung noch Widerwillen empfinden und ihnen erlauben, als etwas Selbstverständliches zu kommen und zu gehen, können sie weder angenehme noch unangenehme Empfindungen auslösen."

Betrachten wir für einen Augenblick die Weisheit des erleuchteten

Weisen Astavakra, des Gurus von König Janaka: „Wer erkennt, daß es die Sorge um Objekte ist – und nichts anderes –, die Leid in diese Welt bringt, wird frei davon und ist glücklich, friedvoll und frei von Verlangen. Das Verlangen ist es, welches uns an die Welt fesselt und uns glauben macht, sie sei wirklich. Es unterwirft uns dem Kreislauf von Geburt und Wiedergeburt. In dem Augenblick, wo wir frei von Verlangen sind, verschwindet die scheinbare Realität der Welt, und es gibt keine Wiedergeburt mehr. Nicht die Sinnesobjekte selbst sind es, die Leid verursachen, unsere Identifikation mit ihnen, unsere Abhängigkeit von ihnen ist es, die uns leiden läßt. Wer erst einmal frei von dieser Identifikation oder Abhängigkeit ist, braucht sich von der Welt nicht mehr fernzuhalten."

In seiner Liebe zu uns, die wir seine Kinder sind, sagt uns Baba, daß er gekommen ist, uns zu unserer inneren Freude, zu unserer glückseligen unvergänglichen Wirklichkeit zu erwecken, die von nichts und keinerlei Umständen abhängt. Er verkündet:

„Ich bin gekommen, euch den Schlüssel zum Schatz der Glückseligkeit zu geben, euch zu sagen, wie ihr diese Quelle erschließen könnt, denn ihr habt den Weg zur Seligkeit vergessen. Sehr wenige von euch wünschen, von mir das zu bekommen, was zu geben ich gekommen bin, nämlich Befreiung. Ich bin die Verkörperung der Seligkeit. Kommt, nehmt Seligkeit von mir, lebt in dieser Seligkeit und lebt in Frieden."

Der Avatar irrt nicht. Seine Worte sind ewige Wahrheit. Spirituelle Wahrheit ist das, was immer war und immer sein wird, unverändert und unveränderbar. Baba ist gekommen, uns zu zeigen, wo wahres Glück zu finden ist. Er sagt uns, wir sollen beim Suchen nach Glück in der materiellen Welt vorsichtig sein; und wir sollten aufmerksam zuhören, wenn er uns sagt, daß das wahre Glück – die göttliche Glückseligkeit – in unserer inneren, göttlichen Natur zu finden ist, nicht in den äußeren Dingen der Welt.

Begrenzung der Wünsche

Kürzlich erwähnte Baba in einem Vortrag erneut, daß es für ein spirituelles Leben wichtig ist, die eigenen Wünsche zu begrenzen und der Menschheit zu helfen, indem man denen dient, die in Not sind. Baba sagte:

„Selbstloses Handeln ist das Erkennungszeichen desjenigen, der seine Ziele mit Gleichmut verfolgt. Das erste Gebot, das euch heute hierzu gegeben wird, ist, alle Lebewesen zu lieben, um euch die Gnade Gottes bei eurer täglichen Arbeit zu sichern. Deshalb die vierfache Begrenzung der Wünsche: Ihr solltet keine Nahrung vergeuden. Eßt nur, was ihr wirklich braucht, denn dadurch leistet ihr einen Dienst. Vergeudet nicht die Talente, die euch gegeben sind. Versucht, eure Ausgaben zu zügeln. Es gibt viele wohlhabende Leute, die bei Hochzeiten und dergleichen Anlässen Tausende von Rupien ausgeben. Was tun sie damit? Sie geben denjenigen, die ohnehin wohlhabend sind. Ihr solltet stattdessen denen geben, die kein Geld haben. Mißbrauch von Geld ist schlecht. Deshalb vergeudet nicht Nahrung, Zeit, Geld und Energie. Wenn ihr aufhört, diese Dinge zu verschwenden, werdet ihr in der Lage sein, jede Menge Gutes zu tun."

Ist mit dieser Aufforderung bereits alles gesagt, was Baba unter der „Begrenzung der Wünsche" versteht? Baba sagt außerdem:

„Ebensosehr wie ein Fisch es liebt, im Wasser zu leben, liebt es der Mensch, auf der Grundlage der Wunschbefriedigung zu leben. Unter diesen Umständen sind große Anstrengungen erforderlich, um die alte Gewohnheit eines Lebens-um-Wünsche-zu-befriedigen aufzugeben."

Die Bedeutung dieser Feststellung Babas ist für den Autor dieses Buches klar, aber es ist möglich, daß andere Sai-Devotees das anders verstehen. Ich sehe es so: Wir leben in einem bestimmten Körper, in einer bestimmten Umgebung, in einer bestimmten Gesellschaftsform auf dem Planeten Erde, in einem Universum, das Teil eines Kosmos ist, und alle diese Gegebenheiten beeinflussen uns gewaltig. Es sind Einflüsse, die uns alle gemeinsam betreffen, und so erfahren wir im großen und ganzen eine gemeinsame Welt und können miteinander über sie reden. Jedoch ist diese allen gemeinsame Welt nicht die einzige Welt, die wir erfahren, und es ist auch nicht die wichtigste Welt für uns. Wir wissen aus Erfahrung und aufgrund von Beobachtung, daß jeder von uns in seiner eigenen, persönlichen Welt lebt, die für den einen buchstäblich eine Hölle sein kann, für den anderen aber eine mehr oder weniger angenehme Erfahrung. Wir können der persönlichen Welt eines Menschen gewahr werden, aber damit wird sie nicht unsere Welt. Wir nehmen zum Beispiel wahr, daß Babas Welt reines Bewußtes-Sein-in-Glückseligkeit ist, aber wir haben deshalb nicht daran teil – wir bleiben in unserer eigenen Welt.

Unsere persönliche Welt entsteht durch die Gedanken, Worte und Empfindungen, mit denen wir auf Ereignisse und Umstände – die sich uns durch direkte physische Berührung oder durch geistige Wahrnehmung mitteilen – antworten. Das heißt, wir reagieren auf alles, was in feiner oder grober Form uns auf die eine oder andere Weise zur Kenntnis kommt. Unsere typische Reaktion ist, zu wünschen oder wenigstens zu dulden, was uns angenehm ist, und abzulehnen, was wir als schmerzlich oder unangenehm empfinden. Sowohl Wunsch als auch Ablehnung führen zur Handlung, und diese Aktion verursacht eine neue Reaktion, die ihrerseits zu unserer Erfahrung beiträgt. Auf diese Weise erschafft sich jeder von uns eine persönliche Welt, die er als freudvoll, gleichgültig oder leidvoll erfährt, je nach dem, wie er auf Erkennen und Erfahren und auf die unvermeidlichen Reaktionen oder Konsequenzen, die darauf folgen, antwortet.

Unsere persönliche Welt, die die Welt unseres Glücks oder unseres Leides ist, wird von Baba in seiner oben zitierten Feststellung klar beschrieben. Er sagt, daß wir die Neigung haben, auf der Grundlage der Erfüllung unserer Wünsche zu leben. Das heißt, die meisten von uns leben von Augenblick zu Augenblick in einer Welt, die wir durch Betreiben von Wunscherfüllungen um uns herum aufgebaut haben. Wir haben einen Wunsch – den Wunsch, etwas abzulehnen, oder den Wunsch, etwas zu bekommen, und diese Wünsche sind das Bauholz, aus dem wir unsere Behausung, diese persönliche Welt, aufbauen, in der wir dann unser Leben verbringen. Baba weist darauf hin, daß wir für eine gewisse Zeit – ob kurz oder lang – mit der Befriedigung von Wünschen glücklich sein mögen, daß aber früher oder später unsere Wünsche, die egoistisch sind, mit den Veränderungen des Lebens in Konflikt geraten, und dieser Konflikt bringt unausweichlich Frustrationen und Leid mit sich. Dann neigen wir dazu, unsere persönliche Welt des Leides mit der persönlichen Welt eines anderen Menschen zu vergleichen, die besser zu sein scheint, und das fügt unserem eigenen Leid noch Unzufriedenheit und Auflehnung hinzu.

Baba verrät uns ein großes Geheimnis des Lebens, eine Möglichkeit des Glücklichseins, die bisher nur wenige von uns in Erwägung gezogen haben dürften. Er sagt, daß *wir* uns unsere individuelle Welt geschaffen haben und daß *wir* auch die Macht und Fähigkeit besitzen, zu verhindern, daß diese selbstkreierte Welt weiterbesteht, indem wir ihre Quelle und Ursache vernichten, und daß wir dadurch die Welt göttlicher Glückseligkeit erfahren und in ihr leben können – die Welt, die uns überall umgibt, die überall um unsere isolierte persönliche Welt herum besteht.

Babas Feststellung ist von außerordentlicher Bedeutung und muß bei sorgfältiger Betrachtung einen großen Einfluß auf uns haben. Hier, in unserem Leben, Tag für Tag, Jahr für Jahr, schaffen wir uns eine bestimmte Welt, die auf der Befriedigung von Wünschen aufbaut und sich aus dieser Befriedigung ständig ernährt. Aber Baba sagt, es gibt eine Lebensweise, eine Welt der Erfahrung, eine Kunst zu leben, die völlig verschieden und entfernt von der wahrnehmbaren Welt ist, die wir uns selbst erschaffen und für uns aufrecht erhalten. Baba lädt uns ein, aus dieser aufs Materielle ausgerichteten Wunschwelt herauszutreten in eine gänzlich andere Welt, deren Kennzeichen das Aufgeben des Verlangens ist und in der wir wahrhaftig frei von dem Leid und der Knechtschaft sind, die uns verfolgen, solange wir an einem Leben der Wünsche und der Wunschbefriedigung hängen. Für den Autor zumindest ist dies die Bedeutung von Babas Programm „Begrenzung der Wünsche".

Astavakra, der gottverwirklichte Guru von König Janaka, erklärte: „Unsere vergangenen Handlungen haben uns kein dauerhaftes Glück gebracht. Warum sollten wir dann mit diesen weltlichen Handlungen – d.h. Handlungen zur Befriedigung unserer Wünsche – fortfahren, die der Unwissenheit entspringen und Knechtschaft und Leid verursachen?"

Der Weise Astavakra und Sri Sathya Sai Baba, die Verkörperung des unteilbaren höchsten Absoluten, sagen uns die gleiche Wahrheit. Es gibt keinen Widerspruch, wenn von der ewigen unvergänglichen Wahrheit gesprochen wird.

Herauszutreten aus dem besonderen, differenzierten Lebensrahmen, den wir uns selbst erschaffen und erhalten und dessen Kennzeichen Handeln ist – mit dem Ziel, Wünsche zu befriedigen – und in ein gänzlich anderes Leben einzutreten, dessen Kennzeichen Verzicht auf Wunschbefriedigung ist, bedeutet, dem Unbekannten entgegenzutreten. Wir fragen uns natürlich, wie unser Leben sein wird, wenn wir einmal beschlossen haben, diesen Wechsel zu vollziehen. Baba gibt uns einen Hinweis. Er sagt: „Der Kopf wird sich von selbst zurechtsetzen, sobald ihr alles Interesse an der Vergangenheit und Zukunft aufgebt und vollkommen im Jetzt lebt."

Diese Feststellung von Baba besagt eindeutig, daß es ein Vollkommen-im-Jetzt-Leben geben wird, das an die Stelle des Vollkommen-in-der-Zukunft-Lebens treten wird. Es gibt bei der von Baba empfohlenen Lebensweise kein Schauen auf die Zukunft, um Wünsche zu befriedigen. Wenn wir all unsere Willensstärke zusammennehmen und es entschlossen ablehnen, einem Gedanken nachzugehen, der die Voraussetzung für einen Wunsch schafft, werden wir mit Gewißheit selbst herausfinden, worum es wirklich geht. Baba ermutigt uns mit Nachdruck dazu, unsere Kräfte zusammenzunehmen und diese Entscheidung zu treffen. Er sagt: *„Selbstverleugnung durch Selbstkontrolle bringt Festigkeit für die schöpferische Energie von Körper, Geist und Intellekt und läßt sie stark und strahlend heranwachsen, damit sie fähig werden, die universale Schöpferische Energie zu erkennen und Ihm bei der Erfüllung Seiner göttlichen Aufgabe zu helfen."*

Hier teilt Baba uns mit, daß die Änderung unseres Lebens durch Verzicht auf den Wunsch „nach mehr" einen Wert hat, der weit über einen persönlichen Nutzen hinausgeht, und daß wir, wenn wir die auf der Befriedigung der Wünsche beruhende Grundlage unseres Lebens aufgeben, Brahma (Baba) bei Seiner göttlichen Mission als göttlicher Avatar helfen.

Jeder von uns hat „sein" Leben, und jeder von uns hat auch den Wunsch, glücklich zu sein oder in Zukunft ein noch größeres Glück zu erfahren. Sogar Verbrecher glauben, einen Weg gewählt zu haben, der ihnen zu einem glücklichen Zustand verhelfen wird. Sollte uns jemand erzählen, daß wir, wenn wir eine bestimmte Tür öffnen und einen anderen Raum betreten, dort Glückseligkeit finden würden, ein unveränderliches immer neues Entzücken von Augenblick zu Augenblick, für immer und ewig, dann wüßten viele von uns – wahrscheinlich die meisten – gern, wo sich dieser Raum befindet und wie man die Tür öffnet. Baba sagt uns wo und wie. Der „Raum" hat keinen besonderen Ort, weder innerhalb unseres Körpers, noch außerhalb von ihm. Er befindet sich auf den subtilen Ebenen unseres Wesens. Manchmal wird er „das Innere" oder „das Herz" genannt. Um ihn zu lokalisieren, müssen wir versuchen, dem Zauber, den die Erscheinungswelt auf uns ausübt, zu entrinnen, indem wir die Mängel der Objekte unserer Wünsche zur Kenntnis nehmen und bereit sind, zuzugeben, daß unser Glück weder vollkommen noch dauerhaft ist, wenn wir uns ein solches Objekt sichern. Das wird „innere Distanz“ oder „Loslassen“ genannt. Sobald wir den Raum ausfindig gemacht haben, muß die Tür auch geöffnet werden. Baba sagt, daß sich die Tür von selbst öffnen wird, wenn wir erkennen, daß nur Gott vollkommenes Glück gewähren kann, und daß deshalb der weise Schritt der wäre, *Ihn* zu besitzen. Das kann dadurch geschehen, daß man nur nach Ihm verlangt, daß man jedes Wunschdenken auf Gott ausrichtet. Das bedeutet, nur Gott zu wollen, an Gott zu denken, Gott zu sehen, Gott zu hören, Gott zu schmecken, Gott zu fühlen, eben nur nach Gott zu verlangen. Baba versichert uns, daß sich auf diese Weise die Tür zur Glückseligkeit ganz leicht öffnen wird.

Wenn uns der Sinn danach steht und wir so geistesklar sind zu tun, was Baba empfiehlt, können wir sofort damit beginnen, indem wir Gott, die immer neue Quelle von Glück und Seligkeit, lieben und indem wir den bisherigen Wunsch-und-Gedankenfluß unterbrechen und uns weigern, unsere private Wunschwelt aufrecht zu erhalten. Wie alles, was neu ist, braucht es Übung, die Kontrolle zu gewinnen; aber wir haben die Kraft und die Fähigkeit dazu, und wenn wir denken, wir hätten sie nicht, wird Gott uns mit Seiner Kraft ausstatten, wenn wir uns nur an Ihn wenden. Wenn sich in unserem Bewußtsein ein Wunschgedanke erhebt, betrachten wir ihn: „Ja, da ist dieser Wunsch. Nun ist er hier, und ich kenne ihn.“ Das ist alles. Wir beobachten den Wunschgedanken, aber wir folgen ihm nicht bis zur Durchführung. Das ist Babas Rat. Folgt dem Wunsch nicht bis zur Tat! Richtet stattdessen den Wunsch auf Gott aus und wißt, daß Er das Glück ist, das wir in Wirklichkeit wünschen.

Wenn wir wirklich die Absicht haben, unser Leben als wahrhafte Menschen zu leben, müssen wir das, was Baba sagt, ernsthaft bedenken, tief in seine Bedeutung eindringen und dann von jeder Unze Kraft und Energie, die uns zur Verfügung stehen, Gebrauch machen, um Babas Lehren in unserem täglichen Leben zu verwirklichen.

Bei einem so wichtigen Schritt wie dem Entschluß, der persönlichen, bekannten Welt, ein Ende zu bereiten, ist Feingefühl nötig. Wir werden unsere gottgegebenen Fähigkeiten der Intelligenz und der Unterscheidung voll einsetzen müssen. Wir wünschen, unsere private, durch Befriedigung unserer Wünsche geschaffene Welt zu einem Ende zu bringen, aber es gibt noch einen Aspekt des Wunsches, den wir verstehen müssen. Zum Beispiel wird sich der Wunsch erheben, einem anderen Menschen zu helfen. Und wir brauchen Nahrung, Kleidung, Wohnung und Gesundheit – Wünsche, die wir Bedürfnisse nennen. Baba hat uns da einen Leitfaden gegeben. Er sagt, wir sollen den Wunschgedanken prüfen, bevor wir ihn in die Tat umsetzen. Wenn Intelligenz, Unterscheidungsfähigkeit und Gewissen sagen, daß der Wunsch weder für einen selbst noch für einen anderen Menschen schädlich ist, dann soll man ihm folgen. Es versteht sich, daß Intelligenz und Unterscheidungsvermögen scharf und ehrlich sein müssen, andernfalls würden wir uns etwas vormachen und weiter die Begrenzungen jener privaten Welt aufrecht erhalten, die auf der Befriedigung von Wünschen aufgebaut ist. Dies erklärt, weshalb die Überschrift dieses Kapitels „Begrenzung der Wünsche“ und nicht „Unterdrückung aller Wünsche“ lautet.

Die Büchse der Pandora

Ist die Büchse der Pandora erst einmal geöffnet, quellen aus ihr jede Menge unerwarteter Schwierigkeiten. Der Deckel dieser Büchse könnte mit einem banalen und überall verbreiteten „menschlichen“ Charakterzug verglichen werden. Es ist eine Eigenschaft, von der Baba ständig spricht, denn in ihr lauert eine große Gefahr, die die Chance zu einem in die Freiheit führenden Leben zunichte machen kann.

Dieser (allzu) menschliche Charakterzug ist die Neigung, Fehler bei anderen zu finden. Die Menschen haben in der Tat oft Fehler, und der Drang, unserer Empörung über ihre Missetaten in Worten, wenn nicht gar durch Taten, Ausdruck zu geben, ist nahezu unwiderstehlich. Bei anderen Fehler zu finden ist an sich schon schädlich genug. Es vergiftet Beziehungen, erschüttert das Selbstvertrauen der Opfer und führt eine Reihe von Umständen herbei, die ganz gewiß nicht zu unserem Glück beitragen. Aber diese sind noch die geringsten Übel, die in Erscheinung treten, wenn die Büchse der Pandora geöffnet wird.

Baba weist darauf hin, daß wir in zweifacher Hinsicht Unglück heraufbeschwören, wenn wir der Neigung nachgeben, bei anderen Menschen Fehler zu finden, darüber zu reden und uns darin zu ergehen: Erstens unterbricht der grobe Fluß des Fehlerfindens den feinen Fluß der Selbsterforschung, und zweitens wird unsere Aufmerksamkeit nach außen – eben auf die Fehler der anderen – gerichtet, und mit dieser Geisteshaltung ist man nicht in der Lage, die Göttlichkeit in sich wirklich werden zu lassen.

Selbsterforschung, die spirituelle Disziplin, die zu der Erkenntnis führt, daß zeitweilige und teilweise Befriedigung plus viel Leid das Ergebnis eines Lebens sind, das der Erfahrung der äußeren Welt gewidmet war, und die, nachdem diese Tatsache erkannt wurde, sich deshalb nach innen wendet, um die Grundlage des Selbst und der Welt zu finden – diese Selbsterforschung wird wieder zunichte gemacht, wenn man sich von der Beobachtung des eigenen Ich abwendet, nur um das trügerische Vergnügen des Fehlerfindens bei anderen zu genießen. Die

Angewohnheit des Fehlerfindens bei anderen ist, abgesehen vom Anlaß und der selbstgerechten Genugtuung, die man zeitweilig empfindet, ein hoher Preis für den Verlust ernsthafter, zielgerichteter und unablässiger Selbsterforschung. Baba sagt, daß es ein verheerender Schlag für die Befreiung, Selbstverwirklichung oder Gottverwirklichung (alle drei Bezeichnungen haben dieselbe Bedeutung) ist, wenn wir die Selbsterforschung gegen die Genugtuung des Fehlersuchens bei anderen eintauschen. Laßt uns durch Beobachtung unserer eigenen Fehler lernen, und laßt andere in gleicher Weise durch ihre eigenen Fehler lernen. Keinem der Lernenden ist in irgendeiner Weise geholfen, wenn er beim anderen nach Fehlern sucht. Wenn wir als Schüler auf dem spirituellen Weg überleben wollen, müssen wir es schaffen, innerhalb der Gesellschaft so zu leben, daß wir ohne diese Angewohnheit auskommen.

Der zweite, wichtige Lebensnerv, von dem wir durch die Kritik am Mitmenschen abgetrennt werden, ist die Freimütigkeit, mit der wir unsere Identität mit dem Göttlichen behaupten könnten. Die Weisen früherer Zeiten haben ihren Schülern erklärt, daß man so ist, wie man denkt; daß dort, wo jemandes Gedanken sind, sein Bewußtsein wohnt. Der Avatar unseres Zeitalters, unser geliebter Baba, hat diese Lebenswahrheit noch stärker formuliert. Er sagt, wir sollten niemals glauben, wir seien menschliche Wesen, die sich zur Gottheit erheben müßten, denn tatsächlich seien wir Gott, der zeitweilig die Rollen menschlicher Wesen spielt, und daß wir irgendwann wieder ins Göttliche, unsere Quelle und unser wahres Sein eingehen werden. Baba mahnt, wir sollten stets in dem Bewußtsein leben, daß wir göttlich sind. In einem Vortrag, den er kürzlich auf seiner Geburtstagsfeier hielt, gab Baba den Anwesenden fünf Grundsätze mit auf den Weg, die wir niemals vergessen sollten. Sie sind an anderer Stelle dieses Buches aufgeführt. In ihrem Brennpunkt steht die Erklärung:

„Ich bin nicht verschieden von Gott; ich bin das unteilbare höchste Absolute; ich bin Sath-Chith-Ananda (Sein-Bewußtsein-Seligkeit).“

Baba sagt, wir sollten göttlich handeln, in edler und nicht in niedriger, kleinlicher Weise. Er weist uns darauf hin, daß wir, wenn wir der Angewohnheit folgen, andere zu kritisieren, nicht im Einklang mit unserem göttlichen Erbe handeln. So hat das Kritisieren der Mitmenschen den fürchterlichen Effekt, unser Bewußtsein daran zu hindern, auf dem Niveau des Göttlichen zu bleiben.

Aus diesen Gründen lehrt Baba, wir sollten die Büchse der Pandora samt dieser äußerst schädlichen Unart geschlossen lassen. Baba sagt seinen Devotees:

„Was ich von euch wünsche, ist, daß ihr euch von heute an dazu entschließt, keine Fehler bei anderen zu sehen. Macht niemanden schlecht. Empfindet keinen Neid und seid nicht bösartig. Seid in eurem Temperament und in euren Reden stets liebevoll. Erfüllt eure Gespräche mit Hingabe und Demut."

Die Grundlage wahren Friedens ist gemäß den Veden die Eigenschaft „Meiner Großen Drei". „Meine Großen Drei" sind Freundlichkeit, Mitgefühl und Güte. Sie können auch als „meine kleinen drei" verstanden werden; das heißt, mein Wort, meine Tat und mein Gedanke sollen mit Deinem Wort, Deiner Tat und Deinem Gedanken in Übereinstimmung sein. Das bedeutet, wir sollen miteinander sprechen, denken und handeln, ohne Reibung oder Zwietracht, in einer Atmosphäre der Liebe und des Verständnisses. Das ist es, was die Welt heute braucht: Meine großen Drei.

Sathya Sai Baba

Das unschätzbare Geheimnis

Viele von uns, vielleicht die meisten, wundern sich über den unterschiedlichen Verlauf der Leben der Menschen, über den Mangel an Gleichheit und Fairneß, mit dem Glück und Unglück unter den Einzelnen verteilt sind. Wir sind nicht nur mit unterschiedlichen Körpern, Talenten und mit unterschiedlicher Intelligenz geboren, sondern es sieht sogar so aus, als seien es die Bösartigen unter uns, die den meisten Erfolg haben, während Menschen mit gutem Herzen und rechtschaffenem Verhalten oft von Unrecht, Unglück und Leid geradezu verfolgt werden. Es war genau diese Ungereimtheit, die Gautama Buddha zu seiner ausgesprochen harten Askese veranlaßte. Schließlich erlangte er Einsicht in die tieferen Gründe des Leidens, über dessen Ursprung, dessen Ende und das Mittel, um dieses Ende herbeizuführen. Er sah, daß jedes Ding und jeder Umstand aufgrund eines bereits vorhandenen anderen Dinges oder Umstandes existiert, und daß mit dem Verschwinden eines einzigen Gliedes in der Kette dieser Existenzen die ganze Kette auseinanderbricht. Buddha fand, daß die Begierde das Schlüsselglied in der Kette war, die uns an das Leid kettet, das unvermeidlich mit dem Sich-Drehen des Rades von Geburt, Tod und Wiedergeburt verknüpft ist. Er kam zu dem Ergebnis, daß es das Beste sei, Mönch zu werden, um die volle Aufmerksamkeit auf das Vernichten der bindenden Kraft der Begierde zu lenken und damit schon in diesem Leben die Befreiung zu gewinnen, durch die das Nirwana, der todlose Zustand, erreicht würde.

In der Spanne unseres heutigen Lebens erscheint uns der segensreiche Avatar Sri Sathya Sai Baba, um die unabänderliche Wahrheit zu erneuern, daß das Leid der ewige Gefährte von Begierde und Unwissenheit ist und daß wir die uns angeborene Kraft besitzen, unser wahres Sein zu erkennen und uns ein für allemal vom Leid zu befreien. Baba sagt, daß wir heute, in der gesegneten Lebenszeit des Avatars, nicht wie Einsiedler zu leben brauchen und daß Befreiung von Leid und die Verwirklichung der eingeborenen Glückseligkeit in all ihrer Fülle sogar geschehen können, während wir ein Familienleben inmitten der Gesellschaft führen.

Baba sagt, daß es die Unterschiede in den Leben der Menschen aus zwei verschiedenen Gründen gibt. Der erste Grund ist, daß jede Person einzigartig ist und keiner anderen gleicht – auch wenn sie nichts davon weiß, andere nachahmt und es somit vielleicht versäumt, ihre Einzigartigkeit zum Ausdruck zu bringen. Der zweite Grund liegt in der Wechselbeziehung von Aktion und Reaktion. Baba sagt, daß jede Handlung – oder Aktion – eine Reaktion zur Folge hat und daß diese Folgen der Hauptgrund für die Einzigartigkeit der persönlichen Lebenserfahrung eines Menschen sind. Es sind die gegenwärtigen Folgen vergangener Taten, die für die scheinbaren Ungerechtigkeiten, gegen die wir uns auflehnen, verantwortlich sind. Von Baba wie von den Weisen früherer Zeiten wissen wir, daß die Folge einer gegenwärtigen Tat sofort in Erscheinung treten kann, daß aber schwerwiegendere Ereignisse in unserem Leben ihre Wurzeln in einer weit zurückliegenden Vergangenheit haben. Solche Ereignisse sind mit den Früchten eines Baumes zu vergleichen. Ein Same braucht Zeit, um zu keimen, zu wachsen, heranzureifen und Früchte zu tragen. Es ist dieser Aspekt der universalen Energie, der Geburt, Leben und Tod eines Menschen herbeiführt. Solange dieser natürliche Prozeß anhält, so lange werden wir an die Welt der ungleichen Erfahrungen mit ihren wechselnden Formen von Glück und Leid gebunden sein. Viele Menschen sind mit dieser Eigenart der Natur einverstanden, aber nicht alle von uns. Wenn wir beobachten, was geschieht, erheben sich für uns Fragen wie: „Ist das unvermeidlich? Sind wir für immer an die Folgen unserer Handlungen gebunden? Kann man von allen Verhaftungen frei überhaupt existieren?“ Dann beginnt die Suche, und wenn wir Glück haben, begegnen wir den göttlichen Lehren des göttlichen Baba. Er sagt:

„Ja, die Folgen eurer Taten binden euch tatsächlich. Sogar das Atmen hat seine Folgen. Aber es gibt einen Weg, sich zu befreien.“

Aus Liebe und Mitleid für uns enthüllt Baba das unschätzbare Geheimnis, wie unser Geborenwerden, Leben und Sterben zusammenhängen. Er enthüllt uns das göttliche Geheimnis, wie man im Leben stehen und an ihm teilnehmen kann, ohne an die Folgen seiner Taten gebunden zu sein. Wäre die Existenz dieses Geheimnisses bekannt, das Geheimnis selbst aber nicht enthüllt, würden das gesamte Gold und alle Kostbarkeiten dieser Erde nicht ausreichen, um dieses Wissen aufzuwiegen.

Man bedenke, daß sogar das Atmen, ohne welches unser Leben nicht weitergehen würde, eine Handlung ist, und daß auf sie eine Reaktion folgen muß. Und damit wir frei sind, spontan und mit unverändertem Vergnügen in diesen und in jedem weiteren Augenblick unseres Lebens zu handeln, muß unsere Handlung aufhören, durch eine frühere Handlung eingeschränkt und erzwungen zu sein. Aktion und Reaktion, Ursache und Wirkung, die Wünsche und ihre Folgen schaffen das Gewebe, aus dem unsere Welt des wechselnden Befriedigt- und Unbefriedigtseins geschaffen ist. Solange Aktion und Reaktion ihr Netzwerk weben, sind wir Gefangene ohne Ausweg. Doch nun kommt Baba, um uns einen geheimen Weg zu zeigen. Er sagt uns, daß wir, seine Devotees, die Freiheit haben können, jeden Augenblick in Reinheit zu denken, zu reden und zu handeln, ohne durch die Vergangenheit verunreinigt zu werden; daß der Weg der Reinheit für Geist und Herz von diesem Augenblick an unser sein kann, und daß wir frei von den Folgen unserer Handlungen sein können, voll reiner Liebe und uns als eins mit dem Herrn wissend, der selbst nur reine Liebe ist. Das unermeßlich wertvolle Geheimnis, welches Baba uns jetzt enthüllt, ist:

„Die Frucht einer Handlung gehört dem Handelnden; verzichte deshalb auf die Frucht! Handle, aber verzichte auf die Frucht der Handlung. Weihe jede Handlung Gott und entsage allem Verlangen nach der Frucht. Wende dich an Gott, er möge der Vollzieher der Handlung sein, und verzichte vollkommen und ganz und ein für allemal auf die geringste Spur von Verhaftung an die Frucht der Handlung!"

Für das ungeschulte Auge eines Unwissenden ist ein Diamant ein Stein wie jeder andere. Wenn wir nicht wirklich interessiert sind, wird uns das Geheimnis, wie wir allem Verhaftetsein entrinnen können, nur wie eine leere Phrase klingen. Aber wenn wir interessiert und wachsam sind, wird unser Leben von dem Tage an, wo wir dieses Geheimnis von unserem göttlichen Baba lernen, niemals mehr das gleiche sein. Er, die unendliche Tiefe des Absoluten, das Gestalt angenommen hat, damit unsere inneren und äußeren Augen ihn wahrnehmen können, sagt, daß er als die unbegrenzte Macht und Energie des manifesten Absoluten selber die Frucht unserer Handlungen auf sich nehmen wird, wenn wir ihm all unser Tun weihen, und daß wir so den Maschen des Netzes aus Handlung und Folgen entkommen und Freiheit erfahren können. Ein Beispiel hierzu – vielleicht von geringerer Bedeutung, jedoch aktuell – ist der Devotee aus Bombay, dessen Leben wegen seines Alkoholkonsums zur Qual geworden war. Seine Geschäfte gingen immer schlechter, seine Familie brach auseinander und seine Gesundheit schwand dahin. Er kam zu Baba, klammerte sich an Seine Füße und flehte ihn an, er möge ihn retten. Er schilderte ihm seine Not und gestand, daß er trotz seiner verzweifelten Lage unfähig sei, der Sucht zu widerstehen. Baba antwortete: *„Mach dir keine Sorgen. Du brauchst mit dem Trinken nicht aufzuhören. Ich verlange von dir nur eines: Jedesmal, wenn du einen Schluck nimmst, weihe ihn mir."* Wie man sich vorstellen kann, bekam der Devotee unter diesen segensreichen Bedingungen seine Sucht in den Griff, und nach kurzer Zeit war er davon geheilt. Er hatte seine Handlung Baba geweiht. Baba war somit zum Handelnden geworden und hatte auch die Folgen der Handlung übernommen.

Wie weihen wir unsere Handlungen Baba oder dem besonderen Namen und der besonderen Form des Göttlichen, die uns am liebsten sind? Glaube ist die Vorbedingung für unser Vorhaben, aber Glauben an Baba haben wir bereits, denn andernfalls würden wir dem allem keine Beachtung schenken. Im Lichte dieses Glaubens gehen wir jetzt zur Praxis über: Jeden Morgen wenden wir uns an Baba – oder an die uns liebste Form des Göttlichen – und bitten ihn, das Ergebnis unserer Handlungen an diesem Tag zu übernehmen. Jede einzelne Handlung wird Baba geweiht. Wenn also jemand an seinem Arbeitsplatz ankommt, wendet er sich zuerst in Gedanken an Baba: „Herr, meine Bestimmung ist es, aktiv tätig zu sein, und ich will jetzt meine Pflicht tun, aber in Wirklichkeit bist du es, mein inneres göttliches Bewußtsein, das durch mich tätig ist. Bitte, nimm du die Frucht meiner Tätigkeit entgegen." Und die Frau, die zu Hause geblieben ist, könnte sagen: „Herr, ich fege den Boden dieses Hauses, um ihn schön und sauber zu machen für dich, der du mein ständiger Begleiter bist und neben mir stehst, während ich hier bei der Arbeit bin."

Die Frucht der Handlung Gott zu widmen, der für unsere Augen und unsere Berührung unerreichbar sein mag, ist neu, aber nicht unmöglich für uns, da wir bereits gelernt haben, die Früchte einer Handlung ihm zu überlassen. Wir wissen, wie es zu tun ist. Ich bezweifle, daß es überhaupt jemanden unter uns gibt, der nicht schon zum Nutzen anderer gehandelt hätte, der nicht die Frucht seiner Handlung einem anderen – anstatt sich selbst – gewidmet hätte. Ich denke zum Beispiel an die unzähligen Tätigkeiten, mit denen eine Mutter sich befaßt – nicht zu ihrem Eigennutz, sondern zum Nutzen ihrer Familie. Und unzählige Männer haben sehr viel für ihre Freunde getan, sogar ihr Leben hingegeben. Und da die Anhänger Babas ihren Gott in der Tat sehr lieben, wird es nicht schwierig sein, ihm aus dieser Liebe heraus alle Handlungen zu weihen.

Baba versichert uns, daß er, wenn wir auf das Göttliche, auf Ihn, der in der Sai-Gestalt voll manifest und wahrhaft der Bewohner unserer

Herzen ist, schauen, unsere Handlungen und deren Folgen übernehmen wird, und wir von diesem Augenblick an sorgenfrei und glücklich sein dürfen. Das ist das unschätzbare Geheimnis des menschlichen Lebens, das uns jetzt vom göttlichen Baba enthüllt wird.

Unser Körper

Baba sagt: *„Um sein wahres Wesen, das göttlich ist, zu verwirklichen, muß der Mensch seinen menschlichen Körper ‚umgehen', der die Grundlage für seine Ich-Persönlichkeit ist."*

Jahrhundertelang haben Menschen versucht, sich aus den Fesseln ihres Körpers zu befreien. Einige haben den Körper buchstäblich als Gefängnis angesehen und versucht, ihm zu entkommen – durch Askese, Verweigerung von Nahrung und Schlaf, indem sie sich extremen Bedingungen aussetzten wie Unwetter, eiskaltem Wasser und widernatürlichen Körperhaltungen. Aber Baba gibt den Rat: *„Der Körper muß vorsichtig und sorgsam gepflegt werden. Er ist eine kostbare Gabe, eine sehr komplizierte, aber gut koordinierte Maschine, die man für eine lobenswerte Aufgabe erhalten hat."* Baba selbst ist das beste Vorbild. Er ist die Freiheit selbst, doch wir können leicht an ihm bemerken, daß für ihn die Pflege seines Körpers etwas Natürliches und Selbstverständliches ist. Auch Buddha, dessen Askese von Yogis in ganz Indien so bewundert wurde, erkannte die Nutzlosigkeit der Mißhandlung seines Körpers und ließ danach seinem Körper die übliche Sorgfalt angedeihen. Er erlangte die Befreiung, nachdem er einen Mittelweg zwischen Askese und Sinnesbefriedigung gewählt hatte. Baba sagt uns, daß der Körper tatsächlich verdichteter Geist ist, und fügt hinzu:

„Zu denken, daß wir diesen Körper irgendwie mehr durch Zufall als zu einem besonderen Zweck erhalten haben, und zu denken, wir sollten ihn mit allen Annehmlichkeiten versorgen und ihn dann dahinwelken und sterben lassen, ist ein großer Fehler. Es ist nicht angemessen, das Leben in so gedankenloser Weise zu verbringen."

Baba weist darauf hin, daß der Körper kein Gefängnis ist, und erläutert dies eingehend. Er sagt uns, daß wir selbst es sind, die den Körper zu einem Gefängnis machen, und daß das daher kommt, daß wir unseren Körper für unser wahres Selbst halten. Die Menschen, denen wir begegnen, nehmen ganz automatisch an, daß sie mit ihrem Körper identisch sind, und auch wir nehmen es automatisch an. Jeder empfundene Schmerz und jedes empfundene Vergnügen bestätigen, daß dieses „Ich“ der Körper ist. Doch Baba und die großen Weisen aller Zeiten sagen uns, daß es nicht so ist. Babas Kommentar:

„Wenn du sagst, das ist mein Körper, mein Geist, meine Intelligenz usw., dann bedeutet das, daß du vom Körper, dem Geist, der Intelligenz usw. verschieden bist. Du bist im Körper, im Geist und anderswo, aber sie sind nicht in dir. Sie gehören dir, aber sie sind nicht dasselbe wie du. Sie sind du, aber du bist nicht sie.“

Dieses Verwirrspiel, das Problem, daß wir den Körper als unser eigenes wahres Selbst ansehen – obwohl die Weisen erklären, der Körper sei nicht das Selbst – erfordert einige sorgfältige Überlegungen. Hierzu sagte der Weise Sri Nisargadatta Maharaj zu einem Schüler: „Ist es für dich nicht wichtig zu wissen, ob du bloß ein Körper bist oder etwas anderes? Oder vielleicht überhaupt nichts? Siehst du nicht, daß all deine Probleme – Nahrung, Kleidung, Wohnung, Familie, Freunde, Name, Ruhm, Sicherheit, Überleben – alle in dem Moment ihre Bedeutung verlieren, wo du erkennst, daß du vielleicht doch nicht nur Körper bist?“ Der große Heilige Ramana Maharshi erklärte dem englischen Schriftsteller Paul Brunton den Fehler der Identifikation mit dem Körper folgendermaßen:

„Wie entsteht der Wunsch nach ewigem Leben? Weil der gegenwärtige Zustand unerträglich ist. Und warum? Weil er nicht deine wahre Natur ist. Wäre er deine wahre Natur, gäbe es keinen Wunsch, der dich beunruhigen könnte... Betrachte, was geschieht, wenn man einen Stein hochwirft. Er verläßt seinen Ursprungsort, wird hochgeschleudert, strebt wieder nach unten und ist solange in Bewegung, bis er wieder seinen Ursprungsort erreicht hat, wo er sich nun wieder im Ruhezustand befindet... Wo ein Gefühl der Trennung vom Ursprungsort besteht, da ist Unruhe und Bewegung, bis das Gefühl der Trennung vorbei ist. So ist es auch mit dir. Jetzt, da du dich selbst mit dem Körper identifizierst, denkst du, du seist getrennt... Sich selbst mit dem Körper zu identifizieren und doch Glück zu suchen, gleicht dem Versuch, einen Fluß auf dem Rücken eines Alligators zu überqueren... In diesem Zustand zu bleiben, hält einen nur in endloser Verwirrung, und es gibt keine Ruhe und keinen Frieden... Das Selbst bleibt immer, auch wenn der Körper zerfallen ist. Die Unzufriedenheit resultiert aus der irrtümlichen Identifizierung des ewigen Selbst mit dem vergänglichen Körper.“

Natürlich können wir einen gewissen Unterschied zwischen uns und dem Körper ‚sehen'. Zum Beispiel kann ein Auge oder ein Bein bei einem Unfall verloren gegangen sein. Doch ‚wir' werden dadurch nicht zu einem Fragment. Sogar eine einmalige Einsicht genügt in diesem Fall, um den Irrtum zu beseitigen, daß Körper und Selbst zu allen Zeiten ein und dasselbe sind. Zur Identifikation mit dem Körper sagt Baba:

„Was ist dein Schatten? Ist er nicht etwas von dir Getrenntes? Berührt dich seine Länge, oder seine Reinheit, oder die Tatsache, daß er plötzlich verschwinden kann, in irgendeiner Weise? Du mußt begreifen, daß die Beziehung zwischen dem Körper und dir selbst die gleiche ist."

Was Baba sagt, ist klar. Vom Standpunkt des ‚Ich', der Wirklichkeit des Selbst, ist man Körper, Geist, Intelligenz und ebenso alles andere einschließlich des Fehlens von all dem. Aber zu glauben, daß der Körper die Wirklichkeit des eigenen Selbst ist, ist ein Irrtum, denn der Körper verändert sich, verwelkt und geht schließlich zugrunde, während die Wirklichkeit des Selbst sich niemals ändert. Wenn wir nicht fähig sind, diese Unterscheidung zu würdigen, werden wir gezwungen, viele schmerzliche Fehler zu machen, die alle auf der irrigen Vorstellung beruhen, unser Körper sei unser wahres Selbst. Baba fragt:

„Warum macht sich der Mensch Sorgen? Wegen seiner Identifikation mit dem Körper. Wie hat er den Körper erworben? Durch frühere Handlungen. Was verursachte diese? Die Zwillingskräfte Liebe und Haß. Wie sind diese entstanden? Aus der Verstrickung in die Gegensätze. Warum geriet der Mensch in die Fallstricke der Gegensätze? Weil er um die Wahrheit, das Eine, nicht wußte."

Laßt uns unseren Weg dorthin ertasten. Wir beobachten so viele Veränderungen an unserem Körper. Aber gibt es da nicht etwas, das stets gegenwärtig ist, auch während der Veränderungen? Wenn wir wachsam sind, fällt uns da nicht auf, daß alle diese Veränderungen von ‚mir' beobachtet werden und ‚mir' bekannt werden? Das zu ‚sehen' allein genügt. Wir werden dann unvermittelt wissen, daß es einen Punkt in uns gibt, der vom sich verändernden Körper getrennt ist und fähig, den sich verändernden Körper zu beobachten. Diese Einsicht ist unwiderruflich. Jetzt hat die spirituelle Reise wirklich begonnen, und auch wenn wir für eine Zeit lang das Interesse dafür wieder verlieren sollten, werden wir niemals wieder die sein, die wir vorher waren.

Auf diese Weise, durch aufmerksames, einfühlsames und gelassenes Beobachten, können wir in der Welt weiterhin unser Leben leben und doch das Ziel erreichen, für das die Einsiedler und Yogis so hart und oftmals qualvoll arbeiten.

Seva

Baba lehrt, daß Dienst am Nächsten für ein spirituelles Leben von grundlegender Bedeutung ist. Und er gibt dafür zwei klare Richtlinien. Die erste und gleichzeitig die Grundlage des Dienens ist, unser Leben so einzurichten, daß wir niemandem, einschließlich uns selbst, Schaden zufügen dürfen. Diese Weisheit ist selbstverständlich, und jeder einzelne, ob jung oder alt, hat es in seiner Macht, sich diese erste Grundbedingung des Dienens anzueignen.

Babas zweite Richtlinie lautet, Gott in sich selbst und in anderen zu dienen. Er weist darauf hin, daß, obwohl ja Gott gestaltlos und nicht ein Gegenstand ist, dem wir unseren Dienst erweisen können, Er doch der stets gegenwärtige Bewohner jedes Herzens ist und wir Ihn dort freudig verehren und Ihm dienen können. Er sagt uns:

„Jedermann wünscht Liebe, Glück und Seligkeit von mir. Wer sie von mir erhalten möchte, muß dieselbe Liebe, dasselbe Glück und dieselbe Seligkeit allen meinen Geschöpfen zum Ausdruck bringen."

Da wir ständig unter dem Druck der Gesellschaft stehen, neigen wir dazu, das Dienen als soziale oder kulturelle Verpflichtung aufzufassen. Das kann zu dem Fehler führen, daß wir etwas tun, was uns ein anderer zu tun heißt, ohne darüber nachzudenken. Baba:

„Mitgefühl ohne Weisheit ist genauso verheerend wie Weisheit ohne Mitgefühl."

Bevor man sich mit dienenden Tätigkeiten befaßt, ist es gut, das Gewissen zu erforschen und die Art der Hilfeleistung, die man vorhat, im Lichte der oben beschriebenen zwei Richtlinien Babas für Seva zu prüfen. Baba hat viele Male gesagt, daß das Gewissen die Stimme Gottes in uns ist.

Baba hat zum Segen aller Wesen auf diesem – und vielleicht auch noch anderen – Planeten Gestalt angenommen. Er selber ist eine reine Flamme selbstlosen Dienens – alles tut er für andere, und nichts für sich. Er sagt:

„Derjenige, der meinen Geschöpfen selbstlos dient, und seine Hilfe mit

Liebe versüßt, derjenige, der mich in jedem und allem sieht, derjenige, der sich in jedem Augenblick meiner erinnert, ist der Yogi, der mir am nächsten steht."

Baba sagt über sich:

„Die Gesamtheit der göttlichen Energie ist als Sathya Sai unter die Menschen gekommen, um die in jedem menschlichen Wesen schlummernde Gottheit zu wecken. Ich werde euch nicht aufgeben. Ich bin gekommen, euch zu helfen, euch zu begleiten und euch zu tragen. Ich kann euch niemals aufgeben. Ich werde in meiner Pflicht meinen Kindern gegenüber niemals fehlen; aber ich werde jedem meiner Kinder, das mir bei meiner Aufgabe hilft, sehr dankbar sein."

Durch selbstlosen Seva (Dienst) an anderen sind wir nicht nur in der Lage, das Göttliche zu verehren und Ihm direkt zu dienen, sondern – oh Wunder aller Wunder – der Herr wird den Devotees, die Ihm bei seiner Aufgabe helfen, sogar dankbar sein!

Man könnte sich fragen, wie die Welt ihren dominierenden Einfluß in unserem Leben verlieren kann, wenn wir doch durch Seva gezwungen werden, mit ihr in sogar noch engeren Kontakt zu treten als zuvor. Baba gibt dazu folgenden Kommentar:

„Man muß vom Wirbel der Welt unberührt bleiben, aber man sollte sich nicht von der Erfüllung seiner Pflichten gegenüber dieser Welt, von der man ein Teil ist, zurückziehen oder abbringen lassen."

Damit weist Baba uns warnend darauf hin, daß wir aufpassen müssen, daß wir uns nicht auf selbstsüchtige Weise in die Abgeschiedenheit eines Yogi-Daseins zurückziehen dürfen, und betont ausdrücklich:

„Selbstsucht ist die stärkste der negativen Neigungen im Menschen. Sie verwirrt das Auffassungs- und Denkvermögen, stört das innere Gleichgewicht und gefährdet den Fortschritt in der Entwicklung. Die sechs Hauptschwächen – Lust, Zorn, Geiz, das ‚Klammern', Stolz und Eifersucht – sind nur Folgen der Selbstsucht."

Wenn wir mit unserem Studium der göttlichen Lehren Babas fortfahren, können wir nicht umhin, uns über den enormen Wert zu wundern, der auf den Dienst am Nächsten gelegt wird. Das wird in Babas folgender Aussage deutlich:

„Wenn ein Devotee in Demut und Reinheit versucht, meinen Geschöpfen, die seine selbstlose Hilfe und hohe Liebe brauchen, Seva (Dienst) und Prema (Liebe) zu geben, wenn er alle Geschöpfe als meine Kinder ansieht, als seine geliebten Geschwister, als den gesegneten Ausdruck aller innewohnenden göttlichen Wahrheit, dann steige ich in Erfüllung meiner Rolle als Sathya Sai herab, um diesem Ergebenen zu helfen, ihn zu begleiten

und ihn zu tragen. Einem solchen Yogi bin ich immer nahe, und meine Liebe strömt auf ihn herab.“

Wir werden mit größtem Nachdruck vor der tödlichen Gefahr der Selbstsucht gewarnt. Dienst am Nächsten ist dagegen immer von großem und weitreichendem Nutzen für uns und hat einen tiefgehenden Einfluß auf das Schicksal des Dienenden. Hierüber sagt Baba:

„Nur menschliche Wesen sind mit den Fähigkeiten gesegnet, die Macht übermenschlicher Wesen zu erwerben und sie sogar zu überschreiten, um das Göttliche eher zu erreichen durch selbstloses Dienen, Hingabe an den göttlichen Vorsatz und Hingabe an und Unterwerfung unter den göttlichen Willen.“

Selbstloses Dienen in allen seinen Formen ist in erster Linie spirituelle Disziplin, geistige Reinigung! Ohne die Inspiration, die von dieser Haltung kommt, muß die innere Sehnsucht zwangsläufig abebben und austrocknen, oder es führt dazu, daß man in Richtung Stolz und Pomp auf Abwege gerät. Überlegt einen Augenblick: Dient ihr Gott? Oder dient Gott euch?... Wenn ihr einem hungrigen Kind Milch oder einem auf dem Straßenpflaster liegenden zitternden Bruder eine Decke schenkt, gebt ihr nur ein Geschenk Gottes in die Hände eines anderen Geschenks Gottes! Ihr legt eine Gabe Gottes in einen Verwahrungsort des göttlichen Allerhöchsten! Gott dient. Er ist es, der euch erlaubt zu behaupten, daß ihr gedient habt! Ohne seinen Willen kann nicht ein einziger Grashalm im Winde zittern. Erfüllt jeden Augenblick mit Dankbarkeit gegenüber dem Geber wie auch dem Empfänger aller Gaben.

Sathya Sai Baba

Gott sehen

Es gibt eine spirituelle Übung, die so alt ist, daß ihre Anfänge nicht mehr festzustellen sind. Sie wird ‚Gott-Sehen' oder ‚Gleiches Sehen' genannt. Diese Übung wird von Baba sehr gelobt. Sie gehört in die Kategorie der Ganztags-Meditation im Gegensatz zu der (kurzen) Sitz-Meditation. Sie ist nicht schwer durchzuführen und macht von Anfang an Freude. Und diese Freude endet nicht.

Baba sagt, es sei seine ‚Erfahrung', daß er, die allgegenwärtige Gottheit, in jedem Herzen wohnt. Und wir glauben ihm, daß es so ist. Wir sind bereit anzuerkennen, daß das Göttliche das beständig Wirkliche ist und daß Namen und Formen kommen und gehen. Die Übung des Gott-Sehens ist folgende: Eine Person kommt in unser Blickfeld – ob ein völlig Fremder oder jemand, der uns nahesteht, spielt keine Rolle. Wir anerkennen, daß Gott die innere Wirklichkeit dieser Person ist. Wenn wir akzeptieren, daß Jesus oder Krishna oder Jehova oder Baba oder Gott die Wirklichkeit dieser Person ist, auf die unser Blick fällt, grüßen und erkennen wir Ihn, indem wir still in Gedanken einen Gruß entbieten, wie: „Mein Herr und mein Gott, ich liebe Dich." Dabei werden uns der Name und die Gestalt Gottes, die uns lieb sind, ganz von selbst einfallen.

Wenn wir den Herrn erkannt und gegrüßt haben, werden wir einen Glücksschauer erfahren – was nur natürlich ist, wenn wir den Geliebten unseres Herzens sehen. Praktizieren wir die spirituelle Gewohnheit des Immer-Glücklich-Seins, wird das Gott-Sehen jedesmal, wenn wir den Herrn in einem anderen erkennen und Ihm sagen, daß wir Ihn lieben, dieses Glücksgefühl verstärken. Baba hat gesagt:

„Liebe Gott ohne Vorbehalt. Gott zu lieben beseitigt alle Hindernisse, die der Liebe im Wege stehen. Die schlechten Persönlichkeitsmerkmale, die so schwer zu lieben sind, werden umgangen und transzendiert."

Die Übung des Gott-Sehens bleibt unser Geheimnis, und kein anderer kann uns beobachten oder von unserem Tun wissen. Derjenige, in dessen Herz wir den göttlichen Herrn grüßen, weiß nichts davon, wir treten ihm in keiner Weise zu nahe. Wenn die Person eine Schwester ist, behandeln wir sie, wie es Sitte ist. Gleichgültig, ob die Person ein Diplomat, ein Bettler auf der Straße, ein Taxifahrer oder ein Arbeiter ist – wir behandeln sie auch weiterhin wie bisher, ihrem Status und ihrem Verhalten entsprechend. Das Gott-Sehen spielt sich zwischen Gott und uns selbst ab und ist nicht die Angelegenheit irgendeines anderen, sei er ein geliebtes Familienmitglied oder ein Fremder. Es ist ein Geheimnis unseres Herzens und sollte es auch bleiben.

Wer zum erstenmal vom Gott-Sehen hört, reagiert möglicherweise empört: „Aber einige Leute sind so verdorben und schrecklich, so abscheulich und aufreizend, daß ich sie nicht einmal anschauen mag, geschweige denn zu denken: ‚Ich liebe dich.'" Der springende Punkt bei der Übung ist, geradewegs durch die abstoßende Persönlichkeit oder den entstellten Körper oder Geist hindurchzusehen und ihn nicht weiter zu beachten. Wir schauen nur auf die unberührte göttliche Wirklichkeit, die der Kern jeder Person ist. Baba erklärt das durch folgendes Gleichnis: An einer Straße stehen zwei Häuser, eines auf der einen Straßenseite, das andere gegenüber. Sie sind von zwei Familien bewohnt, die miteinander verfeindet sind. Über der Tür jedes der beiden Häuser hängt ein Bild von Sri Sathya Sai. Die beiden Familien mögen sich aus Zorn und Haß gegenseitig Beleidigungen oder sogar Steine ins Gesicht schleudern, aber keine der beiden empfindet Haß gegen Baba, obwohl sein Bildnis über der Tür des feindlichen Hauses befestigt ist. In gleicher Weise kann es geschehen, daß wir unfähig sind, ein negatives Gefühl unter Kontrolle zu halten, das aufsteigt, wenn wir eine bestimmte Person sehen, aber das ist kein Grund, auf den Herrn zornig zu sein, der das beständige Wirkliche hinter dieser Persönlichkeit ist.

Die spirituelle Übung des Gott-Sehens wirkt sich als Segen für denjenigen aus, dessen innere Gottheit wir verehren, denn Gott antwortet aus dem Herzen jener Persönlichkeit, wenn wir, Seine Devotees, Ihn ansprechen; und die Übung des Gott-Sehens wird unseren Geist und unser Herz reinigen und uns so für die Erleuchtung vorbereiten. Das Gott-Sehen kann in dem Augenblick beginnen, in dem wir von ihm wissen. Es wird uns stets Freude vermitteln, wann immer wir diese spirituelle Übung wiederholen.

Haltet fest an der Wahrheit

Wenn Baba uns sagt, wir seien göttlich, verwirrt er uns beträchtlich, da wir selber aus lebenslanger Erfahrung wissen, wie allzu menschlich wir sind. Solche Aussagen sollen bewirken, daß wir lernen, an dieser Wahrheit festzuhalten. Baba erklärt: *„Denkt nicht, daß ihr menschlich seid und daß ihr den Zustand des Göttlichen erreichen müßt. Denkt vielmehr andersherum, nämlich, daß ihr Gott seid und daß ihr aus diesem Zustand heraus menschliche Wesen geworden seid. Wenn ihr so denkt, werden sich alle göttlichen Eigenschaften in euch manifestieren. Wißt, daß ihr von der Gottheit zum Menschsein herabgestiegen seid und daß ihr zu gegebener Zeit zu eurer Quelle zurückkehren werdet.“*

Wenn unser Denken sich an die Vorstellung klammert, man sei selbst jene bestimmte fehlerhafte Person, dann ist das der Zustand, in dem unser Bewußtsein verharren und der unser ganzes Leben beherschen wird. Wenn wir dagegen unsere Gedanken an der Vorstellung festmachen, daß das Göttliche tatsächlich *wir* sind und daß wir Gott sind, dann ist dies der Zustand, in dem unser Bewußtsein bleiben wird. Vor langer Zeit sagte der Weise Annamacharya: „So viel ihr zu sein glaubt, so viel – und nicht mehr – seid ihr.“ Und vor Jahrhunderten sagte der mit vierzehn Jahren selbstverwirklichte Weise Astavakra: „In unserer jetzigen Verfassung sind wir nicht in uns selbst. Wir sind uns nur des Körpers, des Verstandes und der verschiedenen Dinge der Welt bewußt. Wo auch immer unser Bewußtsein ist, da sind wir.“ Heute sagt uns der Avatar unseres Zeitalters, Sri Sathya Sai Baba:

„Wer sich selbst für frei hält, ist in der Tat frei, und wer sich für gebunden hält, bleibt gebunden. Denkt, ihr seid frei! Ihr seid das ewige, grenzenlose Bewußte-Sein-in-Glückseligkeit, und ihr werdet frei und glücklich sein. Denkt ständig von euch selbst als dem ewig freien Selbst. Begreift! Ihr seid jederzeit frei!“

Warum akzeptieren wir das nicht gleich, wenn uns diese wunderbare, phantastische Wahrheit gesagt wird? Dazu Baba:

„Seid nicht entmutigt, weil ihr nicht die Fähigkeit dazu habt. Wie ihr

fühlt, *so werdet ihr.* Fühlt, *daß ihr göttlich seid,* fühlt, *daß euch nichts unmöglich ist. Fühlt, daß ihr göttlich seid, daß ihr gut und gottgleich seid.*"

Wer sagt uns, daß wir begrenzte menschliche Persönlichkeiten sind und daß wir uns anpassen müssen? Es wird uns von den Eltern gesagt, in der Schule, durch das Fernsehen, von Freunden – in der Tat von jedem, mit dem wir zu tun haben. Und wer sagt uns, daß wir es *nicht* einfach hinnehmen sollen, nur die x-te Variante des gemeinsamen Nenners ‚Durchschnittsmensch' zu sein? Baba sagt uns das: Er, der die Wahrheit weiß, weil er die Wahrheit *ist.* Über sich selbst sagt Sri Sathya Sai:

„*Die göttliche Energie ist als Sai gekommen, um das Göttliche in jedem zu wecken.*"

Devotees, die mit ihren Fragen zu ihm kommen, rät Baba:

„*Wacht auf, meine Kinder! Erwacht zur Morgendämmerung des Wissens, erwacht zu euren göttlichen Pflichten, erwacht zu euren göttlichen Rechten, und erwacht zu eurer göttlichen Wirklichkeit.*"

Ein kleines Streichholz enthält das Feuer, das Gefängnismauern niederbrennen kann – es muß nur entzündet werden. Eine einzige von Babas Lehren kann dieses Streichholz in unserem Leben sein. Denkt tief darüber nach: Wie wäre es, wenn es wahr wäre, was Baba sagt? Schon zu den kleinen Kindern sagt er:

„*Hört, ihr Kinder der Unsterblichkeit, Kinder des Ewigen! Ihr seid nicht nur eine Masse aus Fleisch! Ihr seid Verkörperungen des Ewigen. Ihr seid Speicher der Glückseligkeit. Eure Herzen sind Schreine des Göttlichen. Die gesamte Natur ist euer Tummelplatz; alle Dinge darin sind eure Spielsachen. Betrachtet euch selbst als Meister des Universums und nicht als seine Sklaven.*"

Wir Erwachsenen hatten keinen Baba, der uns geführt hätte, als wir noch klein waren. Uns sind von Kindheit an falsche Vorstellungen gelehrt worden, und wir halten heute noch an ihnen fest. Warum nicht alle diese Vorstellungen beiseite legen? Überlegt einmal! Vielleicht erzählt uns Baba die größte Wahrheit! Was für eine Tragödie, wenn wir es versäumten, unsere vergangenen Verhaltensnormen abzulegen und in einem lebenslangen Irrtum hängen blieben! Die wunderbare Gelegenheit dieses Augenblicks, in dem Baba uns die Wahrheit verkündet, kommt vielleicht nie wieder. Was verlieren wir, wenn wir uns nach Babas Lehren richten? Und alles kann verloren sein, wenn wir es nicht tun!

Dieses Festhalten an der ewigen Wahrheit ist eine spirituelle Übung, die uns, wie Baba sagt, zu der Erkenntnis bringt, daß wir das Göttliche sind. Man setze aber seine Lehren nicht mit ‚Mesmerismus' oder

‚positivem Denken' gleich. Was Baba lehrt, ist kein modischer ‚Ismus'. Vor Jahrhunderten, in der Ekstase der Selbsterfahrung, erklärte König Janaka: „Ich bin reines Bewußtsein. Durch Nichtwissen hatte ich mir selbst Grenzen auferlegt. Dadurch, daß ich jetzt ständig so denke, lebe ich im Absoluten."

Anläßlich seines Geburtstages am 23. November 1983 erklärte Baba den wahren Grund des Nichtwissens und gab uns die spirituelle Übung des Sich-an-die-Wahrheit-Haltens. Er sagte:

„Wenn euer Sehnen, Brahmananda oder Sath-Chith-Ananda zu erfahren, ernsthaft und rein ist, so behaltet von diesem Tage an stets in eurem Gedächtnis, was ich euch jetzt sage:

(1) 'Ich bin Gott; ich bin nicht verschieden von Gott.' Seid Euch dessen immer bewußt. Vergeßt es nie. ‚Ich bin Gott; ich bin Gott, ich bin nicht verschieden von Gott.' Erinnert euch immer wieder daran, vergeßt es nicht! Betet darum, daß ihr diese spirituelle Übung nicht vernachlässigt.

(2) 'Ich bin das unteilbare höchste Absolute.' Dies ist die zweite Wahrheit, die sich durch stete Wiederholung und Gebet in euer Bewußtsein einprägen muß.

(3) 'Ich bin Sath-Chith-Ananda – Sein, Bewußtsein, Glückseligkeit.'

(4) 'Kummer und Angst können mich niemals berühren.' Entwickelt diesen Glauben und überzeugt euch selbst durch wiederholtes Versichern und durch Gebet von dieser Wahrheit.

(5) 'Ich bin immer zufrieden; Furcht kann niemals in mir sein.' Lebt ständig in diesem Wissen. Betet, daß diese Überzeugung stärker und stärker wird.

(6) Wie der physische Körper durch die fünf lebenspendenden Lüfte (Pranas) gesund und stark erhalten wird, so werden diese fünf Gebete euch mit dem Bewußtsein von der Gegenwart Brahmans ausstatten, welches dasselbe ist wie der Zustand Brahmans selbst!"

Segnungen für amerikanische Mitglieder der Sai-Familie

... Liebe ist lebensnotwendig. Liebe ist göttlich. Damit ein Dienst geeignet ist, Gott dargebracht zu werden, und rein genug, Seine Gnade zu finden, muß er eine Manifestation der Liebe sein. Je strahlender die Manifestation, umso näher seid ihr Gott. Prema (göttliche Liebe) wird nicht durch Berücksichtigungen der Kaste, des Glaubens oder der Religion berührt oder verändert und kann weder durch Neid noch Bosheit oder Haß befleckt werden... Erfüllt jedes eurer Worte mit Liebe, erfüllt jede eurer Taten mit Liebe. Das Wort, das von eurer Zunge kommt, soll nicht wie ein Messer stechen oder wie ein Pfeil verwunden oder wie ein Hammer treffen. Es muß eine Quelle süßen Nektars sein, ein Rat tröstender vedantischer Weisheit, ein sanfter Blütenpfad. Es muß Frieden und Freude verströmen... Liebe kennt keine Furcht. Liebe meidet Falschheit. Furcht zieht den Menschen in Falschheit hinein, in Ungerechtigkeit und auf Abwege. Liebe fragt nicht nach Lob; das ist ihre Stärke. Nur diejenigen, die keine Liebe in sich haben, gelüstet es nach Belohnung und Ansehen. Der Lohn für Liebe ist die Liebe selbst.

Wenn es euer Verlangen ist, dem Herrn eure Gaben darzubringen, laßt eure Gaben nicht vergängliche Dinge sondern Liebe sein. Liebe ist das wahre Licht des Lebens; sie ist der einzige, alles umfassende Verhaltenskodex... Laßt sie rein aus eurem Herzen fließen als einen Strom der Wahrheit und der Weisheit. Laßt nicht zu, daß sie vom Kopf kommt oder von der Zunge. Laßt sie, voll und frei, aus dem Herzen strömen. Das ist die höchste Pflicht, die edelste Frömmigkeit.

Beginnt den Tag mit Liebe. Lebt den Tag mit Liebe. Erfüllt den Tag mit Liebe. Verbringt den Tag in Liebe. Beendet den Tag mit Liebe. Das ist der Weg zu Gott.

(Auszüge aus einem Brief an Devotees, datiert vom 18.7.1969)

Bhagawan Sri Sathya Sai Baba

TELE No. 33
BRINDAVAN
WHITEFIELD

TELE No. 30
PRASANTHINILAYAM. P O
ANANTHAPUR DT.

My Dears! what is primarily needed for one who wants to ultimately surrender himself entirely to The Lord is a consciousness of perfect security under the protecting grace of the supreme Lord. This Consciousness can never leave us if we constantly practise the remembrance of Him. Verily, remembrance itself is Darshan. The repetition of GOD's name must lead to dedication of all your actions to Him. This remembrance will be yours even when you are intellectually and physically active in all the walk of life when you consider that those activities are performed in the ~~name~~ name and for the sake of the Lord. During your off-moments do not fail to keep your thoughts engaged in the contemplation of GOD an at the same time meditate upon the truth that all your physical and mental powers have their source and inspiration from the Cosmic energy of the Divine

With Blessings
Baba

Meine Lieben!

Was in erster Linie nötig ist für jemanden, der beschlossen hat, sich dem Herrn voll und ganz hinzugeben, ist ein Bewußtsein vollkommener Sicherheit unter der schützenden Gnade des höchsten Herrn. Dieses Bewußtsein kann uns niemals verlassen, wenn wir ständig die Erinnerung an Ihn praktizieren. Die Erinnerung ist wahrhaftig selbst Darshan. Die Wiederholung des Namens Gottes muß dazu führen, daß ihr alle eure Handlungen Ihm widmet. Diese Erinnerung wird euch bleiben, auch wenn ihr geistig oder körperlich mit Dingen des täglichen Lebens beschäftigt seid, sofern ihr dabei beachtet, daß diese Aktivitäten im Namen des Herrn und um Seinetwillen vollzogen werden. In euren Ruhepausen sollt ihr nicht versäumen, eure Gedanken mit der Kontemplation Gottes zu beschäftigen und zugleich über die Wahrheit zu meditieren, daß alle eure körperlichen und geistigen Kräfte ihren Ursprung und ihre Inspiration in der kosmischen Energie des Göttlichen haben.

Mit Segen
Baba

BHAGAWAN SRI SATHYA SAI BABA

PRASANTHINILAYAM P.O.
ANANTHAPUR DT.
TELEPHONE No. 30.

BRINDAVAN
WHITEFIELD
TELEPHONE No. 33.

Date :

Message

you as body, mind or soul are a dream. but what you really are is Existence, Knowledge, Bliss. you are The GOD of This universe. you are creating The whole universe and drawing it in. To gain The infinite universal individuality The miserable little prison individuality must go. Bhakti is no crying or any negative condition. it is seeing of all in all we see.
it is The heart That reaches The goal. follow The heart. A pure heart seeks beyond The intellect. it gets inspired.
whatever we do reacts upon us. if we do good, we shall have happiness and if evil, unhappiness within you is The real happiness, within you is The mighty ocean of nectar divine. Seek it within you, feel it, feel it; it is here, The self. it is not The body,.. The mind, The intellect, The brain. it is not The desire or The desiring. it is not The object of desire. Above all These, you are. All These are simply manifestations. you appear as The smiling flower, as The twinkling stars. what is There in The world which can make you desire anything?

With Blessings and
Love
Sri Sathya Sai Baba

Botschaft

Ihr als Körper, Geist und Seele seid ein Traum. Was ihr wirklich seid, ist Sein, Wissen, Glückseligkeit. Ihr seid der Gott dieses Universums. Ihr erschafft das ganze Universum und nehmt es wieder in euch auf. Um die unbegrenzte, universale Individualität zu gewinnen, muß die elende kleine Gefängnis-Individualität verschwinden. Bhakti ist kein jammervoller oder sonstiger negativer Zustand. Es bedeutet, das Ganze zu sehen in allem, was wir sehen.

Es ist das Herz, das das Ziel erreicht. Folgt dem Herzen. Ein reines Herz sucht jenseits des Intellekts. Es wird inspiriert.

Was immer wir tun, hat Einfluß auf uns. Wenn wir Gutes tun, werden wir Glück erfahren, und wenn wir Böses tun, Unglück. In euch ist das wirkliche Glück, in euch ist der mächtige Ozean des göttlichen Nektars. Sucht ihn in euch, fühlt ihn, fühlt ihn, er ist hier, er ist das Selbst. Es ist nicht der Körper, der Geist, der Intellekt, der Verstand. Es ist nicht der Wunsch oder das Verlangen. Es ist nicht der Gegenstand des Verlangens. Ihr seid über all diesem. Alle diese sind einfach Manifestationen. Ihr erscheint als die lächelnde Blume, als die funkelnden Sterne. Was gibt es in der Welt, das in euch nach irgendetwas ein Verlangen erwecken könnte?

Mit Segen und Liebe
Sri Sathya Sai Baba

Eine Ansprache

„Der natürliche Zustand des Menschen ist Glück, und man kann es ihm nicht verübeln, daß er sich nach dem sehnt, was sein eigen ist. Aber der Mensch macht einen schweren Fehler. Er glaubt, daß das Glück, nach dem er sich sehnt, von den Dingen stammt, die ihm eine Erfahrung vermitteln. Die Wahrheit ist, daß er von diesen Objekten gar keine Erfahrung hat. Im Gegenteil: Die Objekte erfahren den Menschen, und bei diesem Prozeß wird der Mensch mehr und mehr geschwächt. Er kommt von seiner Arbeit nach Hause und fühlt sich müde und enttäuscht. Um Entspannung und eine Erneuerung seines Glücksgefühls zu finden, geht er ins Kino und läßt sich dort seinen Kopf mit falschen Wertvorstellungen – dargeboten von berühmten Schauspielern und Schauspielerinnen – anfüllen. Oder er geht in einen Club. Dort beteiligt er sich an Unterhaltungen über die Welt, spielt vielleicht Karten und trinkt Alkohol. Das alles ist Zeitverschwendung, und verschwendete Zeit ist verschwendetes Leben. Anstatt seine Kraft zu erneuern, schwächt er sich noch mehr.

Was ist das Heilmittel? Das Heilmittel ist, sich auf die Wahrheit zu besinnen, für die das alte und heilige Land Indien symbolisch steht. Die ewige Wahrheit ist, daß es nur ein ewiges, niemals endendes Glück gibt, und das ist Gott. Ihr seid Gott, und um tief aus dieser nie versiegenden Quelle des Glücks zu trinken, müßt ihr euch euch selbst zuwenden, dem göttlichen Atma, das – wie sehr es auch verdunkelt sein mag – immer der Bewohner eures Herzens ist, die subtile Wahrheit eures Seins.

Atma, der Herr, die göttliche Seligkeit, wird von uns nicht ununterbrochen erfahren, denn Er wird von mentalen Vorgängen wie Zweifel, Niedergeschlagenheit, Haß, Eifersucht, Neid, Sehnsucht, Bindung an Dinge und Personen und Unwissen über sich selbst, über Gott und die Welt, verdunkelt.

Um diese gefährlichen und schädlichen Neigungen aus seinem Leben zu vertreiben, muß man Sadhana betreiben. Das Ziel aller Arten von

Sadhana ist die Reinigung von Denken und Fühlen. Aus diesem Grunde heißt es, man soll Gutes tun, Gutes sehen und gut sein.

Liebe ist die lebenswichtige und entscheidende Realität eines spirituellen Lebens. Im Leben eines Menschen hat Liebe eine ganze Reihe verschiedener Gesichter: Liebe zu Frau und Kindern, zu verschiedenen Angewohnheiten und Befriedigungen, zu verschiedenen Objekten, zu bestimmten Vorstellungen und zu Gott. Gott ist Liebe, und Er ist in jedem Aspekt der Liebe. Es ist, wie wenn Wasser in Flaschen von verschiedener Farbe gegossen wird. Das Wasser in den Flaschen scheint jeweils anders gefärbt zu sein. In Wirklichkeit ist es immer das gleiche Wasser, rein und klar. Obgleich die Liebe, die Gott ist, in den Menschen verändert und sogar verzerrt zu sein scheint, ist sie doch in Wirklichkeit immer dieselbe göttliche, reine und vollkommene Liebe. Diese Liebe im Menschen, die rein und vollkommen ist, ist seine Liebe zu Gott. Nur die Liebe zu Gott ist vollkommen. Sammelt eure Liebe aus allen Richtungen ein und laßt sie als einen starken, tiefen Strom der Liebe zu Gott hin fließen. Nichts anderes ist nötig. Kein anderes Sadhana. Glück und Frieden werden euer sein."

(Aufzeichnung der Ansprache Sri Sathya Sai Babas vom 5. Dezember 1982 an Vertreter der Indischen Luftwaffe)

Der Weise Paramananda hatte zehn Schüler, von denen jeder ein Ausbund von Trägheit und Dummheit war. Auf ihren Wanderungen kamen sie an einen Fluß, den sie durchwateten, um zum anderen Ufer zu gelangen. An einigen Stellen ging ihnen das Wasser bis zum Hals, und als sie sich bis zum Ufer durchgekämpft hatten, beschlossen sie nachzuzählen, ob alle sicher angekommen waren. Sie fürchteten, daß einige von ihnen von der schnellen Strömung weggetrieben worden seien. Furcht und die damit verbundene Verwirrung vermehrten ihre angeborene Dummheit. Zuletzt entdeckten sie, daß einer von ihnen weggetrieben worden sein mußte, denn sooft einer von den zehn die anderen vor ihm in einer Reihe

Stehenden zählte, ließ er sich immer selbst aus und fand deshalb nur neun Männer vor sich. Alle zehn kamen einstimmig zu dem Schluß, daß einer von ihnen in den Fluten verschwunden sein mußte. Sie weinten um den verlorenen Kameraden und waren so bedrückt, daß der Lärm, den sie verursachten, einen Bauern herbeirief. Der fragte sie nach dem Grund ihres Wehklagens und erhielt die Antwort, daß von den zehn, die durch den Fluß gewatet waren, einer ertrunken war. Der Bauer sah aber, daß er zehn Männer vor sich hatte. Sie baten ihn um sein Urteil und machten ihm vor, wie sie gezählt und festgestellt hatten, daß einer fehlte. Darauf sagte der Bauer, daß jeder von ihnen vergessen hätte, sich selbst mitzuzählen. Der Blick nach außen sei falsch; der Blick nach innen allein könne die Wahrheit enthüllen – so belehrte er sie.

Wir versuchen, Gott zu entdecken, und suchen nach Ihm im ganzen Universum. Aber wir versäumen, Seine Existenz in uns selbst als dem wahren Kern und der Grundlage unseres Seins zu erforschen. Wenn ihr euch selbst entdeckt – euer Selbst – hört alles Wehklagen auf, und ihr erreicht das höchste Glück. Das ist wahre Selbsterkenntnis.

Sathya Sai Baba

Gespräche mit Baba

Januar 1978

JH: Die Devotees in New York würden gern ein paar Richtlinien für ihr persönliches Leben haben, ähnlich den Verwaltungs-Richtlinien für die Zentren.

SAI: Die Hauptsache ist, daß das Leben und die Arbeit Gott geweiht werden.

JH: Swami, sie möchten gern eine Reihe von Geboten oder Verboten haben, die sie durch den Alltag führen.

SAI: Es gibt so viele verschiedene Berufungen und Berufe, und jeder hat seinen eigenen Verhaltenskodex. Ein entscheidendes Prinzip für jeden ist, anderen nicht zu schaden. Wir sollten alles tun, was in unserer Macht steht, um anderen zu helfen.

JH: Ein großes Problem, mit dem sich junge Leute konfrontiert sehen, ist das Drogenproblem. Man glaubt allgemein, daß Marihuana nicht schädlich sei.

SAI: Zunächst mag sich die betreffende Person durch die Droge stark und mutig fühlen. Aber alle Drogen sind in ihrer Wirkung unnatürlich und fügen dem Gehirn und den spirituellen Fähigkeiten eindeutig Schaden zu. Der spirituelle Aspirant, der Jünger des Herrn, sollte von Drogen keinen Gebrauch machen.

JH: Die meisten jungen Leute, nicht nur in New York, haben das Verlangen oder empfinden die Notwendigkeit, sich intensiv mit sozialem Leben zu beschäftigen. Welche Haltung ist richtig für Sai-Devotees?

SAI: Sozialer Dienst, ja. Müßiges soziales Leben ist nicht gut.

JH: Swami, der Devotee steht des Morgens auf, und wie soll dann der Tag weitergehen?

SAI: Jeden Morgen sollte das Erwachen eine neue Geburt sein. Nach dem Erwachen bleibt für einige Minuten ruhig. Betet zu Gott um die Kraft, den Tag in Hingabe zu Ihm zu leben, und um die Kraft, anderen zu helfen. Zur Nachtzeit gibt es einen neuen Tod. Erinnert euch des Tages, aber nicht im Detail, und bietet ihn dem Allmächtigen dar. Am Morgen wurde der Tag Gott geweiht. Zur Nacht werden das Tageswerk und seine Früchte als Gabe zu Seinen Lotusfüßen gelegt.

25. Oktober 1978

JH: Swami, neue Zentren mit vielleicht nur drei Mitgliedern hätten gern, daß auch ein paar Leute mehr zu ihrem Treffen kommen, aber es vergehen Monate, und niemand kommt. Sollten sie etwas unternehmen – etwa Zettel mit der Bekanntgabe ihrer Treffen aushängen, z.B. an Orten wie Gesundheitsläden?

SAI: Nein. Swami sieht vor, daß zusätzliche Leute nur aufgrund ihrer Beobachtung des tugendhaften Lebens der Zentrums-Mitglieder und aufgrund von mündlicher Weiterempfehlung kommen. Aushänge fangen zwar klein an, aber sie würden mit der Zeit außer Kontrolle geraten. Sogar solche kleine Dinge wie Aushangszettel würden als Werbung für Swami angesehen werden. Andere Swamis müssen werben und sogar für Verkehrsmittel sorgen. Sai wirbt nicht, und doch kommen Tausende. Sai sagt den Leuten sogar hier, sie sollen nachhause gehen, aber sie bleiben. Da liegt der Unterschied.

JH: Dann müssen die kleinen Zentren also geduldig warten, daß ihre Mitgliedschaft wächst.

SAI: Ja.

JH: Swami, in den amerikanischen Zentren erheben sich einige Fragen, auf die ich keine Antwort weiß. Viele Leute jüdischen Glaubens verstehen nicht, warum das Symbol des jüdischen Glaubens in das Sai-Symbol aller Religionen nicht mit einbezogen ist, da doch die jüdischen Leute zahlenmäßig einige der Religionen, die im Sai-Symbol repräsentiert sind, übertreffen.

SAI: Es steht keine Absicht dahinter, daß das jüdische Symbol nicht berücksichtigt wurde. In Indien ist man sich generell nicht bewußt, daß das jüdische Symbol substantiell anders wäre. Symbolisiert denn das Kreuz den jüdischen Glauben nicht in entscheidendem Maße?

JH: Nein, Swami. Es gibt einen wesentlichen Unterschied.

SAI: Dann laßt die Menschen jüdischen Glaubens einen Vorschlag machen, und wir werden ihn in Erwägung ziehen.

JH: Swami sagt, daß es die Pflicht gebe, sich selbst zu schützen. Die Leute fragen sich, wie weit das geht. Sollte man, um das eigene Leben zu retten, die Person, die einen angreift, töten?

SAI: Den eigenen Körper zu schützen, ist eine wichtige Pflicht. Man kann alle Mittel ergreifen, die für den Selbstschutz nötig sind. Zum anderen Teil deiner Frage, das Töten der Person. Die Antwort ist ‚ja', wenn das der einzige Ausweg ist, um das eigene Leben zu retten. Aber behaltet im Auge, daß viele alternative Maßnahmen ergriffen werden können, die vermeiden, daß man getötet wird. Nur wenn jede andere Möglichkeit ausgeschöpft ist, kann man zu dem letzten Mittel, den Angreifer zu töten, Zuflucht nehmen.

JH: Swamis Vortrag über die Seelen, die zu Mond-Loka und Sonnen-Loka gehen, hat viel Verwirrung gestiftet.

SAI: Sai hat bereits vor einiger Zeit erklärt, aber vielleicht haben die Leute, die die Frage erheben, es nicht nachgelesen. Die Leute denken vielfach, es muß eine Reise über eine gewisse Entfernung zum Reich von Indra, dem Mond und der Sonne gemacht werden. Alle diese Veränderungen vollziehen sich stattdessen im Geist des Betreffenden. Wenn jemand in seinem Leben große physische Kräfte und Stärken entwickelt, so sagt man, er hat das Indra-Loka zum Mittelpunkt seines Lebens gemacht. Wenn er seine geistigen Fähigkeiten so entwickelt, daß er das Begriffsvermögen des Durchschnittsmenschen überschreitet, so sagt man, sein Leben vollzieht sich im Mond-Loka. Und wenn jemand seine Intelligenz in höchstem Maße entwickelt hat, so sagt man, sein Leben befindet sich im Sonnen-Loka.

JH: Eine andere Frage, die sich erhebt, hat mit Swamis Behauptung zu tun, daß durch tugendhafte Taten in der Vergangenheit eine Geburt als Mensch erreicht wird. In diesem Zusammenhang muß es auch tugendhaftes Handeln bei Tieren geben, aber wie ist das möglich, da das Tier doch seinem Instinkt gemäß handelt?

SAI: Eine gute Tat ist gut, ob sie nun aufgrund des Instinkts oder aufgrund von Vernunft vollzogen wird. Ist nicht der Schutz, der einem Baum zu verdanken ist, gut für das Tier wie für den Menschen? Wenn eine Kuh ihrem Kalb keine Milch gibt, weil die Milch vom Viehbesitzer genommen wird, ist das Resultat für den Menschen nützlich, der die Milch trinkt, und der Nutzen ist nicht etwa geringer, weil die Kuh nicht gedacht hat, sondern einfach sie selbst war. Und der Hund im Hause, schützt und sorgt er nicht für seinen Herrn und liebt ihn überdies? Ein menschlicher Wächter muß bezahlt werden, aber der Hund gibt Liebe und Treue ohne den Begriff der Bezahlung. Es gibt durch die ganze Natur hindurch endlose Beispiele guter und tugendhafter Taten, die voll wirksam sind, obwohl das Tier oder die Pflanze durch ihren Instinkt nur ihrer eigenen Natur entsprechend handelt.

Das menschliche Leben stirbt nicht aus, obwohl Millionen sterben, und darüberhinaus gibt es ein ständiges Hinübergehen vom Menschlichen zum Göttlichen. Anstatt auszusterben wächst die menschliche Bevölkerung, und dieser neue Nachschub kommt vom Felsen, vom Insekt, vom Tier. Sogar die Wissenschaft bescheinigt, daß der Felsen zerfällt und zum Baum wird. Die Pflanzenwelt wird verzehrt und wird zum Tier; und das Tier in seinen zahlreichen Aspekten wird verzehrt und wird zum Menschen. Es ist ein ständiger Prozeß des Übergangs von einer Stufe zur nächsten. Die menschliche Geburt ist die letzte Geburt und endet im Göttlichen oder wiederholt sich, je nach der Tugendhaftigkeit des geführten Lebens.

JH: Ist die Herabstufung möglich? Gibt es eine Wiedergeburt zum Tier?

SAI: Das ist möglich, aber es kommt kaum vor. Die Herabstufung des menschlichen Lebens aufgrund eines Mangels an Tugend resultiert normalwerweise in einer Wiedergeburt als Mensch niederen Grades. Der ganze Prozeß ist stets gegenwärtig. Tisch und Holz sind gleichermaßen gegenwärtig. Wenn der Tisch beachtet wird, wird das Holz nicht gesehen. Diese Kissen gibt es nicht ohne Garn, und das Garn nicht ohne Baumwolle. Wie es gesehen wird, ist eine Frage der Betonung. Hier ziehe ich jetzt drei Kreise, den kleineren jeweils innerhalb des größeren. Dieser mittlere repräsentiert den Jiva (die individuelle ‚Seele'), der kleinere den Körper und der größte der Atman (das letztendliche Selbst).

Der kleinere Kreis stellt das dar, wofür du dich selbst hältst, der nächste das, wofür dich die anderen halten; und der dritte das, was du wirklich bist: der Atman. Der mittlere Kreis kann sich mehr und mehr ausdehen, bis er mit dem größeren, dem Atman verschmilzt.

JH: Swamiji, das ist die augenblickliche Liste von Fragen, die aufgetaucht waren und auf die ich keine Antwort wußte.

SAI: In Ordnung. Es ist wichtig, daß Fragen gestellt werden. Es sind Fragen, die vielen Gurus gestellt werden, aber Sai kann die richtigen Antworten geben.

Dezember 1978

SAI: Mit den Verbrechen ist es in Indien schlimm geworden. Es gibt keine Sicherheit mehr.

JH: Swami, das ist nicht nur in Indien so. Das gleiche gilt für die ganze Welt. Wie wird das enden?

SAI: Im Guten. In einigen Jahren wird alles voller Frieden sein.

JH: Aber Swami, es wird schlechter, und wir haben das Kali-Yuga (ein Zeitalter abnehmender Tugend).

SAI: Nein. Es ist jetzt nicht so schlecht, wie es schon war. Es ist wie mit dem Ozean. Es gibt eine Zeit hoher Wellen, und es mag einige ganz hohe Wellen geben, die schwer ans Ufer schlagen, aber darauf folgt eine ruhige und friedvolle See.

JH: Viele Leute sagen, daß wir in aller Kürze in eine Periode großer Katastrophen kommen werden.

SAI: Wie ich schon erwähnt habe, mag es einige ganz hohe Wellen geben, aber die Welt wird glücklich, friedvoll und blühend sein.

EIN GAST: Kein Weltkrieg?

SAI: Kein Weltkrieg.

JH: Wir haben das Glück, jetzt zu leben, und diese friedvolle Welt miterleben zu können.

SAI: Ihr werdet sie alle erleben. Sogar alte Menschen werden sie noch erleben könnnen.

DER GAST: Dann wird Prema Sai nicht viel Arbeit haben! Swami wird die Welt friedvoll gemacht haben.

SAI: Das ist noch vierzig Jahre hin. Zu dieser Zeit wird die Welt friedlich sein. Das ist der Name: Prema Sai. Alles wird Liebe sein – Liebe, Liebe, Liebe überall.

DER GAST: Es wäre gut, in der Zeit von Prema Sai wiedergeboren zu werden!

SAI: Es ist am besten, mit Gott zu verschmelzen. Keine Wiedergeburt.

7. November 1980

SAI: In allen Ländern gibt es einen rapiden Verfall der menschlichen Werte.

JH: Wann wird sich das zum Besseren wenden?

SAI: Sehr bald wird es sich ändern.

JH: Wann ist bald, Swami? Zwanzig Jahre? Zehn Jahre?

SAI: Nein, jetzt. In Indien gibt es bereits eine leichte Besserung. Ein Grund für die allgemeine Verschlechterung in der Welt sind die schnell einsetzbaren Kommunikationsmittel. Das erlaubt der Werbung, der Reklame, einen starken Einfluß auf die Bevölkerung auszuüben. An den amerikanischen Wahlen kann man deutlich sehen, daß eure Führer Fernsehstars sind.

JH: Swami, es gibt keine Anzeichen einer Veränderung zum Besseren.

SAI: Wenn die Veränderung da ist, wird sich zeigen, daß es eine globale Veränderung ist, keine lokale. Sie wird sich überall vollziehen.

JH: Diese schnelle, weltweite Kommunikation läuft auch auf eine allgemeine Kenntnis darüber hinaus, wie man eine Atombombe baut.

Besteht nicht die Gefahr, daß ein paar kleine Nationen die Bombe einsetzen?

SAI: Die Gefahr besteht nicht darin, daß jemand von der Bombe Gebrauch macht. Die Menschen haben vor einem Tod durch die Atombombe keine Angst mehr. Solange sie ihr Ziel, Geld zu machen, verfolgen können, sind sie willig, den Tod zu riskieren und zu sterben. Nicht die Bombe ist die Gefahr, sondern der Verstand. Die Bombe existiert nur als Instrument des Verstandes. Notwendig ist eine Veränderung des Denkens.

JH: Aber Swami, die Leute geben sich keine Mühe, das zu begreifen. Sie haben kein Interesse an Swami oder daran, auf ihn zu hören.

SAI: Das geistige Niveau kann sich ändern, und tut es auch. Zum Beispiel kann der Lebensstil von Menschen so schlecht sein, daß sie sich dessen schämen und sich ändern. Der Lebensstil der Hippies ist so niedrig und so unehrenhaft und unmoralisch, daß einige Hippies, die ihr Leben in dem einer anderen Gruppe widergespiegelt sahen, sich so schämten, daß sie sich von selbst änderten.

JH: Gut, wenigstens Swamis Devotees wissen um die Veränderung des Denkens und können sich entsprechend verhalten.

SAI: Gäbe es nicht die geistige Veränderung der Sai-Devotees, die Welt wäre bereits in vollständigem Chaos versunken. Der Niedergang des Geistes und des Menschen ist sehr schnell und abrupt vor sich gegangen, und zwar besonders jäh während der letzten fünfzehn Jahre. Daß die Welt nicht total zerstört worden ist, ist der geistigen Veränderung der Sai-Devotees und Sais Gnade zu verdanken. Ihr seid euch dessen nicht bewußt, ebenso wie ihr euch eurer Augen nicht bewußt seid, bis ihr sie verloren habt. Ebensowenig ist sich die Welt der Gnade Sais bewußt.

1. Dezember 1980

(Ein Interview in Prasanthi Nilayam mit jüdischen Devotees)

Baba war gebeten worden, eine Ansprache für die Juden zu halten, die ja innerhalb der menschlichen Gesellschaft eine in ihrer Art einzigartige, alte und mächtige Minderheit darstellen. Es ergab sich zwar keine Gelegenheit für einen größeren Vortrag, dafür rief Baba aber alle jüdischen Devotees, die sich zu dem Zeitpunkt im Ashram aufhielten, zum Interview. Unglücklicherweise war ich nicht in der Lage, mit dem schnellen Wechsel von Frage und Antwort mitzuhalten und konnte mich auch hinterher kaum an Details erinnern; hauptsächlich wohl deswegen, weil ich mit dem Thema, das besprochen wurde, nicht vertraut war. Aber es gelang mir, einige Notizen zu machen, und ich glaube, es lohnt sich, sie in dieses Buch aufzunehmen. Vor den Fragen und Antworten gab Baba einige Erklärungen ab:

„Die großen Schriften der Menschheit kamen durch den Laut, das Wort Gottes, zustande. Das trifft auch auf die alte jüdische Religion zu. Sie war das Wort Gottes. Im Lauf der Jahrhunderte jedoch haben Menschen an der Bibel Veränderungen vorgenommen, und die augenblicklichen Mißverständnisse sind auf diese von Menschen vorgenommenen Änderungen zurückzuführen. In der Vergangenheit gab es Unterschiede zwischen Juden und Christen, aber heute sind sie nicht mehr angemessen. Heute sollte das Hauptanliegen aller Religionen die Bruderschaft der Menschen sein, gegründet auf der Liebe Gottes zur ganzen Menschheit. Folgt eurer eigenen Tradition, aber verachtet nicht andere. Seid aufgeschlossen, wie es die Anhänger von Sai sind.

Die Bibel, der Koran, die Veden, das Granth – alle stehen für dieselbe Schöpfung. Alle folgten der Stimme Gottes. Alle entstanden aus dem Flüstern Gottes, das in dem reinen Geist der Hörenden zu acht Lauten und acht Buchstaben erblühte, und aus diesen entstanden alle Worte. Die acht Laute waren die Vokale und die Konsonanten der Sprache. Die Grundlage der jüdischen Religion ist dieselbe wie die der Veden. Der Atem Gottes, durch die reine Aufmerksamkeit der Weisen der alten Zeit erfaßt, wurde als acht verschiedene Laute vernommen, und diese Laute haben Namen erhalten. (Baba sprach hier jeden dieser acht Urlaute aus, aber sie waren mit dem Stift nicht festzuhalten).

Das Sai-Emblem der fünf Religionen stellt die fünf größeren Religionen dar, die in Indien vertreten sind. Für den Westen kann als sechstes Symbol der jüdische Stern hinzugefügt werden."

F: War Jesus der Messias der Juden?

SAI: Nein. Er stand nicht für die alte jüdische Tradition. Er stand für den Faktor der Erneuerung.

F: In der Bibel heißt es, die Juden seien Gottes auserwähltes Volk.

SAI: Alle Völker wurden von Gott erschaffen. Deshalb sind alle Seine auserwählten Völker.

F: Welche Bedeutung hatte Hitler?

SAI: Hitlers Taten waren durch Ego und Machtanspruch motiviert.

F: Aus welchem Grund sind die Juden verfolgt worden?

SAI: Für jedes Ereignis gibt es eine Ursache. Es stand kein vernunftbedingter Grund dahinter. Sai handelt nur aus Liebe und zum Nutzen anderer. Er hat keine Wünsche, keine selbstsüchtigen Interessen.

F: Gott erschien den Juden in einem brennenden Busch.

SAI: Gott erscheint in jeder beliebigen Form. Das geschieht nach Seinem Willen, nicht aus irgendeiner Notwendigkeit oder Begrenzung. Es ist Seine Wahl. Gott ist ohne Form. Er ist Laut. Er kann Seinem Wunsch gemäß jede Form annehmen.

F: Ist Sai der Messias der Juden?

SAI: Das zu sagen, steht nicht Sai zu. Das müßt ihr selber entscheiden. Der wahre Messias ist das Gute in seiner All-Umfassendheit. Sai ist nicht etwas Bestimmtes, Gesondertes. Er ist alles.

2. Dezember 1980

(In Brindavan mit Swami im Auto)

Sai zum Fahrer: Zum Gokulam (Musterfarm).

SAI: In dieser Gegend ist jetzt sehr viel los. Hier haben wir das College, und zur Linken sind jetzt auch Felder. Das sind 60 Morgen, und da ist auch noch das Land auf der Seite des Colleges.

JH: Wird das Land bewässert?

SAI: Alles steht unter Bewässerung.

JH: Wo kommt das Wasser her?

SAI: Wir haben Brunnen gegraben. Sie geben große Mengen Wasser her.

JH: Ist das Wasser gut? Kann man es trinken?

SAI: Es ist gutes Süßwasser.

JH: Wie tief sind die Brunnen?

SAI: Fünf bis sieben Meter tief.

JH: Aber Swami, das ist sehr flach. Normalerweise bohrt man Brunnen bis unter den Grundwasserspiegel, um Süßwasser zu finden.

SAI: Swami hatte die Stellen angegeben, wo gegraben werden sollte.

JH: Nun, das ist etwas anderes.

SAI: Die Fachleute von der Regierung kamen, um die Quellen ausfindig zu machen, aber obwohl sie dreißig Meter tief bohrten, stießen sie nicht auf Wasser.

JH: Swamiji, ich kann nicht verstehen, weshalb die Regierung nicht zu Swami kommt, seine Füße berührt und ihn bittet, das Land zu regieren!

SAI: Es ist nicht etwa so, daß sich die Regierenden dessen, was Swami tut, nicht bewußt wären. Aber sie denken, daß es für Swami nicht gut ist, wenn er in politische Angelegenheiten hineingezogen wird; und Swami wünscht das auch nicht. Sein Interesse gilt seinen Devotees und dem, was er jetzt tut. Wenn die Regierenden Swamis wahres Wesen und seine Macht wirklich erkennen würden, würden sie ihn zu einer Abteilung der Regierung erklären und ihn unter Sicherheitsmaßnahmen stellen, und er könnte nicht mehr für seine Devotees da sein. Das ist nicht Swamis Wunsch. Mit einer Bewegung seiner Hand könnte Swami erreichen, daß die ganze Welt ihn anerkennt – aber wozu? Es wäre nur spektakulär und würde nichts von dauerhaftem Wert einbringen.

MG: Wann wird die ganze Welt von Swami wissen?

SAI: Sai ist bereits jetzt in vielen Ländern der Welt bekannt. Das hat es noch nie gegeben. Niemals zuvor haben so viele Menschen von einem Avatar gewußt. Zur Zeit Ramas war der Avatar nur in dem Stadtstaat bekannt, in dem er lebte. Und er wurde dort natürlich verehrt, weil er der Herrscher war. Die Kenntnis von Krishna war auch räumlich begrenzt. In seinen frühen Jahren war Krishna nur in zwei kleinen Dörfern bekannt.

JH: Ist der Unterschied auf den Wandel der Kommunikationsmittel zurückzuführen oder auf den Willen des Avatars?

SAI: Schnelle Kommunikation und schnelle Transportmittel sind weitgehend dafür verantwortlich. Früher glich die Reise von Puttaparthi nach Whitefield (ca. 180 km) einer Fahrt zu einem anderen Kontinent. Jetzt können Amerikaner von der anderen Seite der Welt in wenigen Stunden bis hierher kommen.

MG: Wird die Universität hier sein?

SAI: Nein: Nur in Puttaparthi. Dieses College und die anderen werden nur Colleges bleiben.

JH: Swami, darf Herr Kasturi Swamis Ansprache an die Juden veröffentlichen?

SAI: Warum? Ich habe nur ein paar Worte von Herz zu Herz gesagt.

JH: Gibt es genug Milch vom Gokulum, um das College zu versorgen?

SAI: Oh ja, auch genug für die Kantinen und die Bewohner in den Gästehäusern. Einige Kühe geben bis zu 32 Liter Milch pro Tag.

JH: Wie steht es mit den beiden Kühen in Prasanthi Nilayam? Sind sie noch ergiebig?

SAI: Ja. Die zwei von dir und Frau Hislop geben immer noch mehr als 30 Liter Milch pro Tag. Jetzt haben sie jede schon fünf Kälber bekommen. Sehr gute Kühe!

MG: Wird die neue Universität Computer benutzen?

SAI: Nein, keine Computer. Die staatlichen Examen ließ man von Computern bearbeiten – es wurde eine Katastrophe. Die vielen fehlerhaften Auswertungen führten dazu, daß einige Studenten Selbstmord begingen. Als sich nachher herausstellte, daß sie in Wirklichkeit sehr gut abgeschnitten hatten, war die Trauer bei den Eltern noch größer. Die wachsende Tendenz, sich ganz auf Computer zu verlassen, um schnelle Antworten auf wichtige Fragen zu erhalten, läßt die eigene Urteilskraft verkümmern und vergrößert die Abhängigkeit vom Rechner.

MG: Aber ist es nicht möglich, Computer in einer konstruktiven und nützlichen Weise einzusetzen?

SAI: Doch, das geschieht bereits, und die weiteren Entwicklungen sind recht vielversprechend. Aber auf die Dauer wird der Einsatz von Computern einen schweren Verfall des Denkvermögens und der Vorstellungskraft herbeiführen.

JH: Swamiji, bitte, eine persönliche Frage: Ist der 9. Dezember der richtige Tag für unsere Abreise, oder wäre ein anderer Termin besser?

SAI: Der 9. Dezember ist der richtige Tag. Ein guter Tag.

JH: Dr. S. möchte Swamis Weihnachtsansprachen veröffentlichen.

SAI: Nur zu; das kann er tun.

JH: Die Übersetzung ist die, die Mr. Kasturi einmal Swami gezeigt hat. Ich habe jedes Wort sorgfältig gelesen.

SAI: In Ordnung.

MG: Swami, am Mittwoch beginnt das jüdische Lichterfest, das acht Tage dauert. Dürfen die jüdischen Devotees ihre Lichter hier in Brindavan aufstellen?

SAI: Natürlich, das dürfen sie.

MG: Wo, Swami?

SAI: Unter dem Versammlungsbaum in der Umfriedung.

MG: Würde Swami am Abend die erste Lampe entzünden?

SAI: Ja, ja, das werde ich tun.

9. Dezember 1980

JH: Ich habe bedeutende Personen um Sai herum gefragt, ob Sai zu allen Zeiten allwissend ist oder nur, wenn er es möchte. Sie gaben mir unterschiedliche Antworten.

SAI: Sai weiß alles. Daß die Leute im Zweifel darüber sind, liegt an der Maya des Avatars. Du weißt, daß Sai in Deinem Herzen ist, doch du denkst: „Ist Sai oben im Zimmer, oder ist er woanders?“ Das ist menschlich. Dein Körper hat den Namen „Hislop“, aber du bist nicht der Körper. Du bist Atman.

Es gibt kein Verlangen in Sai. Es gibt nur völlige Reinheit. Dieser ganze Körper ist Amrith. Wo gibt es in Sai Raum für Wünsche? Alles ist bereits mein. Sai denkt nicht. Mein Wille wird unmittelbar in die Tat umgesetzt. Was immer es sei, es erscheint sofort: Ein Umschlag, Gold, alles. Wo bleibt da Raum für Wünsche? Ich habe keinen Gedanken. Wenn ich denke, ist es für euch, nicht für mich. Sai braucht kein Essen. Wenn ich esse, ist es zu jedermanns Nutzen. Wenn ich Darshan gebe, dann nicht um meinetwillen, sondern für andere. Ich spreche jetzt zu dir: Für dich, nicht für mich. Sai nimmt keinen Standpunkt ein. Erst der Standpunkt, dann Enttäuschung (englisches Wortspiel: First a point, then dissapoint)! Ich bin immer derselbe. Ich bin Liebe, immer Liebe. Wenn ich zornige Worte äußere, ist das bloß eine äußere Handlung. Im Inneren bleibe ich immer derselbe. Ich hege für die betreffende Person immer dieselbe zärtliche Liebe.

JH: Swami, jemandem stößt ein Unglück zu. Viele versuchen, einen Grund dafür in den Taten ihres jetzigen Lebens zu finden.

SAI: Ja, das kann sein.

JH: Aber ist nicht alles, was in diesem Leben geschieht, das Resultat unseres Verhaltens in vergangenen Leben?

SAI: Nicht immer. Manches von dem, was geschieht, hat seine Ursache in diesem Leben.

29. Januar 1981

JH: Swami, bitte definiere noch einmal Ziel und Zweck der amerikanischen Sathya-Sai-Organisation.

SAI: Es ist nicht nur das Ziel der amerikanischen, sondern aller Sathya-Sai-Organisationen der Welt. Auf der ganzen Welt ist es so, daß die Menschen nicht wissen, daß sie göttlich sind. Sie wissen noch nicht einmal, was es bedeutet, ein Mensch zu sein. Sie sind voller Ego, Zorn, Gier, Neid, Lust und Haß. Das sind keine menschlichen, sondern tierische Eigenschaften.

Wenn nicht einmal die Sai-Devotees frei von tierischen Eigenschaften oder Merkmalen sind, wie können solche Devotees andere zum spirituellen Leben anleiten? Ihre Anregungen haben keine nachhaltige Wirkung.

Wenn auch Devotees im allgemeinen noch nicht frei von tierischen Merkmalen sind, sollte es doch in jedem Sathya-Sai-Baba-Zentrum zwei oder drei Mitglieder geben, die wie wahre Menschen leben.

Der einzelne macht für sich allein keinen Fortschritt. Er existiert nicht abgesondert von der Gesellschaft und muß seinen Teil dazu beitragen, daß die Gesellschaft sich weiterentwickelt. Deshalb kommen die Bemühungen des einzelnen, sich von den tierischen Merkmalen zu befreien und ein spirituelles Leben zu führen, nicht nur ihm selbst, sondern allen Geschöpfen Gottes zugute. Die Bemühung, die individuelle Natur von tierischen Eigenschaften zu befreien, geschieht aus Liebe zu Gott, in Seinem Namen und mit Seiner Hilfe. Jedes Mitglied des Sathya-Sai-Baba-Zentrums sollte hart daran arbeiten, die Qualität seines Lebens zu reinigen, und das Ziel sollte sein, ein perfektes, ein ideales Leben zu führen – ein ideales lebendes Beispiel der göttlichen Lehren von Bhagavan Sri Sathya Sai Baba zu sein.

Die Welt wird auf das vorbildliche Leben eines Sai-Devotees reagieren. Die Welt sehnt sich nach der idealen Lebensweise und wird aus eigenem Antrieb eine solche Lebensweise annehmen, wenn sie in Erscheinung tritt. Die Leute sind dafür empfänglich, und sie werden einer solchen vorbildlichen Lebensweise folgen.

JH: Swami, bedeutet das, daß unsere Zentren jetzt über die Arbeit mit Mitgliedern des Zentrums hinausgehen und die Welt „in Angriff" nehmen sollten?

SAI: Die Mitglieder eines Zentrums müssen sorgfältig daran arbeiten, wahrhaft menschlich zu werden, bevor sie sich daranmachen, die Welt zu belehren.

21. November 1981

SAI: Wie findest du die Photos? (Portraits der Stifter für die Einweihung des College-Gebäudes am 23. November).

RB: Wir befürchteten, sie seien zu groß.

SAI: Sie sind nicht zu groß. Swamis Bild wird dieselbe Größe haben. Gefallen dir die Bilder?

JH: Bozzani sieht aus wie ein Filmstar!

SAI: Nein, nein. Er lächelt, Mrs. Bozzani dagegen ist mehr ernst. Kommt, setzt euch!

* * *

SAI: Im Mittelpunkt ist alles flüssig.

RB: Meint Swami die Erde?

SAI: Ja, alles ist geschmolzen. Keine Temperatur.

RB: Keine Hitze, Swami?

SAI: Keine Temperatur. Alles ist flüssig wie Wasser. Gold, Eisen, Silber, Edelsteine: Alles flüssig. Darauf folgt Festes. Dann Bäume.

JH: Bäume, Swami?

SAI: Ja; dann menschliche Wesen und Tiere. Genau im Zentrum der Erde ist das Göttliche. Es ist der Träger von allem. Zuerst das Flüssige: Chemie. Dann das Feste: Physik. Dann Bäume: Botanik. Dann der Mensch, der Gipfelpunkt des Lebens. Aber im Zentrum ist das Göttliche, das alles trägt. Wo wären Chemie, Physik, Botanik ohne das Göttliche? Genau das wird in allen Kursen an der Universität gelehrt werden. Die Studenten werden das gesamte Bild verstehen lernen.

JH: Swami, wo gehören in diesem Bild die Devas (Götter) und Halbgötter und die anderen Geschöpfe des Kosmos hin?

SAI: Sie befinden sich oberhalb der Sinne. Der Mensch steht unterhalb der Sinne. Diese anderen sind oberhalb der Sinne.

JH: Aber alle müssen Menschen werden, um mit dem Göttlichen zu verschmelzen, nicht wahr?

SAI: Nicht ganz so. Es gibt die Liebe.

JH: Dann kann der Mensch einen weiteren Schritt machen und in die Welt oberhalb der Sinne gelangen?

SAI: Das ist möglich.

JH: Aber ist es nicht möglich, das Selbst zu verwirklichen oder mit Gott zu verschmelzen, solange man im menschlichen Zustand ist?

SAI: Oh, ja. Das kann geschehen.

JH: Meint Swami, daß es beide Möglichkeiten gibt, daß also der Mensch den einen oder den anderen Weg gehen könnte?

SAI: Ja, den einen Weg oder den anderen.

JH: Was macht dann den Unterschied aus? Was bewegt einen Menschen, daß er die eine oder die andere Wahl trifft?

RB: Das würde ich auch gern wissen.

SAI: Der Hauptgrund ist die Liebe. Mitfühlende Liebe ist reine, selbstlose Liebe. Im Tier gibt es die Liebe, aber sie ist mit Lust vermischt. Mitleid aber ist reine Liebe. Nur der Mensch hat Mitleid. Durch Liebe kann er das Einssein des Lebens verwirklichen, und auf diese Weise wird er durch Liebe eins mit Gott.

JH: Dann, Swami, kann der Mensch tatsächlich Gott verwirklichen, während er noch als Mensch inkarniert ist?

SAI: Ja.

JH: Aber angenommen, er versagt darin und findet sich schließlich als Wesen oberhalb des Sinnes-Niveaus wieder – was dann?

SAI: Dann gilt dasselbe. Gott ist Liebe, und wo immer reine Liebe und nur Liebe ist, da ist Gott. Liebe ist alles, aber die Leute verstehen die Liebe nicht. Ihr Verstand ist wirr. Zum Beispiel: Da ist ein Kind. Mutter und Vater lieben das Kind mit reiner Liebe. Das Kind wird geküßt und liebkost und mit Zuneigung überschüttet. Das ist eine Handlung reiner Liebe. In dieser Handlung gibt es keine Lust, es gibt keine Lust in dieser Form von Liebe. Ein anderes Beispiel: Ein Vater ist 40 Jahre alt. Da sind seine Frau und eine Tochter, die 18 Jahre alt ist. Die Liebe des Vaters veranlaßt ihn, seine Tochter zu küssen. In dieser Handlung ist keine Lust enthalten. Es ist reine Liebe, mitfühlende Liebe. Dann küßt der Mann seine Frau, und in diesem Kuß liegt eine Beimengung von Lust. In beiden Fällen geschah die Handlung aus Liebe, aber die Liebe war nicht beide Male die gleiche.

JH: Swami, das ist eine wundervolle Erklärung. Der Unterschied ist ganz klar, und es ist sehr wichtig, ihn zu verstehen.

SAI: Reine Liebe, göttliche Liebe ist alles.

RB: Wie erkennen menschliche Wesen diese göttliche, reine, mitfühlende Liebe? Wie werden sie selbst solche Liebe?

SAI: Das kommt mit Sadhana. Aber es ist ein großer Fehler zu glauben, Meditation sei das wichtigste Sadhana. Was ist Meditation? Meditation kontrolliert und steuert den Verstand. Sie ist mental. Echtes Sadhana ist jene reine Liebe, die vom Göttlichen nicht verschieden ist.

30. November 1981

(Mit Baba im Auto)

JH: In Amerika gibt es Leute, die Sai für den Antichristen halten.

SAI: Irgendwelche Vorstellungen irgendwelcher Leute. Goldstein hat seine eigenen Vorstellungen, Hislop hat seine eigenen Vorstellungen. Ich weiß, was nicht gut ist, und ich weiß, was gut ist. Alle meine Vorstellungen und Handlungen basieren auf dem, was für die Welt gut ist. Ich bin rein, ich habe keine Probleme, ich habe keinen Zorn. Ich wünsche nichts, nehme nichts, tue nichts für mich selbst. Alles, was ich denke, alles, was ich tue, geschieht immer zum Wohle der Welt.

JH: Wir könnten auch solche Vorstellungen haben, indem wir handeln, wie Swami handelt.

SAI: Ja, Swami zu folgen ist wichtig. Diesem Beispiel zu folgen ist das Beste.

RB: Ich versuche, Swamis Anweisungen zu folgen.

SAI: Versuchen? Versuchen ist nicht gut. Tue es! Tue es!

JH: Wir können Swami um Kraft bitten.

SAI: Ich werde Kraft geben. Manchmal wankt der Glaube an Sai. Gedanken steigen auf: „Warum tut Sai dies? Warum tut er das?" Petrus war Christus nahe und lieb, aber er verleugnete Christus.

JH: Verleugnete er Christus aus Angst um die Sicherheit seines Körpers? Aus dem Gefühl heraus, er sei der Körper?

SAI: Ja. Der Grund war die Identifizierung mit dem Körper. Judas war ihm auch nahe und lieb. Er war ein guter Devotee. Jesus unterteilte die Schüler nicht in gute und schlechte.

JH. Ich bete, daß mein Glaube an Sai niemals wanken möge.

SAI: Wichtig ist, Gutes zu tun und gut zu sein. Seht nicht das Schlechte. Seht nur das Gute.

14. Dezember 1981

(Mit Baba im Auto)

SAI: Diese Land (zu unserer Linken neben der Universität) wurde heute gekauft.

JH: Heute! Wie weit reicht es?

SAI: Alles zusammen 28 Morgen. Die Kosten betragen einen Lakh Rupien pro Morgen.

JH: Das ist aber teuer! Die neuen Gebäude haben den Preis hochgetrieben.

SAI: Einige Eigentümer verlangen 30.000 Rupien pro Morgen. Vor ein paar Jahren kostete das Land noch 100 Rupien pro Morgen.

JH: Werden auf diesem neuen Land mehr Gebäude erstellt werden?

SAI: Ja. Mehrere Gebäude: Laboratorien, Büchereien und Wohngebäude für Lehrer und ihre Familien.

JH: Dieses Jahr, mit der neuen Universität und dem Lehrer-Ausbildungsplan für Erziehung in Menschlichen Werten im ganzen indischen Schulsystem – überall kann ich deutlich sehen, wie Sai in Indien Fuß faßt.

SAI: Unter den spirituellen Führern Indiens gibt es einige Eifersucht.

JH: Aber sie arbeiten nicht für die Öffentlichkeit. Nur Swami tut das.

SAI: Sai arbeitet vierundzwanzig Stunden am Tag für die Öffentlichkeit. Auch die Interviews sind Öffentlichkeitsarbeit. Vierundzwanzig Stunden am Tag, 365 Tage im Jahr. Nicht ein einziger freier Tag.

JH: Aber das übersteigt die Kapazität eines Menschen. Das ist nur dem Göttlichen möglich.

SAI: Ja, nur dem Göttlichen. Ich brauche keine Ferien. Ich bin immer glücklich, immer in Glückseligkeit.

30. Dezember 1981

(Mit Baba im Auto)

AC: Was soll man mit Devotees machen, die im Zentrum Reibereien verursachen?

SAI: Hinaus! Setze sie vor die Tür!

JH: In unseren amerikanischen Zentren halten wir eine sehr strikte Disziplin ein.

SAI: Recht so. Hat sich Sais Englisch verbessert?

JH: Ja, Swami. Es hat große Fortschritte gemacht.

SAI: Alles ist Liebe. Alles ist Liebe. Die Russen sind Rationalisten. Glaube ist von größter Wichtigkeit. Worte, Worte, Worte: Mit Vernunft geht es nicht. Glaube kommt vom Herzen, ist die Sprache des Herzens.

JH: Aber Glaube ist eine Gabe Gottes. Der Mensch kann ihn nur haben, wenn Gott will.

SAI: Ja, Gott segnet. Reinheit hilft. Swami ist weich wie Butter und hart wie ein Diamant. Butterweich, diamanthart. Ich erlaube ein bißchen Freiheit. Nicht sehr viel. Das Ziel der Weisheit ist Freiheit. Das ist wahre Freiheit. Disziplin ist wichtig. Swami fordert strikte Disziplin. Viele Ausländer sind draußen im Dorf. Dort können Männer und Frauen zusammensitzen. Und rauchen. Innerhalb des Ashrams erlaubt Swami das nicht.

JH: Jedem sollte eine kleine Schrift gegeben werden, die die Regeln des Ashrams erläutert. Die Leute wissen nicht Bescheid. Im Rundhaus spielen Deutsche laut Kassettenrecorder, weil sie es nicht besser wissen.

SAI: In einem Raum neben der Anmeldung sollte jemand allen Neuankömmlingen die Regeln bekanntgeben.

JH: Eine wichtige Äußerung von Swami ist, daß wir die Fehler der anderen übersehen sollten. Aber wie setzt man das in die Praxis um? Wenn man mit jemandem zu tun hat, müssen dessen Fehler in Rechnung gezogen werden; die Fehler können die ganze Sache ruinieren.

SAI: In seinem Innern ist dieser Mensch gar nicht so. Er kennt seinen Fehler. Wenn er den Fehler begeht, zieh dich zurück, bleib ihm fern. Dann wird der Betreffende erkennen, daß er einen Fehler gemacht hat und wird reumütig zu dir kommen.

November 1982

SAI: Was zählt, ist der Glaube. Glaube ist von großer Wichtigkeit. Gott sollte in jeden Gedanken und in jede Tat einbezogen werden. Nehmt den Eigentümer eines Hauses. Er hat einen Mieter im Haus, und Jahr für Jahr bezahlt der Mieter seine Miete. Nach vielen Jahren, die der Mieter Miete bezahlt hat, gehört schließlich das Haus ihm.

JH: Warum das?

SAI: Der Eigentümer könnte sagen: „Das Haus gehört mir.“ Aber der Mieter wird antworten: „Nein. Das Haus gehört jetzt mir.“ Das ist ein Gesetz.

JH: Regelt das Gesetz diese Situation so?

SAI: Ja. Mit dem Herrn ist es dasselbe. Er ist der Mieter. Dein Körper und Geist sind das Haus. Wenn du Ihn einmal in das Haus aufgenommen hast und Ihn dort wohnen läßt, wird Er der Eigentümer. Das Haus gehört jetzt nicht mehr dir. Es ist jetzt die Behausung Gottes. Es ist voll in Sein Eigentum übergegangen.

JH: Swami, das ist wundervoll! Das ist der Weg, um zur Hingabe an Gott zu kommen. Wenn man Baba allmählich und auf natürliche Weise in Herz und Geist aufnimmt, geschieht die völlige Hingabe.

SAI: Ja, sie kommt ganz natürlich. Aber nicht jeder ist fähig, das zu tun. Verehrung und Glaube müssen sehr stark sein.

JH: Aber kann nicht jeder damit beginnen?

SAI: Ja, gewiß, ein Anfang kann gemacht werden.

JH: Darf ich das in unseren Sai-Zentren in Amerika erzählen?

SAI: Du darfst es.

2. Dezember 1982

(Mit Baba im Auto)

JH: Swami nennt drei Stufen der Evolution, die über das Menschliche hinausgehen: das Übermenschliche, das Kosmische und das Absolute. Was bedeutet das Übermenschliche?

SAI: Übermenschlich ist der Zustand der vollständigen inneren Distanz zu Körper und Welt. Auf dieser Stufe kann man einiges zum Nutzen der Welt sagen oder tun, aber der Übermensch gehört nicht mehr zur Welt der Menschen und ist auch nicht mehr in menschliche Interessen verwickelt.

JH: Gibt es heutzutage solche Menschen?

SAI: Oh, ja!

JH: Sind das diese Menschen in den Bergen des Himalaya, die sich unsichtbar machen können und all diese außerordentlichen Dinge tun, von denen man erzählt?

SAI: Nein. Diese Leute suchen noch die Befreiung. Aber die ist vorübergehend.

JH: Vorübergehend, Swami! Das ist schrecklich. Die Befreiung zu erlangen und dann wieder zu verlieren!

SAI: Es gibt drei Arten der Befreiung. Sie wird in einer bestimmten Art von Samadhi erfahren. Dann kann die Person, die Sadhana betreibt, plötzlich – wie beim Aufleuchten eines Blitzes – eine klare Vision der Wahrheit haben, aber sie verschwindet wieder, und das gewöhnliche Leben geht weiter. Einen dauerhaften Zustand der Befreiung kann es ohne totale Hingabe nicht geben.

JH: Wenn es also nicht die Leute im Himalaya sind, wer sind dann die Übermenschen?

SAI: (Nennt ungefähr ein halbes Dutzend Weise vergangener Zeiten): Diese Leute standen total über dem menschlichen und weltlichen Leben, obgleich sie zum Nutzen anderer Ratschläge erteilten und sich mit bestimmten Handlungen beschäftigten.

JH: Aber das ist schon lange her. Gibt es heutzutage Übermenschen?

SAI: Oh, ja. Es gibt welche. Aber heute leben sie innerhalb der Gesellschaft und können vom Äußeren her nicht erkannt werden.

JH: Was ist die kosmische Stufe?

SAI: Kein Körper, kein Geist. Beides ist verschwunden. Körper, Gefühle, Vorstellungen und Intelligenz existieren nicht mehr. Nur Liebe, nur Spiritualität.

JH: Gibt es auf der kosmischen Stufe Wesenheiten, Individuen?

SAI: Nein. Keine Individuen. Es ähnelt mehr Strömen spiritueller Energie.

JH: Nun, das Absolute ist Swami. Das ist klar. Wenn Swami sagt, er wird uns beim Tod Befreiung gewähren, was bedeutet das?

SAI: Das bedeutet, daß das Geborenwerden beendet ist, daß es keine Wiedergeburt mehr gibt.

JH: Aber Swami, es gibt eine zeitweilige Befreiung, wie vorhin erwähnt wurde. Vielleicht ist sie dieser Art?

SAI: Nein, nicht dieser Art. Sai gewährt totale, endgültige Befreiung.

JH: Könnte das auch das Ende der Individualität bedeuten?

SAI: Das könnte es.

JH: Individualität ist etwas Lästiges.

SAI: Ja, Individualität ist etwas Lästiges.

JH: Devotees fragen oft, was nach dem Tod geschieht. Alles, was ich ihnen antworten kann, ist, daß ich Swami so verstanden habe, daß die Nach-Tod-Erfahrung nicht einheitlich ist, daß sie nicht für jeden dieselbe ist.

SAI: Das ist die richtige Antwort. In jedem Fall gibt es einen Leichnam. Das ist gleich für alle. Aber darüber hinaus ist es nicht das Gleiche.

JH: Nun, Swami, jeder muß einmal sterben. Gibt es eine „Kunst" des Sterbens? Das heißt, gibt es einen rechten Weg durch den Tod hindurch, an den man sich halten kann, um nicht verloren zu gehen?

SAI: Das entzieht sich dann deinem Einfluß. Was zu dem Zeitpunkt auf dich wirkt, ist der „Reinertrag" deines Lebens.

JH: Swami sagt, daß Gott eingreift, um seinen Devotee vor der Verdammnis zu retten. Was ist mit Verdammnis gemeint?

SAI: Was verstehst du unter diesem Wort?

JH: Es scheint mir, daß es Hölle bedeutet.

SAI: Das ist nur mental.

JH: Aber Buddha spricht von der Hölle als einem Ort.

SAI: Es ist ein Ort, ein Ort des Geistes, ein mentaler Zustand, in dem es viel Kummer und Leid gibt. Es ist ein Nach-Tod-Zustand. Sai ist hier, um seine Devotees zu führen, damit sie nicht in diesen Zustand verfallen.

JH: Eine von Swamis Erklärungen ist schwer zu verstehen. Swami hat gesagt, daß der Mensch mit einer zweifachen göttlichen Gabe geboren wird: Unterscheidungsvermögen und Gewissen, und daß aufgrund des

Gewissens jedermann das Rechte vom Unrechten unterscheiden kann, denn wenn wir Unrecht tun, meldet sich das Gewissen.

SAI: Ja, das ist der Fall.

JH: Aber die Leute weisen darauf hin, Swami, daß Menschen einer Religion Menschen einer anderen Religion töten, und daß sie es tun, weil ihnen ihr Gewissen sagt, es sei rechtens.

SAI: So ist es nicht. Wenn solche Dinge vorkommen, dann deshalb, weil der einzelne sein Urteil und seine Entscheidung einer Person oder einer Idee untergeordnet hat, die irgendjemand propagiert. Wenn derjenige die Ideen zurückweisen und sich auf sich selbst verlassen würde, würde sich sein Gewissen, auch wenn es tief verschüttet ist, melden und ihm das Richtige eingeben; denn das Gewissen ist Gott, der Bewohner dieses Menschen.

JH: In der ganzen Welt steigt die Verbrechensrate steil an. In Amerika weiß man nicht, wie man Kriminelle behandeln soll. Wie sollte man mit ihnen umgehen?

SAI: Sie müssen bestraft werden. In Gebieten des Mittleren Ostens zum Beispiel wird jemandem, der einen Diebstahl begangen hat, die Hand abgeschlagen. Wenn jemand ein Verbrechen begeht, muß eine Strafe folgen.

* * *

JH: Swami, manche Leute denken, daß Bhagavan Baba sich nach seinem 60. Geburtstag vom Kontakt mit der Welt zurückziehen wird und seine Devotees keinen Zugang mehr zu ihm haben werden.

SAI: Nein, ganz und gar nicht. Sai zieht sich nicht von der Welt zurück, und auch nicht von seinen Devotees. Der Weg eines Avatars durchläuft unwiderruflich die gleichen Stufen. Er ist zu allen Zeiten für jeden Avatar derselbe. Die ersten sechzehn Jahre sind durch ständige Lilas (Spiele, Wunder) gekennzeichnet. Dann folgen Lilas und Lehren bis zum Alter von 45. Von 45 bis 60 liegt die Betonung fast vollständig auf den Lehren. Mit 60 gibt es eine sehr große Veränderung.

JH: Wie das, Swami? (Sai zählte einige Dinge auf, die ich nicht wiedergeben sollte und sagte dann:)

SAI: Nach dem 60. Lebensjahr wird Sai dem Geist der Personen, die aktiv mit ihm arbeiten, zusätzliche Kraft geben. Jetzt beginnt eine Zeit der Veränderung. Es ist, wie wenn ein starker Wind aufkommt und die Spreu wegbläst, so daß nur das gesunde Korn zurückbleibt. In diesen

Zeiten werden viele Devotees von Sai abfallen, und es werden nur diejenigen Devotees übrigbleiben, deren Glaube stark und fest ist. Hast du selber noch keine Veränderung bemerkt? In früheren Jahren kam Sai in dein Zimmer, um mit dir zu sprechen. Jetzt kommst du jeden Tag zur Veranda, und Sai bleibt nicht einmal stehen, um mit dir zu sprechen. Solche Veränderungen ereignen sich je nach dem Lebensabschnitt des Avatars.

JH: Swami hat gesagt, daß die ganze Welt von seiner Gegenwart erfahren wird. Zur Zeit wissen nur relativ wenige Leute von Sai, zum Beispiel ist seine Sache im Augenblick nur durch ein paar einzelne hier und dort vertreten, und die ziehen die Aufmerksamkeit der Leute, die Rang und Namen in der Welt haben, nicht auf sich.

SAI: Sai schaut nicht auf Status und weltliche Bedeutung. Er sieht auf das Herz.

JH: Ja Swami, aber es sind die Führer der Gesellschaft, die gewöhnlich die Aufmerksamkeit und das Interesse der Allgemeinheit erregen.

SAI: Sai forciert solche Dinge nicht. Er wird noch viele Jahre in seinem Körper sein. Das, worauf du dich beziehst, wird sich ganz natürlich entwickeln. Devotees von Weltbedeutung, die fähig sind, über Sai zu reden, werden da sein, wenn der richtige Zeitpunkt für sie gekommen ist.

JH: Was sind die Fehler in den Lehren von Buddha, soweit es überhaupt welche gibt?

SAI: In seinen *Lehren* gab es keine Fehler. Ein Fehler, den er tatsächlich *machte*, war, den Frauen zu erlauben, ihm in der Sangha nahezukommen. Es war eine Frau, die ihm das Fleisch gab, jenes vergiftete Fleisch, an dem er starb.

JH: Es war seine Gewohnheit, anzunehmen, was immer in seine Bettelschale getan wurde, auch wenn es Fleisch war.

SAI: Das war ein zweiter Fehler. Hier verfehlte er, seine Lehre in die Praxis umzusetzen – seine Lehre war Ahimsa, totale Gewaltlosigkeit allen Geschöpfen gegenüber.

JH: Buddha lehrte, daß das Nirvana das letzte Ziel sei. Ist das etwas anderes als die Befreiung, von der Sai spricht?

SAI: Es ist dasselbe. Nirvana, Befreiung, Verwirklichung sind nur verschiedene Bezeichnungen.

* * *

Auf der Straße nach Anantapur stießen wir auf eine Bettlerin, die blind war. Baba gab ihr Geld, und sie antwortete mit „Sai Ram, Swami". Es war zwei Jahre her gewesen, seit Baba das letztemal in Anantapur gewesen war, aber sie erkannte ihn, ohne daß er sprach.

JH: Die Frau scheint glücklich zu sein.

SAI: Sie wurde blind geboren, ist aber immer glücklich. Sie hat keine Sorgen.

JH: Wie ist das möglich? Schau ihr Leben an. Es muß ein Leben voller Leiden sein.

SAI: Warum? Sie hat keine Wünsche und ist zufrieden. Sie weiß nicht, wie das Leben mit sehenden Augen ist. Sie denkt nicht, daß die anderen anders sind als sie. Ihre Familie macht sich um ihren Zustand Sorgen, aber sie selber hat keine Sorgen.

JH: Sie muß sich doch wünschen, nicht betteln zu müssen.

SAI: Wünsche kommen von der Neigung des Verstandes zu vergleichen. Es sind hauptsächlich die Augen, das Sehen, die dem Verstand die Gelegenheit zum Vergleichen bieten. Diese Frau ist blind, ihr Geist ist nicht mit Vergleichen beschäftigt, und so erheben sich in ihr keine Wünsche.

JH: Wenn sie weiterhin glücklich und zufrieden bleibt, wird dann der Wechsel von Geburt und Tod für sie ein Ende haben? Wird sie mit diesem Tode Befreiung erhalten?

SAI: Nein. Das erfordert Spiritualität.

* * *

JH: Es ist sehr wichtig zu wissen, was Swami sagt, nämlich daß der Boden, auf dem die Wünsche wachsen, der Geist ist, der Vergleiche anstellt...

Bevor ich das Glück hatte, Swami zu begegnen, gingen meine Frau und ich jedes Jahr nach Burma, um die Vipassana-Meditation zu praktizieren. Sie beginnt mit Anapana.

SAI: Ich weiß, der Wächter an der Stelle, wo Nase und Lippe sich treffen.

JH: Wenn die Gedanken genügend konzentriert waren, um dort zu bleiben, lenkte der Meditationsmeister die Konzentration zum Scheitel.

SAI: Dann hattest du ein Gefühl, als wenn Ameisen auf der Kopfhaut krabbelten.

JH: Ja, Swami, Wohin ich meine Aufmerksamkeit auch lenkte, war dieses intensive Brennen. Man sagt, das Feuer sei die direkte Wahrnehmung des Entstehens und der sofortigen Wiederauflösung der kleinsten

Teilchen der Materie, die den Körper bilden. Die bewußte Wahrnehmung des Feuers brennt alle Unreinheiten weg. Hatte der Meditationsmeister recht mit dem, was er sagte?

SAI: Es spielt keine Rolle, ob der Meditationsmeister recht hatte oder nicht. Du hast die Arbeit getan und das Ergebnis bekommen. Ich erzähle dir ein Beispiel: Es war einmal ein Guru, der hatte eine Schülerin. Der Guru verehrte Krishna, und er hatte einen Lingam, der täglich Verehrungsriten erforderte. Jeden Tag zur Zeit der Puja (Andacht) pflegte die Schülerin die benötigte Milch zu bringen. Der Guru lebte jedoch am anderen Ufer des Flusses. Schwere Regenfälle setzten ein, und das Flußwasser stieg. Die Schülerin mußte auf ein Boot warten, und so kam sie mit der Milch zu spät zum Guru. Der wurde zornig, da er die Puja nicht zur rechten Zeit hatte abhalten können und sagte zu der Schülerin: „Du kommst zu spät, weil du nicht genügend Glauben an den heiligen Namen Krishnas hast. Mit dem Glauben an Ihn und dem Aussprechen Seines heiligen Namens hättest du zu Fuß über den Fluß gehen können und nicht auf ein Boot zu warten brauchen."

Am nächsten Tag ging die Schülerin, für die das Wort ihres Gurus das Wort Gottes selbst war, zu Fuß über den Fluß und lieferte die Milch rechtzeitig ab. Nachdem das zwei oder drei Tage so gegangen war, wurde der Guru neugierig und fragte die Schülerin, wie sie es fertiggebracht hätte, immer rechtzeitig zu kommen, obwohl der Fluß noch immer Hochwasser führte.

Die Schülerin erwiderte, sie habe getan, was ihr Guru sie geheißen hätte, und sei zu Fuß über das Wasser gegangen, wobei sie ständig den heiligen Namen Krishnas wiederholt hätte.

Der Guru konnte ihre Geschichte nicht glauben und folgte ihr heimlich, als sie wieder fortging. Zu seinem Erstaunen zögerte die Frau nicht einen Augenblick, sondern ging direkt über den Fluß.

Sogleich beschloß er, es selber auch zu versuchen, zog seinen Dhoti bis über die Knie und wagte sich auf das Wasser. Aber das Wasser trug ihn nicht, und er ging auf der Stelle unter.

Diese Geschichte beweist, daß der Glaube die entscheidende Rolle spielt. Die Frau besaß vollkommenen Glauben, und es kam ihr nicht einmal in den Sinn, aus Furcht vor dem Wasser auch nur den Saum ihres Saris hochzuziehen, während es ihrem Guru an solchem Glauben mangelte.

* * *

JH: Swami, die Konflikte zwischen den Menschen scheinen unvermeidlich zu sein. Was soll man tun?

SAI: Konflikte kommen, aber sie sollten auf den betreffenden Punkt, den Gegenstand des Konflikts begrenzt und nicht auf zusätzliche Worte und Gefühle ausgeweitet werden. Wenn man dem Konflikt gestattet, sich auszuweiten, wird sich der Zorn vertiefen, bittere Gefühle werden hochkommen, und es wird sich ein gewaltiger Haß entwickeln. Andererseits beginnt auch Liebe an einem einzigen Punkt, und wenn es ihr gestattet wird, wird sie sich ausbreiten, bis sie das gesamte Leben des Betreffenden erfüllt hat. Das ist spirituelle Wahrheit. Wenn es Konflikt und Disharmonie zwischen zwei Menschen gibt, sie es aber dabei belassen und nicht erlauben, daß der Konflikt sich weiter ausdehnt, dann werden sich auf die Dauer beide Parteien beruhigen, und in ihre Beziehung kann wieder Harmonie eintreten. Schlimmstenfalls wird der Konflikt zwar latent bestehen bleiben, aber nicht weiter wachsen und keine weiteren Menschen miteinbeziehen.

Wenn man sich darin übt, Disharmonien zu begrenzen und der Liebe zu gestatten, sich frei auszubreiten, wird eine Organisation zu einer harmonischen Einheit werden. Diese Harmonie wird in der Öffentlichkeit Bewunderung hervorrufen und in dem weiten, wohlhabenden Amerika große Dinge möglich machen.

Jedes Mitglied der Organisation würde gut daran tun, alles Tun Sai zu widmen. Wenn jede Handlung für Sai geschieht, wird Sai in jede Handlung einbezogen und ihr auf diese Weise Erfolg bescheren. Wenn jede Handlung mit Sai geschieht, dann ist der Handelnde in Sai. Der Handelnde wird dann nicht von Sai verschieden sein. Er wird Sai sein. Derjenige, der wie Brahman wird, *ist* Brahman. Sai geteilt durch Jiva wird Jiva. Sai geteilt durch unendlich ist unendlich. Jiva geteilt durch Sai ist unendlich.

Im spirituellen Leben besteht der erste Schritt, irgendein Problem anzupacken, darin, die Situation in bezug auf sich selbst zu betrachten und sie dann zu verbessern. Wenn die andere Person dann noch fortfährt, zu beleidigen, muß sie einmal, zweimal oder dreimal verwarnt werden. Wenn das immer noch keine Besserung bringt, muß diese Person von ihrem Posten in der Organisation entfernt werden. Dann sollte man ihr verzeihen. Dieser Akt des Verzeihens wird eine Veränderung in dem Betreffenden bewirken und auch in demjenigen, der verzeiht. Angenommen, jemand tut etwas, was Sai im Herzen sehr weh tut. Was ist das Heilmittel, das den Schmerz kuriert – kuriert und vollständig beseitigt? Das Heilmittel ist Vergebung. Vergebung ist die

Medizin, die den Schmerz aus Swamis Herz total entfernt.

Menschen, die über hohe Intelligenz verfügen, benutzen sie, um vielen Ideen nachzugehen. Auf solchem Boden gedeiht der Zweifel. Ein einfacher, gewöhnliche Mensch hat einen unmittelbaren Zugang zur Wahrheit und hegt nicht so viele Zweifel. Das Beste ist, Glauben zu haben wie ein Eisberg oder wie eine Feuersäule, auf denen es auch nicht für einen einzigen Zweifel genug Boden gibt, auf dem er keimen und wachsen könnte. Wo Energie als Intellekt gespeichert ist, da muß diese Energie in konstruktive Tätigkeit kanalisiert werden.

* * *

JH: In der amerikanischen Sai-Organisation erwarten wir gegenwärtig von allen Leitern, daß sie für die Kosten ihres Büros selbst aufkommen, es gibt keine Ausgabenvergütungen.

SAI: Das ist richtig. Zusätzlicher Geldaufwand muß von der amerikanischen Sai-Organisation kommen.

JH: Es kann sein, daß es in den USA fünfzigtausend oder mehr Sai-Devotees gibt, aber Zentrumsmitglieder gibt es um die Tausend. Die Organisation scheint von geringerer Bedeutung zu sein. Warum soll man sich darum Sorgen machen? Sogar in den Vereinten Nationen gibt es Dutzende nicht-organisierter Sai-Devotees.

SAI: Die Organisation gibt den Leuten eine Chance. In Amerika und anderen Ländern gibt es eine große Zahl von Leuten, die von Swami wissen, an ihn glauben, über ihn sprechen, auch über seine Lilas und seine Lehren, die aber nicht der Organisation beitreten. Die Organisation verpflichtet zu einiger Disziplin und zu Anforderungen, welche diese Leute nicht auf sich zu nehmen bereit sind.

Die Sai-Organisation mag jetzt der Größe nach begrenzt sein, aber mit der Zeit wird sie so viele Menschen anziehen, daß die Menge nicht in der Lage sein wird, an den Sai-Versammlungen teilzunehmen. Alle verfügbaren Plätze werden den Leuten vorbehalten bleiben, die der Sai-Organisation angehören. So gewährt die Mitgliedschaft in der Sai-Organisation eine Chance.

Du bist zum Beispiel Vorsitzender der amerikanischen Sai-Organisation, und Bozzani ist Leiter der Stiftung (d.h. der Sathya-Sai-Gesellschaft von Amerika). Aus diesem Grunde sitzt ihr hier mit Swami im Auto und habt neun Stunden Interview anstatt einer halben Stunde im Interviewraum.

11. Dezember 1982

(Gruppeninterview mit Baba)

SAI: Glaube ist wie eine Feuersäule, wie ein Eisberg. Da ist nichts anderes. Da ist kein Zweifel.

JH: Was ist Zweifel?

SAI: Zweifel ist Verwirrung. Wenn man Bücher liest, so findet man, daß ein Autor das eine sagt und der nächste etwas anderes. Greife *eine* Vorstellung auf und folge ihr. Rama hatte *einen* Willen, *einen* Pfeil und *ein* Ziel. Der Pfeil ist die Intelligenz.

JH: Wo spielt dann das Unterscheidungsvermögen eine Rolle?

SAI: Unterscheidungsvermögen besitzen heißt das Gewissen beachten.

JH: Wenn man einen bestimmten Weg wählt, dem man folgen will, sollte man da nicht mit Hilfe der Logik unter den verschiedenen Vorstellungen auswählen?

SAI: Nein. Nicht anhand von Vorstellungen. Mit dem Gewissen, durch Selbstvertrauen. Folge nicht einem anderen. Folge deinem Selbst. Einem anderen zu folgen bedeutet, ein Sklave zu sein. Wer bist du? „Ich bin nicht der Körper, nicht der Geist, nicht einmal Atma." Denn: „Ich bin Atma!" ist bereits zweierlei: „Ich" und „Atma". Neti, neti, neti – nicht dies, nicht dies, nicht dies: das ist der Weg der Veden. Swami ist in deinem Herzen. Denke ihn dir dort.

JH: Was ist Gottes Licht, Swami – was ist das Licht Gottes?

SAI: Wenn Wahrheit mit Liebe vereint wird: das ist das Licht Gottes. Es ist kein äußeres Licht wie das einer Glühbirne. Es ist inneres Licht.

JH: Swami, wie kann man in das Licht kommen? Jeder hier würde gern in dieses Licht kommen und in diesem Licht bleiben.

SAI: Wenn du in einem dunklen Raum bist und darin mit Hilfe einer Taschenlampe umherschaust, kannst du alles sehen, mit einer Ausnahme: Dich selbst. Du siehst die Dinge um dich herum, aber wenn du dich mit der Taschenlampe selbst anstrahlst, kannst du die Gegenstände im Raum nicht mehr sehen. Solange deine Aufmerksamkeit dem Licht gilt, das die Welt erleuchtet, wirst du dich des Lichtes Gottes nicht erfreuen können.

JH: Vereinigung von Wahrheit und Liebe, damit man in Gottes Licht ist: Wie kann man ihr näher kommen?

SAI: Durch Meditation. Meditation schaut nach innen. Sie ist Licht. (Anmerkung: das besagt offenbar, daß wir, solange wir uns auf weltliche Dinge konzentrieren, nur die Welt sehen können und nicht Gott.)

* * *

SAI: Ich sehe nur Gutes. Jeder ist Gott. Es gibt nur einige schlechte Handlungen.

JH: Das ist sehr schwierig zu verstehen, Swami.

SAI: Nein, nicht schwierig. Einfach.

SAI: (zur malaysischen Gruppe): Ihr alle seid Gott. Es gibt nur Ihn.

SAI: (zu Barbara): Wer bist du?

BB: Barbara.

SAI: Nein! Das ist nur der Name deines Körpers. Du bist nicht der Körper. Der Körper hat Verwandte, aber die Seele hat keine Verwandten. Es gibt nur eine Seele, und die ist Gott.

10. Januar 1983

(Mit Baba, Srinivas und Radhakrishna im Auto)

Wir waren zur Sai-Schule am Fuße des Nandi-Hügels gegangen: Eine wundervolle und friedliche Anlage mit hundert Morgen Land einschließlich Obstgärten und bebauten Feldern. Die Jungen und die Lehrerschaft bereiteten Baba einen großen Empfang. Bei der Versammlung nach dem Empfang sprachen zwei Schüler, und Baba hielt einen Vortrag. Einer der Sprecher war in Tränen ausgebrochen. Baba hatte seinen Vortrag einige Male für einen Augenblick unterbrochen und an einige der kleinen Jungen Fragen gestellt, um zu sehen, ob sie aufmerksam zuhörten.

SAI: Was hältst du von dem ersten Sprecher?

(Der Junge hatte englisch gesprochen.)

JH: Er hat sich bemüht und seine Sache gut gemacht, aber dann ist er in Tränen ausgebrochen.

SAI: Es war seine erste Rede vor Swami. Er hatte für eine Ansprache eine Auszeichnung des Lions-Clubs bekommen. Aber dieser andere kleine Junge, den Swami fragte – wie schnell er antwortete, noch bevor Swami seine Frage beendet hatte! Welche Aufmerksamkeit und Konzentration auf das, was Swami sagte!

JH: Alle Kinder waren absolut still und gefesselt. Ich habe sie beobachtet. Sie haben sich nicht vom Fleck gerührt.

SAI: Die Eltern dieser Jungen sagen ihren Söhnen, obwohl sie eigentlich auf die Hilfe ihrer Kinder angewiesen sind: „Bleib auf der

Schule. Sie ist ein großes Glück für dich.“ Oft lebt nur noch die Mutter, und auch in solchen Fällen besteht die Mutter darauf, daß der Sohn in der Schule bleibt. Wo die Mutter nichts als den Sohn hat, sorgt Swami für die Mutter. Diese Mütter sind an der Mädchen-Schule in der Näne von Mangalore untergekommen und arbeiten in den Küchen und Schlafsälen. Es gibt dort dreihundert Morgen Land, und die Schule für Jungen liegt auch auf diesem Land. Sie hat achtzig Lehrkräfte, und diese Schule hier sechzig. Jetzt ist Ferienzeit, und die Studenten der Hochschule und des Junior College sind fort. Alle Lehrer sind unverheiratet, und kein Lehrer erhält irgendeine Bezahlung.

JH: Swami! Einhundertvierzig Lehrer, und alle arbeiten ohne Bezahlung? Das ist phänomenal! Sie verzichten auf die Ehe, damit sie für Swami Seva tun können, und arbeiten ohne Bezahlung! Das ist etwas ganz Außerordentliches. Warum ist das nicht weiter bekannt?

SAI: Swami denkt, es ist das Beste, solche Dinge nicht an die große Glocke zu hängen.

JH: Swami, das ist ein großes Rätsel. In seinen Vorträgen sagt Swami, daß er nach wahren Devotees Ausschau hält, aber daß er sie nicht findet. Wie kann das sein? Was für wundervolle Devotees sind diese Lehrer! Wie kommt es, daß Swami sagen kann, er habe noch keinen wahren Devotee gefunden?

SAI: (lacht): Das gehört in eine andere Kategorie. Der wahre Devotee ist innen und außen derselbe.

JH: Dann scheint es, daß der Status des gesuchten Devotees nicht zu erreichen ist!

SAI: Oh, doch. Er kann erreicht werden.

JH: Swami, Rama und Krishna müssen zu ihrer Zeit auch nach einem wahren Devotee gesucht haben.

SAI: Ja, jeder Avatar sucht nach einem wahren Devotee. Rama wurde nicht als Gott angesehen. Hätten sie ihn sonst in die Wälder geschickt? Er war ein König; er handelte als solcher. Nur einige wenige Weise erkannten seine Göttlichkeit. Krishna war auch ein König. Wäre er als Gott zu einer Arbeit als Wagenlenker herangezogen worden?

JH: Aber in der Bhagavad-Gita bezeichnet Arjuna Krishna als „göttlich“.

SAI: Aber da hatte er noch die körperbezogene Betrachtungsweise des Kameraden, des Freundes, des Verwandten. Erst nachdem Krishna seinen Körper verlassen hatte, erkannte Arjuna, daß Krishna Gott war. Auch in ihrem Status als Könige erhielten Rama und Krishna nur von den Bewohnern ihrer Städte Huldigung und Verehrung. Der Sai-Avatar ist der einzige, der als solcher verehrt wird, und dessen Göttlichkeit allen Völkern bekannt ist. Niemals zuvor hat es das gegeben. In Krishnas Fall war es nur den Gopis (Kuhhirtinnen) bewußt, daß er Gott war – aber sie waren Rishis (Seher).

JH: Sie waren Rishis, Swami? Rishis wurden als ungebildete Dorfbewohner geboren?

SAI: Ja. Sie waren große Rishis, bevor sie zu dieser Geburt kamen. Als Krishna gestorben war, nahmen die Gopis keine Nahrung mehr zu sich und entledigten sich auf diese Weise ihrer Körper.

JH: Swami, die Sache mit dem wahren Devotee während dieser Avatarschaft ist mir immer noch ein großes Rätsel. Swami hat gesagt, daß in dieser Lebenszeit Menschen volle Befreiung aus dem Zustand des Nichtwissens erhalten. Würden nicht einmal diese Menschen der Prüfung des wahren Devotee standhalten?

SAI: Ein vollkommen befreites Leben würde die von Swami festgelegten Prüfungen auf den wahren Devotee bestehen.

JH: Und was ist mit denen, die diesen Status anstreben?

SRINIVAS: Sie sollten perfektes Sadhana tun.

SAI: Sadhana? Nein! Das ist körperlich. Es ist eine Frage der Liebe. Zuerst kommt Vertrauen. Wo Liebe ist, da ist Frieden. Wo Frieden ist, da ist Wahrheit. Wo Wahrheit ist, da ist Glückseligkeit. Wo Glückseligkeit ist, da ist Gott.

(Swamis Worte wurden nur übersetzt, wenn er mit mir sprach. Die übrige Zeit sprach er zu Radhakrishna, der das Auto lenkte, und zu Srinivas in Telugu.)

* * *

JH: Swami, etwas ist mir nicht klar: Swami sagt, spirituelle Angelegenheiten dürften nichts mit Geld zu tun haben, man solle kein Geld dafür bezahlen. Ich akzeptiere das und habe mich in der amerikanischen Sai-Organisation bis zum Extrem daran gehalten. Aber ich verstehe das Prinzip nicht. Mir scheint – und den meisten Amerikanern geht es genauso – daß man dem, was nichts kostet, auch keinen Wert beimißt, während man Sorgfalt walten läßt und aufpaßt, wenn man etwas bezahlen muß. Was Geld kostet, wird auch geschätzt.

SAI: Ja, zuerst ist das der Fall. Aber das bleibt nicht so. Plötzlich hat alles einen „Wert“, der wie ein Feuerwerk hochschnellt. Aber, wie ein Feuerwerk erlischt er auch sehr schnell wieder. Sobald Geld bezahlt wird, ist keine Liebe und keine Anerkennung mehr da. Du gehst in einen Laden und bezahlst für das, was du haben möchtest. Warum dem

Verkäufer danken oder die Ware loben? Du hast den Preis gezahlt, und damit ist die Sache erledigt.
Ein Guru vertritt eine Philosophie, eine Sadhana-Methode. Geld wird verlangt und bezahlt, das Interesse breitet sich schnell aus, und die Leute denken, sie müssen mitmachen und teilhaben. Dann, nach einigen Jahren – wo bleibt das alles? Ein neueres Beispiel ist dieser junge Mensch N.N. – war das sein Name? In der ganzen Welt gaben die Leute Geld, um von ihm unterrichtet zu werden. Und wo ist er jetzt? Man hört nichts mehr von ihm.

Swami macht so etwas nicht. Er baut langsam auf, aber was er baut, ist fest und gesund und hält. Du erinnerst dich an Prasanthi Nilayam vor vierzehn Jahren, und jetzt siehst du das langsame aber solide Wachsen von Swamis Werk.

Alles, was mit Spiritualität zu tun hat, darf aus keinem anderen Grund als aus Liebe geschehen. Wenn Rat, Unterricht und Hilfe aus Mitgefühl, aus Liebe gegeben werden und nicht gegen Bezahlung, dann werden ihnen Wertschätzung und Anerkennung entgegegebracht. Und im Zusammenhang mit Wertschätzung und Vertrauen wird sich ein spiritueller Gewinn einstellen. Außerdem: wenn etwas um der Liebe willen geschieht und nicht wegen des Geldes, dann kommt das Geld von ganz allein.

Ein Beispiel: Hier ist eine Kokospalme (Baba hob seinen Arm senkrecht hoch). Und hier oben (er berührte sein Handgelenk) sind die Kokosnüsse. Dieser Baum wirft einen Schatten, der sich ein Stück weit auf dem Boden ausbreitet. Nun möchte sich jemand die Kokosnüsse holen und klettert die Kokospalme hinauf. Zur gleichen Zeit, während er den Baum hinaufsteigt, sieht man, wie sein Schatten den Schatten-Baum hinaufklettert. Und während er die Kokosnüsse pflückt, sieht man, wie sein Schatten die Schatten-Kokosnüsse pflückt. Der Mann, der den echten Baum hinaufklettert, bekommt also die echten Kokosnüsse. Wenn der Betreffende keine Lust hat, den echten Baum zu erklimmen und stattdessen sein Handeln darauf beschränkt, den Schatten-Baum hinaufzusteigen, wird er von den Kokosnüssen dieses Baumes nichts haben.

Der Schatten-Baum symbolisiert die Welt, und die Schatten-Kokosnüsse den weltlichen Wohlstand. Der echte Baum steht für das spirituelle Leben, und die echten Kokosnüsse für die Erfüllung des Lebens. So wird derjenige, der sein Leben und seine Kraft spirituellen Werten weiht, automatisch auch weltlichen Nutzen daraus ziehen.

JH: Swami! Was für ein wundervolles Beispiel! Was für eine wundervolle Art und Weise, wie Swami die Lehre vermittelt, daß man seine

Arbeit auf der Basis der Liebe und nicht für Geld tun soll! Für die weltlichen Bedürfnisse wird automatisch gesorgt.

SAI: Ist es ein gutes Beispiel?

Srinivas: Swami, es ist ein perfektes Beispiel!

* * *

JH: Swami, ein Rätsel im täglichen Leben ist für mich folgendes: Das tägliche Leben ist eine ständige Folge kleiner Entscheidungen für etwas, und wir entscheiden uns immer für das, was das größere Vergnügen oder die größere Annehmlichkeit verspricht. Auf diese Weise ist unser ganzes Leben auf Annehmlichkeit und Vergnügen ausgerichtet, aber ein solches Leben kann uns der Befreiung nicht näher bringen. Was ist zu tun?

SAI: Das Prinzip, das Swami lehrt, ist, zu mögen, was wir tun müssen, anstatt zu tun, was wir mögen.

Jede Handlung sollte für Swami getan, jede Handlung Swami geweiht werden. Dann sind Pflicht, Disziplin und Hingabe die Führer des Tuns. Solange ihr glaubt, mit eurem Körper identisch zu sein, ist euer Handeln auf Annehmlichkeiten und Vergnügen ausgerichtet. Erkennt, daß ihr nicht der Körper seid, und befreit euch von dem Bedürfnis nach Vergnügen und Annehmlichkeiten!

* * *

JH: Diese Frage wird Swami töricht erscheinen, aber sie ist mir ernst.

SAI: Was?

JH: Ich schreibe an Swami viele Briefe über Aktivitäten, Probleme und Erfolge in der amerikanischen Sai-Organisation. Aber oft denke ich, es ist töricht, über diese Probleme und Ereignisse zu schreiben, weil ich aus eigener Erfahrung weiß, daß Swami allgegenwärtig ist und alles weiß.

SAI: Es wird viel Unsinn getrieben bezüglich der Allgegenwart und Allmacht Swamis! Die Leute fangen an zu denken, sie bräuchten nichts zu tun, Swami würde schon alles machen. Sie kümmern sich nicht einmal mehr um ihre täglichen Pflichten.

Im spirituellen Leben ist die Beziehung zwischen dir und Swami eine Beziehung von Herz zu Herz. Aber im weltlichen Leben hat dir Swami Arbeit aufgegeben. Das heißt Tätigsein in der Welt, Aktivität in der Welt. Du bist aufgefordert, bis ins letzte Detail deine Pflicht zu tun. Und was das Schreiben von Briefen an Swami betrifft: Es dient deiner eigenen Befriedigung.

JH: Meiner Befriedigung, Swami?

SAI: Ja, deiner Befriedigung. Du schreibst an Swami, und damit bist du die Sache los. Nicht, daß Swami es nicht wüßte. Angenommen, du verschweigst einen unangenehmen Punkt, dann hast du ein Schuldgefühl. Wenn du ihn Swami mitteilst, gibt es kein Schuldgefühl mehr. Tue voll und ganz deine Pflicht bei der Arbeit, die Swami dir aufgegeben hat.

14. Januar 1983

JH: Swami, ich habe zwei wichtige Fragen bezüglich unserer Arbeit im täglichen Leben und der Vorbereitung des Symposiums in Rom:
Swami sagt in seinen Vorträgen, daß Gott als der Urheber aller Handlungen anerkannt werden sollte, und daß wir es nicht auf uns nehmen sollen, selbst die Handelnden sein zu wollen. Weiterhin sagt Swami, daß wir, anstatt uns von der begrenzten menschlicher Kraft abhängig zu machen, die Kraft Gottes anrufen sollen. Da Swami diese beiden Dinge in seinen Vorträgen sagt, müssen diese Hinweise doch für jedermann gelten?

SAI: Nimm den Standpunkt ein, daß Gott durch dich wirkt.

JH: Was bedeutet das, Swami? Wie ist das auf die Handlungen anzuwenden, die jeden Tag stattfinden?

SAI: Du denkst, du führst eine Handlung aus, aber es ist dein Körper, der sie vollzieht, oder dein Geist, oder deine Intelligenz. Aber Gott ist es, der durch sie wirkt. Es ist nur der Atman in dir, welcher die Quelle der Handlung ist. Der Atman ist Gott.

JH: Dann sollte ich, anstatt mich selbst als den Handelnden anzusehen, mir sagen – und es entsprechend werten – daß ich nur ein Wort bin und daß alle diese Handlungen und Bewegungen, die vollzogen werden, nicht von Hislop kommen, sondern daß in Wirklichkeit Gott selbst sie vollzieht?

SAI: Gott benützt deine Intelligenz, deinen Geist und deinen Körper als seine Instrumente, um diese spezielle Arbeit zu tun. Du schreibst mit einem Stift oder schneidest Papier mit einer Schere, aber es sind nicht diese Instrumente, die die Arbeit tun – du bist es, der die Instrumente zu dem Zweck benutzt, damit die Arbeit getan wird. In gleicher Weise werden die Instrumente, die du als dich selbst bezeichnest – Intelligenz, Geist und Körper – von Gott für Seinen Zweck benutzt.

JH: Ist es ein brauchbares Konzept, Stunde um Stunde, mir selber zu sagen, daß mein Geist und Körper in jedem Augenblick von Gott als sein Instrument benutzt werden? Ist das ein praktikabler Weg, den Tag zu durchleben?

SAI: Ja. Das ist die Tatsache, und sie ist praktikabel.

AC: Aber Swami! Dann ist es Gott, der Böses tut!

SAI: Zunächst scheint es vielleicht so, aber dann doch wieder nicht. Es ist nicht Gott, der Böses tut. Böses kommt vom Ego.

AC: Wenn ich sterbe...

SAI: (unterbricht ihn): Wer bist du? Du stirbst nicht! Der Körper ist wie Kleidung: Anziehen, ausziehen.

AC: Dann also, nachdem der Körper gestorben ist, nehme ich einen anderen? Warum? Warum?

SAI: Die Folge der Wünsche! Wünsche sind wie Samen: Sie sprießen. Diese Wünsche verursachen die Wiedergeburt. Mach Schluß mit dem Wünschen – keine Wiedergeburt. Der Verstand ist ein Bündel von Wünschen.

AC: Aber diese Schöpfung – Welt, Körper, und Geist – ist sie eine Projektion des Atman? Geist, Körper, Intelligenz sind Schöpfungen, Projektionen des Atman?

SAI: Schöpfung ist vom Atman. Der Atman, Gott, ist das Positive; der Körper ist das Negative. Sie verbinden sich, und daraus resultiert Handlung. Andernfalls, Nichts.

AC: Da ist der Atman, und dann die Schöpfung als Projektion des Atman.

SAI: Nein! Da wird der Fehler gemacht! Die Schöpfung ist keine *Projektion* des Atman. Der Atman, Gott, *durchdringt* jede Faser der Schöpfung. Die Form, die Gestalt ist nur Erscheinung... Es ist Energie, Gott, die göttliche Energie, die die Form verursacht und in ihr wirkt.

(Es folgte ein Gespräch über persönliche Dinge mit AC, das hier ausgelassen wird.)

JH: Alle diese Aufgaben, Swami, erfordern eine Menge Energie. Die menschliche Energie ist gering, und Swami sagt, man soll um göttliche Energie bitten. Wie?

SAI: Ja, menschliche Energie ist gering, und Göttliche Energie ist unbegrenzt! Du bist Gott!

JH: Meint Swami damit vielleicht dies: Wenn ich die Grenze meiner menschlichen Energie fühle, sollte ich sie als Einbildung verwerfen und mich stattdessen mit Gott identifizieren, mit Ihm, der grenzenlose Energie ist?

SAI: Ja. Verwirf die Einbildung! Schau deinen Schatten an: du sitzt hier, und dein Schatten ist dort. Wenn du aufstehst, wächst dein Schatten. Dein Schatten ist die menschliche Energie. Du bist die göttliche Energie. Wenn du dich erhebst – und göttliche Arbeit tust – wächst deine Energie.

15. Januar 1983

JH: Swami, göttliche Energie gegen begrenzte menschliche Energie...

SAI: Alle Energie ist göttlich.

JH: Aber was mir wie menschliche Energie vorkommt, scheint mir nicht auszureichen, zum Beispiel die Reise nach Mittelamerika.

SAI: Alles ist Gott. Wisse, daß Er es ist, der Energie ist. Dann ist alles gut.

JH: Oh! Wenn die menschliche Energie nachläßt, laß sie schwinden und wisse, daß nur die göttliche Energie wirklich ist. So, wie vor einigen Jahren Baba auf langen Fahrten ein wenig ermüdet schien, und dann war er mit einem Mal wieder frisch wie eine Blume.

SAI: Setze diesen Körper nicht mit menschlichen Körpern gleich. Er ist nur die Erscheinung einer Form um der Devotees willen. Alles von Swami ist nur für seine Devotees. Da gibt es keine Wünsche. Dieser Körper ist nur eine Erscheinung der Form... Da ist Materie. Da ist Menschliches. Da ist Göttliches. Materie ist Selbstsucht; Menschliches ist Selbstsucht plus Hilfe (für andere); Gott ist keine Selbstsucht, sondern ganz und gar Liebe. Selbstsucht ist als Grundlage für Gesundheit und Wohlergehen wichtig. Was kann man ohne Gesundheit ausrichten? Muß man nicht etwas für sich tun? Ja, man muß etwas für sich tun. Danach kommt: hilf den anderen. Danach bleibt nur Gott allein.

JH: Aber Swami, sogar bei dieser weltlichen Tätigkeit aus notwendiger ‚Selbstsucht' – wo ist das ‚Ich'? Sicherlich ist es Gott allein, der auch diese Arbeit tut?

SAI: Das ist besser. Das ist der beste Weg. Du bist nur ein Instrument für Swami, ein Instrument, das Swami zu seinem Zweck gebraucht: U.S.-Vorsitzender, Verkünder von Swamis Lehren usw.

7. November 1983

Das Interview vom 7. November war – bedingt durch die Zusammensetzung der Gruppe – sehr kurz. Fast die gesamte Zeit wurde für Einzelinterviews mit Baba im hinteren Interviewraum verwendet. Familien wurden zusammen, Personen, die allein gekommen waren, einzeln hineingelassen.

SAI: Was ist Sein?

FR: Es ist „Sath“.

SAI: Das ist nur ein Sanskritwort. Sein bedeutet Unsterblichkeit, immer.

FR: Wie kann man göttliche Liebe im Herzen fühlen?

SAI: Deine Liebe und meine Liebe sind dasselbe. Es gibt nur Einen, und Er ist Gott.

FR: Meinst du, daß wir das betonen und uns ständig vorsagen sollten?

SAI: Hier ist Menschlichkeit (er zeigte auf eine zwischen zwei Schichten Ziegelsteinen sichtbare Fuge in der Wand). Unten ist die Welt, oben ist Gott. Ziele nach oben, nicht nach unten. Du bist Gott. Es gibt nur Eins. So viele Leben lang hast du erklärt, daß du ein Mensch mit Begrenzungen bist: ‚Ich bin fehlerhaft... Ich bin so und so...’ das ist falsch. Jetzt sage: 'Ich bin Gott.' Fühle niemals und sage niemals etwas anderes als daß du Gott bist, und du wirst göttliche Eigenschaften zutage treten lassen. Du wirst göttliche Kräfte haben. Du wirst Gott sein. Gedanken. Wenn es keine Gedanken gibt, gibt es keine Handlungen. Wie steht es um deine Gesundheit, Hislop?

JH: Sie ist sehr gut, Swami.

(Als die Gruppe während dieses Interviews zusammen war, hielt eine Frau Baba ihr Handgelenk hin und bat ihn, er möge das etwas unscheinbar aussehende Armband, das sie trug, in etwas Hübsches verwandeln. Mir schien, daß Baba über diese Bitte nicht erfreut war; trotzdem nahm er das Armband, hielt es zwischen zwei Fingern und blies darauf. Es wurde zu einem neuen goldenen Armband völlig anderer Art und Zusammensetzung. An dieser Stelle ging der Gruppen-Teil des Interviews zu Ende, und Swami begann mit der Reihe privater Unterredungen im hinteren Interviewraum).

14. November 1983

(Ein Gruppeninterview mit Baba in Prasanthi Nilayam)

Baba materialisierte zunächst einige Geschenke, zuerst einen Ring für eine Frau. In der Mitte des Ringes saß ein grüner Diamant, flankiert von zwei weißen Diamanten. Alle Steine hatten große, flache Facetten. Für eine andere Frau, die eine große Gebetskette aus Samen trug, materialisierte Baba eine Japamala aus gleichmäßig großen Perlen und zeigte ihr, wie sie zu gebrauchen sei: Der Daumen, der den anderen Fingern gegenüberliegt, steht für Gott. Der Zeigefinger, der für die individuelle Person steht, wird mit dem Daumen, dem Göttlichen, dadurch vereint, daß sich beide Fingerspitzen berühren. Die drei übrigen Finger repräsentieren die drei Gunas oder Eigenschaften, also die drei Arten von Temperament, Gedanken und Handlung, die beim Menschen zu beobachten sind: der Mittelfinger steht für die sathwische Eigenschaft, d.h. für Ruhe, Reinheit, Ausgeglichenheit. Die Japamala wird dann durch die Bewegung von Daumen und Zeigefinger über den sathwischen Finger gezogen.

SAI: (indem er den Gebrauch der Japamala vorführte): Genauso hält Swami die ganze Schöpfung in der Hand.

(In der Gruppe war ein Mann aus Nigeria, und Baba wandte sich ihm als nächstem zu).

SAI: Welche Religion? Was ist deine Religion?

ANTWORT: Christlich.

SAI: Liebst du Jesus?

ANTWORT: Ja.

Baba ließ seine Hand kreisen und schuf einen Ring, in dessen Mitte ein Stein mit einem sehr schönen Portät von Jesus saß. Zuerst zeigte er den Ring denen, die in seiner unmittelbaren Nähe um ihn saßen, und dann dem Nigerianer, wobei er sagte: „Liebst du Jesus? Wen möchtest du: Jesus oder Sai?“ Der Nigerianer erwiderte: „Ich würde mich über beide freuen.“ Baba hielt den Ring zwischen Zeigefinger und Daumen ungefähr sechs Zoll von seinen Lippen entfernt und blies darauf. Dann zeigte er den Ring wieder – wie vorher – erst denen, die direkt vor und neben ihm saßen. Das Porträt auf dem Stein hatte sich von Jesus in Sai verwandelt. Dann sagte Baba zu dem Nigerianer: „Jetzt hast du beide. Komm her.“ Der Mann tat, wie geheißen, und Baba steckte ihm den Ring an den Finger. Baba sagte: „Sieh, er paßt genau.“

Später bekam der Nigerianer auch ein Privatinterview, und als er aus dem hinteren Interviewraum wieder herauskam, konnten wir sehen, daß der Ring inzwischen noch einmal verwandelt worden war. Baba hatte den Ring noch einmal umgeschaffen. Er trug jetzt nur mehr einen einzigen, großen Diamanten in einer passenden Fassung. Als Sai dem Mann in den Hauptraum folgte, sagte er: „Er wollte keinen großen Ring!" Diese Bemerkung verursachte beträchtliche Heiterkeit. In der Tat verlief das ganze Interview äußerst heiter. Baba war in glänzender Stimmung und machte ständig Späße. Die Leute draußen, die das glückliche Lachen hörten, mochten sich fragen, was in aller Welt dort drinnen vor sich ging.

SAI: Irgendwelche Fragen? Spirituelle Themen?

FR: Wie soll man mit den weltlichen Wünschen, die sich endlos einstellen, umgehen?

SAI: Richte alle Wünsche und alles Verlangen auf Gott, dann wird alles gut sein. Der Verstand ist wie ein Schlüssel zu einem Gefängnis. Drehe ihn nach links, dann öffnet sich die Tür, und die Person ist frei, um sich Gott und dem spirituellen Leben zuzuwenden. Drehe den Schlussel nach rechts, und die Person ist in weltliches Leben eingeschlossen. Verwandle jeden Wunsch und jedes Verlangen in das Verlangen, bei Gott zu sein – und sei glücklich.

FR: Swami, was ist die innere Wahrheit des Verstandes? Wie sind Gedanken und Verstand zu gebrauchen?

SAI: Es gibt keinen Verstand. Genauso wie ein Stück Stoff einem zunächst als ein Geflecht von einzelnen Fäden erscheint, bei tieferer Betrachtung aber als Gebilde aus Baumwolle, genauso gibt es nur Gott. Gott ist wie ein perfekter Spiegel. Deine Wünsche, Gedanken und Handlungen werden in diesem Spiegel, der Gott ist, reflektiert. Wenn deine Wünsche, Gedanken und Handlungen auf dich zurückreflektiert werden, magst du denken, Gott hätte sie gesandt, aber sie stammen in Wirklichkeit aus dir.

FR: Aber was soll man mit schlechten Gedanken und Wünschen tun?

SAI: Menschliche Gedanken und Wünsche! Wenn du denkst: ‚Ich bin nur ein Mensch', dann werden Aspekte wie Zorn und Eifersucht reflektiert, und sie werden zu dir zurückkehren. Aber du bist nicht nur menschlich. Du bist göttlich! Du bist Gott! Denke und fühle: ‚Ich bin göttlich!' Dann denkst und fühlst du nur Liebe, denn Gott ist Liebe. Überall ist alles Liebe, nur Liebe.

FR: Ich habe einen Wunsch, den ich nicht beiseite schieben kann.

SAI: Was?

FR: Zurückgezogenheit. Ich brauche Zurückgezogenheit.

SAI: Erst braucht man physische Zurückgezogenheit, dann kommt die geistige Zurückgezogenheit.

FR: Und ich mache Fehler. Immer dieselben Fehler. Kann ich meine Fehler Baba geben?

SAI: Oh, ja. Ich bin immer bereit. Gib mir dein Leben. Sei mein Instrument. Ich handle durch dich.

FR: Dann sind sogar die schlechten Gedanken und Taten von dir?

SAI: Menschliche Gedanken und Taten. Gott ist nur Liebe. Du bist göttlich. Sei Liebe! Handle in Liebe!

FR: Aber Swami: Bei den Fehlern, die ich mache! Obwohl ich es besser weiß, mache ich immer wieder dieselben Fehler. Kann ich dir meine immer wiederkehrenden Fehler geben?

SAI: Ein- oder zweimal oder vielleicht auch dreimal kann man denselben Fehler machen, aber ständige Wiederholung ist kein Fehler mehr. Das ist schlechte Gewohnheit!

JH: Swami sagt, daß, wenn jemand das Glück hat, Gottes Liebe zu besitzen, keine spirituelle Übung, kein Ṣadhana notwendig ist...?

SAI: Ja. Wenn du Gottes Liebe hast, dann sind kein Sadhana, keine Meditation, keine Nachforschungen mehr nötig – nichts mehr ist nötig, denn dann ist alles Gott, die Gedanken sind Gott, man sieht nur Gott; der ganze Tag ist nichts als Gott.

FR: Was ist die Seele?

SAI: Die Seele ist das Atma. Sie stirbt nicht. Du bist Atma, nicht Körper.

FR: Aber Swami, da ist noch etwas anderes. Etwas, das Resultate schafft.

SAI: Ja, das Resultat kommt vom Verlangen. Es ist wie das goldene Uhrarmband, das du trägst. Du wünschst dir einen Armreif. Das Armband wird genommen und zu einem Reif gemacht. Dann hast du an dem Reif keine Freude mehr und wünschst dir stattdessen ein goldenes Halsband. Der goldene Reif wird genommen und zu einem Halsband umgeformt. Alle diese Gegenstände haben verschiedene Formen, aber das Gold ist ein und dasselbe.

JH: Swami sagt uns, daß dieses Leben in der Welt nur ein Traum ist.

SAI: Ja, ein Traum.

JH: Aber Swami arbeitet unermüdlich in diesem Traum. Warum?

SAI: Wenn der Traum als solcher erkannt wird, hat man die Welt überwunden. Swami hilft denen, die im Traum gefangen sind.

JH: Aber es ist immer noch ein Traum, ohne Zweck oder Ziel. Warum sich mit ihm plagen?

SAI: Ein geschulter Therapeut weiß, daß die Welt eines Kindes ein Traum ist und keine dauerhafte Wirklichkeit besitzt. Aber das hält ihn nicht davon ab, auf das Niveau des Kindes herabzusteigen und sich mit ihm abzugeben. Sai könnte auch mit einem Flugzeug verglichen werden, das für kurze Zeit zwischenlandet, um Passagiere, die sich am Boden befinden, aufzunehmen.

JH: Swami! Da ist nur für eine begrenzte Anzahl Platz!

SAI: Begrenzt, ja. Es ist immer nur Platz für eine begrenzte Zahl.

JH: Swami! Wie kann man einen Platz buchen?

SAI: Durch Gnade. Buchen geschieht durch Gnade.

JH: Die Begrenzung ist streng.

SAI: Ja. Es stimmt, daß Reservierungen gemacht worden sind. Aber in der Maschine werden stets einige Plätze für die Regierung freigehalten. Swami kann sagen: ‚Hislop bekommt einen dieser freigehaltenen Plätze!'

JH: Was ist der Unterschied zwischen Swamis Gnade und Swamis Segnungen?

SAI: Sie sind dasselbe. Swamis Segnungen, seine Gnade, seine Liebe – alles bedeutet dasselbe.

FR: Wie kann man Swamis Gnade erlangen?

SAI: Swamis Gnade ist immer hier. Swami ist immer hier. Er ist für alle hier, für jeden. Ich rufe ständig, aber sie hören nicht, sie kommen nicht. Was kann ich tun?

(Jetzt ruft Swami wieder Leute zu einer kurzen privaten Unterredung in den hinteren Interviewraum. Während er den Flur entlang geht, sagt er:)

Ich bin immer glücklich. Meine Glückseligkeit ist stets vollkommen und niemals beeinträchtigt.

JH: Weil Swami weiß, daß diese wahrnehmbare Welt nur ein Traum ist.

(Sai gibt keine Antwort.)

22. Oktober 1984

(Interview mit Baba)

JH: Vor zehn Jahren, als Swami die amerikanische Sai-Organisation ins Leben rief, gab er ihr eine Regel, die er als die allerwichtigste für die amerikanischen Sathya-Sai-Baba-Zentren bezeichnete. Was ist nun für die nächsten zehn Jahre die wichtigste Regel für unsere Zentren?

SAI: Was hast du für eine Vorstellung?

JH: Swamis erste Regel – ‚Habt so wenig wie möglich mit Geld zu tun!' – muß meiner Ansicht nach beibehalten werden.

SAI: Ja, das ist richtig. Diese Regel kann nicht abgeändert werden. Sie muß die nächsten zehn Jahre unverändert beibehalten werden.

JH: Auf was sollen dann die amerikanischen Devotees in den nächsten zehn Jahren besonderen Wert legen?

SAI: Die Betonung muß auf dem Sadhana der Reinheit und des Opfers liegen. Reinheit ist Göttlichkeit. Durch Opfer gibt es Reinheit von Geist und Herz. Durch Reinheit wird das Göttliche verwirklicht. Opfer ist ein Darbringen, ein Hingeben an den Herrn, ein Weihen dem Herrn. Was dem Herrn geopfert werden muß, ist das Ego, das Gefühl von ‚mein'. Sobald alles Ego-Gefühl dem Herrn geopfert, hingegeben ist, wenn Herz und Geist von Ego-Eigenschaften gereinigt sind, kann das Göttliche verwirklicht werden.

JH: Soll die amerikanische Sai-Organisation im Laufe der nächsten zehn Jahre eine spirituelle Organisation bleiben, oder soll sie ihre Ausrichtung dahingehend ändern, daß sie in erster Linie eine Seva-Organisation wird?

SAI: Die Organisation soll mit einigen Änderungen – keinen größeren Änderungen – eine spirituelle Organisation bleiben. Hingabe an Gott; das Reinigen von Geist und Herz durch Opfern aller Ego-Neigungen sollen Absicht und Übung der Sai-Devotees in der amerikanischen Sai-Organisation sein.

* * *

JH: Swami, in den letzten Jahren hatte ich ständig Nackenschmerzen, und die Ärzte konnten mir nicht helfen. Was soll ich tun?

Sai (reibt Hislops Nacken mit seiner Hand): Gar nichts. Swami wird sich darum kümmern.

JH: Ich habe einige Fragen, auf die ich keine Antwort weiß. Was ist mit ‚im Augenblick leben' gemeint?

SAI: Das sind allgemeine Fragen. Bitte Kasturi, morgen früh hier zu sein. Dann werde ich diese Fragen beantworten.

23.Oktober 1984

(Interview mit Baba; Prof. Kasturi übersetzt)

JH: Baba, darf ich dem Whitefield-Hospital ein Geschenk machen?
SAI: Warum?
JH: Nun, ich wurde dort operiert.
SAI: Nein. Nicht nötig. Es ist unser Hospital, alles gehört uns. Nein.

* * *

JH: Swami, wenn ich durch die USA reise, werden mir Fragen gestellt. Auf einige davon weiß ich keine Antwort. Eine Frage, die immer wieder auftaucht, betrifft den freien Willen. Es geht darum, daß man sich entweder für Gott oder für die Welt entscheiden kann. Andererseits sieht Baba mit einem Blick unsere Vergangenheit, Gegenwart und auch bereits die Zukunft. Wie kann es da einen freien Willen geben?

SAI: Vom göttlichen Gesichtspunkt aus gibt es keinen freien Willen, denn alles ist Gott. Aber vom Ego-Standpunkt des einzelnen aus gesehen, gibt es ihn. Es gibt ein allgemein verbindliches Gesetz, und es gibt den einzelnen und die Gesellschaft. Der einzelne handelt in der Gesellschaft gemäß seinem freien Willen, aber immer in Übereinstimmung mit dem allgemeinen Gesetz. Der einzelne muß handeln, und seine Handlung ist eine Funktion seines Denkens. Da sind die Gedanken. Gedanken sind Samen. Sie keimen und werden zu Handlungen. Die Handlung erscheint dann dem, der sie ausführt, als Ausdruck des eigenen, freien Willens. Jeder hat Fähigkeiten und Talente mitbekommen, wie Intelligenz, Vernunft, Energie, und diese müssen im Leben durch das Handeln nützlich eingesetzt werden.

(Nachdem ich am nächsten Tag das Interview mit Prof. Kasturi besprochen hatte, schien mir, daß sich folgendes herauskristallisierte: Der einzelne handelt jeden Augenblick gemäß seinen Talenten und Fähigkeiten. Wenn er vom Vedanta nichts weiß und Baba niemals gehört hat, hat er das Gefühl, daß er seinen Neigungen und seinem eigenen Willen entsprechend handelt. Wenn er dagegen zu der Überzeugung gekommen ist, daß es nichts gibt außer Gott, dann fühlt er, daß alles, was er tut, von Gott veranlaßt wird. Deshalb wird für ihn die Frage nach dem freien Willen gegenstandslos.)

JH: Swami, vielleicht werde ich in der Lage sein, das zu verstehen und anderen zu erklären. Swami hat gesagt, daß der Geist ruhig wird, wenn man im Augenblick lebt. Was meint Swami mit ‚im Augenblick leben'?

SAI: Die Vergangenheit ist vorbei, die Zukunft ist noch nicht da, es gibt nur den Augenblick. Lebe voll im Jetzt ohne Sorge um die Zukunft.

JH: Aber Swami, man muß vorausschauen, um die Folgen seiner Handlungen abschätzen zu können.

SAI: Warum? Lebe jetzt. Handle gemäß deinen besten Gefühlen und Gedanken und mach dir keine Sorgen.

JH: Aber Swami hat gesagt, daß Krishna Arjuna erwählte, weil Arjuna Vorausschau hatte und die zu erwartenden Folgen sah.

SAI: Denke nicht über Arjuna nach. Er hatte Sorgen wegen seiner Verwandten.

JH: Aber Swami, wenn ich im Hinblick auf die amerikanische Ratsversammlung gewisse Schritte plane, muß ich, bevor ich einen Schritt tue, bedenken, welche Folgen sich ergeben könnten. Das paßt nicht mit dem ‚im Augenblick leben' zusammen.

SAI: Aber das ist Pflicht. Bei der Pflicht mußt du in die Zukunft schauen und die Konsequenzen abwägen.

JH: Oh! Das ist also gemeint! Jetzt verstehe ich. Eine andere Frage ist: Kommen Handlungen zustande wegen Baba oder durch Baba? Mit anderen Worten, Aktivität entsteht aufgrund des Sonnenlichts, aber die Sonne wird nicht als Handelnde angesehen; dagegen heißt es, daß Swami in Bezug auf unsere Aktivitäten der Handelnde ist.

SAI: Die Sonne gibt Licht – aber die Sonne verrichtet auch Arbeit. Sie bewirkt zum Beispiel die Umwandlungen im Leben der Pflanze.

JH: Bedeutet das, daß Swami der eigentlich Handelnde in unserem Leben ist?

SAI: Sieh es so, daß du ein Instrument bist, und Sai handelt, indem er dich als Instrument benutzt.

JH: Das bedeutet, es ist töricht zu denken, daß wir selbst handeln, denn tatsächlich ist unsere Handlung das Resultat einer Veranlassung durch Gott.

SAI: Ja. Die Handlung ist von Gott veranlaßt.

JH: Aber Swami, in der Praxis ist mir das nicht klar. Ich vergaß, den Scheck mitzubringen, den ich dem Hospital schenken wollte. Dann, als ich zur Veranda gekommen war, fiel es mir wieder ein, und ich hatte das Gefühl, ich sollte zurück in mein Zimmer gehen und ihn holen. Diese Handlung des Zurückkehrens in mein Zimmer muß also von Baba veranlaßt gewesen sein. Aber dann, nachdem Baba mich veranlaßt hatte, den Scheck zu holen, lehnte er es ab, den Scheck entgegenzunehmen! In der Praxis ist mir das Prinzip nicht klar.

SAI: Nur auf diese Weise gab es eine Gelegenheit, dich zu lehren, wie Baba solche Dinge betrachtet. Hättest du den Scheck aus Liebe gegeben, hätte Swami ihn vielleicht genommen. Aber du gabst ihn als Honorar für die Operation. Du gehörst aber zur Familie, und innerhalb einer Familie gibt es keine Bezahlung. Für Arbeit außerhalb der Familie mag es reguläre Anstellung und Bezahlung geben.

JH: Aber es war doch Swami, der mich veranlaßte, den Scheck zu holen?

SAI: Ja. Es war Swami, der dich dazu veranlaßt hat.

JH: Swami, die Lektion mit dem Scheck habe ich nun gelernt. Es ist ein sehr klarer Fall von Bezahlung anstelle von Familien-Gefühl. Jetzt gehe ich stets davon aus, daß alles, was ich tue, von Baba veranlaßt ist.

SAI: Das ist die richtige Einstellung. Das ist der richtige Weg.

JH: Aber könnte dann nicht jemand sagen, er habe keinen eigenen Willen, sich einfach hinsetzen und nichts tun, bis Swami ihn in Bewegung setzt? Hat ein Mensch die Wahl, faul zu sein?

SAI: Ja, er könnte faul sein.

JH: Auf Veranlassung von Sai?

SAI: Ja.

* * *

JH: Ist es das Ich des Wachzustands, das träumt, oder schafft der Traumzustand sein eigenes Ich?

SAI: Es gibt nur ein einziges Ich, im Wachzustand wie im Traumzustand und im Tiefschlaf.

* * *

JH: Für das Leben in dieser Welt, Swami, ist das Ziel die Wiedervereinigung mit Gott. Was ist im übrigen ungeheuren Universum der Zweck des Lebens?

SAI: Alles Leben fließt hin zu Gott, auch die Frösche und die Insekten im Teich.

JH: Aber Swami, das betrifft das Leben in dieser Welt. Ich meine das Leben im Universum!

SAI: In dieser Welt gibt es Dualität und deshalb Streben. Aber sogar hier können Insekten und andere kleine Geschöpfe in einem Teich leben und fühlen, daß alles in Ordnung ist, und glücklich dabei sein. Die Frage nach dem Leben im Universum erhebt sich, weil du deine eigenen

Lebensbedingungen projizierst. Du meinst, eine andere Lebensweise wäre unerträglich, weil sie für dich unerträglich wäre. Im Feuer der Sonne zum Beispiel gibt es Lebewesen. Solches Leben existiert unter Umständen, die für dich nicht auszuhalten wären. Anderswo im Universum empfindet das Leben, daß es göttlich ist, daß es eins ist mit dem Göttlichen, und ist ganz glücklich in dem Gefühl, daß alles seine Ordnung hat.

JH: Dann ist diese Welt ein ganz besonderer Ort!

SAI: Ja, dieser kleine Planet Erde ist etwas Besonderes. Er ist einzigartig im Universum. Das ist ein sehr wichtiges Thema. Es ist von größter Bedeutung. Jemand, der das Geheimnis der Erde versteht, ist in der Tat groß. Er ist frei von Begrenzungen.

JH: Wird das Geheimnis der Erde in Babas Lehren enthüllt?

SAI: Swami kann dieses Geheimnis enthüllen.

(Im Gespräch mit Kasturi am folgenden Tage drückte dieser seine Überzeugung aus, daß das Geheimnis des Planeten Erde, auf das Swami sich bezieht, in dem außergewöhlichen Zusammentreffen der fünf Elemente Raum, Luft, Feuer, Wasser, Erde besteht, welche diesen Planeten zu etwas Einzigartigem im Kosmos macht. Wenn ich das nächstemal in Indien bin, werde ich versuchen, Swami zu bitten, daß er ausführlich erklärt, was er mit dem Mysterium der Erde meint.)

* * *

JH: Jeder ist sich seiner selbst bewußt: Seines Daseins, seines Wesens. Ist dieses Bewußtsein die Basis, oder gibt es davor noch etwas?

SAI: Dieses Bewußtsein steht an zweiter Stelle. Zuerst kommt das Gottes-Bewußtsein. Das Gottes-Bewußtsein ist die Basis.

JH: Es entsteht viel Unklarheit wegen des Satzes, alles sei eine Schöpfung des Denkens. Eine Schöpfung wessen Denkens?

SAI: Ja, es ist das Denken.

JH: Aber Swami, wie ist das möglich? Schafft mein Denken den Krieg mit all seinen Schrecken? Ich kann solche Vorgänge nicht in mir finden.

SAI: Wenn du an die Welt denkst, existiert sie für dich. Wenn du nicht an sie denkst, existiert sie für dich nicht.

JH: Wenn ich nicht an die Welt denke, ist sie nicht in meinem Bewußtsein! Existiert der Krieg nur in Bezug darauf, daß er in meinem Bewußtsein ist? Aber der Krieg hatte doch irgendwann einen Anfang. Wie könnte dieser Anfang nur auf mein Denken zurückzuführen sein?

SAI: Auf deiner Stufe wird es dir nicht möglich sein, das zu begreifen. Solange das Denken fortbesteht, ist es nicht möglich, den Verstand und seine Aktivität voll und klar zu erfassen. Wenn die Gedanken aufhören, wird kein Verstand mehr sein. Der Verstand ist ein Bündel von Gedanken. Folge nicht den Gedanken, dann wird sich für dich die Welt gar nicht erst entfalten. Jetzt sind deine Gedanken nach Amerika gewandert, zu den Problemen dort. Aber es sind nur Gedanken. Wenn du jetzt diesen Gedanken folgst und nach Amerika gehst, werden sie für dich die Welt erzeugen.

JH: Meint Swami, man sollte nur ein Zeuge der Gedanken sein, die einem durch den Kopf gehen und mit ihnen weiter nichts anfangen?

SAI: Genau. Wenn das Denken vernichtet ist, dann wird dir klar sein, wie die Welt entsteht. Es gibt nur Gott, nur Gott. Halte dich an Ihn. Halte dich eng an Ihn, und das Problem mit dem menschlichen Denken wird sich von selbst lösen.

JH: Swami! Ich halte mich an Gott! Meine Gedanken sind immer bei Swami. Ich betrachte Swami immer als den, der in meinem Herzen wohnt, nicht an irgendeinem anderen Ort. Aber mein Denken hat nicht aufgehört.

SAI: Es wird soweit kommen. Festes Vertrauen zu haben ist wichtig.

JH: Ich habe keine Schwierigkeiten, einzusehen, daß mein Verstand meine persönliche Welt erschafft: Es ist so, daß Mr. Kasturi und Swami mir nur deshalb bekannt sind, weil mir die Sinne Informationen für den Verstand vermitteln, welcher dann Vorstellungen bildet und Mr. Kasturi und Swami nach außen projiziert. Aber daß das Denken etwas so Riesiges wie den Krieg draußen erschafft, vermag ich nicht zu begreifen.

SAI: Wenn das Denken aufhört und die Welt vergeht, hat auch Gott keine Existenz mehr.

(Jetzt beginnen die Abend-Bhajans, und das Interview ist vorüber, aber viele Fragen sind noch offen. Ich hoffe, Swami wird mir beim nächsten Besuch wieder etwas Zeit gewähren.)

Denkt einmal über diese Frage nach: Wird der Mensch versklavt durch äußere Objekte und die Anziehung, die sie auf ihn ausüben? Oder gibt es einen gewissen inneren Impuls, der ihn dazu treibt, sich selbst Sorgen aufzuladen? Ich will ein Beispiel dafür geben. Es gibt berufsmäßige Affenfänger in den Dörfern, die für ihren Zweck ein sehr einfaches Mittel anwenden: Sie stellen in den Obstgärten, die von den plündernden Affen heimgesucht werden, eine Anzahl irdener Töpfe auf, die einen engen Hals haben. In jeden Topf geben sie eine Handvoll Erdnüsse hinein. Der Affe nähert sich dem Topf, sieht, daß darin köstliche Erdnüsse sind, schiebt seine Hand hinein und schließt die Faust um die Nüsse. Jetzt merkt er, daß er seinen Arm nicht mehr herausziehen kann: Der Hals des Topfes ist für die mit Nüssen gefüllte Faust zu eng! So sitzt er hilflos und verloren da und kann leicht gefangen werden. Der Affe hat das Gefühl, daß jemand in dem Topf steckt, der seine Hand festhält, wenn er sie herauszuziehen versucht. Wenn er nur den Griff lösen und die Gier nach den Nüssen aufgeben würde, könnte er sich befreien! So seid auch ihr die Opfer eures Verlangens und somit der Fesseln, die das Verlangen mit sich bringt. Ihr seid durch die Fesseln gebunden, die ihr euch selbst angelegt habt! Aber auch die Befreiung liegt in eurer Hand. Sinnt nach über die unwandelbare Herrlichkeit Gottes. Dann wird das Verlangen nach dem flüchtigen Tand der Welt schwinden, und ihr seid frei.

Sathya Sai Baba

Briefe

Briefe

In der Biographie eines Menschen, der hoch über dem geistigen Durchschnitt seiner Zeitgenossen steht und der wie ein mächtiger Magnet die Gedanken, Gefühle und Sehnsüchte der Menschen aller Zeiten anzieht, ist jeder noch so kleine Aspekt seines Lebens von größtem Interesse. Wie kostbar zum Beispiel wären Briefe von Jesus, Krishna, Mohammed, Rama oder dem Buddha! Welch glücklicher Umstand, daß in kommenden Zeiten allen, die Babas Lehren studieren wollen, Briefe des Avatars zur Verfügung stehen, einige davon sogar handgeschrieben. Sri Sathya Sai Baba ist in der heutigen Welt eine überragende Persönlichkeit. Seine Bedeutung für die Menschheit wird ihren Höhepunkt erreichen, noch bevor der Tod ihn in das Reich der Geschichte entführen wird. Tausend Jahre nach uns, ja, fünftausend Jahre nach uns wird Babas Korrespondenz einen Schatz darstellen für Historiker wie für diejenigen, deren Herzen sich zu ihm hingezogen fühlen, wenn sie von ihm lesen. Babas Briefe sind persönliche, an bestimmte Devotees gerichtete Schriftstücke, und von einer Wärme und Offenheit, die weit über das hinausgehen, was man in anderen schriftlichen Äußerungen findet. Und darüberhinaus werfen die Briefe, die seine Devotees an ihn schreiben, ein sanftes, unverfälschtes Licht auf das Wesen seiner Beziehung zu seinen Devotees. Darin kommt etwas zum Ausdruck, was, wenn es nicht im Augenblick festgehalten wird, unwiederbringlich verloren gehen würde.

Aus diesen Erwägungen heraus habe ich Baba um die Erlaubnis gebeten, einen Teil unseres Briefwechsels veröffentlichen zu dürfen. Er gab seine Zustimmung. Gewöhnlich schreibt Baba von Hand auf Briefbögen, obwohl er auch manchmal jemanden seine Briefe mit der Maschine schreiben läßt. In diesem Kapitel sind die handgeschriebenen Briefe verkleinert wiedergegeben, um sie dem Format dieses Buches anzupassen. Meine Briefe an Baba sind alle maschinengeschrieben und erscheinen auf diesen Seiten ohne Briefkopf.

Ich schreibe ihm alles, was mir am Herzen liegt. Seine Briefe an mich leiten mich in meiner spirituellen Disziplin. Der Leser wird bemerken, daß ich manchmal eine Krankheit erwähne, wenn ich an Baba schreibe. Immer wenn Krankheiten auftreten, übergeben meine Frau und ich sie im Geiste Baba und machen uns keine Sorgen mehr. Der erste Abschnitt eines der Briefe erwähnt ein Gebet, das Baba für uns geschrieben hat. Eine Fotokopie dieses Gebetes findet sich im Anschluß an die Briefe.

Camp. "Brindavan"
Near white field station
Bangalor Dt.

Bhagavan
Sri Sathya Sai Baba

PRASANTHINILAYAM
PHONE NO. 30, PENUKONDA
ANANTHAPUR DT.

DATE: 24-3-71

My dear Hislop! i am very happy I received your Lovely letter yesterday, now How is your health? don't worry about that; your Lovely GOD is always with you, in you, around you. Hislop! from Some days your sister-in-law is with me (at Brindavan) she is very happy dayly doing Bhajan and Dhyanam Jani also with her.
My dear! all are our fellow passengers, our travellers — all life, plants, animals, not only my Bhakth but our brother brute, our brother plant, not only our brother the good, but our brother the evil, our brother the spiritual and our brother the wicked. They are all going to the same ~~god~~ goal. all are in the same stream, each is hurrying towards that infinite freedom Hislop! the moments of realisation are those when all thoughts of worldly relations, worldly connections, worldly ties, worldly property, worldly desires, worldly needs, are all melted into GOD, into truth. My dear one! every being that is in the universe has the potentiality of transcending the senses. even the little worm will one day transcend the senses and reach GOD. No life will be a failure,

There is no such thing as failure in the universe. a hundred times man will hurt himself, a thousand times he will trumble, but in the end he will realise that he is GOD.

my Boy! you and I are both outlets of the same cannel and that is GOD. as such your nature is GOD and so is mine. you are of the nature of GOD by your birth right, the pure heart is the best mirror for the reflection of truth so all these disciplines are for the purification of the heart and as soon as it is pure all the truths flash upon it in a minute all truth in the universe will mani fest in your heart if you are sufficiently pure.

Hislop! the harder the circumstances, the more trying the environ ments the stronger are the men who come out of those circumstances, so welcome all these out side troubles and anxieties.

when the bubble bursts, it finds itself the whole ocean you are the whole, the infinite, the all. out of long churning this milk of the world comes butter and thes butter is ...... GOD. men of heart get the butter, and the butter-milk is left for the intellectual.

My Love! tell my Grace and Blessings to your wife and Sai Brothers and sisters

With Love
Baba

24.3.71

Mein lieber Hislop! Ich bin sehr glücklich. Gestern erhielt ich deinen lieben Brief. Nun, wie steht es mit deiner Gesundheit? Mach dir deswegen keine Sorgen. Dein liebender Gott ist immer bei dir, in dir, um um dich herum. Hislop! Seit einigen Tagen ist deine Schwägerin bei mir (in Brindavan). Sie ist sehr glücklich und übt täglich Bhajans und Dhyanam...[1] auch bei ihr.

Mein Lieber! Alle sind unsere Reisegenossen, unsere Mitreisenden, alles Leben, Pflanzen, Tiere; nicht nur mein Bhakta, sondern auch unser Bruder Untier, unser Bruder Baum; nicht nur unser Bruder, der Gute, sondern auch unser Bruder, der Böse, unser Bruder, der Spirituelle, und unser Bruder, der Verderbte. Sie alle gehen dem gleichen Ziel entgegen. Alle sind in demselben Strom, jeder eilt der unbegrenzten Freiheit entgegen. Hislop! Die Augenblicke der Verwirklichung sind die, in denen alle Gedanken an weltliche Beziehungen, weltliche Bindungen, weltliche Verhaftungen, weltliches Eigentum, weltliche Wünsche, weltliche Bedürfnisse sämtlich in GOTT, in der Wahrheit verschmolzen sind.

Mein Lieber! Jedes Wesen im Universum hat die Möglichkeit, über die Sinne hinauszugehen. Sogar der geringste Wurm wird sich eines Tages über die Sinne erheben und GOTT erreichen. Kein Leben wird ein Fehlschlag sein!

So etwas wie Fehlschlag gibt es im Universum nicht. Hundertmal wird der Mensch sich verletzen, tausendmal wird er straucheln, aber am Ende wird er erkennen, daß er GOTT ist.

Mein Junge! Du und ich sind beide Arme des gleichen Stromes, und der ist GOTT. Deine Natur als solche ist GOTT, und die meine ebenfalls. Du bist durch dein Geburtsrecht von derselben göttlichen Natur. Das reine Herz ist der beste Spiegel für die Wiedergabe der Wahrheit; deshalb sind alle diese Disziplinen für die Reinigung des Herzens da. Und sobald dieses rein ist, leuchten blitzartig alle Wahrheiten auf, in einer Minute. Alle Wahrheit des Universums wird sich in deinem Herzen manifestieren, wenn du rein genug bist.

Hislop! Je härter die Umstände, je schwieriger die Umgebung, desto stärker die Menschen, die aus diesen Umständen hervorgehen. Heiße

1) Handschrift nicht lesbar

deshalb alle äußeren Unannehmlichkeiten und Bedrängnisse willkommen.

Wenn die Schaumblase platzt, findet sie sich selbst wieder als der ganze Ozean. Du bist das Ganze, alles. Durch langes Schlagen wird die Milch dieser Welt zu Butter, und die Butter ist ...GOTT. Menschen von Herz erhalten die Butter, und die Buttermilch ist eine Stärkung für den Intellektuellen.

Mein Lieber! Übermittle meine Gnade und meinen Segen deiner Frau und den Sai-Brüdern und -Schwestern.

In Liebe Baba

PRASANTHI VIDWANMAHASABHA

PRASANTHI NILAYAM

Founder President:
Bhagawan Sri Sathya Sai Baba

Honorary President:
Dr. B. Ramakrishna Rao

8.9.1969

Hislop, empfange Liebe und Freude in Fülle! Ich erhielt alle Briefe, die du geschrieben hast, und war glücklich, sie zu lesen. Da ich aufgrund der vielen Dinge, die in Verbindung mit dem Whitefield-College zu tun waren, keinen Augenblick Muße hatte, und da die Hürde der Sprache zu überwinden war – das heißt, da ich dir doch nicht direkt in Telugu schreiben konnte und niemanden da hatte, der richtig hätte übersetzen können, was ich schreibe – konnte ich diesen Brief erst mit viel Verspätung absenden. Obwohl Briefe Entfernung zu bedeuten scheinen, versichere ich dir: Die Liebe ist nicht fern. Ich bin immer in deinem Herzen als „hai" (unveränderliche und nicht endende Freude) und als Sai – eingetaucht in Glückseligkeit, Glückseligkeit gewährend.

Hislop! Ich wollte ja nach Amerika kommen, aber es gab hier in Verbindung mit dem Aufbau der Colleges einige dringende Angelegenheiten, um die ich mich kümmern mußte. Die Colleges unterstehen der Aufsicht der indischen Regierung, und deshalb müssen sie dementsprechend ausgestattet sein. Laboratorien, Büchereien, Wohngebäude und andere Einrichtungen für die Studenten und den Lehrkörper müssen vorgesehen werden. Das Komitee ist dafür verantwortlich, daß keine Regel oder Vorschrift außer acht gelassen wird und sich kein Mangel in die Institution einschleicht und kein Hindernis das Lernen bzw. Lehren belastet. Deshalb mußte ich selber in alle diese Angelegenheiten Einblick nehmen.

Am 18. September legt Pathak, unser indischer Vize-Präsident, den Grundstein für das Frauen-College in Anantapur. Die Sathya Sai Erziehungs-Stiftung stellt elf Lakhs Rupien für die Vervollständigung des Projektes zur Verfügung; d.h. wir geben 200.000 Dollar für den Bau des Colleges aus.

Beide Colleges machen gute Fortschritte und schneiden erstklassig ab an den Universitäten, denen sie zuarbeiten. Die Ausbildung, die die

Studenten erhalten, muß jedoch noch weiter verbessert werden. Wir geben Unterricht in Gebet, in Japa und Dhyana und legen besonderen Nachdruck auf Charakterbildung und Einübung von Disziplin. Auch Kunst und Wissenschaften, sowohl weltliche als auch geistliche, werden unter Betonung der moralischen, religiösen und spirituellen Werte gelehrt. So werden die Studenten auf die Kurse vorbereitet, die zu Abschlüssen auf Universitätsniveau führen. Da ich beschlossen habe, einige dieser – die Studenten betreffenden – sehr dringenden Probleme zu verbessern, habe ich dieses Jahr vom Reisen Abstand genommen.

Das Sprichwort sagt: „Erst meistere das eigene Heim, dann die Welt.“ Zuerst müssen in diesem Land achtenswerte Charakterzüge entwickelt werden, damit sein Einfluß in anderen Ländern als Inspiration empfunden werden kann, nicht wahr? Wenn man das Naheliegende vernachlässigt, obwohl es im Argen liegt, wird man bei dem Versuch, das Entfernte zu ordnen, zwangsläufig ausgelacht. Für mich sind das Nahe und das Ferne von gleicher Bedeutung. Ich bin unberührt von Empfindungen wie ‚fern' und ‚nah'. Aber gewöhnliche Menschen denken anders, nicht wahr? Deshalb ist es sehr wichtig, indische Studenten zu lehren, was wirklich gut für sie ist, und sie zu ermutigen, es in die Tat umzusetzen. Wenn die Kultur Indiens noch nicht einmal von Indern verstanden wird, wie sollen andere sie verstehen? Wie können andere sie beherzigen? Die Reise nach Amerika mußte verschoben werden.

Meine Liebe ist Liebe für die ganze Menschheit. Meine Wahrheit ist die Wahrheit der ganzen Menschheit. Mein Ziel ist Zufriedenheit für die ganze Menschheit. Aber nur indem ich diese (Liebe und Wahrheit) in der einen oder anderen Form ausdrücke, kann sich mein Wesen offenbaren. In der heutigen Zeit besteht die dringende Notwendigkeit, die Methoden der Erziehung umzugestalten. Heute ist das Feld des Wissens, das der Mensch noch zu erwerben hat, viel größer als das, welches er, wie er meint, schon kennt. Was er weiß, ist sehr wenig; es ist nur ein Atom im großen Unbekannten. Aber die Blitze des Stolzes über seine unbedeutenden Errungenschaften haben ihn blind gemacht. Wenn er das Anfangs- und Endlose wirklich erkennt, wenn er die alldurchdringende immanente Energie begreift, gibt es für Stolz keinen Raum mehr.

In der Tat werden viele Fehler im Namen der Religion begangen. Religion ist zu dreiviertel Charakter. Nur diejenigen, die Charakter bewahren, können als wahrlich religiös bezeichnet werden. Wenn jemand keinen guten Charakter besitzt – was nützt es ihm, mit Argumenten und Erklärungen zu prahlen? Der erste Schritt besteht darin, in den kleinen Kindern den guten Charakter zu pflegen, nur so wird das Land

Fortschritte machen. Der Lehrplan, die Methoden des Lehrens und Lernens, die Atmosphäre innerhalb der Institution, das Benehmen und die Haltung derjenigen, die das Amt des Lehrers ausüben, müssen auch dem Ideal entsprechen. Das allein kann eine Reform herbeiführen. Andernfalls benehmen sich die Menschen wie Tiere. Wenn Bildung und Tugend als wertlos betrachtet werden, wenn spirituelle Bemühung sich nur verbal äußert, wenn alle Aktivität auf das Weltliche und Vergängliche ausgerichtet ist, ist das eine Beleidigung jeglicher spirituellen Bemühung. Spiritualität muß entweder völlig frei von Verhaftung an die Welt der Sinne und Gegenstände sein, oder sie muß die Gottheit, den Herrn des Universums, in der ganzen sinnlich erfahrbaren Welt erkennen und schauen. Diese geheiligte Schau, dieses heilige Empfinden muß durch entsprechende Taten bekräftigt werden. Nur so kann das individuelle Atma augenblicklich das universale Atma erkennen und darin aufgehen, nicht wahr?

Hislop, ich werde gewiß kommen. Es mag ein bißchen später werden, aber sei nicht enttäuscht. Unterrichte die Raymer-Gruppe, die Cowans, Indra Devi, Charles Penn und ihre Freunde von meiner Entscheidung und bereite allen Mitgliedern der Sai-Familie Freude. Ich werde gewiß kommen. Nach den Dasara- und Geburtstags-Feierlichkeiten werde ich kommen und bei euch sein, einen ganzen, gemütlichen Extra-Monat lang, und euch alle mit Glückseligkeit überschütten.

Besonderen Segen für Frau Hislop!

With Blessings
Baba

BHAGAWAN SRI SATYA SAIBABA

PRASHANTHI NILAYAM

CAMP

DATE 15-1-70

15.1.1970

Hislop! Empfange meinen Segen. Die Briefe, die du geschickt hast, sind alle angekommen, und ich habe sie alle gelesen... aber ich war nicht in der Lage, sie dir sofort zu beantworten. Viele Tausende von Devotees hatten sich zu Dasara, zum Geburtstag und zur Gesamtindischen Konferenz der Amtsträger der Sathya-Sai-Organisation eingefunden; und so konnte ich mir nicht einen Moment Muße gönnen. Da außerdem der Bau des Colleges begonnen hat, war ich für ungefähr einen Monat in Bangalore. Kasturi war in Prasanthi Nilayam, und die Briefe an dich mußten übersetzt und geschrieben werden. So gab es weitere Verzögerungen. So war es. Glaube aber deshalb nicht, ich hätte dich vergessen. Ich werde dich niemals vergessen. Wo immer du bist, du bist mein. Wo immer ich bin, ich bin dein. Das Band zwischen diesen beiden ist atmisch (Seele zu Überseele), unabhängig von Zeit, Raum und den Launen des Körpers.

Hislop, ich möchte deine Aufmerksamkeit auf die Geschehnisse in einigen Häusern lenken, von denen du geschrieben hast. Spirituelle Disziplin und Bestrebungen sind nicht pomp- sondern praxisorientiert. Man muß sich die Erfahrung spirituellen Fortschritts verdienen, und zwar durch Praktizieren. Die Erfahrungen daraus sollen dann nur denen enthüllt werden, die einem am nächsten stehen; denen, die ernsthaftes und hingebungsvolles Interesse an solchen Erfahrungen haben. Ich liebe es nicht, für diese Dinge in der Zeitung zu werben und sie allen und jedem zu verkünden, als wenn es billige Handelsware wäre.

Die Süße des göttlichen Geistes ist kein Gericht, das über den Ladentisch serviert werden kann. Man kann sie nicht im Geschäft kaufen. Keine Firma kann sie ihren Kunden liefern. Sie ist wesensgleich mit der göttlichen Erleuchtung; sie will hervorgerufen werden, von einem selbst für einen selbst. Für die Erfahrung dieser Erleuchtung zu werben ist ein armseliger Zeitvertreib.

Es gibt Leute, die sich mit Sadhana, Studien oder dem Anhören von

Vorträgen beschäftigen, um daraus vorübergehende mentale Befriedigung oder sogar Unterhaltung zu beziehen. Sie meinen, damit sei es getan. Aber damit ist die Aufgabe nicht erfüllt... Essen muß zubereitet werden; es muß verzehrt, verdaut und assimiliert werden. Der Körper kann nur Kraft entwickeln, wenn diese drei Schritte, einer nach dem anderen, vollzogen werden. In gleicher Weise muß das, was man gehört hat, überdacht werden, und das Überdachte muß man in die Praxis umsetzen. Nur wenn alle drei Schritte gemacht worden sind, kann man Atmananda (atmische Glückseligkeit, die Glückseligkeit der Erkenntnis dessen, was wirklich ist) erlangen.

Wenn stattdessen das, was man erreicht hat, sehr wenig, und das, was man von sich selbst behauptet, ungleich viel mehr ist, dann wird man zur Zielscheibe der Spötter. Derjenige, der auch nur einen einzigen Punkt spiritueller Disziplin in die Praxis umsetzt, hat davon viel mehr als der, der über hundert Punkte predigt! Ein Same, der ins Erdreich eingebettet wird, keimt, wächst zu einem Baum heran und trägt Früchte. Sät man ihn jedoch nur auf den Boden, wird er nicht aufgehen. So wird sich auch der Glaube, der tief ins Herz eingepflanzt wird, wie ein Baum verhalten und Früchte tragen – nämlich spirituelle Erfahrung. Wenn Glaube aber nur oberflächlich ist, wird er in der Öffentlichkeit von dem Spott, den er herausfordert, weggefegt. Nur für Ware, für die kein Bedarf besteht, wird viel Reklame gemacht. Für das Reine und Heilige braucht man nicht zu werben. Reklame für spirituelle Erfahrung ist eine üble Angewohnheit, die einer wahrhaft spirituellen Haltung widerspricht.

Ich brauche weder einen Namen noch Ruhm. Sie sind mir so zuwider wie Spucke. Geht nicht an die Öffentlichkeit ohne Liebe im Herzen. Lebt und handelt im Geiste der Brüderlichkeit, in Liebe und Achtung allen gegenüber. Beweist durch die Art und Weise, wie ihr spontan aus eurem echten Erleben heraus handelt, daß ihr die letzte Wahrheit erkannt habt. Jede andere Methode wird nur Unglauben und Atheismus erregen.

Wer danach strebt, sich einen festen Glauben zu erringen, muß zuallererst die Kraft erwerben, Kummer und Schmerz, Beleidigung und Ungerechtigkeit zu ertragen. Er sollte nicht von Selbstdisziplin (Yoga) in den Exzeß (Bhoga) abrutschen und in Krankheit (Roga) enden! Selbstdisziplin muß durchgehend bis zum Ende als Selbstdisziplin erhalten bleiben! Ein Yogi muß zeitlebens ein Yogi sein! Die Aufeinanderfolge von Freude und Kummer muß helfen, den Glauben zu stärken und unerschütterlich zu machen. Das ist der einzige Beweis für die Echtheit der Hingabe.

Eine Eisenkugel und ein welkes Blatt liegen gleicherweise unbeweglich auf dem Boden, solange kein Windhauch weht. Daraus zu schließen, daß sie aus dem gleichen Material seien, wäre falsch. Ein kleiner Luftzug, und das Blatt wird hochgehoben und fortgetragen, während die Eisenkugel unbeweglich liegenbleibt. Ebenso verhält es sich mit falschen und wahren Devotees. Solange es keinen Schmerz und keinen Kummer gibt, sind sich beide gleich. Sobald Schmerz oder Disharmonie auftreten, fliegt die unechte Hingabe davon. Die Hingabe, die sich öffentlich darstellen möchte, ist keine wahre und stetige Hingabe. Allein die Hingabe, die durch praktisches Tun gefestigt ist, kann eine Quelle dauerhafter Glückseligkeit sein.

Spirituelle Erfahrungen können unter unseresgleichen ausgetauscht und eventuell auch denen mitgeteilt werden, die sich freuen, davon zu hören und sie mit uns teilen möchten. Aber wenn sie in aller Öffentlichkeit wahllos preisgegeben werden, werden sie nicht im richtigen Licht gesehen und können sogar falsch verstanden und verlacht werden. Die Hungrigen werden von selbst die Orte aufsuchen, wo es Essen gibt. Diejenigen, die keinen Hunger haben, werden nicht beeindruckt sein, auch wenn man eine ganze Reihe schmackhafter Gerichte vor sie hinstellt.

Wo man die Göttlichkeit zum Ziel hat, sollte man sich immer im Geiste der Liebe begegnen, ohne die geringste Spur von Haß, Neid oder Zorn. Sadhana sollte als erstes auf das Ausmerzen dieser Charakterzüge ausgerichtet sein. Wenn man in den weltlichen Verhältnissen die Basis allen Geschehens sieht, gerät man unweigerlich in den Sumpf der Getrenntheit und Verschiedenheit. Kultiviert man dagegen den inneren Blick, kommt man zu der Erkenntnis, daß im Grunde alle gleich sind. Schaust du die Stämme der Bäume an (nicht die Äste, Zweige, Blüten und Blätter), wirst du denken, daß alle Bäume gleich sind. Ähnlich verhält es sich, wenn man nur auf Stand und Rang, Amt und Autorität schaut; es fallen nur die Verschiedenheiten und Unterscheidungsmerkmale ins Auge. Die eigentliche Basis aber jedes einzelnen ist einzig die alleinige Seele, Atman. *Das* sollt ihr erkennen und leben.

Der Mensch bezieht alle Freude und allen Frieden, die er braucht, aus seinem Innern, und nicht aus Quellen außerhalb seiner selbst. Darum besteht die beste spirituelle Disziplin darin, den Blick nach innen zu stärken.

Mein lieber Hislop! Laß dich nicht durch andere Geschäfte beirren; fahre fort in deinem Sadhana. Ich, Swami, bin bei dir, neben dir, vor dir, hinter dir, in deinem Haus; meine Liebe, mein Mitgefühl, meine Gnade sind immer bei dir; du wirst niemals ohne sie sein. Sehr bald wirst du die Glückseligkeit des Atman, die Wirklichkeit, erfahren.

Sage deiner Griha-Lakshmi (der Göttin des Hauses, die diesem Frieden und Wohlergehen verleiht), Frau Hislop, daß ich sie tausendmal segne. Mögt ihr beide mit Eintracht, mit Frieden und Freude gesegnet sein. Mögt ihr die herrliche Erfüllung eures Sadhana erhalten; die Erkenntnis der Wirklichkeit.

Segen an die Sai-Familie. Laßt Bosheit, Haß, Neid und Pomp beiseite; entwickelt Liebe und Toleranz und macht auf diese Weise Fortschritte in eurem Sadhana. Versichert euch zuerst eures Ananda, eurer spirituellen Glückseligkeit, und dann versucht, sie denjenigen Menschen zu vermitteln, die sich nach ihr sehnen. Wenn der Wassertank leer ist – wie kann Wasser aus dem Wasserhahn kommen? Füllt den Tank mit reinem Trinkwasser: nur dann kann der Hahn den Durstigen Wasser spenden.

With Blessings
Baba.

ॐ

PHONE: KOTHA CHERUVU 30
WHITEFIELD 33

BHAGAWAN SRI SATHYA SAI BABA

PRASHANTI NILAYAM (A.P.)

Date..........................

1/10 Hislop

I The best method of spreading Vedanta Philosophy is to live it; there is no other royal Road.

II Let God work through you. and there will be no more duty. ~~be~~ Let God shine forth, Let God show himself, live God. Eat God. Drink God, breathe God. realise the truth and the other things will take care of them~~self~~selves

III True Love expands the self. attachment contracts it.

IV Heaven is within you. seek happiness ~~of~~ not in the object of senses, realise that happiness is within your self.

V Ther is no rose with out a thorn unmixed happiness is not to be found in this material world. all happiness ~~is~~ is in self supreme.

VI in the lowest worm as well as in the highest human being the same divine nature is present the worm is the lower form in which the divinity has been more over shadowed by maya.
That is the highest form in which it has been least over shadowed behind every thing the same divinity is existing and out of this comes the basis of morality.

With Blessings
Baba.

An Hislop

I. Die beste Methode, die Philosophie des Vedanta zu verbreiten, ist, sie zu leben; es gibt keinen anderen königlichen Weg.

II. Laß Gott durch dich tätig werden, und es wird keine Pflicht mehr geben. Laß Gott aus dir leuchten. Laß Gott sich offenbaren. Lebe Gott. Iß Gott. Trinke Gott. Atme Gott. Erkenne die Wahrheit, und alles andere wird sich von selbst regeln.

III. Wahre Liebe erweitert das Selbst. Verhaftung zieht es zusammen.

IV. Der Himmel ist in dir. Suche das Glück nicht in den Sinnesobjekten; werde dir bewußt, daß das Glück in dir selbst liegt.

V. Keine Rose ohne Dornen. Ungetrübtes Glück ist in dieser materiellen Welt nicht zu finden. Alles Glück liegt im höchsten Selbst.

VI. Im geringsten Wurm wie auch im höchstentwickelten Menschen ist dasselbe göttliche Wesen gegenwärtig. Der Wurm ist die niedrigere Form, weil in ihm die Gottheit durch Maya stärker überschattet ist. Die höchste Form ist die, in welcher die Gottheit am wenigsten überschattet ist. Hinter jedem Ding steht dieselbe Gottheit, und das ist die Grundlage der Sittlichkeit.

Mit Segen
Baba

BHAGAWAN SRI SATYA SAIBABA

PRASHANTHI NILAYAM

CAMP "Brindavan"

DATE 27. 5. 71

Hislop! Receive my Blessings

I have received the two letters from you. I have noted what you have written. you have taken a lot of trouble regarding the helicopter and gathered a number of details about it. the number of Sathya Sai organisations has grown in this country. I have to travel by car to visit these organisations and such journeys are not very convenient besides taking a lot of time. I therefore propose to dispose of the 3 or 4 cars I have and get a helicopter.

Travel by service planes is also inconvenient. recently the Government have imposed rigid rules and passengers are closely checked. besides ~~co~~ crowds gather at every air-port. I feel a helicopter is better in every respect for my journeys. I can visit a large number of Sathya Sai organisations, more quickly and with less inconvenience to every one and thus satisfy thousands of devotees.

Hislop! it was first proposed to get the ~~new~~ new college building at Anantapur opened by the president of india on the 10th june 1971. But certain difficulties have now arisen. There is a strike of Government officials going on in Andhra. so the date has been changed for the present to the 15th of July. ~~but~~. the finishing stages of the new building are getting completed briskly. but I wonder if the President can take part, for some time to come, in public engagements..

What with the Bangladesh problem in east bengal and the non-gazetted officers, strike etc. I do not propose to move out anywhere in July and August.

Hislop! my special Blessings to your wife. may you both continue to enjoy Ananda. good health and mutual understanding and Companionship.

Convey my blessings to Cowan and Mrs. Cowan, gerry and Mrs gerry, and all sathya sai family

With Love and Grace

Baba.

27.5.1971

Hislop! Empfange meinen Segen.

Ich habe deine beiden Briefe erhalten und zur Kenntnis genommen, was du schreibst. Du hast eine Menge Unannehmlichkeiten wegen des Hubschraubers auf dich genommen und eine Menge Information darüber eingeholt. Die Zahl der Sathya-Sai-Organisationen in diesem Land ist angewachsen. Ich muß mit dem Auto reisen, um die Organisationen zu besuchen, und solche Reisen sind nicht sehr bequem. Außerdem kosten sie eine Menge Zeit. Ich schlage deshalb vor, die drei oder vier Autos, die ich habe, abzugeben und einen Hubschrauber anzuschaffen.

Mit Linienflugzeugen zu reisen ist auch umständlich. Kürzlich hat die Regierung strenge Anordnungen erlassen, und die Passagiere werden scharf überprüft. Außerdem versammeln sich an jedem Flughafen große Menschenmengen. Ich finde, ein Hubschrauber wäre für meine Reisen in jeder Hinsicht besser. Ich kann eine große Zahl von Sathya-Sai-Zentren schneller und mit weniger Unbequemlichkeiten für alle Beteiligten besuchen und auf diese Weise Tausende von Devotees zufriedenstellen.

Hislop! Zunächst war vorgeschlagen worden, das neue College-Gebäude in Anantapur am 10. Juni 1971 vom indischen Staatspräsidenten einweihen zu lassen. Aber jetzt sind gewisse Schwierigkeiten aufgetreten. In Andhra streiken die Regierungsbeamten, deshalb wurde der Termin vorläufig auf den 15. Juli verschoben. Die letzten Arbeiten am neuen Gebäude werden zügig zu Ende geführt, aber ich frage mich, ob der Präsident es sich zeitlich erlauben kann, an solchen öffentlichen Veranstaltungen teilzunehmen.

Wegen des Bangladesh-Problems in Ost-Bengalen, der nicht ernannten Offiziere und der Streiks habe ich nicht vor, im Juli und August irgendwohin zu fahren.

Hislop! Meinen besonderen Segen für deine Frau. Mögt ihr beide euch weiterhin eures Ananda erfreuen. Ich wünsche euch gute Gesundheit, gegenseitiges Verständnis und Kameradschaft!

Übermittle meinen Segen an Herrn und Frau Cowan, Gerry und Frau Gerry und die ganze Sathya-Sai-Familie.

Mit Liebe und Gnade
Baba

BHAGAWAN SRI SATYA SAIBABA
PRASHANTHI NILAYAM

CAMP
DATE 24 · 7 · 71

My dear Hislop! I recceved your letter
I am very happy. How is your health? and practice
Hislop! the secret of perfect health lies in keeping the
mind always chearful, never worried, never
hurried, never borne daon by any fear, thought ~~anxiety~~
or anxiety.
have all your attachments severed from every
object and concentrate yourself on one thing. the
one fact; one truth, your divinity, immediately
on the spot you gain realisation
nothing is done in a day. religion can not be
swallowed in the form of a pill. it requires hard
and constant practice. the mind can be conquired
only by slow and steady practice.
Hislop! moderation in temper is virtue
moderation in principle is a vice. impurity is a mere
superimposition under which the real nature of
man has been hidden.
my dear! you are the embodiment of GOD. fill yourselves
with the thought of your almightiness, your majesty and
your glory. open the gates of wisdom. Enter the abode
bliss. Rest in peace forever
Lop. How is your Mrs. give my Blessings to her and all
family. I am always, in you. with you with
Love Baba

24.7.1971

Mein lieber Hislop!

Ich habe deinen Brief erhalten und bin sehr glücklich. Wie steht es um deine Gesundheit und um deine Übungen, Hislop? Das Geheimnis vollkommener Gesundheit ist ein fröhliches Gemüt – niemals besorgt, niemals überhastet, niemals niedergedrückt von Furcht, Grübelei oder Angst.

Halte dich fern von aller Verhaftung gegenüber den Dingen und konzentriere dich nur auf das Eine, die eine Tatsache, die eine Wahrheit, nämlich deine Göttlichkeit, und du wirst umgehend und unmittelbar zur Verwirklichung gelangen.

Nichts wird an einem Tag vollbracht. Religion kann man nicht wie eine Tablette einnehmen. Sie erfordert harte und ständige Übung. Der Verstand kann nur durch langsames und stetiges Üben besiegt werden.

Hislop! Mäßigung im Temperament ist eine Tugend. Mäßigung in Prinzipien ist ein Laster. Unreinheit ist nichts als eine Überlagerung, unter der die wirkliche Natur des Menschen verborgen liegt.

Mein Lieber! Du bist die Verkörperung GOTTES. Erfülle dich mit dem Gedanken deiner Allmacht, deiner Majestät und deiner Herrlichkeit. Öffne die Tore der Weisheit. Trete ein in den Raum der Glückseligkeit. Bleibe für immer im Frieden.

Hislop! Wie geht es deiner Frau? Übermittle ihr und der ganzen Familie meinen Segen. Ich bin immer in dir, mit dir.

In Liebe
Baba

To <u>Hislop</u> <u>with Blessings</u> (1.5.1. 1971)

My Dear! you will find it deep within yourself.
Think it many times. ponder it. it tells you about
your true na-true. it gives you hope, it gives you
now life. it points the way. it proves to you that GOD
is within you. and you are not man, man is GOD
it shows you that it is possible for you to realize
GOD (Swamiji) but you and you alone must ponder
this work deeply. you will find that you will begin to
Know what is meant by the statement: "The Self"
Cannot be explained, the mind Knows of its existence,
"The Self-GOD" is within ~~man~~ man, you are that Self,
all else is illusion of the mind's creation, the mind that
creates, preserves, and destroys

My Love! the great joy, the subtlety of the bliss, that
you will feel. as you come closer and closer to your
Real Self. if you strive to find your self. ~~by~~ by using
your mind, you will strive and strive in vain, Because
the mind, Cannot give ~~the~~ you the truth; A lie cannot
give you the truth; A lie can only entangle you in a web
of deceit. but if you sensitize your self. awaken your
true, fine, ~~baal~~ beautiful qualities

above you-nothing Below you-nothing, to the right of you-
or to the left of you-nothing; and dissolve your self
into that nothingness. That would be the best way
you Could explain The realization of the Self.
and yet that nothingness would not be the
absence of Something like the nothingness.
That nothingness is the fullness of everything, the power,
of the existence of that appears to be everything. -Baba-

(Note from Sai Baba hand-delivered by messenger to Jack Hislop at the ashram.)

November 1971

An Hislop, mit Segen:

Mein Lieber! Du wirst es tief in dir selbst finden. Denke viele Male darüber nach. Betrachte es. Es erzählt dir von deiner wahren Natur. Es gibt dir Hoffnung, es gibt dir jetzt das Leben. Es weist den Weg. Es beweist dir, daß GOTT in dir ist, und daß du nicht Mensch bist. Mensch ist GOTT. Es zeigt dir, daß es dir möglich ist, GOTT (Swamiji) zu verwirklichen, aber du, du allein, mußt über diese Arbeit tief nachsinnen. Du wirst finden, daß du zu begreifen beginnst, was mit dem Begriff ‚Das Selbst' gemeint ist. Es kann nicht erklärt werden, obgleich der Verstand von seiner Existenz weiß. ‚Das GOTT-Selbst' ist im Menschen. Du bist dieses Selbst. Alles andere ist Illusion, vom Verstand geschaffen; dem Verstand, der erschafft, erhält und zerstört.

Mein Lieber! Die große Freude, die Zärtlichkeit der Glückseligkeit, du wirst sie fühlen, sowie du deinem wirklichen Selbst näher und näher kommst. Wenn du danach strebst, das Selbst mit Hilfe deines Verstandes zu finden, wirst du dich vergeblich mühen und mühen, denn der Verstand kann dir die Wahrheit nicht vermitteln. Eine Lüge kann dir keine Wahrheit bringen; Lüge kann dich nur in ein Netz aus Täuschungen verstricken. Aber wenn du dein Selbst sensibilisierst, erwachen deine wahren, feinen, schönen Eigenschaften.

Über dir: nichts. Unter dir: nichts. Zu deiner Rechten und zu deiner Linken: nichts. Löse dich selbst in diesem Nichtvorhandensein auf. So könnte man die Verwirklichung des Selbst noch am besten erklären. Und doch würde dieses Nichtvorhandensein nicht bedeuten, daß dieses ‚Nichts' nicht wirklich oder nicht gegenwärtig wäre. Das Nichts ist die Fülle aller Dinge. Die Macht, die hinter der Existenz der Dinge steht, erscheint als die Gesamtheit aller Dinge.

Baba

(Botschaft von Sai Baba an Jack Hislop, durch Boten im Ashram überbracht).

12.11.71.

To Hislap. at 9.A.M.

To try to meditate, to try to become quiet
To try to relax. Keep trying. Every positive effort
that you make, is not in vain. Every Single
brick added to a temple made of brick
brings that temple closer to completion.
So keep trying and one day All of a sudden
you will pierce the lower realms of your
mind and enter into Contemplation
and you will be able to say: "yes, I Know,
I have Seen, Now I know fully the path that
I am on" Keep trying. You have to start
somewhere. The self you ~~Con~~ can not speak of,
you can ~~at~~ only try to think about it,
if you care to, in one way: feel your mind
body and emotions, and know.

With Blessings

Baba

(Note from Sai Baba hand-delivered by messenger to Jack Hislop at the ashram.)

12. November 1971

An Hislop

Versuche zu meditieren, versuche ruhig zu werden, versuche dich zu entspannen. Versuche es immer wieder. Keine positive Anstrengung, die du machst, ist vergeblich. Jeder einzelne Backstein, der dem Bau eines Tempels hinzugefügt wird, bringt diesen der Vollendung näher. So fahre fort mit dem Versuchen, und eines Tages wirst du plötzlich die niederen Bereiche deines Geistes durchstoßen und in die Kontemplation eintauchen, und du wirst sagen können: „Ja, ich weiß, ich habe gesehen, jetzt kenne ich den Weg, auf dem ich bin." Fahre fort, dich zu bemühen. Irgendwo mußt du beginnen. Über das Selbst kannst du nicht sprechen; du kannst nur versuchen, darüber nachzusinnen, wenn du es willst, und zwar auf diese Weise: Nimm deinen Geist, deinen Körper und deine Emotionen wahr, und wisse.

Mit Segnungen
Baba

(Botschaft von Sai Baba an Jack Hislop, durch Boten im Ashram überbracht).

8. August 1972

Geliebter Swamiji!

Am Donnerstag, Babas Tag, dem 27. Juli, dem zweiten Tag des Vollmonds, haben wir unsere Möbel auf einen Lastwagen gepackt und sind in das neue Haus in Mexiko gezogen. Der Umzug war am darauffolgenden, dem dritten Vollmondtag, beendet. War das eine günstige Kombination von Tagen und Umständen? Im Augenblick *kampieren* wir in dem Haus, denn es gibt keine abgetrennten Räume, nur rohverputzten Boden. Die Installationen sind nur teilweise vorhanden, usw. Die Lage und das Haus selbst sind jedoch wunderbar (Swamis nordamerikanische Residenz). Im Geiste sehen wir Swami schon mit anmutigen Schritten durch das Haus gehen, vorbei an den weißen Säulen, die das Gewölbe stützen.

In der Tat, Swami *ist* hier. Victoria wischte den Boden des Salons mit einem nassen Tuch, und da waren, klar und deutlich, Swamis Fußspuren auf dem feuchten Zement zu sehen! Sie selbst trug Schuhe, es gibt also keinen Zweifel, es waren Swamis Fußabdrücke! Bis sie mich von draußen hereingerufen hatte, waren die Spuren schon fast verschwunden – aber einen Abdruck konnte ich noch teilweise sehen. So war es für uns eine riesige Freude, festzustellen, daß dank Swamis Gnade Er hier bei uns ist – so sehr hier ist, daß wir sogar den körperhaften Abdruck Seiner Lotosfüße sehen konnten.

Dann, vor drei Tagen, überschüttete uns Swami wieder reichlich mit Seiner Gnade. Während Victoria beim Einkaufen war, verlor sie auf dem polierten Boden das Gleichgewicht und fiel böse hin, wobei sie mit ihrer linken Brust auf die Ecke einer hölzernen Stufe knapp über dem Fußboden aufschlug. Der Stoß war so hart, daß Blut durch die Poren kam. Solch harte Stöße können an der Brust schnell zu einer Krebsgeschwulst führen. Wir eilten nach Hause, und sie trug Swamis Vibhuti auf die Stelle auf. Das Wunder geschah sofort, der Schmerz verschwand, und die Brust gewann ihre normale Farbe wieder, während ein geringerer Stoß gegen das Bein beim gleichen Unfall einen Bluterguß verursacht hat, der immer noch schwarz und blau ist!

Mit Gewißheit ist Gott allgegenwärtig, und Gott ist Swamiji, und Swamiji ist Gott! Jedem, der offene Augen hat, einen wachen Verstand und Intelligenz, ist Swamis Göttlichkeit mit Sicherheit erkennbar, in allem, was Swami täglich tut. Aber was uns Menschen betrifft, mag Gott ja wir selbst sein – muß in der Tat wir selbst sein... aber es ist wirklich schwierig, die Kehrseite der Medaille zu sehen... nämlich, daß wir Gott selbst sind. Ich vermute, nur durch Übung ist es möglich, daß wir innerlich still werden und zulassen, daß Gott durch unser Tun sichtbar wird. Swami rät uns, wir sollen unserem Verstand den Streik erklären. Genauso wie wir uns still und passiv einer Person gegenüber verhalten, die uns schadet, mit der wir uns aber nicht anlegen wollen, sollten wir uns dem Verstand gegenüber verhalten, bis er einsieht, daß er seinen aggressiven Herrschaftsanspruch aufgeben muß. Solche mutigen Worte sind leicht gesagt, aber in der Praxis ist es gar nicht so einfach!

Victoria und ich senden all unsere Liebe.

24. August 1973

Geliebter Swamiji!

Die Umstände, der Gesundheitszustand, die Emotionen, die Gedanken und selbst die Intelligenz, die auch ihre Schwankungen hat, schubsen einen hin und her. Man möchte manchmal verzweifeln, und dann fühlt man sich doch wieder erhoben. Man wendet sich an Swamiji als den einzig Wahren – das heißt an den Swamiji im Innern, und ich halte mich an ihn, so wie sich der Nagel am Balken festhält und die Muschel am Felsen. Und selbst wenn man straucheln oder versagen sollte, so hat das Leben doch einen Sinn, wenn man nur jede Handlung Gott weiht.

Liebster Baba, anbei einige Bilder. Walter Wolfe, ein Devotee von Swamiji aus dem Cowan-Center, machte Aufnahmen vom Kruzifix mit einer ausgezeichneten Fotoausrüstung. Er wird den ganzen Satz Fotos an Swami schicken. Er wird auch anfragen, ob Swami hinsichtlich der Verwendung der Fotos irgendwelche Einschränkungen bestimmt. Letzten Monat wurden die Fotos vom Kruzifix im Santa-Ana-Center gezeigt, und jeder möchte einige davon haben.

Die Gestalt des Christus, wie sie von Swami geschaffen wurde, ist das größte Kunstwerk, das wir je gesehen haben. Nur in der Vergrößerung sind die erstaunlichen Details des Kruzifixes zu sehen. Man erkennt sofort, so muß Jesus nach Tagen des Leidens ausgesehen haben. Wie sehr sich doch die Wirklichkeit von den Vorstellungen weltlicher Künstler unterscheidet! Das Blut, der Todeskampf, der staubverkrustete Speichel, die nach oben verdrehten Augen. In Menschen mit christlichem Hintergrund erzeugt dieser Anblick ein sehr tiefes Empfinden. Vielleicht könnte Swami, wenn es Ihm angemessen erscheint, Frau Cowan eine Nachricht zukommen lassen, daß sie die Bilder freigeben darf, bzw. welche Einschränkungen hinsichtlich ihrer Verwendung er gewahrt wissen möchte.

Was mich und Victoria betrifft: Ich bin wieder am Arbeiten, wie ich in meinen Briefen an Swamiji angedeutet habe, und Victoria ist im Haus in Mexiko. Diesen Nachmittag werde ich hinfahren. Ich war auch am letzten Wochenende dort.

Mit all meiner Liebe

26. Januar 1975

Liebster Swamiji!

Jetzt sind wir vollkommen glücklich, denn in zwei Wochen fahren wir los, um Swamiji zu besuchen – überflüssig, nach weiteren Anlässen für dieses Glücksgefühl zu suchen!

Ich weiß, daß Vorfreude ein schwerer Fehler ist, aber ich bin freudig erregt, daß wir Swami bald sehen werden. In dieser Hinsicht kann man den Gopis nachfühlen. Obwohl sie wußten, daß Krishna im Herzen jeder einzelnen war, waren sie dennoch dann besonders von Zärtlichkeit erfüllt, wenn sie Krishna mit eigenen Augen sehen und mit eigenen Ohren seine Stimme hören konnten!

Wenn sich nicht noch in letzter Minute der Fahrplan ändert, kommen wir am 12. Februar in Bangalore an.

Am 2. Februar wollen wir Frau Cowans erstes Sathya-Sai-Baba-Treffen im neuen Jahr beiwohnen. Alle paar Wochen fahren wir nach Santa Ana und verbringen einen Tag oder mehr bei ihr. Es geht ihr bemerkenswert gut, dank großer Energie, und ihr eiserner Wille ist durch die Jahre nicht gebeugt.

Victoria und ich senden unserem geliebten Sri Baba all unsere Liebe.

Mit aller Liebe

P.S. Falls es Swami recht ist, möchten wir ein paar Monate bleiben, um dann im November wiederzukommen.

Bhagawan Sri Sathya Sai Baba

TELE NO 30
BRINDAVAN
WHITEFIELD 560 067
TELE NO 36
PRASANTHINILAYAM P O
ANANTAPUR DT 515134

Mein lieber Hislop!

Empfange meinen Segen. Dein Brief und das an die Devotees gerichtete Rundschreiben sind angekommen. Ich bin sehr glücklich, daß die Dinge so gute Fortschritte machen. Ich bin froh, daß Du gesund und tätig bist.

Hislop! Es ist nicht ratsam, Mängel öffentlich bekanntzumachen, indem man sie besonders erwähnt. Das sind Dinge, die besser indirekt als direkt mitgeteilt werden sollten. Wir müssen die Leute zur Selbstkorrektur dadurch erziehen, daß wir ihre guten Seiten hervorheben. Solche Güte wird die anderen beschämen, so daß sie ihr schlechtes Verhalten aufgeben. Wenn einige ihren Glauben an den rechten Weg zum Ausdruck bringen, indem sie ihn vorleben, werden diejenigen, die auf dem falschen Weg sind, bemüht sein, sich ihnen anzuschließen. Wenn wir über einen bestimmten Charakterfehler schreiben und die Aufmerksamkeit auf ihn lenken, wird dem einzelnen dadurch ungebührende Bedeutung beigemessen. Außerdem werden wir sehr wahrscheinlich mißverstanden und als voreingenommen verleumdet. Laß uns mehr die positiven Seiten und die positiven Gedanken unter den Devotees unserer Organisation betonen, wie Liebe, selbstloses Dienen und Brüderlichkeit. Diese sollen die besonderen Kennzeichen unserer Organisation sein, die sie von den übrigen unterscheidet. Wir wollen beharrlich und schweigend vom Unerwünschten Abstand halten und es ignorieren. Darüber zu diskutieren und es öffentlich zu verurteilen wird uns nur beschmutzen. Halte eine Atmosphäre von Reinheit und Göttlichkeit aufrecht; in solcher Atmosphäre kann nichts Übles gedeihen.

Ich bin glücklich, daß Du auch in Deinem hohen Alter noch so ernsthaft und aktiv im Dienst der Organisation stehst. Die Organisation in Amerika steht unter Deiner Verantwortung. Sai-Devotees haben einander zu unterstützen und miteinander die Arbeit zu teilen. Sie müssen in ihre Gruppen Liebe, Mut, Vertrauen und Opferbereitschaft hineintragen, so daß die Botschaft immer mehr und mehr Menschen in Sucher und Sadhakas der Wahrheit verwandeln kann.

Lieber Hislop! Ich segne Dich, daß Du Dein Vorhaben, die Organisation zu leiten und zu entwickeln, mit Erfolg weiterführst. Ich bin hochbefriedigt von dem, was Du in dieser Hinsicht bereits getan hast und tust. Natürlich bringt Erfolg immer Widerstand, Opposition und sogar Verleumdung mit sich. Aber achte nicht darauf. Der Diamant leuchtet umso stärker, je mehr Facetten ihm eingeschliffen werden. Man ist dazu verpflichtet, den einmal gewählten Weg weiterzugehen und seine Aufgabe mit unvermindertem Enthusiasmus zu erfüllen. Eines Tages wird die Wahrheit unweigerlich geschätzt und gewürdigt werden. Sei so glücklich wie immer, was auch geschieht.

Meinen Segen für Deine Frau. Überbringe meine Liebe und meinen Segen Goldstein, Krystal, Sandweiss und den anderen, auch den Zentren.

With love and Blessings
Sri Sathya Sai Baba
(Baba)

7. Oktober 1978

Geliebter Sai!

Nur der Gnade von Swamiji ist es zu verdanken, daß das Leben von Victoria und mir nicht in das allgemeine Desaster hineingezogen wird, in dem sich die Menschen heute befinden. Deshalb erwarten wir nichts, was über das Normalmaß hinausgeht, wenn wir in Babas heiliger Gegenwart sind, und nur mit großem Zögern wage ich, um mehr zu bitten.

Aber aus Seinem eigenen Willen heraus hat Swami gesagt, daß Er meine Zweifel ausräumen würde. Und daher fasse ich Mut und bitte um ein oder zwei Interviews (mit einem fähigen Übersetzer).

Ich habe in mir einen sehr großen persönlichen Zweifel entdeckt. Auch meine Frau hat auf ihrem Weg nach Innen eine Art Blockade erfahren und hat das sehr starke Bedürfnis, Swami zu befragen.

Dazu kommt, daß, wenn ich die Sathya-Sai-Zentren besuche, Fragen gestellt werden, von denen ich einige nicht beantworten kann, und ich muß Swami wegen dieser Fragen der Devotees um Antwort bitten.

With all love
Hislop

Bhagawan Sri Satya Sai Baba
Prasanthi Nilayam P.O.
Anantpur Dt.
A.P. 515134

Lieber Hislop!

Empfange meinen Segen für Dich und Frau Hislop. Ich erhielt Deinen Brief, der Deine Reaktion auf jüngste Ereignisse schildert. Es schmerzt mich zu sehen, daß sie Dich so sehr aus der Fassung gebracht haben. Jeder ist begierig, Swami zu dienen und seine ihm zugewiesenen Pflichten zu erfüllen. Niemand steht hoch oder niedrig, niemand ist Konkurrent für den anderen. Um die Projekte zu ermöglichen, die von Devotees geplant werden, sind den Leuten Aufgaben zugewiesen worden, aber das bedeutet nicht, daß sie die alleinige und oberste Verantwortung haben. Jeder sollte in liebendem Dienst gemeinsam mit den anderen Hand anlegen.

Natürlich müssen neue Komitees gebildet und mit neuen Pflichten betraut werden, wenn die Aufgaben, die die Organisation übernimmt, in Zahl und Größe anwachsen.

Gegenseitige Anpassung und ständiges Beraten sind nötig, wenn ein Programm des spirituellen Dienens Erfolg haben soll. Überschwengliche Begeisterung mag einige Leute veranlassen, Fehler zu machen oder unrichtige Dinge zu tun. Über diese Dinge sollte man großzügig hinwegsehen. Liebe und Brüderlichkeit müssen auch in Form von Verständnis und Sympathie zu spüren sein.

Lieber Hislop, verliere nicht Deinen Seelenfrieden, wenn solche Dinge vorkommen. Gib Dein Bestes und laß Liebe aus Deinem Herzen zu allen fließen. Würdige die Hingabe, die Tausende in Amerika bewegt, und hilf in jeder Weise, sie zu vertiefen. Ich werde Dir nicht erlauben, die Rolle aufzugeben, mit der ich Dich gesegnet habe. Wisse, daß ich immer bei Dir, in Dir, neben Dir, vor Dir bin.

With Blessings and Love
Baba

Bhagawan Sri Sathya Sai Baba

PHONE NO 30
PRASANTHI NILAYAM P.O. ANANTPUR DISTRICT, ANDHRA PRA...

20. Mai 1982

Lieber Hislop,

meinen Segen für Dich und Deine Frau!

Ich erhielt Deinen Brief und den beigelegten Zeitungsausschnitt. In der Welt gibt es alle möglichen Arten von Menschen mit allen möglichen Vorstellungen. Das liegt in ihrem Wesen, Hislop. Wir sollten solchen Menschen und ihrem Tun keine Bedeutung beimessen. Devotees müssen sich um ihres eigenen Fortschritts willen auf Sadhana konzentrieren, anstatt sich über Ereignisse außerhalb ihres eigenen Umkreises zu beunruhigen.

In der Zeitschrift „American Newsletter" sah ich einen Beitrag, den Du eingeschickt hast, damit die Leser daran teilhaben können. Er befaßt sich mit trivialen Themen. Wir müssen unterscheiden, was der Mühe wert ist und was nicht. Versuche immer, den Lesern und Mitgliedern zu helfen, im spirituellen Sadhana Fortschritte zu machen und Swamis Lehren zu verstehen und zu praktizieren.

Swami hat so viele konstruktive und positive Hinweise für den spirituellen Fortschritt gegeben. Betone diese, wenn Du schreibst und sprichst. Meditation geht über die Sinne hinaus. Mit einem Gemüt, das durch Meditation klar und ruhig geworden ist, kann man dem Leben unverzagt begegnen.

Überbringe meinen Segen Herrn und Frau Goldstein, Herrn und Frau Bozzani, Herrn und Frau Krystal und allen anderen Devotees dort.

With love and
Blessings
Sri Sathya Sai

23. September 1982

Liebster Herr!

Wir (Victoria und ich) werden voraussichtlich am Donnerstag, den 4. November in Bangalore ankommen und am Donnerstag, den 28. Dezember von Bangalore wieder abfahren. Wir freuen uns darauf, wieder in Swamijis göttlicher Gegenwart sein zu dürfen.

Liebster Swamiji, es wäre gut, wenn Swami eine große Ansprache über die Welt halten würde. Gerade heute ist die Welt besonders leiderfüllt, was für den begrenzten menschlichen Verstand ohne göttliche Hilfe unmöglich zu verstehen ist.

Das Grauen des willkürlichen und unbarmherzigen Dahinschlachtens von Männern, Frauen und Kindern, wie es jetzt im Libanon, in Mittelamerika und Teilen von Afrika geschieht, trifft die Menschen hier wie ein glühendes Eisen, ins Herz. Und dabei sind wir so hilflos, können nicht eingreifen. Die Leute veranstalten Protestmärsche, spenden Hilfsgüter, schreiben ihre Regierungsvertreter an, rufen sie an, aber niemand kann irgendetwas ändern.

Swamiji! Was haben diese höllischen Ausbrüche in unserer Weltgeschichte für eine Bedeutung?

Was ist die Welt? Die Welt scheint ich zu sein, denn ich kenne die Welt nicht als ein Ding für sich, sondern nur als ein Bild, das von meinen Empfindungen gemalt wird, Empfindungen, die in mir hochkommen. Doch was haben diese üblen, dämonischen Geschehnisse mit *mir* zu tun? Ich finde derartige höllische Leidenschaften und Handlungen nicht in mir.

Was ist die Welt für den einzelnen? Wenn der übermächtige Druck der Welt, der auf meinem Geist und meinen Gefühlen lastet, auf meine Unwissenheit, meine Verblendung und den Mangel an einem Kundigen, der mir die Wirklichkeit zeigen könnte, zurückzuführen ist, dann möge mich doch, bitte, der göttliche Swami die innere Wahrheit erkennen lassen!

Da Swami Körper und Geist angenommen hat, nimmt man an, daß sich in ihm auch die üblichen Wahrnehmungen durch die Sinne und den Geist einstellen. Aber Baba ist frei von Unwissenheit und Täuschung und sieht deshalb eine Sache, wie sie ‚an sich' ist – falls es so etwas gibt. Wie sieht Swami die schlimmen Geschehnisse, die jetzt in der Welt haushohe Wellen schlagen? Wie werden diese Ereignisse von Swami wahrgenommen? Und wic wird dic Welt von Swami wahrgenommen?

Liebster Swamiji! Möge Baba uns in seiner Gnade hinsichtlich dieser Rätsel erleuchten.

Mit aller Liebe

22. September 1983

Liebster Swami!

Victoria und ich brauchen nicht einmal den Versuch zu unternehmen, Swami in Worten zu danken für die Gnade, mit der er uns während unseres Besuchs so liebevoll überschüttet hat. Das wunderbare Gebet, das Baba für uns schrieb, begleitet uns durch den Tag. Wir denken den ganzen Tag an Baba und fühlen Seine Gegenwart in unserer Nähe, wo immer wir sind.

Swamis Lehre, Gott zu leben, Gott zu essen, Gott zu trinken und Gott zu atmen, ist gewiß das größte aller inspirierenden Worte, und wir empfinden den Drang, ganz im Einklang mit Gottes Willen zu leben. Mit Liebe zu erwachen, mit Liebe zu sprechen und zu handeln und den Tag mit Liebe zu beenden ist das Ideal, das Baba vorgegeben hat, und obgleich wir unvollkommen sind, ist es unser starkes Verlangen, in dieser Weise zu leben.

Wir denken mit tiefer Dankbarkeit an Babas göttliche Lehre, jeder Erfahrung mit „ja, ja, ja“ zu begegnen, in der Überzeugung, daß jede Erfahrung Gottes Liebe in sich trägt und unserem Wohle dient. Seine Lehre, daß es in Wirklichkeit nur ein einziges ‚Ich’ gibt und daß wir trotz ‚guter und schlechter’ Handlungen in der Tat identisch sind mit jeder lebenden Kreatur, rufen wir uns jeden Tag ins Gedächtnis, und wir versuchen mit dem Auge der Vernunft jede Kreatur als nicht von uns verschieden anzusehen. Swamis außergewöhnliche und überraschende Erklärung der echten Hingabe an Gott ist uns ständig gegenwärtig, und wir sehen ein, daß es keine echte Hingabe an Gott gibt, ehe nicht das Auge der Weisheit alles, sogar die vergängliche Welt, als den alleinigen Gott ansieht.

Jedesmal, wenn ich in Indien gewesen bin, kehrt dieser Körper mit einer schweren Erkältung heim. Die momentane Erkältung klingt gerade ab und wird bald überstanden sein. Auch die ständigen Kopfschmerzen, die mich ein ganzes Jahr lang geplagt haben, lassen nach, und ich fühle sie jetzt nur noch, wenn mein Kopf durch Husten erschüttert wird. Auch Victoria erholt sich gerade von der Grippe, die sie sich in Indien geholt hat. Warum sie mit Grippe das Bett hüten mußte, anstatt jeden Tag in Babas Nähe verbringen zu dürfen, ist ihr ein großes Rätsel!

Victoria und ich senden unsere Liebe

ॐ

PHONE: KOTHA CHERUVU 30
WHITEFIELD 33

BHAGAWAN SRI SATHYA SAI BABA

PRASHANTI NILAYAM (A.P.)

Date ____________

PRAYER

Oh! Lord! Take my love and let it flow in fullness of devotion to thee

" Take my hands and let them work incessantly for thee

" Take my soul and let it be merged in one with thee

" Take my mind and thoughts and let them be in ~~[illegible]~~ tune with thee

" Take my everything and let me be an instrument to work.

With Love and Grace
Baba.

Gebet

Oh Herr! Nimm meine Liebe und laß sie in Fülle fließen, in Hingabe zu Dir!

Oh Herr! Nimm meine Hände und laß sie unaufhörlich arbeiten für Dich!

Oh Herr! Nimm meine Seele und laß sie Eins werden mit Dir!

Oh Herr! Nimm meinen Verstand und meine Gedanken und laß sie in Einklang sein mit Dir!

Oh Herr! Nimm mein Alles und laß mich Dein Werkzeug sein!

Mit Liebe und Gnade

Baba

Bhagavan Sri Sathya Sai Baba
PRASANTHI NILAYAM P.O
ANANTPUR DT. (A.P.)
PHONE NO: 30.

My Dears! The time will come when the whole of this dream will vanish. To everyone of us there must come a time when the whole universe will be found to have been a mere dream, when we shall find that the soul is infinitely better than its surroundings. In this struggle through what we call environments, there will come a time when we shall find that these environments were almost zero in comparison with the power of the Soul. It is only a question of time, and time is nothing in the Infinite. It is a drop in the ocean. We can afford to wait and be calm.

With Blessings
(Baba) Sri Sathya Sai Baba

Meine Lieben!

Die Zeit wird kommen, da der Traum sich auflösen wird. Für jeden von uns muß die Zeit kommen, da er entdeckt, daß das ganze Universum nichts als ein Traum gewesen ist; wo wir merken, daß die Seele unendlich viel besser ist als das, was um sie herum ist. In diesem Bestehenmüssen in dem, was wir unsere Welt nennen, wird eine Zeit kommen, wo wir entdecken werden, daß diese Welt nahezu Null war im Vergleich zur Kraft der Seele. Es ist nur eine Frage der Zeit, und Zeit ist nichts im Unendlichen. Sie ist ein Tropfen im Ozean. Wir können es uns leisten, gelassen zu bleiben und zu warten.

Mit Segen
Sri Sathya Sai Baba

Epilog

Wie man die Gegenwart Gottes unmittelbar erlebt

(Ansprache an Sai-Devotees)

In einem Gespräch, das Baba in diesem Jahr mit mir führte, verriet er ein großes Geheimnis. Ich habe ihn jedenfals nie zuvor darüber sprechen hören. Er sagte, daß das, was physisch in der Außenwelt in Form von Handlungen usw. geschieht, keine vorrangige Bedeutung hat – was wichtig ist, ist das, was von innen kommt! Es ist das Innere, welches im Äußeren eine Veränderung bewirkt, und nicht umgekehrt. Baba brachte dafür folgendes Beispiel: „Nehmt das Auto: es wird von innen gefahren." Das heißt, wir müssen nach innen schauen, und dann nach außen wirken.

Was ist diese innere Aktivität, die die Veränderung der Außenwelt bewirkt? Es ist Liebe. Liebe ist die mächtigste Kraft in der Schöpfung! Baba sagt, daß Liebe der Grund für die Schöpfung des Universums ist, und daß der ganze Kosmos nichts anderes als ein Tanz der Liebe ist. Wir sollten deshalb die ganze Zeit an Gott denken, zu Baba beten, zu ihm sprechen und unsere Gedanken auf ihn gerichtet halten. Wenn wir uns zur Liebe bekennen – oder vielmehr aufhören, sie zu leugnen. Diese Liebe, die unser wahres Wesen ausmacht, diese Liebe, diese Reinheit des Inneren, kann sich entfalten und die äußeren Umstände verändern, sobald wir ihr den ihr gebührenden ersten Rang in unserem Leben einräumen und sie als Liebe zu Gott identifizieren lernen.

Wie gehen wir nun daran, diese im Inneren vorhandene, aber vielfach unbewußt schlummernde Liebe zu Gott zu wecken?

Baba empfiehlt verschiedene Wege und Vorgangsweisen. Zu allererst muß Intensität vorhanden sein! Man darf sich nicht nur im Sessel zurücklehnen und sagen: „Gott ist alles, so kann Er alles bestimmen! Ich brauche überhaupt nichts zu unternehmen!" Baba warnt vor einer solchen Einstellung. In Indien gibt es Gruppen, die so denken, und das ist ihr großer Fehler. Baba sagt, daß wir, bis wir voll verwirklicht, voll gottverwirklicht sind, arbeiten und zwar hart arbeiten müssen. Der Mensch ist in diese Welt hineingeboren, um zu arbeiten. Aber Arbeit ist nur dann voll wirksam, wenn sie mit vollem innerem Einsatz verrichtet wird. Baba sagte mir in der Tat, daß der wahre Grund, weshalb wir die Liebe, die in uns ist, nicht voll verwirklichen, darin liegt, daß wir nicht genügend Intensität haben. Wie sollen wir diese Intensität bekommen? Indem wir die Situation, in der wir uns befinden, voll und ganz im Herzen annehmen und in sie „hineingehen".

Wenn wir beispielsweise zusammen mit einer giftigen Schlange in einem dunklen Raum eingesperrt wären – mit welcher Intensität würden wir auf jedes kleine Geräusch lauschen, mit welcher Intensität würden wir uns jede kleinste Bewegung überlegen! Oder nehmen wir ein anderes Beispiel: Wir sitzen beim Darshan, und Baba kommt auf uns zu. Mit welcher Intensität sind unsere Blicke und unsere Aufmerksamkeit auf ihn geheftet – vielleicht wird er stehenbleiben und etwas zu uns sagen; vielleicht wird er uns auffordern, zum Interviewraum zu gehen – in diesem Augenblick ist volle Intensität vorhanden, und wir sind wirklich hellwach!

Nun, was gibt es in unserer gegenwärtigen Situation, das eine derartige Intensität in unser Leben bringen kann? Und wo lauert die Gefahr?

Wir sind in diesen Körper, in diese Gesellschaft hineingeboren. Wir sind allen Arten von Einflüssen unterworfen – unseren Eltern, unseren Lehrern, unserer Regierung, unserem Geschlecht, unserem Alter, unserer Größe, unserer Gesundheit, den Einflüssen der Sterne... alles bewegt sich und wirbelt uns hin und her... wir sind nicht frei... Und man denke an den Wirbelsturm unseres vergangenen Karmas, das sich hoch auftürmt und seinen Schatten drohend auf die nächste Inkarnation vorauswirft! Wohin wird er das zerbrechliche Gefährt von Körper und Geist treiben, wenn wir diese Gelegenheit verfehlen, die nur alle Millionen Male einmal vorkommt und die wir jetzt gerade haben, nämlich während der Zeit des Avatars zu leben und auf die Wahrheit zu hören, die er verkündet! Jetzt hat sich unser Geschick gewendet; das Glück hat sich uns zugewandt! Wenn wir diese günstige Gelegenheit nicht ergreifen, wann wird sie wiederkommen? Ist die Gefahr nicht groß genug, daß endlich etwas Intensität in Geist und Herz einzieht?

Angenommen, wir haben diese Intensität. Wie setzen wir sie nun ein, um die innere Welt zu verwirklichen, die nach draußen projiziert werden und dort Gestalt annehmen soll?

Es gibt dafür, wie Baba sagt, eine Anzahl von spirituellen Übungen und Möglichkeiten. Unsere kurze Zusammenkunft hier bietet nicht die

Zeit, uns mit dem ganzen Gebiet, der gesamten Situation zu beschäftigen, obgleich es sehr interessant wäre. Laßt mich nur kurz über einen einzigen Aspekt sprechen: Wie man Platz schafft für die Liebe Gottes, wie sie zu pflegen ist, wie wir die Liebe Gottes in uns immer lebendig erhalten können, wie man allzeit in Liebe an Gott denkt.

Das kann vor allem durch das Gott-Sehen geschehen – das bedeutet, durch die vergängliche Persönlichkeit hindurchzusehen, durch die vergänglichen Charaktereigenschaften derjenigen Person, mit der man zu tun hat, hindurch. Ich schaue hier auf diese Damen und Herren – jeder hat eine andere Erscheinung, jeder hat seine besonderen Merkmale, seine Geschichte, seine Eigenheiten usw. Wir müssen erkennen, daß dies eben nur Erscheinung ist, wie auf einer Kinoleinwand, wo ein Kampf stattfindet, Leute rennen, schießen, Gebäude in Flammen stehen und Bomben explodieren. All dies scheint uns sehr real. Unsere Kinder werden ängstlich, ein paar Frauen weinen wegen des Unglücks, das dem Helden widerfährt, und doch – wenn alles vorüber ist – ist die Leinwand überhaupt nicht berührt worden, sie ist weder verbrannt noch gibt es Einschußlöcher in ihr. Das ganze war nur ein Schauspiel, ein *Spiel*! Wir müssen erkennen, daß dies auch mit uns Menschen so ist, daß da ein Spiel gespielt wird mit all den verschiedenen Persönlichkeiten und Verschiedenheiten. Hinter allem steht eine einzige Realität, die dauerhaft und unwandelbar ist. Baba sagt, daß die unwandelbare Realität Gott ist, daß Gott der Bewohner eines jeden Herzens ist, daß Gott die Eine bleibende, unwandelbare Wirklichkeit ist.

So laßt uns also durch die Persönlichkeit der Menschen, die uns tagtäglich – zuhause und am Arbeitsplatz – begegnen, hindurchschauen und mit unserer Intelligenz und unserem Unterscheidungsvermögen die Tatsache würdigen, daß Gott die Wirklichkeit dieser Person ist, selbst wenn sie so abstoßend ist, daß wir uns ihr auf keine zehn Fuß nähern möchten. Es hindert uns nichts daran, durch diese äußere Hülle hindurchzusehen und anzuerkennen, daß Gott im Innersten dieser Person ist. Und indem wir Gott im Herzen dieses Menschen sehen, sind wir imstande zu sagen: „Liebster Herr, ich liebe dich; ich liebe dich, Baba." Wir sagen es schweigend im Geiste und im Herzen.

Der äußeren Person schenken wir keine Beachtung. Laßt sie vorbeigehen, laßt sie ihren eigenen Weg gehen, ihr eigenes Leben führen; mischt euch nicht ein. Seht durch die veränderliche Persönlichkeit hindurch, beginnt zu würdigen, daß im Kern alles Eins ist, daß Gott überall ist. Grüßt Gott, sagt Ihm, daß ihr Ihn liebt, sagt Baba, daß ihr Ihn liebt, sagt Ihm das jedesmal, wenn ihr irgendjemanden anschaut.

Wenn ihr das tut, werdet ihr fühlen, wie eine Welle des Glücks euch ergreift. Tut es tausendmal, und tausendmal werdet ihr diese Welle der Liebe und des Glücks empfinden. Die ganze Zeit hindurch, die ihr in dieser Weise auf Leute schaut, obwohl ihr euch rein äußerlich vollkommen normal und konsequent verhaltet, fühlt ihr gleichzeitig Liebe, die Liebe Gottes, die in euch ist.

Dehnt jetzt diese Liebe in eine andere Richtung aus, die Übung im Gewahrsein der ständigen Gegenwart Gottes; eine Disziplin, die wir von der christlichen Religion her sehr wohl kennen. Für den Bildhauer ist jede mögliche Form, jedes erdenkliche Gesicht im Granit bereits enthalten. Hier ist der Granitblock. Muß der Künstler dem Stein erst einen Hirschen oder ein Gesicht aufsetzen? Nein! Alle Formen sind bereits in diesem Granitblock enthalten, und alles, was nötig ist, ist ein schöpferischer Künstler, der dieses Gesicht oder die Gestalt herausarbeitet, indem er sie aus dem Verborgenen ins Sichtbare holt.

Genau dasselbe gilt für Gott. Er ist allgegenwärtig. Allgegenwärtig bedeutet: Gegenwärtig zu allen Zeiten und an allen Orten gleichzeitig. Baba hat uns wieder und wieder ausdrücklich gesagt, daß Er, Baba, allgegenwärtig ist. Ich wage zu behaupten, daß nahezu jeder einzelne in diesem Raum Babas Allgegenwart erfahren hat. Ist Baba nicht Mal um Mal in euer Leben getreten, wie selbstverständlich, obwohl sein Körper weit weg in Indien war?

In jedem Raum – in diesem Raum jetzt vor mir, in dem Raum neben eurem Bett, wenn ihr morgens aufwacht – ist Gott voll vorhanden, vollständig vorhanden. Alles, was wir zu tun haben, ist, Ihn mit der spirituellen Kunst eines Devotees des Herrn aus diesem „Block“ von Raum herauszuholen, aus dem Verborgenen ins Sichtbare. Jeden Morgen, wenn ihr erwacht, holt Gottes Gestalt energisch, mit Entschlußkraft, mit aller Kraft eures Seins aus diesem Block von Raum direkt neben euch heraus. Macht euch ein Bild von Gott, stellt Ihn euch in der Gestalt des Göttlichen vor, die euch am liebsten ist... in der Form Jesu Christi, Krishnas, der göttlichen Mutter, oder in der Form Babas, die viele von uns am meisten lieben – als der Inkarnation, die heute lebt und vollkommen erfüllt ist mit der Herrlichkeit des Göttlichen, als die unbegrenzte göttliche Erscheinung, die uns Freude bringt. Seht Gott, stellt euch seine Gestalt vor, betet zu Ihm, holt Ihn aus diesem Block von Raum heraus, und dann nehmt Seine Hand und haltet sie fest – jeden Augenblick des Tages vom Erwachen bis zum Schlafengehen, wobei ihr euch Seiner Fürsorge anvertraut. Solange ihr wach seid, seid bewußt bei Ihm, indem ihr fest Seine Hand haltet. Bevor das Bewußtsein beim

Einschlafen schwindet, betet zu Ihm, daß er euch halte und beschütze, und Er wird während der Nacht bei euch sein. Tag und Nacht könnt ihr bei Ihm sein. Das ist durchführbar und wurde von Anhängern des Herrn seit jeher praktiziert. Es ist eine sehr, sehr alte Übung. Sie wirkt, weil Name und Form nicht getrennt sind. Auch wir können es tun. Wir können Gottes Hand nehmen und an Ihm festhalten, von jetzt an bis zum letzten Augenblick unserer Existenz in diesem vergänglichen Körper.

Wenn wir jetzt unseren geliebten Baba jeden Tag bei uns hätten wohin wir auch gingen, würden wir dann nicht in unserem Herzen Liebe für ihn empfinden? Wäre es nicht nahezu unmöglich, Gedanken wie Haß oder Eifersucht oder Zorn zu hegen, während wir Babas Hand halten? Nahezu unmöglich! Alle schlechten Charakterzüge, alle diese dunklen Nachtgewächse; sie wachsen im Dunkeln, sie treiben im Dunkeln. Wie kann es sie länger geben, wie könnten sie überleben, wenn wir den ganzen Tag hindurch Babas Hand halten?

Wenn wir nur diese beiden Übungen übernehmen: Die des Gott-Sehens, die Gott als einzige Wirklichkeit anerkennt, wohin wir auch schauen, und die, daß wir Seine Hand den Tag hindurch halten und uns Seiner Fürsorge anvertrauen, wenn wir einschlafen, dann wird diese Liebe, die wir in Wirklichkeit sind, wachsen. Sie wird sich ausbreiten und voll sich selbst verwirklichen. Dann wird diese Liebe aus dem Innern nach außen kommen, und das wird unser ganzes Leben verändern.

Auf diese Art kann man die innere Liebe zu Gott entdecken, jene Schönheit, Reinheit und Kraft des Innern, die das Äußere verändert. Dies sind die ersten Schritte. Es ist ein absolut gangbarer Weg, um Babas Lehren in die Tat umzusetzen. Es gibt keinen Grund, weshalb wir es nicht tun könnten. Niemand sieht es uns tun. Wenn wir uns jemandem nähern, und wir gehen an dieser Person vorbei – wobei wir Gott grüßen, der die Wirklichkeit dieser Person ist – die betreffende Person weiß es nicht. Sie kann nicht mit dem Finger auf uns zeigen und sagen: „Seht euch diesen Verrückten an." Wenn wir auf der Straße gehen oder im Büro sitzen, und dabei Gottes Hand halten, kann uns dabei niemand beobachten. Niemand kann sagen: „Der kann nicht mehr für uns arbeiten! Der hat nicht alle Tassen im Schrank!" Es vollzieht sich alles im Innern, in eurem Herzen. Deshalb hat niemand einen Grund zu sagen: „Das geht nicht!" Es geht!

Jeder der Anwesenden hier besitzt diese Freiheit; die Gottes-Verwirklichung ist innerhalb seiner Reichweite. Jeder hier hat die Unsterblichkeit gleich nebenan, an seiner Seite, in sich, über sich... wir sollten diese Tatsache niemals aus dem Blick verlieren. Von all den Millionen, all den

Milliarden Menschen in der Welt: Wieviele kennen Sri Sathya Sai Baba? Wieviele reisen nach Indien, um ihn zu sehen? Wieviele lesen seine Bücher und studieren seine Lehren? Wieviele suchen ihn in ihren Herzen und empfinden Liebe, Hingabe für ihn, fühlen die Liebe, die er für sie hat? Von all den Millionen in der Welt sind es nur eine Handvoll.

Diese große Chance, die uns gegeben ist, aus Gedankenlosigkeit, aus Mangel an Unterscheidungskraft vorübergehen zu lassen, ist wirklich und wahrhaftig ein Verbrechen.

So viele Male wurden wir geboren, durch so viele Leiden haben wir hindurch müssen, so viel Verzweiflung haben wir empfunden. Die Gelegenheit ist für uns da, aus dem Treibsand herauszukommen, das sichere Ufer zu erreichen, jene Göttlichkeit zu verwirklichen, die, wie Baba sagt, unser wahres Wesen ist. Das zu fühlen und zu sein, was sich niemals verändert, was immer dasselbe bleibt – diese Glückseligkeit, die alles Begreifen übersteigt, dieser Friede, der höher ist als alle Vernunft... das ist innerhalb der Reichweite eines jeden von uns!

Jeder Tag, jeder Augenblick, den wir versäumen, ist ein verlorener Tag, ein verlorener Augenblick! Wie schnell geht das Leben, wie schnell gehen die Jahre dahin! Im Nu ist alles vorbei, und schon sind wir zu alt, um uns dafür zu interessieren, und die Gelegenheit ist vorübergegangen – wann und wo wird sie wiederkommen? Jedes Leben dient dazu, eine gewisse Last Karma abzuarbeiten – wer weiß, welches Karma im nächsten Leben ins Spiel kommen wird? Wer weiß, unter welchen Umständen wir leben werden, wo wir sein werden?

Diese Chance, die so greifbar und so kostbar ist – einmal verpaßt, kommt sie vielleicht lange nicht wieder, möglicherweise Äonen lang nicht!

Jeden Tag sollten wir uns unseres Erbes erinnern, unserer Chance, der Bedeutung unseres gegenwärtigen Lebens, und zu Baba beten, zum Herrn beten, daß er uns helfe, das zu erkennen.

Um abzuschließen

Baba sagt, daß wir, solange Denken und Emotionen unser Leben bestimmen, niemals in der Lage sein werden, die unabdingbare Wahrheit zu erkennen; und daß wir, bevor wir unsere Wahrheit nicht erkannt haben, im Kreislauf von Geburt, Tod und Wiedergeburt, zeitweiligen Freuden und unvermeidbaren Leiden stecken bleiben werden. Denken und Fühlen, Ego, Vorstellungen, Reaktionen und Neigungen müssen bewußt wahrgenommen und erkannt werden als das, was man zwar erlebt, was aber nicht das Selbst ist. Um die volle, wirkliche Wahrheit über das Selbst zu erfahren, müssen wir die Selbsterforschung in den Brennpunkt unserer Aufmerksamkeit rücken.

Nicht, daß wir eine Entscheidung treffen müßten – jedenfalls nicht, bis wir uns nicht für diesen Weg entschlossen haben. Alle Gegenwart und alle Vergangenheit kann von uns bewältigt werden, wenn wir uns nur dafür entscheiden. Baba hat uns ganz klar gesagt, daß Geburt, Tod und Wiedergeburt ein Spiel unserer eigenen Wahl ist. Wenn wir unser Spiel genug ausgekostet haben und jetzt nach der Verwirklichung des Friedens, der alles Verstehen übersteigt, sehnen, dann bietet uns Baba bei diesem Erwachen seine Hilfe an.

Wir wissen bereits von Baba, daß eine göttliche Inkarnation ein außergewöhnliches Ereignis ist, das über die Möglichkeit verbaler Beschreibung hinausgeht. Er sagt, daß die Zeit für uns reif ist, das absolute Ziel aller Leben zu verwirklichen: Die Wiedervereinigung mit der Gottheit, und daß es eine große Tragödie für uns ist, wenn wir diese einzigartige Lebenszeit mit dem Verfolgen weltlicher Begierden und Wünsche, weltlicher Ambitionen und sinnlicher Vergnügungen vergeuden. Diese Herausforderung soll uns aus unserem alltäglichen Leben aufrütteln, damit wir beschließen: „Ich werde meine Wahrheit suchen." Hier müssen wir wachsam sein und verstehen, was ‚ich suche meine Wahrheit' in diesem Zusammenhang bedeutet. Die übliche Bedeutung wird sein, daß ‚ich' eine individuelle Person bin, hineingestellt in Zeit und Raum, daß ‚Wahrheit' gefunden und erkannt werden kann und ‚mein' ist, daß jedoch ‚meine Wahrheit' irgendwie getrennt von mir ist und deshalb Suchen erfordert.

Baba versichert uns, daß ‚ich suche meine Wahrheit' in Wirklichkeit bedeutet: Ich selbst *bin* ‚meine Wahrheit', sie ist nichts von mir Getrenntes. Dieses Suchen heißt falsche Vorstellungen *klar* sehen und dann beiseite legen. Es bedeutet, daß ‚Ich' die ungeteilte, höchste, absolute Gottheit ist, die dem einzelnen nur in der Weise begrenzt zu sein scheint, wie Schaumblasen auf dem Kamm einer Ozeanwelle etwas Getrenntes zu sein scheinen, aber in Wirklichkeit weder vom Ozean getrennt noch etwas von ihm Verschiedenes sind. In Begriffen des alltäglichen Lebens bedeutet dies, daß am Ende aller Dinge ein und dieselbe Gottheit steht – daß wir vom Göttlichen getrennt scheinen, es aber in Wirklichkeit nicht sind.

Heilige und Weise haben uns seit jeher gesagt, daß der Weg zur Verwirklichung unserer göttlichen Realität der des Loslassens und Freiwerdens von Objekten und Vorgängen ist, denen wir gegenwärtig aufgrund von Wünschen, Sehnsüchten und falscher Auffassungen verhaftet sind. Baba lehrt uns, daß diese Loslösung kommen wird, wenn wir die Objekte und Verhältnisse so genau prüfen, daß wir ihre Unzulänglichkeiten deutlich wahrnehmen.

Als Resultat unseres Kontaktes mit weltlichen Objekten erfahren wir Freude, Langeweile, Schmerz. Aber die Beziehungen zwischen uns und den Objekten sind veränderlicher und vorübergehender Art und nicht verläßlich. Erfahrungen wie Langeweile und Schmerz sind vorübergehend, und das ist ohne Zweifel zum Guten. Aber umgekehrt halten wir hartnäckig fest an dem Wunsch, Freude zu erleben und hängen uns leicht an Objekte, die möglichst viele angenehme Erfahrungen bieten. Jedoch mit allen Objekten – sogar mit dem geliebten Ehepartner oder Kind – ist es so, daß sie eine Weile da sind, sich mehr oder weniger verändern und dann schließlich nicht mehr da sind. Die Annahme, wir würden dank dieses Gegenstandes unseres Glücks glücklich sein, erweist sich aufgrund seiner inhärenten Anlage zu Veränderung und Verfall als Trugschluß. Unsere Hoffnung auf dauerhafte Freude an diesen Beziehungen wird wieder und wieder enttäuscht. Dies geschieht jedem, und es ist der prinzipielle Mangel eines Objektes, doch wir ignorieren die Lektion immer wieder und suchen weiter nach weltlichen Objekten in der Hoffnung, durch sie Glück zu erleben.

Baba lehrt, daß die Suche nach Glück in dem, was wir in unserer Außenwelt wahrnehmen, zum Fehlschlag führen muß. Er sagt uns, daß es nur dann Glück gibt, wenn man das Selbst verwirklicht. Grenzenlose, ungetrübte Seligkeit ist unser natürliches Selbst, unser Wirklichsein. Sein-Bewußtsein-Glückseligkeit ist unser Name, aber dieser Name ist nur für Verständigungszwecke. Unsere wahre Realität ist jenseits aller Worte. Baba lehrt, daß unser wirkliches Sein vollkommene Liebe ist – göttliche Liebe; und daß Glückseligkeit Liebe *ist*. Er sagt uns, daß es unsere Aufgabe als Pilger auf dem spirituellen Weg ist, Geist und Herz zu reinigen; denn nur ein reiner Geist und ein reines Herz können die makellose Wahrheit widerspiegeln, die über den Gegensätzen steht. Baba unterrichtet uns darüber, daß alle Wahrheit in einem gereinigten Herzen ganz plötzlich und in einem Augenblick aufleuchtet.

Da das allgegenwärtige Bewußtsein, das göttliche Prinzip, die Wahrheit in uns ist, kann es nicht so schwierig sein, die Reinheit von Herz und Geist auch wirklich werden zu lassen. Baba sagt uns, daß in dieser Zeit, in der wir der Unvollkommenheit begegnen, wohin wir uns wenden, das wirksamste Mittel, um die Unreinheit loszuwerden, die jetzt unser Denken und Fühlen besetzt halten, darin besteht, das immer vollkommene göttliche Prinzip direkt anzurufen – die eigene innerste Wirklichkeit. Der Weg ist für jeden einfach und sofort gangbar. Der Weg ist, den Geist mit dem Namen des Göttlichen zu erfüllen, der dem Herzen lieb ist, und das Herz mit Hingabe zum Göttlichen. Es ist die Erfahrung vieler Menschen, daß in der Gegenwart des göttlichen Namens alle Unreinheiten schwinden und ohne besondere Anstrengung oder Anwendung einer anderen Disziplin abfallen.

Sri Sathya Sai Baba verkündet, daß das Bewußtsein allgegenwärtig ist. ‚Allgegenwärtig' bedeutet: Überall in jedem Augenblick. Allgegenwart des Bewußtseins bedeutet, daß das eigene Bewußtsein identisch ist mit dem Bewußtsein der gesamten Schöpfung. Es bedeutet, daß in aller Schöpfung Bewußtsein vorhanden ist, ungeachtet des Ranges, den die jeweiligen Objekte oder Erscheinungsformen des Lebens auf unserer Werteskala einnehmen mögen. Das gleiche allgegenwärtige Bewußtsein ist in Gott, im Universum, im Granitblock, in euch, in mir. Augenscheinliche Unterschiede sind die des Namens, der Gestalt und der Funktion und der Dichte der ‚Wolke der Unwissenheit', die das strahlende Licht des Bewußtseins verhüllt. Hier wird das Wort ‚Unwissenheit' gebraucht, um die unkritische Hinnahme von Getrenntsein, von Dualität anzuzeigen. Wir können leicht verstehen, wie Unwissenheit die Allgegenwart des Bewußt-Seins verbirgt, wenn wir beobachten, wie wir selber unser Getrenntsein empfinden, und wie wenig wir die Liebe und die Herrlichkeit unserer eigentlichen göttlichen Realität zu erkennen geben. Baba verkündet, daß der Herr das Bewußt-Sein ist und daß in Wirklichkeit allein Gott existiert.

Baba vergleicht das Bewußtsein mit dem elektrischen Strom, einem Phänomen, mit dem wir alle vertraut sind. Die verschiedenen Möglichkeiten, in denen die Elektrizität zur Anwendung kommt, vervielfachen sich von Jahr zu Jahr mit dem Fortschritt der Technologie, aber sie sind alle nur Aspekte derselben Energie: Elektrizität. Die Unwissenheit, von der Baba spricht, entsteht, weil wir im Leben die Vielfalt sehen, die Dualität, und weil wir es nicht fertigbringen, die Einheit zu sehen. Mit einfacher Belehrung und einfachen Experimenten wird unsere Unwissenheit hinsichtlich der Elektrizität leicht beseitigt. Aber sehr viel schwerer fällt es uns, einzusehen, daß eine Person mit schlechtem Benehmen, der Wurm, der in der frisch umgegrabenen Erde gefunden wird, unser geliebter Baba und die zahllosen Tausende oder Millionen von Galaxien im Raum nichts als Teile des allgegenwärtigen Bewußt-Seins sind. Und es ist vielleicht noch schwieriger einzusehen, daß uns geholfen werden muß, damit wir uns von der Unwissenheit befreien können, obwohl niemand anderer als man selbst für das Fortdauern der Unwissenheit verantwortlich ist.

Um zu verstehen, wie uns zur Befreiung verholfen werden kann, ist es am besten, ein einfaches, aber wahres Gleichnis zu Hilfe zu nehmen, das uns allen einleuchtet: Der Ozean und das Ufer. Unter Ozean versteht man die Gewässer, die die Kontinente umgeben. Der Ozean ist in sich ununterschieden und von ungeheurer Ausdehnung. Die Bezeichnungen „Atlantischer Ozean“ und „Pazifischer Ozean“ ändern nichts an der Tatsache, daß es sich um einen einzigen ungeheuren Ozean handelt. Das wissen wir. Wir lernen es in der Schule und können es selbst erleben, wenn wir um die Welt reisen. Doch am Ufer sehen wir einzelne Wellen und nennen sie auch so. Wir sehen Schaumkronen und einzelne Blasen und benennen sie so. Wir sehen diese Phänomene tatsächlich, und die Phänomene sind wirklich und fühlbar für uns, wenn wir uns in die Wellen, in Schaumkronen und Blasen hineinwagen. Wir wissen, daß Wellen, Schaumkronen und Blasen immer noch der Ozean sind, aber wir sehen und erfahren sie und reagieren auf die Erfahrung. Ein Kind, das von diesen Blasen fasziniert ist, fängt vielleicht ein paar mit der Hand ein und sagt zum Vater: „Ich will sie mit nach Hause nehmen.“ Der Vater lächelt und erklärt, daß Schaumblasen bestimmte Erscheinungsformen des Ozeanwassers sind, die zwar wirklich zu sein scheinen, aber schnell wieder vergehen. Diese offensichtliche Tatsache ist dem Kind niemals zuvor begegnet, aber es versteht sie sofort, wenn der Vater, der sich mit der scheinbaren Verschiedenheit, der Dualität, und der wesensmäßigen Einheit auskennt, es darauf hinweist. In diesem Fall ist der Vater der Guru. Derjenige, der unsere Aufmerksamkeit auf die Wahrheit lenkt, ist der Guru. Wenn nicht etwas eintritt, das uns an die nicht-bewußte Wahrheit erinnert, bleiben wir, wie wir sind. Wir würden uns weiter mit Handlungen befassen, die aus der falschen Sicht der Dinge herrühren, und würden in alle Ewigkeit wieder und wieder die schmerzlichen Folgen erleiden. Daß es diese unglückselige Situation gibt, ist weithin bekannt. Ein geflügeltes Wort lautet: „Wer aus der Geschichte nicht lernt, muß sie wiederholen." Gesegnet derjenige, der einen wahren Guru gefunden hat! Dem Devotee sind die Lehren von Baba Erleuchtung – liebevoll dargeboten von einem wahrhaften Guru.

Wir nehmen die Dualität am Meeresufer ‚bewußt' wahr. Jedoch ist diese Wahrnehmung des Unterschiedes, der Dualität, einfach, weil hier das Phänomen der Dualität so schnell aufkommt und wieder zerfällt, daß unser grundlegendes Verständnis des Ozeans davon nicht berührt wird. Aber insgesamt gesehen ist unsere Erfahrung nicht so einfach und direkt. Am Ufer löst sich die Erscheinung von Dualität – Wellen, Schaumkronen und Blasen – schnell und glatt in der immer gegenwärtigen, zugrundeliegenden Einheit des Ozeans auf; aber in komplexeren Erfahrungen hält die Erscheinung der Dualität an, und wir sehen oder verstehen die allgegenwärtige Einheit des allgegenwärtigen Bewußt-Seins nicht. So schieben wir die Einheit beiseite, rücken die Erscheinung als etwas Einzigartiges und an sich Wirkliches in den Vordergrund und bleiben weiterhin Opfer falscher Vorstellungen.

Die Erfahrung physikalischer, emotionaler und mentaler Phänomene ist in Bezug auf unsere Sinne in der Tat wirklich. Aber die Phänomene selbst sind unwirklich; denn das, was erscheint und dann abhängig von diesem oder jenem, was keine Dauer hat und auf das man nicht bauen kann, wieder verschwindet, ist so gut wie nicht vorhanden. Aus diesem Grunde heißt es, daß die Welt weder wirklich noch unwirklich ist. In dem einfachen Erleben des Ozeans und des Ufers begreifen wir, was mit Dualität der Erscheinung gemeint ist, ebenso die zugrundeliegende Einheit des Ozeans. Der Ozean *ist* seine Wellen und seine Schaumkronen, aber die Wellen sind nicht der Ozean; denn der Ozean bleibt Ozean, auch wenn Schaum und Wellen ihre von ihm verschiedenen, abgespaltenen Formen verloren haben und nicht mehr existieren. In der komplexeren Erfahrung unseres Lebens jedoch verstehen wir die Dualität der Welt der Erscheinungen und unserer selbst nicht so klar; auch die Einheit des zugrundeliegenden allgegenwärtigen Bewußtseins, des göttlichen Prinzips, ist uns nicht klar. Dieses göttliche Prinzip – das zugrundeliegende allgegenwärtige Bewußt-Sein – *ist* man selbst sowie alles andere, das vorgestellt und wahrgenommen werden kann, so wie auch der Ozean seine sichtbaren Wellen und Schaumblasen *ist* und seine unsichtbaren Veränderungen wie Temperatur und Strömungen ebenfalls *ist*. Aber weder die Welt noch man selbst, diese scheinbare Dualität, begrenzt das göttliche Prinzip in irgendeiner Weise, denn das allgegenwärtige Bewußtsein bleibt allgegenwärtig bewußtes Sein, auch wenn ich als Person meine gesonderte Form verloren habe und nicht länger existiere. In gleicher Weise – so wird uns gesagt – würde das göttliche Prinzip unverändert bleiben, auch wenn die ganze Schöpfung verschwände.

In dem Beispiel mit dem Ozean und dem Ufer hat das Kind verstanden, daß es die Ozeanblasen nicht mit nach Hause nehmen kann. Es hatte die Wahrheit begriffen, als sein Vater es auf den wahren Sachverhalt hinwies. Hätte das Kind sich eigensinnig dafür entschieden, sich dem rechten Verständnis zu verschließen und versucht, die Ozeanblasen mit nach Hause zu nehmen, wäre weiter kein Schaden entstanden. Aber solchen Eigensinn auf ernstere Angelegenheiten auszudehnen, bedeutet Unheil herbeizurufen. Wenn wir, obwohl wir das Glück haben, von einem wahren Guru aufgelesen zu werden, uns eigensinnig dem rechten Verständnis verschließen, werden unsere Handlungen weiterhin auf falschem Verständnis beruhen, und wir werden weiter Elend und Leid, welche die Folgen ernsthafter Fehlurteile sind, anziehen.

Sri Sathya Sai Baba sagt in seinen Vorträgen, Schriften und Gesprächen wieder und wieder, daß allein Gott existiert und daß Er und wir nicht verschieden voneinander sind. Baba sagt klar und deutlich, daß die Dualität von Ich und Welt eine Illusion ist; daß Dualität eine vorübergehende Erscheinung ist, und daß die ganze Schöpfung unzähliger Universen und unzähliger Wesen mannigfacher Arten und Formen in die eine Realität einmündet, in Gott, das allgegenwärtige Bewußtsein, das Göttliche Prinzip. Baba hat diese Wahrheit denen gezeigt, die er um sich versammelt hat, das heißt, denen, die ihm Gehör schenken. Sobald wir diese Wahrheit gehört und anhand einfacher, leicht verständlicher Beispiele überdacht haben, sind wir kraft unserer Intelligenz geradezu gezwungen, die Illusion, daß es so etwas wie Dualität gibt, aufzugeben. Das Verhältnis von Dualität und Einheit verstehen heißt – gleichgültig, was wir wahrnehmen und wie greifbar oder ungreifbar es uns scheint – alles mit unserer Vernunft zu durchdringen und zu wissen, daß alles, was wir wahrnehmen, identisch ist mit dem Göttlichen, das allem innewohnt, und daß wir selbst in Wirklichkeit nicht verschieden sind von dem Wahrgenommenen – von den anderen Menschen, der Welt und dem Göttlichen. Unser Verständnis von Dualität und Einheit wird unser Leben verwandeln, *wenn wir uns von dem Heer vorgefaßter Überzeugungen nicht mehr gefangen halten lassen.* Von dem Tage an, an dem wir diese Einsicht gewonnen haben, dürfen wir mit Gewißheit die freudespendende Gegenwart des Herrn als der einzigen Realität in allem erkennen und fühlen – und glücklich sein. Baba sagt uns ständig: „Seid glücklich! Seid glücklich!"

Er sagt, daß in uns selbst der Strom der heiteren Gelassenheit so unaufhörlich fließen sollte wie der Strom des Bewußtseins.

Die Verwirklichung der Einheit, die Erkenntnis, daß nichts vom allgegenwärtigen Bewußtsein abgespalten ist, stellt uns vor ein Problem. Dieses Problem könnte als ‚Problem der Identität' oder ‚Problem des Allerheiligsten' bezeichnet werden.

Gewöhnlich betrachtet man seinen Körper als sich selbst, ungeachtet, welcher intellektuellen oder philosophischen Überzeugung man ist. Aber wenn die Intelligenz zum Verständnis und zur Würdigung der allgegenwärtigen Natur des Bewußt-Seins gekommen ist dann erhebt sich die brennende Frage: „Wer und/oder was bin ich?" In meinem Bewußtsein bin ich Einheit, aber wenn ich als das in die physischen Gegebenheiten verwickelte Wesen in Aktion trete, bin ich Dualität. Deshalb fragt man sich: „Solange ich in der Welt agiere und dem Hin und Her der Gegensätzlichkeit unterworfen bin wo kann ich da das Wahrnehmen meiner Existenz festmachen?"

Sobald sich die uns eingeborene Intelligenz mit dieser Frage beschäftigt, erkennt sie, daß, während ‚ich' alles bin, doch alles nicht ich selbst ist, denn ‚ich' dauere unverändert an, gleich, was geschieht. ‚Ich' bin zum Beispiel mein Körper, der die Summe seiner Teile ist, aber wenn ich einen Arm oder ein Bein verliere, dauere ‚ich' unvermindert an, obgleich mein Körper durch den Verlust eines Körperteils vermindert ist. Die wachsame Intelligenz kann sogleich diesem Fingerzeig nachgehen und sofort erkennen, daß man gegenüber allem, was auf irgendeinem Niveau des Bewußtseins geschieht, den Standpunkt des Beobachters einnehmen und von den Ereignissen unberührt bleiben kann.

Auf diesem Niveau der Reinheit wird mit Sicherheit ein Guru auftauchen. Der Guru könnte auf folgendes hinweisen: Wenn man wünscht, sein Wesen zu verwirklichen und den angemessenen Platz einzunehmen, ist die Vorstellung, man selbst sei der Beobachter im ‚Zeugen-Stand', nicht grundlegend verschieden von der Vorstellung, man sei der ‚verkörperte Zustand', obgleich man seinen Platz im ‚Zeugen-Stand' eingenommen und die Identifikation mit den Leiden und Freuden, die den Körper betreffen, hinter sich gelassen hat. Der Guru könnte dann darauf hinweisen, daß *sämtliche* Vorstellungen aufgegeben werden können, sogar die Vorstellung vom Selbst, und daß man im Wesenskern reines, bewußtes Sein ist, nicht eingeschränkt durch die Vorstellung eines Mittelpunkts, einer Grenze oder irgendeiner anderen Vorstellung. Falls dann – wenn wir dem Guru Gehör schenken – alle Vorstellungen ‚ihren Geist aufgeben' und zerstört werden, ist der Geist vollkommen gestillt, Befreiung erreicht. Den Pilger, heißt es, gibt es dann nicht mehr. Vor langer, langer Zeit wurde der Pilger zu der Vorstellung: ‚Ich bin ein spiritueller Aspirant, und ich will mich auf den spirituellen Weg begeben.' Jetzt sind alle Vorstellungen ausgelöscht, und mit ihnen hat der Pilger aufgehört zu sein. Bewußtsein ist in Bewußt-Sein eingetaucht, und die zeitlose, immer neue, immer köstliche Wirklichkeit ist Sein-Bewußtsein-Glückseligkeit-Liebe.

Man kann nicht umhin, tiefer zu gehen, wenn man den ersten Schritt tut, den Baba empfiehlt: „Erkenne die Unzulänglichkeit der objektiven Welt." Wenn man erkannt hat, daß Einheit und Dualität gleichermaßen in der eigenen Verkörperung als menschliche Person erfahrbar sind, wird man durch die Intelligenz dazu getrieben, sich in ständiger innerer Anstrengung auf die Suche nach der Seele zu begeben.

Die Lehren Babas, die im zweiten Abschnitt dieses Buches kurz beschrieben wurden, sind alle in seinen Vorträgen, schriftlichen Abhandlungen und Gesprächen wiederzufinden. Der Autor hat nur über sein Studium Babas während der vergangenen siebzehn Jahre berichtet. Er sieht Baba als Flamme der Liebe und Glückseligkeit, die vor dem Hintergrund der Welt der Erscheinungen lodert und alle Devotees ‚anzündet', die sich nach Erleuchtung sehnen. Baba wird als inkarnierte Weisheit angesehen, als Verkörperung des allgegenwärtigen Bewußtseins ohne den Schatten der Abgesondertheit und Vereinzelung – völlig seines Selbst bewußt als Du und Ich und die ganze Schöpfung.

Der Standpunkt des Autors spiegelt seine jahrelangen Erfahrungen mit Baba wider, und der Autor erkennt voll seine menschlich begrenzten Fähigkeiten, die zu Fehlinterpretationen seiner Erfahrungen führen können. Vorausgegangen war die einseitige Betonung des Verstandes, von dem der Autor in dem Kapitel ‚Mit sechzehn Jahren' sprach und von dem zu wissen der Leser ein Recht hat, wenn er sich durch die Seiten dieses Buches hindurcharbeiten will. Der Autor hat unbedingten Glauben an Baba und dessen Motive und wendet Babas Lehren im täglichen

Leben an, so gut er kann – genau wie tausend andere Mit-Devotees.

Nahezu jeder Lehrsatz von Baba ist – in ähnliche Worte gekleidet – beim sorgfältigen Studium des spirituellen und religiösen Gedankenguts der Menschheit, auch in anderen Schriften zu finden, und jedermann zugänglich.

Was bezüglich des Avatars Sri Sathya Sai Baba einzigartig ist, ist der Umstand, daß er lebendig und aktiv ist, daß man ihn sehen und hören kann und daß er die Kompetenz hat, die Wahrheit über den Menschen, Gott und die Welt, in Worte zu fassen, und dies den Menschen direkt vermittelt. Wir besuchen den Avatar nicht, weil wir mehr Information, sondern eine echte Erfahrung unserer ureigenen Wahrheit suchen. Unverfälschte Wahrheit ist Babas Wesen, er *ist* diese Wahrheit, das Göttliche. Die Bedeutung dieser Tatsache ist für uns jenseits und höher als alles Überlegen und Nachdenken, denn sie bringt in unser Leben ein neues, unbegrenztes, starkes Potential. Dieses Potiential ist die Möglichkeit, die Illusion des Getrenntseins vom Göttlichen zu beseitigen – durch die Erfahrung unserer direkten Verbindung mit der Göttlichkeit des in dieser Welt lebenden Sri Sathya Sai Baba. Er sagt uns, daß das Heil, der Zustand des Aufgehoben-Seins in unserer Göttlichen Realität eine erlebbare Tatsache ist, so greifbar nahe wie das kleine, individuelle Selbst dem großen SELBST. Er sagt uns, daß der Avatar mit dem erklärten Ziel uns zu befreien unter uns Menschen Gestalt angenommen hat – um uns zu erlösen, uns zu erleuchten. Wie verschieden ist dies von der Theorie, die wir in Büchern finden oder in Vorlesungen zu hören bekommen; wieviel anders ist die Liebe der verkörperten Gottheit zu Ihren Kindern!

Der Avatar Sri Sathya Sai Baba, der die absolute Wahrheit verkörpert, sagt, daß der direkte Weg zur Gottesverwirklichung, zur Verwirklichung unseres Selbst, Liebe ist; daß Er Liebe ist und daß Liebe uns mit Ihm vereint. Er fordert uns auf, die Liebe an die erste Stelle treten zu lassen. Das direkte Erkennen und Verwirklichen unserer Wahrheit wird unweigerlich folgen.

Wie man seinen Geist und sein Herz öffnen kann für die Liebe Gottes, für die Hingabe an Ihn, die befreiende, göttliche Wahrheit – ist jetzt in Babas Lehren dargelegt – zu seinen Lebzeiten, damit man ihnen folgen und sie praktizieren möge und vielleicht auch Prasanthi Nilayam besucht, um die direkte, körperliche Gegenwart des Avatars zu erleben. Für die meisten von uns wird Baba als unser göttlicher Wagenlenker bedeutungsvoll, sobald wir das freudige Erlebnis seiner körperlichen Gegenwart genießen dürfen.

Für mich – einen Pilger auf dem spirituellen Weg, der sich danach sehnt, aus der Welt der Illusion und Täuschung in die Freiheit durchzubrechen – ist Baba der Schlüssel zu dieser Freiheit. Ich habe absolutes Vertrauen, daß das, was er sagt, die Wahrheit ist. Was Baba lehrt, setze ich Tag für Tag in die Praxis um, und was er sagt, geschieht. Ich bleibe zwar ein normaler Mensch westlicher Prägung, doch meine bislang vorherrschenden aggressiven und feindseligen Neigungen sind weggefallen, ohne daß ich mich übermäßig darum bemüht hätte. Baba sagt, daß schlechte Eigenschaften in der Gegenwart des heiligen Namens der Verkörperung des Göttlichen, die einem am teuersten ist, nicht fortbestehen können. Er sagt, daß, wenn der heilige Name mit Hingabe an das Wertvollste, das Göttliche, geäußert wird, sogar das mächtige, immer gierige Ego von seinem Herrscherthron herabsteigt. Oft, wenn ich an meine Arbeit gehe, fühle ich, daß die Person Hislop, auf die ich mich als „ich" beziehe, wie ein substanzloser Schatten ist, der den wirklichen Körper begleitet, wie man es bei einem Spaziergang an einem sonnigen Tag erleben kann. Baba erklärt in seinen Lehren, daß unserem Fortschritt am meisten gedient ist, wenn wir fühlen, daß Gott die wahre Realität ist und wir selbst nur ein Instrument, das Gott benutzt, um Seinen Plan auszuführen. Unsere Vernunft kann das akzeptieren, denn unser begrenzter Verstand, mit dem wir ständig in enger Verbindung stehen, hat keine Möglichkeit, dagegen Einspruch zu erheben. Wenn uns diese Einstellung vernünftig erscheint, wird das Berge von Ängsten von uns nehmen und uns viel Schwung zur Durchführung unserer Aufgaben verleihen. Was mich betrifft, so zitiere ich in Gedanken jetzt ständig den heiligen Namen – für mich ist es „Om Sai Ram" – und wenn die Dinge so kommen, wie sie eben kommen, so sage und fühle ich: „Herr, Dein Wille geschehe." Ich komme mit größtmöglicher Energie meinen täglichen Pflichten nach und sage und fühle: „Herr, Dein Wille geschehe!" Wenn es einmal vorkommt, daß ich diese Grundhaltung vergesse, hilft mir sein Name wieder auf die Spur.

Glossar

Ahimsa	Gewaltlosigkeit, Ziel aller menschlichen Tugenden.
Ajnani	Unwissender. Jemand, der sich für den sterblichen Körper hält und nicht weiß, daß er in Wahrheit absolutes Bewußtsein ist.
Amrith	Nektar der Götter. Unsterblichkeit verleihende, neuformende Kraft.
Ananda	Ewigwährende Freude. Ekstase, die aus der Erfahrung der Wahrheit entsteht. Glückseligkeit.
Anandaswarupa	Verkörperung der Glückseligkeit.
Arjuna	Einer der fünf Pandava-Brüder des Mahabharata-Epos. Wörtlich „der Unbefleckte". Besiegt letztlich seine „Feinde" mit Gott (Krishna) als seinem Wagenlenker.
Ashram	Ort der Zurückgezogenheit, an dem es kein weltliches Treiben und Streben, keinen Kampf (shrama) gibt. Kloster.
Astavakra	Bereits in jungen Jahren selbstverwirklichter Weiser und spiritueller Lehrmeister (Guru) König Janakas.
Atman	Selbst, Seele, ewige, unzerstörbare Essenz. So wie „Raum" sich auf die unermeßliche Weite des Universums wie auf den im menschlichen Körper begrenzten Raum bezieht, so ist der Atman unbegrenztes Bewußtsein, ob manifest als Universum oder als das Selbst.

Avatar	Inkarnation des Göttlichen, als Mensch geboren und als solcher unter Menschen lebend, mit dem Ziel und der Aufgabe, ihnen den rechten Weg zu weisen und die Rechtschaffenheit in der Welt wiederherzustellen. Auch das Gesetz der sich von Zeitalter zu Zeitalter wiederholenden Herabkunft Gottes zum Wohl der Menschheit.
Avatarschaft	Die Lebensspanne eines Avatars.
Bhagavan	Liebevolle Anrede für Gott, den Herrn, die dessen segensreiche Fülle und Herrlichkeit zum Ausdruck bringt.
Bhagavad Gita	Gesang des Herrn. Lehrgedicht des Mahabharata-Epos', in dem Krishna seinem Schüler Arjuna Wege zur Erreichung des Göttlichen Ziels offenbart.
Bhajans	Geistliche Lieder zum Lobe Gottes.
Bhakti	Hingabe, liebende Verehrung des Herrn. Absolute Unterordnung im festen Glauben. Identifizierung der eigenen Handlungen und geistigen Vorgänge mit denen des gewählten Ideals. Höchste Form der Gottesliebe.
Bhoga	Unmäßigkeit, Luxus. Den Sinnen zugetan sein.
Brahma	Schöpfer-Aspekt der Trinität Brahma-Shiva-Vishnu. Das personifizierte Absolute.
Brahman	Unzerstörbarer, unveränderlicher „Sinn“ in allen Wesen.
Brindavan	Die ländliche Gegend, in der Krishna in seiner Kindheit spielte, und Name des Tempelbezirks der Sommerresidenz von Sathya Sai Baba.

Dasara	Hindu-Fest, bei dem der Triumph des Guten und des Lichts über die Kräfte des Dunklen begangen wird. Dazu gehören symbolische Opfer zum Wohle der ganzen Welt.
Devotee	Anhänger, Ergebener.
Dharma	Gesetz, Rechtschaffenheit.
Dharmakshetra	Name von Sathya Sai Babas Residenz und Konferenzhalle in Bombay. Wörtlich: Sitz der Rechtschaffenheit, gereinigtes Feld der Tugend und des Verzichts.
Dhyana	Meditation. Versenkung in den Gegenstand der Verehrung. Durch Konzentration und Kontemplation herbeigeführtes Einswerden des Meditierenden mit dem Objekt seiner Verehrung.
Draupadi	Hauptfrau der Pandava-Brüder im Mahabharata-Epos. Symbol der weiblichen Tugenden.
Gokulam	Rinderfarm, Milchbetrieb.
Gopis	Kuhhirtinnen und hingebungsvolle Verehrerinnen Krishnas.
Govardhana	Berg in Südindien, eng verbunden mit der Geschichte der Avatare Rama und Krishna.
Gunas	Die drei menschlichen Daseinszustände: der Trägheit und Unwissenheit (tamas), der undisziplinierten Aktivität (rajas) und der geläuterten Handlungsweise (sattva).
Guru	Lehrer, Meister, der dem spirituellen Sucher auf dem Weg zu Gott weiterhilft.
Indra	König der Götter.

Janaka	König von Mithila, der nach seiner Selbstverwirklichung sein Reich weiterregierte. Vater Sitas, der Gattin Ramas.
Japamala	Gebetskette, ähnlich dem Rosenkranz, der zur ständigen Wiederholung des Namens Gottes (japa) benutzt wird.
Jiva	Individuelle Seele, Person. Ich-Bewußtsein. Wird im Zusammenhang mit der durch Körper und Sinne bedingten Begrenztheit des Individuums gebraucht.
Jnana	Weisheit. Jnani ist der Selbstverwirklichte, Befreite, Weise.
Jnani	Derjenige, der ständig in Brahman versenkt ist, unberührt von weltlichen Einflüssen.
Jyoti	Licht, Kerzenflamme.
Kaliyuga	Das Eiserne Zeitalter.
Karma	Pflicht zu handeln. Zwangsläufige Wechselbeziehung zwischen Aktion und Reaktion. Schicksal. Nach dem Karma-Gesetz fällt jede Handlung, die nicht Gott gewidmet ist, auf den Handelnden zurück. Auf physischer, mentaler und spiritueller Ebene notwendiger Weg zur Reinigung und Festigung des Glaubens und der Hingabe.
Krishna	Avatar des Herrn vor ca. 5000 Jahren. In Indien ähnlich stark verehrt wie Jesus bei den Christen. Wörtlich: Der, der die Menschen durch seinen Zauber zu sich heranzieht.
Lila	Wunder. Göttliches Spiel mit den Elementen.
Lingam	Symbol für das Eingehen der Form in das Formlose. Als Objekt von Sathya Sai Baba öfters materialisiert zum Zeichen seiner Aufgabe in der Welt, zur Heilung und zum Schutz der Devotees.

Loka	Welt. Auch jenseitige Welten, wie Sonnen-Loka und Mond-Loka. Der Bereich, in dem der Geist eines Wesens sich entsprechend seines Reinheitsgrades aufhält.
Lotosfüße	Die Lotosblüte gilt als Symbol der Reinheit, da sie weder mit dem Schlamm, aus dem sie hervorwächst, noch mit dem Wasser, das sie umringt, je in Berührung kommt. Die Lotosfüße des Herrn besagen, daß er von der Erde, auf der er geht, nicht wirklich berührt wird.
Mahashivaratri	Große Nacht Shivas. Dunkelste Neumondnacht des Jahres, in der spirituelle Übungen zur Reinigung des Geistes besonders erfolgversprechend sein sollen. Die Nacht ist Shiva als dem Zerstörer alles Weltlichen geweiht.
Mandir	Tempel, Gebetshalle.
Maya	Der Schatten Gottes. Prinzip der Täuschung. Schleier, der die Wahrheit vor den Augen des Menschen verhüllt. Mischung aus Wirklichkeit (des Einen) und Nichtwirklichkeit (der Vielheit). Grund für die Unwissenheit in der Welt.
Mouna	Schweigen, Stille des Gemüts.
Paramatman	Universale Allseele. Absolutes, höchstes Selbst, aus dem alles seinen Ausgang genommen hat.
Prasanthi Nilayam	Name des Sathya-Sai-Baba-Ashrams in Puttaparthi, Andhra Pradesh. Wörtlich: Ort des höchsten Friedens.
Prema	Liebe in ihrer reinsten Form. Bedingungslose Liebe zu allen Wesen der Schöpfung. Aufopferungsvolle Hingabe.

Prema Sai (Baba)	Dritte Verkörperung der dreifachen Sai-Avatarschaft, dessen erste Shirdi Sai Baba, die zweite Sathya Sai Baba darstellt. Prema Sai wird acht Jahre nach dem Verlassen des Körpers von Sathya Sai Baba geboren werden.
Premaswarupa	Verkörperung der Liebe.
Puja	Rituelle Anbetung mit Opferung zu den Lotosfüßen des Herrn.
Puttaparthi	Sathya Sai Babas Geburtsort, in dem sich der Ashram Prasanthi Nilayam befindet.
Raja	König
Rama	Avatar des Herrn vor ca. 20.000 Jahren. Ähnlich hochverehrte Inkarnation wie Krishna. Die Geschichte Ramas, seiner Gattin Sita und seiner Brüder ist wesentlicher Bestandteil der indischen Kultur.
Roga	Krankheit, Kummer.
Rishi	Weiser, wunschlos Lebender.
Sadhana	Spirituelle Disziplin, Bemühung zur Erreichung der Reinheit in Gedanke, Wort und Tat.
Samadhi	Reiner Bewußtseinszustand, in dem alle Wesen und Dinge in der Welt als gleichwertige Träger des Göttlichen bewußt werden. Zustand in der Meditation, in dem der Meditierende sich selbst vergißt.
Sanathana Dharma	Das ewige ungeschriebene Gesetz.

„Sanathana Sarathi“	Monatlich in Prasanthi Nilayam erscheinende Zeitschrift, die Sathya Sai Babas Reden sowie spirituelle Beiträge veröffentlicht. Wörtlich: Der ewige Wagenlenker.
Sankalpa Shakti	Eingeborene, aber vom Menschen kaum genutzte Willenskraft.
Sath Chit Ananda	Sein-Bewußtsein-Glückseligkeit. Seinszustand des Göttlichen.
Sattva	Verhaltensnorm des wahren Gottsuchers. Ausgeglichen, rein. Siehe Gunas.
Seva	Selbstloses Dienen. Dienen als Ausdruck der Verehrung Gottes in allen Wesen. Wichtige Disziplin zur inneren Reinigung.
Shiva	Zweiter Aspekt der Trinität Brahma-Shiva-Vishnu. Der Barmherzige, aber auch der Zerstörer der Welten. Wörtlich: Der Glückverheißende.
Siddhi	Paranormale, okkulte Kraft.
Sita	Gemahlin des Avatars Rama und Tochter König Janakas. Der Überlieferung nach durch Läuterung aufgestiegen zur Göttlichkeit.
Sri	Respektvolle, die Heiligkeit einer geistlichen Persönlichkeit ausdrückende Anrede.
Swami, Swamiji	Achtungsvolle Anrede einer geistlichen Persönlichkeit im direkten Kontakt. Herr, lieber Herr.
Telugu	Sathya Sai Babas Muttersprache, Landessprache von Andhra Pradesh, Indien.

Veda, Veden	Wahres Wissen, dem Hauche Gottes – den acht Urlauten – entnommen, welche die ältesten und heiligsten Überlieferungen der Hindus darstellen.
Vedanta	Ziel, Quintessenz der Veden: Die Befreiung.
Vibhuti	Von Sathya Sai Baba materialsierte und zur Heilung von körperlichen und seelischen Krankheiten benutzte Asche. Agens, das schweres Unheil abwendet. Symbol der Vergänglichkeit und des Endzustandes aller Dinge.
Vishnu	Zweiter Aspekt der Trinität Brahma-Vishnu-Shiva. Bewahrer und Beschützer der Schöpfung. Derjenige Aspekt des Göttlichen, der sich von Zeitalter zu Zeitalter in der Form eines Avatars verkörpert, um das Gute zu beschützen und so die Menschheit vor dem Verfall zu retten.
Yoga	Spirituelle Disziplin. Wissenschaft vom Wege der Gottesverwirklichung.
Yogi	Auf Gott ausgerichteter, diszipliniert und einfach lebender Mensch.

Eine Auswahl weiterer Titel aus dem Programm deutschsprachiger Literatur von und über Sathya Sai Baba finden Sie auf den nachfolgenden Seiten.
Ein Gesamtverzeichnis aller lieferbaren deutschsprachigen Titel kann beim Sathya Sai Baba Buchzentrum, Grenzstr. 43, D-6057 Dietzenbach, angefordert werden.

Auswahl deutschsprachiger Literatur von und über Sathya Sai Baba (SSB)

Sathya Sai Baba: **Besinnung auf Gott (Dhyāna Vāhinī)**. Über den Prozeß der wirklichen Meditation. 128 S., kart., ISBN: 3-924739-32-3
Sathya Sai Baba: **Strom des Friedens (Prashānti Vāhinī)**. Sathya Sai Baba lehrt uns das Geheimnis des Friedens. 116 S., kart., ISBN: 3-924739-33-1
Sathya Sai Baba: **Lebe die Liebe (Prema Vāhinī)**. Über die höchste Form der Liebe: die gesamte Schöpfung als Einheit zu sehen und sie zu bejahen. 139 S., Lein., ISBN: 3-900790-00-0
Sathya Sai Baba: **Quellen der Weisheit (Sūtra Vāhinī)**. „Sūtra" bedeutet: „Das, was mit wenigen Worten tiefe Bedeutung enthüllt". Erläuterungen zu den Brahma Sūtras. 68 S., kart., ISBN: 3-924739-27-7
Sathya Sai Baba: **Erziehung zur Selbsterkenntnis (Vidya Vāhinī)**. Sathya Sai Baba erklärt die Grundprinzipien des Wissens und weist auf die Verbindung von Erziehung und Geisteswissenschaft hin. 104 S., kart., ISBN: 3-924739-55-2
Sathya Sai Baba: **Mensch und göttliche Ordnung (Gītā Vāhinī)**. Erklärende Ausführungen Sathya Sai Babas zur Bedeutung der Bhagavad Gītā. 216 S., kart., ISBN: 3-924739-60-9
Sathya Sai Baba: **Ewige Wahrheiten (Bhāratīya Paramārtha Vāhinī und Sathya Sai Vāhinī)**. Sathya Sai Baba vermittelt die Weisheit der Veden und ihre Bedeutung für den Erkenntnis- und Lebensweg. 192 S., kart., ISBN: 3-924739-59-5
Sathya Sai Baba: **Die göttliche Urordnung (Dharma Vāhinī)**. Das Bild einer Gesellschaftsordnung, in der jeder an seinem Platz zum Glück des Ganzen beiträgt. 104 S., kart., ISBN 3-924739-63-3
Sathya Sai Baba: **Sathya Sai Baba spricht - Bände 1-11**. Reden Sathya Sai Babas zu verschiedenen Anlässen. Kart. **Bd. 1** (Reden 1953-60), 188 S., ISBN: 3-924739-16-1; **Bd. 2** (Reden 1960-62), 176 S., ISBN: 3-924739-48-X; **Bd. 4** (Reden 1963-65), 272 S., ISBN: 3-924739-43-9; **Bd. 6** (Reden 1967-68), 248 S., ISBN: 3-924739-29-3; **Bd. 9** (Reden 1974-75), 208 S., ISBN: 3-924739-07-2; **Bd. 10** (Reden 1975-80), 248 S., ISBN: 3-924739-30-7; **Bd. 11** (Reden 1979-82), 232 S., ISBN: 3-924739-53-6. Übrige Bände folgen.
Sathya Sai Baba: **Sommersegen in Brindāvan (Summershowers)**. Vorträge vor Schülern und Studenten in Brindāvan, die in die Wahrheit und Weisheit der indischen Kultur einführen und in denen Sathya Sai Baba seine Botschaft der Liebe erläutert. Bro. **Bd. 1** (1972), 176 S., ISBN: 3-924739-19-6; **Bd. 2** (1973), 228 S., ISBN: 3-924739-14-5; **Bd. 3** (1974), 180 S., ISBN: 3-924739-41-2; **Bd. 4** (1977), 176 S., ISBN: 3-924739-62-5
Sathya Sai Baba: **Bhagavad Gītā**. Vorträge Sathya Sai Babas zur Gītā. Zsgst. u. bearb. von A. Drucker. 304 S., bro., ISBN: 3-924739-42-0
Sathya Sai Baba: **Sādhana - Der Weg nach Innen**. In einer Zusammenstellung wichtiger Auszüge aus Reden Sathya Sai Babas erfährt der Suchende, wie er auf dem Pfad geistiger Übungen (sādhana) göttliches Bewußtsein verwirklichen kann. 256 S., bro., ISBN: 3-924739-15-3
Sathya Sai Baba: **Einheit ist Göttlichkeit (Unity is Divinity)**. Auszüge aus Reden und Schriften Sathya Sai Babas. 164 S., Leinen, ISBN: 3-924739-09-9
Sathya Sai Baba: **Sai Baba erzählt**. Kleine Geschichten und Gleichnisse (Chinna Katha). 320 S., bro., ISBN: 3-924739-28-5
Reihe: **„Erziehung in Menschlichen Werten" (EMW)**, Hrsg.: Petra von Kalinowski. Bro. **Bd. 1:** Börsig, Petra: **Beiträge zur Erziehung**. Eine Sammlung von Ansprachen und Materialien. 56 S., ISBN: 3-924739-35-8; **Bd. 2:** Krystal, Phyllis: **Begrenzung der Wünsche**. Vorschläge zur Arbeit mit diesem Programm. 44 S., ISBN: 3-924739-12-9; **Bd. 3:** Flaig, Beatrice A.: **Für das Leben lernen**. Erfahrungen einer Lehrerin mit der charakterlichen Erziehung von Kindern. 32 S., ISBN: 3-924739-31-5; **Bd. 4:** Kalinowski, Petra von: **Wer bin ich?** Eine Annäherung an die Frage unseres Lebens. Vorschläge für den Unterricht. 80 S., ISBN: 3-924739-04-8; **Bd. 5:** Jumsai A./Burrows L.: **Handbuch für Lehrer**. 128 S., ISBN: 3-924739-65-X
Bockelmann, S.: **Hingabe - Wesen der Liebe**. Diese Zusammenstellung von Aussagen Sathya Sai Babas und Jesu Christi verdeutlicht die Einheit ihrer Botschaften. 120 S., bro., Best. Nr. 1016
Bockelmann, S.: **Liebe - Wesen und Botschaft eines Avatars**. Aussagen Sathya Sai Babas über die transformierende Kraft der Liebe. 112 S., bro., Best. Nr. 1017
Drucker, A.: **Ich bin. Der Weg zur höchsten Wahrheit**. 64 S., bro., ISBN: 3-924739-45-5
Fechner, E.: **Überwindung der Krise (Turning the tide)**. Der Autor stellt allgemein verständlich dar, was Sathya Sai Baba uns lehrt, ohne sich direkt auf ihn zu beziehen. Ein besonders schönes Geschenk für Interessierte auf dem spirituellen Weg. 94 S., bro., ISBN: 3-924739-17-X
Flach, M.: **Meine Begegnung mit der Liebe Gottes**. Als Christin berichtet die Autorin über ihre zutiefst bewegenden Erfahrungen mit Sathya Sai Baba. 48 S., bro., Best. Nr. 1022

Friedrich, A.: **Weg und Ziel**. Sammlung von Aussprüchen Sathya Sai Babas über Ziele, Aufgaben und Regeln der Sathya Sai Organisation. 1991, 46 S., bro., Best. Nr. 1095
Friedrich, R.: **Horizonte, Grundlagen-Studienkreise**. Eine Anleitung mit Textsammlung. 158 S., bro., Best. Nr. 1090
Friedrich/Malina: **Seva - Selbstloses Helfen und Dienen**. Erläuterungen und Betrachtungen zum tieferen Verständnis des selbstlosen Dienens. xx S., bro., Best. Nr. 1029
Gandhi, C. L.: **Sai Avatar - Band I**. 365 Aussprüche Sathya Sai Babas zur Göttlichkeit des Menschen und zur rechten Lebensweise. 184 S., bro., Best. Nr. 1062
Hislop, Dr. J.: **Gespräche mit Sathya Sai Baba (Conversations with SSB)**. In Gesprächen mit Dr. Hislop und anderen beantwortet SSB viele uns bewegende Fragen. 160 S., bro., ISBN: 3-924739-02-1
Hislop, Dr. J.: **Mein Baba und ich (My Baba and I)**. Bericht eines gottsuchenden amerikanischen Geschäftsmannes über den Weg, den Sathya Sai Baba ihm und anderen zum inneren Gott weist. Mit Faksimile-Briefen von Sathya Sai Baba. 318 S., bro., ISBN: 3-924739-20-X
Kasturi, N.: **Die Girlande aus 108 Edelsteinen (Garland of 108 Precious Gems)**. Die Bedeutungen von 108 Namen Sathya Sai Babas werden in diesem Buch erläutert. 136 S., Lein., ISBN: 3-924739-61-7
Kasturi, N.: **Sathya Sai Baba. Sein Leben Bd. 2 (Satyam, Shivam, Sundaram)**. Biographie Sathya Sai Babas. 246 S., kart., ISBN: 3-924739-22-6; Bd. 1, 3, 4 folgen.
Krystal, P.: **Sathya Sai Baba - Ziel aller Reisen (The Ultimate Experience)**. Weg einer Amerikanerin zu Sathya Sai Baba u. mit seiner Führung zu ihrem Selbst. 260 S., bro., ISBN: 3-924739-21-8
Kunz Bijno, M.: **Der Avatar unserer Zeit**. Ein Avatar gilt als göttliche Verkörperung auf Erden. Zitate Sathya Sai Babas über Zweck und Ziel seiner Inkarnation. 88 S., bro., ISBN: 3-924739-37-4
Kunz Bijno, M.: **Es gibt nur einen Gott**. Aussagen Sathya Sai Babas zur Einheit der Religionen. 80 S., bro., ISBN: 3-924739-01-3
Malina, H.: **Sai Bhajans**. Sammlung von 108 Lobgesängen (Bhajans) mit deutscher Übersetzung. 200 S., bro., Best. Nr. 1030 - **Bhajan-Tonbandkassettensatz** zum Liederbuch, 7 Kass., Best. Nr. 2502
Malina, H.: **Einmal Puttaparthi und zurück**. Hinweise und Tips für eine Reise zu Sathya Sai Baba. 88 S., bro., ISBN: 3-924739-57-9
Mavinkurve, B.: **Die Wiederholung des Namen Gottes (Nāmasmarana)** Zitate Sathya Sai Babas über die Bedeutung dieser Übung. 56 S., bro., Best. Nr. 1070
Mittwede, M.: **Spirituelles Wörterbuch Sanskrit-Deutsch**. Über 3000 Sanskritwörter aus den Bereichen Religion, Philosophie, Gottesnamen, Yoga, Vedānta etc. 280 S., bro., ISBN: 3-924739-56-0
Murphet, H.: **Sai Baba und Seine Wunder**. Neben Wissenswertem über Biographie, Sendung und Lehre des Avatars Sathya Sai Baba enthält dieses Buch eine Fülle von Berichten über seine Wunder, mit denen er Menschen segnet, beschenkt und heilt. 272 S., bro., ISBN: 3-924739-18-8
Murthy, Dr. M.: **Schöpfer und Schöpfung (Nature, God and Man)**. Vorträge über die Beziehungen zwischen Natur, Gott und Mensch. 40 S., bro., ISBN: 3-924739-39-0
Philips, L.: **Meditation**. Aussagen Sathya Sai Babas zur Praxis der Meditation. 160 S., bro., ISBN: 3-924739-13-7
Ralli, Lucas: **Sai Botschaften für Dich und mich (Sai Messages for you and me)**. Die Botschaften offenbaren, dass es für die Menschheit nur eine Religion gibt: die Religion der Liebe und nur einen Weg: den Weg zu Gott. Bro. **Bd. 1**, 160 S., ISBN: 3-924739-23-4; **Bd. 2**, 184 S., ISBN: 3-924739-44-7; **Bd. 3**, 176 S., ISBN: 3-924739-58-7
Safaya, R.: **Die fünf Grundprinzipien der Sathya Sai Lebensphilosophie**. 26 S., bro., Best. Nr. 1098
Sandweiss, Dr. S.: **Der Heilige und der Psychotherapeut (The Holy Man and the Psychiatrist)**. Die innere Entwicklung eines amerik. Psychotherapeuten von Hilflosigkeit und Zweifel zur Erkenntnis der alles durchdringenden Liebe Gottes. 272 S., bro., ISBN: 3-924739-36-6
Sathya Sai Philosoph. Vereinigung Wien: **Mit Baba leben (Living with Baba)**. Wertvolle Hilfen auf dem Weg. 26 S., bro., Best. Nr. 1088
Sathya Sai Philosoph. Vereinigung Wien: **Der Mensch auf dem Wege zur Vollkommenheit**. Über die fünf menschlichen Grundwerte u. ihre Bedeutung i. d. Erziehung. 46 S., bro., ISBN: 3-900790-01-9